# 타이탄의 지혜들

## HOW TO LEAD

# HOW TO
# LEAD

세계 최고의 CEO, 혁신가, 게임 체인저들의 성공 비밀

# 타이탄의 지혜들

데이비드 M. 루벤스타인 지음 | 김현정 옮김

ORNADO
토 네 이 도

**차례**

Wisdom from the World's Greatest CEOs, Founders, and Game Changers

# 서문

나는 언제나 리더십, 특히 리더 개개인이 지성과 남다른 수준의 능력, 개성의 힘, 탁월한 설득력 등으로 성취할 수 있는 것들에 마음을 빼앗겼다.

'코로나 바이러스 감염증COVID-19'의 위기 속에서 지구상의 거의 모든 사람은 누군가 나타나 인류가 이처럼 유례없는 위기를 헤쳐나갈 수 있는 보건, 의료, 금융, 사회적·정치적 해법을 마련해주기를 기대하고 있다. 그리고 확실히 뛰어난 리더십을 보여준 이들도 있었다.

리더십은 다양한 형태와 다양한 방식으로 발휘된다. 전쟁 중 군대를 지휘하는 리더가 있는가 하면 대기업 회장을 꿈꾸며 노력하는 스타트업 리더도 있다. 수백만 명의 삶을 개선시키는 과학 혁신가도 있고 신종 위험 질병에 잘 대응하도록 대중을 안내하는 의학 전문가도 있다. 인간의 내밀한 감정을 자극하고, 최고의 인간 표현력을 펼쳐 보이는 공연예술가도 있다. 전 세계 팬들의 이목을 집중시키는 스포츠 스타도 있고, 새로운 소통 방식과 사고 방식을 만들어내는 커뮤니케이션 리더도 있다.

나는 이처럼 다양한 유형의 인물들이 어떻게 실제 리더가 되어 지속적으로 리더십을 발휘하는지에 대해 오랫동안 관심을 가져왔다. 그래서 결례를 무릅쓰고 리더들을 처음 만날 때마다 어떻게 그 자리에 올랐는 지에 대해 묻는 습관이 있었다. '당신을 탁월한 리더로 만든 결정적 요인은 무엇인가?' '운, 추진력, 재능, 훈련, 경험 또는 그 밖의 다른 요인은?' '리더십을 어떻게 발견했고, 어떻게 키워나갔는가?' '리더십을 어떻게 실행에 옮겼으며, 어떤 인상적인 결과를 얻었는가?'

모든 이가 내 질문 세례에 즉답을 제공한 것은 아니었다.

2008년 워싱턴 경제클럽(Economic Club of Washington D.C. : 1986년 시작된 워싱턴 경제클럽은 글로벌 현안에 대해 통찰력 있는 시각과 의견을 교환하기 위해 설립됐으며 전 세계 경제경영 리더와 단체, 글로벌 기업 등이 참여하고 있다 - 옮긴이)의 회장이 되면서 내 이런 습관은 더욱 두드러졌다. 저명한 비즈니스 업계, 정부기관, 문화계 리더를 거의 매달 인터뷰하기 시작했다. 나아가 2016년 블룸버그 TV에서 진행하는 인터뷰 쇼 〈피어 투 피어Peer to Peer〉(2018년부터 PBS에서도 방송)를 시작하면서 '리더들이 하는 행동'에 대한 탐구를 지속했다.

이 책은 이러한 수많은 인터뷰의 결과물이다. 다양한 리더들의 통찰력 있는 관점을 제시해 독자들이 스스로 리더십을 계발하는 데 좋은 동기부여가 되기를 바라는 마음에서 집필하게 되었다.

제프 베조스와 빌 게이츠는 어떻게 모든 어려움을 딛고 글로벌 IT 왕국을 건설할 수 있었을까? 필 나이트는 어떻게 경영대학원 논문에서 얻은 아이디어를 토대로 난공불락의 스포츠 용품 기업을 설립했을까? 루스 베이더 긴즈버그는 어떻게 성평등의 법적 장애물을 극복하고 훗날 대법원의 슈퍼스타가 됐을까? 팀 쿡은 어떻게 전설적인 스티브 잡스의 뒤를 이어 더욱 강력한 기업을 만들어냈을까? 잭 니클라우스는 어떻게 세계 최고의 골퍼가 됐을까? 콘돌리자 라이스는 어떻게 유년 시절 흑백 분리 정책이 시행된 남부에서 자랐음에도 정부 최고위직에 올랐을까? 빌 클린턴과 조지 W. 부시는 어떻게 대통령 임기 중 직면한 극심한 난관을 극복했을까? 앤서니 파우치 박사는 어떻게 에볼라, HIV/에이즈, 그리고 지금의 COVID-19와 같은 감염병의 세계 최고 권위자 중 한 사람이 된 것일까?

당연한 말이지만 리더십 관련 책들을 읽는다고 해서 모두 리더가 될 수 있는 것은 아니다. 하지만 이 시대 최고의 리더들에 관한 이야기는 리더가 되어야 하는 사람들의 삶과 커리어에 큰 유익을 제공한다. 이 책에서 다룬 인물들은 아이디어와 추진력만 갖고 시작한 경우가 많았다. 또한 이들의 이야기를 통해 리더는 어려운 상황 속에서도 가치를 발견하며 인류에게 긍정적인 영향을 미치기도 한다는 사실을 알 수 있다. 이야기마다 깨닫는 바가 많다.

그렇다면 이런 질문이 나올 수 있다. 왜 어떤 사람들은 그토록 리더가 되고 싶어 할까?

먼저 리더는 사람들의 삶을 향상시키는 변화나 결과를 만들어낼 수 있기 때문이다. 둘째, 리더는 사람들에게 좋은 동기를 제공하기 때문이다. 셋째, 리더는 충족감과 행복을 주는 성취감을 느낄 수 있기 때문이다.

내가 이 책을 쓴 이유는 강인한 결단력과 재능을 갖춘 리더들이 인류 사회에 긍정적인 영향력을 미칠 수 있다고 믿기 때문이다. 솔직하고 뛰어난 리더들의 생생한 이야기는 분명 독자들에게 도움이 될 것이다.

나는 오랫동안 한 개인이 위대한 리더로 떠오르는 이유가 무엇일지 연구해왔다. 그들은 어떻게 불가능해 보이는 일들을 해내는 것일까? 개성이었을까, 아니면 정신적·신체적 능력 때문이었을까? 운때가 맞아떨어져서였을까? 훗날 위대한 리더가 된 수많은 이들은 젊은 시절에는 왜 그런 리더십의 재능이 드러나지 않은 것일까? 왜 그들은 학생회장이나 로즈 장학생이나 운동부 주장이 아니었을까?

나는 학생들에게 인생은 대체로 다음과 같이 삼등분할 수 있다고 얘기하곤 한다.

첫 번째 시기에는 미래 직장생활을 위해 교육과 훈련을 받는다. 두 번째 시기에는 경력을 쌓고 기술을 연마하면서 책임감과 리더십을 발휘하는 자리에 오른다. 마지막 세 번째 시기에는 두 번째 단계에서 달성한 성취 수준을 바탕으로 경제적·정신적 여유와 대중의 인정 등의 혜택을 누린다.

나는 학생들에게 인생의 첫 번째 시기에서 '승리'는 즐거운 경험일 수 있지만 첫 번째 시기의 승자가 리더로 지속 성장해갈 것이라고 예측하기는 어렵다고 강조한다. 나아가 인생의 두 번째와 세 번째 시기의 리더십이 훨씬 중요하며 개인과 사회에 지속적인 영향을 미치게 된다는 말도 덧붙인다.

왜 첫 번째 시기에 리더십의 단초를 드러낸 인물들의 상당수가 기대와는 달리 세계적인 리더로 성장하지 못하는 것일까? 아마도 로즈 장학생, 학생회장, 대학신문사 편집장, 미국을 대표하는 운동선수, 대법원 서기 등과 같은 이들은 인생의 첫 번째 시기가 끝나갈 때쯤엔 이미 기력을 소진했기 때문일 수도 있다. 아니면 위대한 리더가 되는 것이 꼭 그렇게 좋기만 한 것은 아니므로 굳이 인생의 두 번째 시기에 스스로를 채찍질해야 할지 의구심이 들어서일 수도 있다.

그에 반해 모두가 알 만한 일부 예외를 제외하고는 인생의 두 번째와 마지막인 세 번째 시기에 리더가 되는 이들은 첫 번째 시기에 슈퍼스타가 아닌 경우가 보통이다. 왜 그럴까?

대기만성형인 사람들이 있기 때문이다. 젊은 시절 가족 간 불화라든가 경제적 지원이 없었다든가 건강 문제를 겪었다거나 교육 기회가 부족했다거나 하는 불리한 상황에 처해 있었을 수도 있다. 아니면 롤모델이나 기회가 없어서 동기나 의욕 또한 없었던 것일 수도 있다.

나의 경우는 다소 흥미롭지만 아주 남다르다고 할 수는 없는 범주에 속할 것이다. 인생의 첫 번째 시기에 진정한 리더가 되고 싶어 했던 것 같고(의욕은 충만했다), 실제로 노력도 했지만 솔직히 동료들이 당시 중시하던 재능이나 능력, 다른 필수적 자질들(예를 들어 외향적인 성격, 운동 능력, 집안의 경제력, 특정 분야의 특별한 재능 등)은 갖추지 못했다. 나중에 나는 뜻밖에도 분에 넘치는 운이 따라주어 내 인생의 두 번째 시기가 끝나갈 무렵에서 세 번째 시기가 시작될 즈음 금융 서비스, 자선 활동, 비영리 분야의 리더가 되었다. 이처럼 인생 후반에 찾아온 성공은 모두 내 동창들이나 어린 시절 친구들에게는 놀라움(또는 충격)으로 다가올 수밖에 없었다. 대부분은 점잖게도 그 말을 입 밖에 내지는 않았지만.

유년 시절 나는 꽤 모범생이긴 했다. 하지만 성적이나 전교 석차 등의 측정값을 기준으로 한다면 학업 성취도가 유달리 탁월했다고 볼 수는 없었다. 여덟 살 때까지는 나름 운동을 잘했지만 친구들이 덩치와 운동 능력에서 나를 앞지르면서 평범한 수준으로 떨어졌다. 수많은 방과 후 활동에 참여하면서 볼티모어에서 잘나가는 청소년 그룹의 일원이 되기도 했지만 그런 상황에서 최고 자리에 오르는 역동적인 리더가 된 적은 한 번도 없었다.

그렇긴 해도 나는 부분 장학금(농구 장학생은 아님)을 받아 듀크 대학교에 진학했고 전액 장학금을 받아 시카고 대학교 로스쿨에 다녔다(나는 장학금이 필요했다. 아버지는 우체국 직원이었기에 연봉이 높지 않았다). 그리고 뉴욕의 유명 로펌 '폴, 와이스, 리프킨드, 와튼&개리슨Paul, Weiss, Rifkind, Wharton&Garrison'에 취직했다. 이곳에 마음이 끌린 이유는 존 F. 케네디 대통령의 보좌관이었던 테드 소렌슨Ted Sorensen 같은 정부 관료 출신의 유명 인사들이 재직하고 있었기 때문이다. 법조계에 첫 발을 내딛은 청년으로서 로펌의 시니어 변호사와 뉴욕 최고의 비즈니스 리더, 그리고 정부 관료 들과 일할 기회를 얻었고 당시 계류 중이던 뉴욕 시의 파산 업무가 내게 배정이 되었다.

나는 정부 관련 업무가 즐거웠고 공직에 진출하면 더 보람 있을 것이라 느꼈다. 상대적으로 낮은 보수는 상관없었다. 진짜 관심이 있는 것은 돈이 아니었으니까. 경제적으로 풍족해본 적은 없었지만 솔직히 돈을 정말 많이 벌어야겠다는 마음도 없었다. 정치와 공공정책이 훨씬 매력적이었다.

뉴욕 로펌에 남았더라면 전문 분야를 개발해 파트너 변호사가 되어 은퇴하기 전까지 40년 넘게 재직했을 수도 있었다. 이러한 인생 여정이 변호사라는 직업에 충실한 이들에겐 부러움의 대상일지 몰라도 공직이나 정계에서 빛을 볼 기회를 내게 마련해주지는 않았을 것이다. 결국 나는 연방 정부에서 일하겠다는 꿈을 좇아 2년 만에 직장을 그만두고 테드 소렌슨처럼 백악관 직원이자 대통령 고문이 되었다.

정치의 꿈이 시작된 것은 1961년 1월 20일 케네디 대통령의 취임 연설을 감명 깊게 시청한 다음부터였을 것이다. 케네디 대통령은 국민에게 세계가 직면한 새로운 과제에 슬기롭게 대처해줄 것을 촉구하며 정부와 공익을 위해 힘써줄 것을 당부했다. 연설은 한 편의 산문시 같았다. 나라를 위해 일해달라는 그의 말은 유년 시절 내내 내 마음속에 남아 있었다.

위험을 감수하는 자에게 벼락이 내리칠 때가 있다.

테드 소렌슨의 추천으로 나는 로펌을 떠나 미 상원 법사위원회 산하 헌법 소위원회 수석 자문이 되었다. 법사위원회 사안을 담당하는 버치 베이Birch Bayh 상원의원의 입법지원 보좌관치고는 긴 직함이었다. 하지만 그는 대통령에 출마했고, 대통령직에 적합한 인물로 보였으며, 선거가 끝나면 당연히 나에게 백악관 참모진 합류를 권할 것이라고 생각했다.

안타깝게도 운명은 그를 가로막았다. 베이 상원의원이 경선에서 중도 하차하면서(법사위원회 참모를 잘못 선택했기 때문은 아니었겠지만) 백악관에서 일할 수 있을 것이라고 생각했던 내 기대도 허물어지고 말았다. 하지만 상원에서 일하는 동안 상원 의사당 건물 안에서 스쿱 잭슨Scoop Jackson, 워런 매그너슨Warren Magnuson, 필 하트Phil Hart, 제이콥 재비츠Jacob Javits, 하워드 베이커Howard Baker 및 테드 케네디Ted Kennedy 상원의원 등 당대 거물들이 리더십을 발휘하는 모습을 지켜볼 기회가 있었다.

1976년 예비선거가 끝나갈 무렵 나는 다른 후보 밑에서 일하는 사람에게서 전화를 받았다. 해당 후보는 유력한 지명 후보인 지미 카터 주지사였는데, 나는 후보 지명 후 정책보좌관직 면접을 보라는 제안을 받았다. 땅콩 농사나 짓던 사람이 당선될 가능성은 그리 높지 않다고 생각했지만 딱히 뾰족한 수도 없었다. 나는 보좌관직을 수락했고 애틀랜타로 이사한 후 카터 주지사의 수석 정책보좌관 스튜어트 아이젠스타트Stuart Eizenstat의 업무를 지원하게 되었다.

내가 선거유세팀에 합류했을 당시 카터 주지사는 현직 제럴드 포드 대통령보다 30퍼센트포인트 이상 앞서 있었다. 내가 들어간 후 카터는 1퍼센트포인트 차이로 이겼다.

다행히 나에게 그의 지지율 하락에 대한 책임을 묻는 일은 없었고, 마침내 카터 대통령의 국내 정책 부보좌관이 되었다. 말할 것도 없이 내가 맡기에는 역부족인 자리였다. 백악관 내 보직은 선거유세팀에서 일했던 사람들로 채워지는 경우가 많다. 반드시 적임자가 발탁되는 것은 아니다.

나는 카터 행정부 4년 내내 해당 보직을 맡았고 그 일을 한껏 즐겼다. 블루칼라 출신 집안에서 최초로 대학에 진학한 사람이 20대 후반에서 30대 초반을 거치는 동안 웨스트 윙(백악관의 서쪽 별관 – 옮긴이)에서 일하며 에어포스 원을 타고 다니고 대통령 및 부통령과 만나고 상사인 스튜어트 아이젠스타트를 도와 백악관의 국내 정책팀을 운영하는 이 모든 일을 사랑하지 않을 수 있단 말인가?

그런 경험 덕분에 사회생활의 첫 3분의 1이 지나는 동안 내가 진정 '리더'가 된 것인지는 알 수 없지만 운도 상당히 따라준 덕에 순수하게 재능이나 지성, 리더십 같은 자질만으로 평가됐더라면 달라졌을지도 모르는 경력을 한층 높은 수준으로 끌어올릴 수 있었다.

결국 인생이 늘 그렇듯 현실을 깨닫는 순간이 다가왔다. 카터 대통령이 재선에 성공할 것이라 생각했고 그의 재임 기간 동안 백악관에서 내가 더 높은 직위로 승진하지 않을까 내심 기대했다. 진정한 '리더'가 될 수 있는 기회였던 것이다. 하지만 운명은 그렇게 흘러가게 두지 않았다. 카터는 로널드 레이건에게 완패했다.

그럴 리 없다고, 나는 생각했다. 레이건은 대통령 취임 직후 70대에 접어들기 때문이었다. 어떻게 미국인들이 저렇게 나이 든 사람에게 표를 던질 수가 있단 말인가? 당시 나는 31세였다. 지금은 71세다. 지금 이 나이는 당시 생각했던 것보다 좀 젊게 느껴진다.

백악관 하급 리더였지만 내게는 고위급 리더가 될 잠재력이 있었다.

그러다가 하루아침에 실업자 신세가 된 것이다. 고작 실무 경력 2년인 31세의 나를 원하는 로펌은 없었다. 덕분에 겸손함을 빨리 익히게 되었고 다행히 지금까지도 그런 마음가짐은 변함이 없다.

나를 채용하겠다는 로펌을 찾는 데 수개월이 걸렸다(어머니에게는 입사 제의를 많이 받아서 꼼꼼히 고르는 중이라고 말했다). 마침내 한 곳을 발견했지만 로펌들이 왜 나를 뽑고 싶어 하지 않는지 알게 되었다. 법률 실무 경험이 일천했고, 레이건 시대에 카터 행정부에서 갈고 닦은 통찰력을 원하는 사람은 아무도 없었던 데다가 전문 분야가 있거나 실제적인 법무 연수를 받지 못했기 때문에 기껏해야 앞으로 그저 그런 변호사가 될 것이 뻔했기 때문이다.

결국 나는 직업적 위험을 감수하기로 했다. 변호사직을 버렸다. 그리고 워싱턴에서 새롭게(그리고 정말 처음으로) 사모펀드 운용사를 시작하기로 한 것이다.

그때 내게 동기를 부여한 것은 다음의 5가지였다.

1. 나는 법률 실무를 좋아하지 않았고 진정한 직접적 성공을 거두려면 현재 하는 일에 열정을 가져야 한다는 사실을 깨달았다.
2. 재무장관을 지냈던 빌 사이먼이 합법적으로 가능한 매출액을 훌쩍 뛰어넘는 성과를 올린 연하장 업체 깁슨 그리팅스Gibson Greetings를 성공적으로 매수한 사례에 대해 읽었다(30만 달러의 투자금이 단 18개월 만에 7,000만 달러에 달하는 액수로 늘어났다).
3. 법률 실무를 점차 열정이 아닌 비즈니스로 바라보게 되면서, 비즈니스에 발을 들이려면 변호사를 하느니 차라리 더 재미있고 수익성이 좋은 일을 찾는 게 나을지도 모른다고 판단했다(젊었을 때 돈벌이를 경

시했던 마음은 가족이 생기면서 사라졌다).

4. 워싱턴의 M&A 업계에는 경쟁이 거의 없어서(인수합병 전문 회사가 없었다) 기회가 많은 성장 분야라고 생각했다.

5. 기업가들은 37세에 창업하는 경향이 있고, 그 나이가 지나면 창업할 확률이 대폭 줄어든다는 글을 읽었는데, 당시 내가 바로 37세였다.

내가 창업한 인수합병 전문 회사가 성공할 만한 이유는 딱히 없었다. 보통 이런 회사들은 뉴욕에 있었고 내 파트너 중에는 월스트리트 출신도, 사모펀드 경험이 있는 사람도 없었다. 우리는 초기 자본도 없었고 확실한 비즈니스 계획이나 자본 조달 전망도 부재했다. 그렇지만 칼라일 그룹Carlyle Group은 사업을 시작할 방법을 찾아냈다. 나는 투자 경험이 있는 세 명의 파트너를 영입해 500만 달러의 초기 자금을 확보한 후 1987년에 회사를 차렸다. 그리고 초창기 거래는 성과를 낸 편이었다. 덕분에 신뢰를 얻어 헌납 자본을 조달하고 매수를 다른 유형의 사모펀드 투자로 확대해 나가며 마침내 글로벌 회사로 성장했다. 나 자신을 비롯해 많은 이들은 이후 30년 넘게 우리가 세계 최대의 사모펀드 운용사가 되었다는 사실을 놀라워한다. 이에 힘입어 나는 더 젊었을 때 뛰어난 리더십을 발휘하지 못했음에도 불구하고 인생의 두 번째와 세 번째 단계에서 '리더'가 될 수 있었다.

급성장하는 사모펀드 분야의 '리더'가 된 후 칼라일 그룹의 성공으로 인해 자선활동 및 이와 얼마간 연관된 비영리단체 활동에 참여할 수 있는 능력과 함께 어쩌면 자신감도 갖게 되었던 것 같다.

자선활동 분야에서 나는 빌 게이츠와 멜린다 게이츠 부부, 워런 버핏이 시작한 '기빙 플레지(Giving Pledge, 전 세계 대부호들이 사후나 생전에 재산의 대부분을 사회에 환원하겠다고 약속하는 운동 – 옮긴이)'의 최초 서명자 중 한 사람이었으며, 기본적으로 '애국 자선활동'이라는 개념을 발전시켰다. 즉 국민에게 조국의 역사와 유산을 되새기도록 활동을 전개하는 것으로, 마그나 카르타의 사본을 사들여 미 국립문서보관소에 이를 기증하고, 독립선언서와 노예해방선언서의 희귀본을 관리하고, 워싱턴 기념비와 링컨 기념관, 제퍼슨 기념관, 토머스 제퍼슨의 몬티첼로 저택, 몬트필리어, 이오지마 기념관 등의 복구를 지원했다.

비영리단체 활동과 관련해서는 듀크 대학교와 스미소니언 협회의 이사회 의장, 브루킹스 연구소의 공동 의장을 맡았고 현재는 존 F. 케네디 공연예술센터와 미 외교협회에서 이사회 의장, 워싱턴 경제클럽 회장, 하버드 집행위원회 이사, 워싱턴 국립미술관을 비롯해 시카고 대학교, 존스홉킨스 의과대학, 메모리얼 슬로언 케터링 암센터, 프린스턴 고등연구소의 이사로 일하고 있다. 또한 교육에도 관심을 기울여 4개 주요 대학교 이사회에 참여하고 듀크대, 하버드대, 시카고대 및 워싱턴 공립학교와 차터스쿨에서 장학금 프로그램을 만들었다.

인생의 첫 번째 단계에서 딱히 리더라고 할 수 없었던 내가 두 번째와 세 번째 단계에서 리더가 될 수 있었던 자질들은 무엇이었을까?

자기 분석에는 늘 위험이 따르며 지나친 자화자찬으로 빠질 위험이 있지만 내가 언급하려는 자질은 내 프로그램에서 인터뷰한 사람들에게 여러 차례 들었던 내용과 같다.

1. **운.** 성공적인 리더들에게는 확실히 운이 따랐던 것으로 보인다. 스튜어트 아이젠스타트와 인터뷰하게 된 것은 우연한 만남이 백악관에서 일하게 되는 인연으로 이어졌기 때문이다. 당시 행정부는 끝

이 좋지 못했지만 백악관 내 보직을 거치며 상황 파악 능력과 자신감, 의욕을 갖게 되면서 금융 분야 경력이 전무함에도 사모펀드 운용사를 시작할 수 있었던 듯하다. 게다가 일면식도 없던 빌 콘웨이Bill Conway와 댄 다니엘로Dan D'Aniello를 파트너로 선택할 수 있었던 것도 운이 따랐기 때문이다. 이 둘은 나보다 금융 분야 경험이 풍부하고 훨씬 신용할 수 있는 사람들이었던 것이다. 우리가 30년 이상 파트너로 지내온 것은 비즈니스 업계에서는 이례적인 일이며 정말 운이 좋은 케이스다.

2. *성공에 대한 열망*. 리더는 또한 성공하고자 하는 열망이 있어야 한다. 중요한 것을 성취하고 세계적으로 주목을 받고 다른 이들에게 실제로 이득이 되는 가치 있는 상품과 서비스를 만들려는 의지가 있어야 한다. 나 또한 평범한 사회적·경제적 배경을 가진 수많은 이들과 마찬가지 이유로 그러한 성공에 대한 열망이 있었다. 유년 시절 경험했던 것보다 훨씬 흥미롭고 성취감을 누리는 삶을 살고 싶었던 것이다(내 부모님은 고등학교나 대학교 졸업자도 아니었고, 우리는 볼티모어의 유대인 블루칼라 밀집 지역에서 평범한 22.5평 정도 되는 연립주택에 살았다).

3. *새로운 독창성 추구*. 리더란 대개 무언가를 짓거나 창조하고자 하는 사람이다. 다른 사람들이 아직 가보지 않았거나 가려고 하지 않은 길을 가는 사람이다. 월가에서 일한 경험도 없는 사람들이 모여 워싱턴에서 사모펀드 운용사를 설립한다는 생각은 대다수에게는 다소 터무니없는 얘기처럼 들렸을 것이다. 하지만 나중에 매수뿐 아니라 모든 사모펀드 투자 유형을 제공하는 회사를 설립해 전 세계 시장으로 확대해야 한다는 아이디어를 냈을 때 사람들이 보인

반응에 비하면 사모펀드 운용사 설립 아이디어에 대한 반응은 오히려 우호적인 편이었다. 이 아이디어는 아직 실현되지 못했다.

4. *장시간의 노력.* 리더가 되는 지름길은 없다. 맡은 업무에서 실제로 중요한 리더가 되기까지는 오랜 노력이 필요하다. 일주일에 5일, 하루 8시간 일하는 식으로는 필요한 능력을 개발하기란 불가능하다. 나는 항상 나보다 더 뛰어나고 똑똑한 사람들이 존재한다는 생각을 해왔고 그들과 경쟁하는 유일한 방법은 그들보다 더 오래, 더 열심히 일하는 것뿐이라 믿었다. 나의 '일중독자' 성향은 직장생활을 하는 동안 눈에 띄었지만, 덕분에 커리어 개발에는 그다지 도움이 되지 않았지만, 젊은 세대나 성인들이 흔히 빠져드는 잡다한 유혹과는 거리를 둘 수 있었다고 본다. 이것이 일중독자가 가진 소소한 장점이다. 하지만 사실 일 외적인 관심사를 통해 다소 긴장이 풀어진 색다른 경험과 즐거움, 지적인 유희를 누릴 수 있는 경우에는 일중독이 장점이 된다는 것을 알게 됐다. 아인슈타인도 매일 바이올린을 연주하고 여름마다 항해를 즐길 필요가 있다고 생각했던 것처럼 말이다.

5. *집중.* 한 가지 기술이나 주제를 완전히 마스터하는 데 에너지를 집중해야 한다. 자신의 분야 내의 전문가와 동료들에게서 신뢰성을 입증받은 후에는 집중해야 할 분야를 확대하는 것이 좋다. 미국을 비롯한 전 세계에서 칼라일 그룹이 집행하는 투자 규모가 점차 커지면서 나는 이에 필요한 자본을 조달하는 데 집중하기로 했다. 자금 조달 능력이 안정되자 내 관심 범위를 회사의 다른 업무로 확대할 수 있었다.

6. *실패.* 모든 리더는 때로 여러 차례 실패의 순간을 경험했다. 이런 경

험을 통해 배우고 그러한 실패가 잠시 궤도에서 벗어난 것임을 입증해야 한다. 나의 '실패한' 백악관 공직생활은 내 경력의 다음 단계에서는 성공하겠다는 의욕에 확실히 불을 붙였다. 또한 실패를 통해 겸허해질 수 있으며 다음 번에는 성공하리라는 야망을 기하급수적으로 키운다.

7. **끈기**. 당연할 정도로 리더는 새롭고 고유하며 색다른 것들을 추구한다. 따라서 현재 상태를 좋아하거나 지키려는 사람들의 반발에 부딪힌다. 중요한 것은 다른 이들이 아니라고 말하거나 당신이 만들고 싶은 변화에 맞설 경우 끈질기게 버티는 것이다. 뉴욕 같은 금융 수도도 아닌 워싱턴에서 회사를 차리겠다고 하자 모두가 나에게 칼라일은 글로벌 기업이 될 수 없을 것이라고 말했다. 이 말을 들을수록 내 꿈과 야망을 끝까지 밀고 나가겠다는 결의는 더욱 강해졌다.

8. **설득력**. 아무도 따르지 않는다면 리더가 되기란 불가능하다. 리더란 다음의 3가지 기본적인 의사소통 방식, 즉 독자에게 영감을 주는 글을 쓰거나, 청중에게 동기를 부여하는 말을 하거나, 또는 다른 사람들이 모범으로 삼는 행동을 실천하는 방식 중 하나를 수행함으로써 뛰어난 설득력을 발휘할 수 있는 사람이다.

좀 더 구체적으로 말하면 사람들은 어떤 의견이나 행동의 장점과 타당성을 자신에게 잘 납득시키는 사람을 따른다. 앞에서 말한 의사소통의 3가지 방식을 모두 잘하는 리더는 거의 없다. 하지만 나는 사실 지난 몇 년간 수많은 연습과 시행착오를 통해 이를 시도했고, 기본적인 글쓰기와 말하기 능력이 향상되었다. 특히 자선활동 분야에서 다른 사람들이 기꺼이 따르기를 바랐던 행동들을 실천할 수 있었다.

9. **겸손한 태도.** 지위가 높아지면서 점점 태도가 거만해지는 리더들도 있고, 운이 따랐다는 것을 인정하고 좀 더 겸손한 태도를 보이는 리더들도 있다. 후자가 훨씬 효과적으로 지지자들의 존경을 얻는다.

   확실히 세계적인 리더들 중에는 썩 유쾌하지 않은 부류도 있다. 이는 그들의 참을 수 없을 정도의 거만함 때문이기도 했다. 나는 더 유능하고 오래가는 리더들은 자신의 약점과 타고난 운을 인정하는 겸손함을 갖추고 있다고 생각한다. 나 스스로도 늘 겸손한 태도로 살고자 한다. 그것이 내 성격에도 맞을 뿐 아니라 지지자들이 기꺼이 따르도록 하는 보다 효과적인 방식임이 드러났기 때문이다.

10. **공로 나누기.** 가장 유능한 리더들은 결국 다른 사람들과 공을 기꺼이 나누려 할 때 훨씬 더 많은 것을 성취할 수 있다는 사실을 깨닫게 마련이다.

    존 F. 케네디의 유명한 말처럼, "승리에게는 100명의 아버지가 있지만 패배는 고아다." 물론 누구나 성공적인 결과를 자신의 공으로 돌리고 싶어 하지만 공을 적절히 나눈다고 한들 문제 될 일은 없다. 로널드 레이건도 이 같은 취지의 말을 한 적이 있다. "공을 기꺼이 나누고자 한다면 인간이 성취할 수 있는 데에는 한계가 없다." 성공을 거두었을 때 가능한 많은 공을 나누고 실패할 경우에도 책임을 지거나 나누는 것이 매우 효과적이라는 사실을 알게 됐다.

11. **지속적인 학습 능력.** 리더들은 자신의 최대 강점인 두뇌 훈련을 위해 매일 지식 수준을 넓힐 필요가 있다. 정보의 홍수와 급변하는 세계에서 지속적인 학습은 견문이 넓고 박식한 리더가 되는 데 유용할 수 있다.

나는 다소 강박적인 독서를 통해 지속적으로 학습하기 위해 노력했
는데, 하루에 6개의 신문을 읽고 최소 10여 개의 주간지를 구독하
고 일주일에 최소 한 권의 책을 읽었다(동시에 서너 권의 책을 번갈아 읽
는 경우도 종종 있었다). 잘 쓴 책만큼 정신을 집중하는 데 좋은 것은
없다.

12. *진실성.* 진실성과 윤리적 행동에 얼마나 충실한가는 리더마다 다르
지만 유능한 리더는 높은 윤리 의식에 따라 행동하고자 노력하는
것으로 보이며, 그러한 노력은 그들의 리더십 역량을 한층 배가시
킨다.

내가 처음 변호사 일을 시작했을 때 폴, 와이스, 리프킨드, 와튼&개
리슨의 경영 파트너이자 판사를 지냈던 사이먼 리프킨드는 모든 신
입 변호사에게 이렇게 말했다. "명성을 쌓는 데는 평생이 걸리지만
무너뜨리는 데는 5분이면 충분하다. 그러니 여러분의 명성, 나아가
인생을 망칠 수 있는 윤리적 위험은 감수하지 말길 바란다." 더 무
슨 말이 필요할까? 윤리적 원칙을 무시하지 않으면 훨씬 더 유능한
리더가 될 것이다.

13. *위기 대응.* 위기 발생시 가장 필요한 것은 리더라는 사실을
COVID-19 팬데믹과 조지 플로이드George Floyd의 사망으로 촉발된
전국적 시위를 통해 2020년 다시금 깨닫게 되었다. 실존적 위기가
닥칠 때 그 위기에 대응하는 모습을 통해 영원한 리더로 각인될 수
있다. 미 남북전쟁 중 나라를 결속시킨 링컨이나 나치의 공격에 맞
서 싸우도록 국가를 단결시킨 처칠이 좋은 예다. 범위를 더욱 좁혀
내 경우를 말하자면, 더 열심히 일하고 의사소통 방식을 개선해 전
례 없이 엄청난 금융 위기 속에서 직원들에게 의욕을 불어넣으려고

노력했다.

리더십과 관련한 직접적인 경험과 관찰을 통해 나는 앞서 설명한 관점을 얻을 수 있었다. 각자 경험이 다르므로 관점도 달라질 수밖에 없다. 리더십에는 한 종류만 있는 것이 아니기 때문이다.

직업적인 면에서 볼 때 나의 리더십 경험은 혁신적인 투자회사의 창업과 성장 및 운영을 바탕으로 한다. 그러한 유형의 리더십은 이 책에서 인터뷰한 많은 인물들의 리더십 경험 유형과는 다르다.

편의상 나는 이 책에서 다루는 리더십 경험을 6가지 범주로 분류했다.

1. **비전가형**: 제프 베조스, 빌 게이츠, 리처드 브랜슨, 오프라 윈프리, 워런 버핏.
2. **육성가형**: 필 나이트, 켄 그리핀, 로버트 F. 스미스, 제이미 다이먼, 메릴린 휴슨.
3. **혁신가형**: 멜린다 게이츠, 에릭 슈미트, 팀 쿡, 지니 로메티, 인드라 누이.
4. **통솔자형**: 조지 W. 부시, 빌 클린턴, 콜린 파월, 데이비드 퍼트레이어스, 콘돌리자 라이스, 제임스 A. 베이커 3세
5. **의사결정자형**: 낸시 펠로시, 애덤 실버, 크리스틴 라가르드, 앤서니 S. 파우치, 루스 베이더 긴즈버그.
6. **목표달성가형**: 잭 니클라우스, 마이크 '코치 K' 슈셉스키, 르네 플레밍, 요요마, 론 마이클스.

이 책에 실린 각 인터뷰에서 나는 어떻게 리더가 되었으며 지금까지

도 계속 리더로 남아 있게 됐는지에 대해 물었다. 그들의 이야기는 제각 각 달랐지만 그들이 언급한 성공의 핵심 자질은 예상했던 대로 유능한 리더가 되기 위해 꼭 필요하다고 앞서 언급했던 특징에 바탕하고 있었 다. 이 책에 실린 인터뷰들은 인터뷰에 응해준 이들과의 협의 하에 분 량과 일관성을 감안해 편집이 되었고, 필요에 따라 업데이트가 되기도 했다.

리더십에 따라 해결해야 할 과제도 다르며 리더가 되는 데 관심을 갖 는 것만으로는 충분하지 않다는 것을 독자 여러분이 알아주셨으면 하는 바람이다. 하지만 어떤 배경을 가졌든 간에, 누구든 리더가 될 수 있으 며 강력한 리더는 세상을 조금이나마 더 나은 곳으로 만들 수 있다.

데이비드 M. 루벤스타인

HOW TO
LEAD

# 1장
# 비전가형

제프 베조스
Jeff Bezos

빌 게이츠
Bill Gates

리처드 브랜슨
Richard Branson

오프라 윈프리
Oprah Winfrey

워런 버핏
Warren Buffett

# 01 제프 베조스

아마존 창업자/CEO, 〈워싱턴 포스트〉 소유주

"논리적 분석은 훌륭한 의사결정 도구입니다.

하지만 인생에서 가장 중요한 결정은

언제나 본능과 직관, 취향, 마음을 따라 내리게 됩니다."

인터넷으로 책을 판다는 아이디어를 떠올린 사람은 제프 베조스가 처음이 아니었다. 그가 아마존을 창업한 1994년 당시, 다른 사업자들도 이미 그렇게 하고 있었다. 하지만 그는 더 나은 소프트웨어를 사용하면 훨씬 효율적인 도서 판매 프로세스를 만들어낼 수 있다고 자신했다. 그보다 더 중요한 것은, 궁극적으로는 거의 모든 것을 인터넷으로 판매하겠다는 비전을 제프 베조스가 갖고 있었다는 것이다. 1994년은 인터넷 판매가 막 걸음마를 뗀 수준이었다.

내가 처음 그를 만난 것은 1995년 시애틀에 위치한 아마존의 자그마한 사무소에서였다. 나는 칼라일 그룹이 소유한 미국 내 2위 규모의 도서 유통업체인 베이커&테일러Baker&Taylor가 제프와 2년 전쯤 체결한 계약의 재협상 타진을 위해 그를 찾아갔다. 그 계약에 따라 아마존은 베이커&테일러의 출간 도서목록을 활용해 인터넷에서 책을 판매할 수 있었다.

처음 제프가 베이커&테일러와 접촉했을 때는 자금이 많지 않았다. 그래서 그는 자신이 만든 신생 회사의 소유 지분을 제시했다(약 20~30퍼센트 정도로 기억한다). 하지만 우리 회사 대표는 지분이 아니라 현금을 원했기에 그에 따라 5년간 매해 10만 달러를 받는 계약을 체결했다.

시간이 흐르면서 지분 소유가 현금보다 나을 것 같다는 사실을 나는 깨닫기 시작했고, 그리하여 제프를 찾아 직접 시애틀로 날아간 것이다. 그는 더 이상 도서목록을 활용하고 있지 않다면서 정중하게 말했다.

"아마존이 꽤 성장했습니다." 하지만 그는 베이커&테일러가 처음에는 도움이 되었다고 말했다. "남은 계약 기간 동안 현금을 지급하는 대신 아마존의 약 1퍼센트 지분을 제공하면 어떨까요?"

재협상은 그렇게 타결되었다. 하지만 안타깝게도 우리는 아마존에 커다란 확신을 갖고 있지는 않았다. 1996년 아마존이 IPO 상장한 직후 우리는 보유 지분을 8,000만 달러에 매각했다.

사업상 나의 최대 실수였다. 현재 해당 지분의 가치는 주식 분할 및 신주 발행 이후 약 40억 달러에 달한다.

그후 제프는 소매업과 컴퓨팅 및 우주 탐험 업계의 역사를 다시 쓰며 세계 최고 부자이자 유명인이 되었다. 아마존의 시장 가치는 1조 달러를 뛰어넘었으며 2020년 초 기준, 직원 수는 정규직과 비정규직을 합쳐 84만 명에 이른다. 아마존은 미국을 넘어 세계에서 가장 잘 알려진 브랜드로 떠올랐다.

지난 몇 년간 나는 제프를 꽤 잘 알게 됐으며 그와 인터뷰도 몇 번 진행했다(한번은 빌 게이츠와 함께 사석에서 만나기도 했다. 서로 이웃이자 비즈니스 리더인 이 둘을 공동으로 인터뷰한 것은 그때가 처음이었다. 녹화본이나 녹취록이 있었다면 좋았을 텐데… 분명한 것은 내가 가장 좋아하는 인터뷰였다). 제프는 뛰어난 리더였을 뿐 아니라 인터뷰 대응도 탁월했다. 호감형에 솔직하고 통찰력 넘치는 그는 자신을 낮출 줄 알고 현명하며 재미있기까지 한, 보기 드문 인물이었다.

제프가 아마존을 어떻게 세웠고 그처럼 단기간에 성공할 수 있었는지 모두가 궁금해한다. 그는 2018년 워싱턴에서 진행된 이 인터뷰에서 몇 가지 비결을 밝힌다. 실패를 무릅쓰고 기꺼이 모험에 뛰어드는 적극성, 장기간에 걸친 집중력, 고객 우선주의, 충분한 숙면, 하루 중 중요한 결정을 너무 일찍 또는 늦게 내리지 않기 등과 가족의 지원이 있었다. 하지만 이런 패턴을 따르는 것만으로 충분하다면 세상에는 수많은 제프 베조스와 아마존이 존재할 것이다. 이 밖에도 제프 베조스에게서만 찾을 수 있는 특별한 요소들이 있다고, 나는 확신한다.

## i n t e r v i e w   w i t h   t i t a n s

**데이비드 루벤스타인(DR):** 주가가 올해(2018년) 70퍼센트나 올랐습니다. 이런 큰 성공을 거두게 된 데에 특별한 이유가 있다고 보는지요? 아니면 여러 가지 요인이 있다든지?

**제프 베조스(JB):** 아마존에서는 '전원 참석 회의'를 합니다. 그리고 20년 동안 거의 모든 회의는 늘 이런 분위기를 띕니다. "한 달에 주가가 30퍼센트 올랐다고 해서 30퍼센트 더 똑똑해졌다고 생각하지는 맙시다. 주가가 한 달에 30퍼센트 떨어졌다고 해서 30퍼센트 더 멍청해졌다고 느끼는 건 한심한 일이니까요."

워런 버핏은 항상 위대한 투자자 벤저민 그레이엄Benjamin Graham을 인용하면서, 주식 시장은 단기적으로는 투표기와 같지만 장기적으로는 체중계와 같다고 강조합니다. 회사를 운영하려면 언젠가는 가치 평가의 대상이 된다는 걸 알고 있어야 합니다. 그냥 평가하게 내버려두면 됩니다. 매일의 주가에 연연해서는 안 되죠. 저는 그렇게 하지 않습니다.

DR: 그렇게 세계 최고의 부자가 된 거군요. 이 타이틀이 마음에 듭니까?

JB: 그런 타이틀을 원했던 적은 한 번도 없습니다. 세계에서 두 번째로 부유한 사람이라는 말은 그럭저럭 괜찮더군요. 그보다는 '발명가 제프 베조스'라거나 '기업인 제프 베조스' 또는 '아버지 제프 베조스'로 불리는 게 더 낫겠지만요. 이런 명칭들이 제게는 훨씬 더 소중합니다. 저는 아마존 주식의 16퍼센트를 보유하고 있습니다. 아마존의 가치는 대략 1조 달러죠. 이는 다른 사람들에게 8,400억 달러에 달하는 돈을 벌어다 주었다는 뜻입니다.

저는 전 세계의 수많은 문제를 해결하기 위해 기업가적 자본주의와 자유 시장의 힘을 굳게 믿는 사람입니다. 모든 문제를 풀지는 못해도 상당수는 가능하죠.

DR: 시애틀 근처의 워싱턴 주에 살고 계시죠. 지난 20년 가까이 최고의 부자로 꼽혔던 인물은 빌 게이츠였습니다. 세계에서 가장 부유한 두 사람이 같은 나라, 같은 동네에 살고 있을 확률은 얼마나 될까요? 그 동네에는 우리가 모르는 뭔가가 있나요? 매물로 나온 집은 더 없습니까?

JB: 얼마 전 빌을 만났습니다. 세계 최고의 부자 같은 것에 대해 농담을 나눴죠. 제가 "별말씀을!"이라고 했다니 그가 나를 쳐다보면서 "감사합니다!"라고 답하는 식이었죠. 메디나는 시애틀 교외에 있는 작지만 멋진 동네입니다. 그렇다고 해서 딱히 특별함 같은 건 없는 것 같아요. 제가 시애틀에 아마존 본사를 마련한 건 마이크로소프트 때문입니다. 수많은 기술IT 인재들이 모여 있는 곳이기에 재능 있는 사람들을 채용하기에 적합할 것이라 판단했습니다. 결국 제 생각이 맞았고요. 그러니 완전히 우연이라고는 할 수 없겠네요.

DR: 회사의 창업과 의사결정 방식에 대해 한 말씀 부탁드립니다.

JB: 지금까지 제가 해온 모든 건 '작은 것'에서 출발했습니다. 아마존도 두어 명으로 시작됐죠. 블루오리진(Blue Origin, 제프 베조스의 항공우주 기업)은 5명으로 시작했고요. 블루오리진의 예산은 정말 정말 적었는데, 지금은 1년 예산이 10억 달러 정도입니다. 2019년에는 10억 달러를 넘을 겁니다. 10명 남짓이었던 아마존 직원은 현재 50만 명 수준입니다. 엊그제 일처럼 아직 생생하군요. 직접 우체국으로 차를 몰고 가 소포를 부치면서 사업이 잘돼서 지게차가 생겼으면 좋겠다고 바라기도 했죠. 저는 작은 것들이 성장하는 과정을 직접 목격해왔습니다. 늘 '작은 것을 대하듯 해야 한다'는 걸 깨닫습니다. 아마존은 대기업이 되었지만 작은 기업의 마인드를 유지했으면 합니다. '데이 원 패밀리 펀드(Day One Families Fund, 2018년에 출범한 베조스의 자선기금으로 노숙자와 유아 교육을 지원하는 비영리 단체를 후원한다)'도 그런 식이 될 겁니다. 여러 가지 시도도 좀 해보겠죠. 뭘 할 것인지 아주 구체적인 아이디어를 생각해놓긴 했지만, 다양한 시도를 통해 성취할 수 있는 것이 많다고 생각합니다. 비즈니스와 인생에서 제가 내린 최고의 결정은 모두 분석analysis이 아니라 마음과 직관, 배짱에서 나왔습니다. 분석을 통해 의사결정을 내릴 수 있으면 그렇게 해야 합니다. 하지만 인생에서 가장 중요한 결정은 언제나 본능과 직관, 취향, 마음을 따라 내리게 됩니다.

다른 CEO와 창업자, 기업인 들과 자주 얘기를 나누다 보면 그들이 고객에 대해 얘기할 때도 사실은 경쟁업체를 몹시 신경 쓰고 있다는 걸 알 수 있습니다. 경쟁업체가 아닌 고객에게 집중하면 회사에 큰 이점과 강점이 됩니다.

그런 다음에는 고객이 어떤 사람들인지를 분명하게 파악해야 합니다. 예를 들어 〈워싱턴 포스트〉의 고객은 누구일까요? 광고주들일까요? 아닙니다. 고객은 구독자들입니다. 광고주들은 구독자들이 많은 곳을 원하고 언제든 그곳으로 이동할 것입니다. 별로 복잡할 건 없습니다. 학교를 예로 들면 고객은 누구일까요? 부모? 교사? 아뇨, 아이들입니다. 데이 원 패밀리 펀드에서 진행하는 일이 그런 겁니다. 우리는 아이들에게 집중합니다. 가능한 한 과학적으로 접근하고, 필요하면 마음과 직관을 이용하려고 하지요.

**DR:** 〈워싱턴 포스트〉를 인수한 이유가 뭡니까? 왜 그런 결심을 했나요? 그 분야에는 경험이 없을 텐데.

**JB:** 신문사를 사들일 생각은 없었습니다. 그건 생각도 못했던 일입니다. 어릴 적 꿈 같은 것도 아니었고요. 20년 지기인 돈 그레이엄Don Graham 이 중개인을 통해 〈워싱턴 포스트〉를 인수하는 데 제가 관심이 있는지 알고 싶어 했어요. 전 그럴 생각이 없다고 전했습니다. 신문에 대해서는 아는 게 정말 없었거든요. 여러 차례 대화 끝에 돈은 그건 별로 중요하지 않다고 안심시키더군요. 〈워싱턴 포스트〉 내부에 전문 언론인이 많다면서요. 그곳에 필요한 건 인터넷을 이해하는 사람이 었습니다. 그래서 제 마음의 소리에 깊이 귀 기울여 보았습니다. 이런 종류의 의사결정 과정은 제 경우에는 확실히 분석이 아닌 '직관'을 따르게 되니까요.

2013년 당시 〈워싱턴 포스트〉의 재정 상황은 엉망이었습니다. 고정비가 지출되는 사업인 데다가 지난 5~6년 동안 매출이 대폭 줄어들어 있었어요. 제 마음은 이렇게 말하고 있었습니다. '이게 정녕 내가 뛰어들고 싶어 하는 분야인가? 그렇다면, 이 일을 하려면 열정을 갖고 제대로 뛰어들어야 한다. 〈워싱턴 포스트〉가 정말 중요한 기관이라면 그렇게 해야 할 것이다!'

그러자 곧장 다음과 같은 생각 또한 떠오르기 시작했죠. '그래, 〈워싱턴 포스트〉는 세계에서 가장 중요한 나라의 수도에 있는 신문사다. 미국이라는 민주주의 국가에서 〈워싱턴 포스트〉는 엄청나게 중요한 역할을 하는 중요한 기관이다.'

〈워싱턴 포스트〉는 인터넷을 통해 무료로 기사를 배포합니다. 이 시스템을 잘 활용하는 전략을 짜야 했습니다. 상대적으로 적은 수의 구독자로 1인당 매출액을 최대한 올리던 비즈니스 모델에서 구독자 1인당 수익은 아주 적지만 많은 수의 구독자를 확보하는 모델로 전환해야 했죠. 이것이 곧 우리가 만든 변화였습니다. 〈워싱턴 포스트〉가 현재 흑자 전환했다는 기쁜 소식을 알려드려야겠군요. 뉴스룸도 성장 중입니다.

DR: 신문사 인수에 합의했을 때 제시된 가격이 2억 5,000만 달러였습니다. 협상을 통한 가격이었나요?

**JB:** 아닙니다. 돈 그레이엄에게 얼마를 원하는지 물었더니 "2억 5,000만 달러"라고 답하더군요. 저는 "좋다"고 말했습니다. 돈과는 협상하지 않았습니다. 실사도 진행하지 않았죠. 돈과의 거래에서는 그럴 필요가 없습니다.

**DR:** 저도 팔고 싶은 게 있는데…

**JB:** 하하하.

**DR:** 텍사스 출신이죠?

**JB:** 앨버커키에서 태어났지만 세 살인가 네 살 때 텍사스로 이사를 왔습니다.

**DR:** 어렸을 때부터 아주 똑똑한 학생이었나요?

**JB:** 언제나 공부는 잘했습니다. 나이가 들수록 얼마나 다양한 종류의 똑똑함이 있는지 알게 되죠. 마찬가지로 멍청함도 그 종류가 다양합니다. 저는 항상 미적분 시험에서 A+를 받지 못한 사람들이 엄청나게 똑똑하다는 걸 발견합니다. 그렇긴 하지만, 네, 저는 상당히 모범생이긴 했습니다.

**DR:** 졸업생 대표였던 걸로 압니다. 어쩌다가 프린스턴 대학교 진학을 결심했습니까?

**JB:** 이론물리학자가 되고 싶어 프린스턴에 갔습니다. 우등 물리학$_{honors}$ $_{physics}$ 과정을 신청했는데, 처음에는 수강생이 100명이었습니다. 양자역학으로 넘어갈 때쯤 되니까 30명쯤 남더군요. 그래서 양자역학을 공부하면서 컴퓨터 공학과 전기공학 수업을 많이 듣고 있었습니다. 이런 수업들도 재미가 있죠. 그런데 하루는 도저히 편미분방정식을 풀 수가 없는 거예요. 정말로 어렵거든요. 룸메이트 조$_{Joe}$가 수학을 진짜 잘해서 같이 공부했습니다. 우리 둘은 이 숙제에 세 시간 동안 매달렸지만 아무런 진전이 없었습니다. 마침내 책상을 마주하고 앉아 서로를 바라보며 동시에 외쳤습니다. "야잔타!"

야잔타Yasantha는 프린스턴에서 제일 똑똑한 녀석이었죠. 우리는 그의 방으로 가 방정식을 보여주었습니다. 그는 문제를 한동안 뚫어져라 쳐다보더니만 "코사인"이라고 말했습니다. "무슨 뜻이야?" "그게 답이야." "그게 답이라고?" "그래, 내가 보여줄게."

그는 3페이지에 걸쳐 대수학 풀이를 자세히 써내려갔습니다. 모든 걸 지우고 나니 코사인이란 답이 남았습니다. 저는 말했죠. "야잔타, 넌 그걸 암산으로 다 한 거야?" "아니, 그건 불가능하지. 3년 전에 이거랑 아주 비슷한 문제를 풀어봐서 이 문제랑 연결시킬 수 있었거든. 그랬더니 즉시 코사인이라는 답이 명확히 나왔지." 야잔타의 이 대답을 들었던 순간이야말로 제게 정말 중요한 순간이 아닐 수 없었습니다. 바로 그때 저는 훌륭한 이론물리학자가 절대 될 수 없다는 걸 깨달았거든요. 이론물리학 분야에서는 세계 최고 50인 중 한 명이 되지 않으면 세상에 기여할 수 있는 게 많지 않습니다. 저는 그러한 미래를 직감하고 재빨리 전기공학과 컴퓨터 공학으로 전공을 바꿨습니다.

DR: 그렇지만 최우등 졸업summa cum laude을 한 걸로 아는데요.

JB: 그랬죠.

DR: 파이 베타 카파(미국 대학 우등생 출신들로 구성된 엘리트 클럽 – 옮긴이) 멤버이고요.

JB: 네, 파이 베타 카파 멤버입니다.

DR: 그리고 인류 최고의 직업인 금융업에 뛰어드셨죠.

JB: 네. 저는 뉴욕 시로 가서 데이비드 쇼David Shaw라는 뛰어난 인물이 운영하는 정량적 헤지펀드인 D.E.쇼&컴퍼니D.E. Shaw and Company에서 일하게 됐습니다. 처음 일을 시작했을 때는 30명밖에 없었어요. 떠날 때가 되니 약 300명으로 늘었고요. 데이비드는 지금껏 제가 만났던 가장 뛰어난 사람들 중 한 명입니다. 그에게 배운 게 정말 많아요. 아마존 창업 당시 어떤 사람을 채용할 것인지 고민할 때 그의 아이디어와 원칙을 많이 적용했죠.

DR: 거기서 아주 유명했다고 들었습니다. 그런데 잘나가던 헤지펀드 일을 관두고 인터넷으로 책을 파는 회사를 창업하겠다고 결정한 계기는 무엇이었습니까? 어쩌다 그런 생각을 하게 된 겁니까?

JB: 1994년의 이야기입니다. 인터넷에 대해 아는 사람이 거의 없었습니다. 아주 극소수만 인터넷의 가치를 알았죠. 당시 과학자와 물리학자들이 인터넷을 사용하긴 했습니다. D.E.쇼&컴퍼니에서도 인터넷을 사용할 일이 있긴 했지만 많지는 않았습니다. 그러다가 저는 월드 와이드 웹www이 연간 2,300퍼센트씩 성장한다는 사실을 알게 됐습니다. 그때가 바로 1994년이었습니다. 그렇게 빠르게 성장하는 건 반드시 커지게 마련이죠. 저는 그걸 지켜보며 이렇게 생각했습니다. '비즈니스 아이디어와 인터넷을 연결한 다음, 인터넷이 우리와 함께 성장하도록 만들면, 우리는 그 일을 계속 번창시켜 나갈 수 있을 거야!'

저는 온라인으로 팔 만한 제품 목록을 만들었습니다. 제품군별 가능성을 평가한 후 마침내 책을 골랐습니다. 책은 어떤 면에서는 굉장히 특이합니다. 책이라는 범주에는 다른 그 어떤 범주보다도 훨씬 많은 품목이 들어가 있거든요. 전 세계적으로 300만 종의 발간 도서를 찾아낼 수 있지요. 아마존의 창업 이념은 모든 책을 찾아볼 수 있게 하는 것이었습니다. 가장 큰 서점에서 취급하는 도서 종수가 15만 개에 불과했던 시절이었습니다. 그래서 이 일을 시작했습니다. 소규모 팀을 채용해 소프트웨어를 만들고 시애틀로 옮겨왔죠.

DR: 시애틀을 선택한 이유는요? 역시 마이크로소프트 때문이었나요?

JB: 두 가지 이유였습니다. 당시 세계 최대 도서 물류창고가 오리건 주 로즈버그라는 마을 근처에 있었습니다. 그리고 마이크로소프트 출신 인재들을 채용할 수도 있었고요.

DR: D.E.쇼&컴퍼니를 그만둔다고 부모님께 말씀드렸죠? 거기서 잘나 가고 있었고 엄청난 돈을 벌고 있었음에도요. 아내에게도 나라 반대 편으로 이사 간다고 말씀하셨고요. 가족들 반응이 어땠나요?

JB: 모두 담담하게 저를 지지해 주었습니다. "인터넷이 뭐냐?"고 물어본 직후에요. 사랑하는 사람을 믿은 것이죠. 아이디어가 아니라 사람을 먼저 본 것이죠. 상사인 데이비드 쇼에게도 창업을 하겠다고 말했고 함께 센트럴파크를 오래 걸었습니다. 제 말에 한참 귀 기울인 후 그는 말했습니다. "좋은 생각 같군. 자네의 사업 아이디어는 자네보다는 괜 찮은 직장을 찾지 못한 누군가에게 훨씬 더 좋을 것 같군."

확실히 그의 말은 일리가 있었습니다. 최종 결정을 내리기 전 이틀 동 안 그 말을 곱씹어보았으니까요. 하지만 그건 머리가 아니라 마음으 로 내린 결정 중 하나였습니다. 저는 늘 다짐했어요. '여든 살이 되었 을 때 인생에서 후회할 거리를 최대한 남겨두지 말자'라고 말이죠. 후 회는 대부분 해보지 않은 것에서 오게 마련이죠. 실패해서가 아니라 시도해보지 않았기에 후회하는 겁니다. 우리를 괴롭게 하는 건 대부 분 이런 것들입니다. '왜 그 길을 가보지 않았을까…'

DR: 제가 아마존 사무실을 방문했을 때 당신이 우체국에 가서 책을 부쳐 야 한다고 말했던 게 기억납니다.

JB: 창업 후 수년간 그랬었죠. 첫 달에 저는 딱딱한 시멘트 바닥에 무릎을 꿇은 채 수작업으로 상자를 포장했습니다. 제 옆의 다른 사람도 똑같이 무릎을 꿇고 있었죠. 저는 "지금 우리한테 필요한 게 뭔 줄 알아? 무릎 패드야. 무릎이 아파 죽겠네"라고 말했죠. 제 옆에 있던 그 사람도 말했습니다. "포장대가 가장 필요해요." 저는 "내가 들은 가장 기발한 생각이야!"라고 했습니다. 이튿날 저는 포장대를 사 왔고, 우리의 생산성은 두 배가 되었습니다.

DR: 아마존이라는 이름은 어디서 따온 건가요?

JB: 세계 최대의 강이자 지구 최대의 생태계죠.

DR: 간단하군요. 곧바로 이름을 정한 건가요, 아니면 다른 후보들도 있었나요?

JB: 처음에 제가 떠올린 건 카다브라Cadabra였습니다. 시작이 얼마나 보잘것없었는지 설명하기가 쉽지 않군요. 시애틀로 차를 몰고 가면서 제대로 해보자 싶었죠. 주식회사를 설립해 법인 계좌를 만들고 싶었습니다. 그래서 친구에게 전화를 했더니 자기 변호사를 추천해주었습니다. 알고 보니 그는 이혼 전문 변호사더군요. 하지만 그는 회사 설립을 도와주었고 법인 계좌도 개설해주었습니다. 그가 요청했습니다. "법인 설립 서류를 작성하려면 회사명을 뭘로 할 건지 알아야 합니다." 저는 전화로 "카다브라"라고 불러주었습니다. 아브라카다브라의 카다브라였죠. 그가 묻더군요. "카데바(cadaver, 시체를 말함-옮긴이)요?" 그래서 저는 "이 이름은 안 되겠군요"라고 한 뒤 다시 알려주었습니다. "일단은 카다브라로 하고 나중에 바꾸기로 합시다." 3개월 후 아마존으로 회사명을 바꾸게 됐습니다.

DR: 책만 판매할 작정이었다면 지금처럼 세계 최고의 부자가 되진 못했겠죠. 다른 제품을 팔아야겠다는 생각은 언제 처음 하게 됐습니까?

**JB:** 책 다음으로는 음악을, 그다음으로는 동영상을 팔기 시작했습니다. 그후 저는 궁리 끝에 무작위로 선정한 1,000명의 고객에게 이메일 설문을 돌렸습니다. "현재 아마존에서 판매하는 상품 외에 구매하고 싶은 다른 상품은 무엇입니까?"

돌아온 답변은 놀랍게도 제게 '롱테일long tail' 전략을 환기시켰습니다. 기본적으로 그들은 설문을 받은 바로 그 순간에 자신이 찾고 있던 상품을 생각나는 대로 말했던 것이었습니다. 답변들 중 지금도 뚜렷이 기억나는 게 하나 있습니다. "자동차 와이퍼 블레이드를 살 수 있다면 좋겠어요. 지금 정말 그게 간절히 필요하거든요."

그래서 생각하게 됐습니다. '이런 식으로 뭐든 팔면 되겠다' 싶었죠. 그후 우리는 전자제품과 완구를 팔기 시작했고 점점 다양한 품목들을 추가했습니다. 처음 사업계획에는 책밖에 없었는데 말이죠.

**DR:** 주가가 한때는 100달러까지 올랐다가 6달러로 곤두박질치기도 하고 그랬던 것 같습니다만.

**JB:** 닷컴 버블이 정점을 찍었을 때, 아마존 주가는 113달러 정도에서 최고가를 찍었습니다. 그러다가 버블이 터지면서 주가가 6달러로 떨어졌죠. 1년도 안 되는 기간에 113달러에서 6달러로 추락한 겁니다. 그해 연례 주주 서한은 한 단어로 된 문장으로 시작됐습니다. 바로 "어이쿠"였습니다.

**DR:** 닷컴 버블 시기에 대부분의 인터넷 기업들은 문을 닫았습니다. 그럼에도 아마존만 살아남은 이유는 뭘까요?

**JB:** 닷컴 버블 시기 전체가 매우 흥미롭습니다. 주식은 회사가 아니고 회사도 주식이 아닌데, 그렇게나 많은 기업이 주가 때문에 사라졌으니까요. 주가가 113달러에서 6달러로 하락하는 동안 저는 아마존의 모든 사업 지표를 검토해보았습니다. 각각의 지표는 점점 빠르게 개선되고 있었어요. 비록 주가는 잘못되어가고 있었지만 회사 내부의 모든 상황은 제대로 흘러가고 있었습니다. 자본 시장에서 자금을 조달할 필요가 없었던 것이죠. 닷컴 버블 붕괴와 같은 금융위기가 닥치면 자금 조달이 정말 어렵습니다. 하지만 우리는 이미 충분한 자금을 확보한 상황이었습니다. 계속 성장만 하면 되는 거였죠.

DR: 월가wall street에서는 계속해서 물고 늘어졌죠. "아마존은 수익을 내지 않는다. 그저 고객을 모을 뿐이다. 대체 어디에서 이익을 내는가?" 당신의 대답은 이랬죠. "월가에서 뭐라고 하든 신경 쓰지 않는다."

JB: 저는 톰 브로코(Tom Brokaw, NBC 방송국 앵커 겸 보도국장을 지낸 언론인)가 진행하는 TV 프로그램에 나갔습니다. 그는 대여섯 곳의 인터넷 기업가들을 불러 모았습니다. 버블 붕괴 직전이거나 직후거나 그랬을 겁니다. 그는 한 명씩 인터뷰를 했는데, 제 차례가 되자 이렇게 묻더군요. "베조스 씨, '수익profit'이라는 단어의 철자는 알고 계십니까?" 그나저나 톰은 지금 저의 가장 좋은 친구입니다. 저는 대답했습니다. "당연하죠. p-r-o-p-h-e-t(profit과 발음이 같은 동음이의어로 선지자란 뜻 – 옮긴이)입니다." 그는 웃음을 터뜨렸습니다.

사람들은 아마존이 1달러를 팔아 90센트를 남긴다고 지적하며 "이것봐, 그렇게 해서 매출을 늘리는 건 누구나 할 수 있어"라고 비웃습니다. 아마존에서는 그런 방식으로 일하지 않습니다. 아마존의 총이익이 마이너스였던 적은 없습니다. 아마존은 고정비가 소요되는 사업입니다. 제가 내부 지표를 통해 알 수 있었던 것은 특정 규모 수준에서 고정비를 충당하면 회사는 수익을 낸다는 사실이었습니다.

DR: '아마존 프라임Amazon Prime' 서비스는 고객이 실제로 상품과 서비스를 구입하기 전에 가입 회비로 수익을 낼 수 있는 상당히 좋은 방법인 것 같습니다. 전 세계 1억 명 이상이 가입한 이 유료 구독 서비스는 누구의 아이디어였나요?

JB: 창의적인 아이디어가 대개 그렇듯이 이 또한 팀 내부에서 나왔습니다. 저는 팀 단위로 혁신하는 방식을 좋아합니다. 제일 좋아하죠. 미래에 2~3년간 살게 되는 행운을 누리는 셈이니까요. 누군가가 아이디어를 내면 다른 사람들이 그걸 발전시키고, 그러면 또 다른 사람들이 그게 안 되는 이유를 들고 나옵니다. 그런 다음 다 같이 장애물을 해결하죠. 상당히 즐거운 과정입니다. 프라임 서비스를 출시할 때까지 고려해야 할 점이 몇 가지 있었습니다. 이사회 임원들 중 한 명인 빙 고든Bing Gordeon은 언제나 '회원 고객 우대 프로그램'을 만들고 싶어 했죠. 우리는 그 우대 프로그램이 어떤 모습이 될까 늘 궁금했습니다. 그러다가 한 젊은 소프트웨어 엔지니어가 프라임 서비스 아이디어를 냈습니다. 쉽게 말해 '빠른 무료 배송 서비스가 포함된 무제한 뷔페 제공'이었죠. 재무팀이 이 아이디어를 실제 프로그램으로 만들었는데, 비즈니스 측면에서는 정녕 끔찍했습니다. 그 비싼 배송비를 무료로 제공해야 했으니까요. 고객들은 무료 배송을 정말 사랑하죠. 주문 횟수에도 제한을 두지 않을 생각이었습니다. 10~20달러짜리 제품을 하나 구입해도 '2일 무료 배송 서비스'를 받을 수 있었죠. 이 아이디어를 실제 출시했을 때도 썩 좋아보이지 않았어요. 하지만 우리는 마음과 직관을 따라야 한다는 생각으로 돌아갔습니다. 위험을 감수하고 본능을 따라야 한다는 걸 알고 있었습니다. 올바른 결정은 모두 그런 식으로 내려야 합니다.

그룹과 함께 의사결정을 내리면 매우 겸손해집니다. '틀린다는 것'이 그리 나쁜 게 아니거든요. 그건 서로 다른 겁니다. 우리는 파이어폰Fire Phone을 비롯해 결과가 좋지 않았던 여러 가지 특이한 것들을 만들기도 했습니다. 실패로 끝난 실험들을 모두 말씀드릴 시간은 없습니다만 대박이 난 제품들이 몇 개 있으면 실패한 실험이 수천 개라도 이득이 되죠. 그래서 프라임 서비스 같은 걸 시도하는 겁니다. 처음에는 비용이 꽤나 많이 들어갔습니다. 무제한 뷔페를 무료로 제공하면 어떤 일이 벌어질까요? 그 뷔페에 처음 나타나는 사람은 누구일까요? 대식가들이죠! 겁이 납니다. '맙소사, 내가 정말로 새우튀김을 마음껏 드시라고 말했단 말인가?'

하지만 추세선을 살펴보면 곧 다양한 고객들이 몰려와 해당 서비스를 평가한다는 것을 알 수 있었습니다. 그렇게 프라임 서비스가 자리를 잡게 됐습니다.

DR: 오전 10시 전 회의는 싫어하신다고요.

JB: 그렇습니다.

DR: 수면시간은 8시간이고요.

JB: 저는 일찍 자고 일찍 일어납니다. 아침에 빈둥거리는 걸 좋아합니다. 신문을 읽고 커피 마시는 걸 즐기죠. 아이들이 학교 가기 전에 같이 아침 먹는 것도 좋아합니다. 제게는 빈둥거리는 그 시간이 정말 중요합니다. 그래서 첫 회의 시간을 오전 10시로 잡습니다. 머리를 많이 써야 하는 회의는 점심시간 전에 하는 걸 선호합니다. 정신적으로 굉장히 힘들어지는 시간이 바로 10시 회의죠. 오후 5시쯤에는 '오늘은 더 이상 그 문제에 대해 생각을 못 하겠으니까 내일 아침 10시에 다시 하자'라는 식이 되죠. 저는 8시간은 잠을 자야 합니다. 그래야 머리가 잘 돌아가고 에너지도 더 생기고 기분도 좋아지니까요.

그리고 한번 생각해보세요. 고위급 임원이 어떤 일을 하고 월급을 받는지를요. 얼마 되지 않는 양질의 의사결정을 내리는 대가로 돈을 받는 겁니다. 매일 수천 개의 결정을 내리는 게 아니죠. 하루에 올바른 의사결정을 세 가지만 내려도 충분합니다. 워런 버핏도 "1년에 올바른 의사결정 세 가지를 내리면 잘한 것이다"라고 말합니다. 저는 이 말이 진짜라고 생각합니다. 아마존의 임원들은 모두 저와 똑같이 생각하고 행동합니다. 그들은 미래 속에서 일하고, 미래 속에서 삽니다. 제게 보고하는 임원들 중 그 누구도 이번 분기에만 매달려 사는 사람은 없습니다.

분기별 컨퍼런스 콜도 잘될 거고 월스트리트에서는 우리의 분기별 실적을 좋아할 것입니다. 사람들은 제게 다가와 이번 분기 실적을 축하한다고 인사를 건네겠죠. 물론 저는 고맙다고 답례할 것이고요. 하지만 저는 속으로 이렇게 생각할 겁니다. '그건 3년 전에 만들어둔 결과일 뿐입니다.' 지금은 2021년에 공개될 분기별 실적을 만드는 데 집중하고 있죠. 중요한 건 이런 작업입니다. 2~3년 앞서 시작해야 합니다.

DR: 베조스 씨, 당신이 아마존에서 쇼핑할 때도 주문 오류가 나나요? 그럴 때는 전화를 걸어 불만을 접수하나요, 아니면 문제가 전혀 없었나요?

JB: 저는 이 방에 있는 여러분 모두와 마찬가지로 아마존 고객입니다.

DR: 당신의 계정을 전담하는 사람이 있습니까?

JB: 이 방에 계신 분 중 아마존 고객이 아닌 분이 계시다면 끝나고 저 좀 만나시죠. 제가 차근차근 알려드리겠습니다. 당연히 문제가 생길 때가 있습니다. 그러면 제가 고객의 문제를 처리할 때와 같은 방식으로 이를 처리합니다. 제 이메일 주소는 잘 알려져 있죠. 지금 읽어드리겠습니다. Jeff@Amazon.com.입니다. 제가 받는 이메일을 모두 볼 수는 없습니다. 너무 많아서인데, 그래도 꽤 많이 읽어보는 편입니다. 호기심이 가는 이메일을 골라 읽습니다. 고객의 이메일을 읽어보면 문제가 무엇인지 파악됩니다. 아마존이 뭔가 잘못한 게 있는 겁니다. 보통 사람들이 이메일을 보낼 때는 어떤 식으로든 주문에 문제가 생겼기 때문입니다. 그러면 저는 사례 연구를 통해 실제 문제의 근원을 찾아보라고 고객팀에 지시합니다. 그런 다음 실제 문제의 근원을 찾아서 해결하는 겁니다. 문제를 제기한 해당 고객뿐 아니라 모든 고객을 위해서 발생한 문제를 본질적으로 해결하는 것이죠. 이런 과정은 우리 업무의 큰 부분을 차지합니다. 주문에 오류가 생기거나 고객 경험이 별로라면 저는 그런 식으로 처리할 겁니다.

**DR:** 온라인 소매 판매 업계에 혁신을 일으킨 후 이제 오프라인 매장에까지 진출했습니다. 홀푸드Whole Foods를 인수하셨죠.

**JB:** 몇 년째 그런 질문을 받고 있습니다. "언젠가는 오프라인 매장을 열 생각인가요?" 저는 이렇게 말합니다. "네, 하지만 차별화된 제품과 서비스를 확보하는 경우에만요." 기존의 다른 서비스를 따라서 비슷한 걸 시도해봤더니 호되게 대가를 치르게 되더군요. 별 성과가 없었습니다. 아마존은 남보다 앞서 새로운 걸 만들어내는 프로젝트를 훨씬 더 잘합니다.

**DR:** 우주와 우주 여행에도 아주 관심이 많으시죠. 블루오리진을 비밀리에 설립한 후에 최근에 공개하기도 했고요. 매년 10억 달러 이상의 개인 자산을 투자하고 계신다고요. 어떤 목적으로 운영하고 있습니까? 사람들을 우주로 올려보낼 생각인가요?

**JB:** 제가 하고 있는 가장 중요한 일이고, 이에 대해 강한 확신이 있습니다.

단순한 논리예요. 지구는 최고의 행성이니까요. 우리는 이제 태양계 내 모든 행성에 로봇 탐사선을 보냈습니다. 정말이지 이건 획기적인 일입니다. 하지만 앞으로 온갖 문제에 부딪히겠죠. 수천 년에 걸친 역사를 통틀어 처음으로 우리는 행성 크기에 맞먹을 만큼 거대한 존재가 되었습니다. 우리는 정확히 한 가지 방식, 즉 태양계로 진출하는 방식으로 문제들을 해결할 수 있습니다. 이와 관련한 제 역할은 재사용 가능한 우주선을 만드는 것입니다. 우주 기반 시설을 지은 다음, 제가 UPS나 페덱스FedEx를 이용해 아마존을 창립한 것처럼 다음 세대들이 그 기반 시설을 이용했으면 하는 거지요. 블루오리진은 바로 그런 생각에서 출발했습니다.

마지막으로 제 부모님 얘기를 할까 합니다. 사람마다 살면서 주어지는 선물이 제각기 다른데, 그중 하나가 바로 부모님입니다. 제 부모님은 무조건 저를 사랑해주셨죠. 어머니는 저를 임신하셨을 때 열일곱 살이었습니다. 뉴멕시코 주 앨버커키에서 고등학교를 다니고 있었죠. 분명 1964년에는 여고생이 임신한다는 건 그다지 환영받을 일이 못 되었을 겁니다. 부모님과 함께 제 인생에서 정말 중요한 인물인 할아버지는 어머니를 돕기 위해 나섰습니다. 고등학교에서 어머니를 퇴학시키려고 했기 때문입니다. 할아버지는 말씀하셨죠. "아이를 쫓아낼 수 없습니다. 공립학교 아닙니까. 우리 아이는 학교에 다닐 겁니다." 할아버지는 학교 측과 한참 동안 협상을 했고 마침내 교장이 말했습니다. "좋습니다. 졸업할 때까지 계속 다니는 건 허락하죠. 다만 어떤 방과 후 활동에도 참여할 수 없으며 사물함도 지급되지 않을 겁니다." 매우 현명한 분이셨던 할아버지는 답하셨죠. "알겠습니다. 그렇게 합시다." 그렇게 어머니는 고등학교를 졸업했습니다. 그리고 저를 낳은 후 아버지와 결혼하셨죠. 제 친부가 아닌 키워주신 아버지와 말입니다. 제 아버지 마이크는 쿠바계 이민자입니다. 그는 앨버커키 대학교의 장학생이었는데, 그곳에서 제 어머니를 만나셨습니다.

언뜻 소설 같은 가족사처럼 보이죠. 저희 부모님이 어렸기 때문이겠지만, 할아버지는 매년 여름 저를 할아버지 소유의 목장에 데려가시곤 했는데, 그게 네 살 때부터였습니다. 지금껏 가장 기억에 남는 멋진 일이었습니다. 네 살부터 열여섯 살까지 여름마다 할아버지 목장에서 함께 일하곤 했습니다.

할아버지는 수완이 좋은 분이었습니다. 가축을 치료하는 일도 모두 직접 하셨습니다. 직접 바늘을 만들기도 하실 정도였습니다. 와이어에 망치질을 하고 드릴로 작은 구멍을 낸 다음 날카롭게 갈아서 바늘을 만드셨죠. 그걸로 소의 상처를 꿰맬 수 있었습니다. 소들은 정녕 그걸 견뎌내더군요. 할아버지는 우리 모두의 삶에 큰 영향을 준 분이었습니다. 돌아보기 전까지는 부모님이 얼마나 중요한 존재인지 깨닫지 못합니다. 정말 대단한 존재죠. 그리고 제 할아버지는 저에게는 또 한 명의 부모 같은 분이셨습니다.

# 02 빌 게이츠

마이크로소프트 공동창업자

*Bill Gates*

> "어떤 목표를 정하고, '그게 나의 목표!'라고 외치고 나서,
>
> 저는 곧장 그 일에 집중합니다."

지난 25년간 마이크로소프트Microsft의 공동창업자 빌 게이츠는 세계에서 가장 부유한 사람으로 손꼽혀왔다. 그리고 지난 10여 년간 그는 아내와 함께 세계 최대의 자선단체인 빌&멜린다 게이츠 재단Bill&Melinda Gates Foundation을 운영해왔다.

빌 게이츠의 성공 스토리는 너무나 유명하지만 여전히 사람들의 마음을 사로잡는다.

빌은 괴짜 천재로 통했다. 1975년 그는 하버드 대학교를 중퇴하고 폴 앨런Paul Aiien과 함께 모든 이의 필수품이 될 컴퓨터를 구동하는 소프트웨어 회사를 창업했다. 명석함과 맡은 일에 강박적으로 매달리는 성실함, 타고난 사업 감각 덕분에 빌은 마이크로소프트를 시장 가치가 1조 달러가 넘는 세계 최고의 소프트웨어 기업으로 만들어냈고, 이제 사실

상 마이크로소프트의 이름이 없는 퍼스널 컴퓨터PC는 없다시피 할 정도가 되었다.

빌 게이츠는 현재 이러한 기술들을 자선 사업이라는 사명에 활용하면서 개발도상국의 보건 향상 활동을 이끌고 있다. 이를 계기로 그는 일찌감치 감염병의 팬데믹에 대해 경고하기도 했고, 중등교육에 해당하는 미국의 K-12 교육 개선 활동에도 참여하고 있다. 그뿐 아니라 아내 멜린다와 워런 버핏 등과 함께 세계 최고 부자들이 참여하는 '기빙 플레지' 캠페인을 시작했다.

비상한 머리와 열정적인 태도에도 불구하고 빌 게이츠가 젊었을 때는 누구도 이런 성공을 전혀 예측할 수 없었다. PC와 소프트웨어의 등장으로 세계적 성공을 거둔 회사가 나타날 줄, 그리고 존 록펠러 시대 이후 그 어떤 사람보다도 엄청난 부를 축적한 사람이 나타날 줄 그 누가 알았겠는가?

빌 게이츠조차도 예측할 수 없었을 것이라고 스스로 인정했다. 그렇다면 이런 일이 어떻게 가능했을까? 그의 독보적인 성공은 비전과 지성, 적극성과 집중력이 한데 어우러진 결과일 것이다. 이 중 한두 가지 요소를 갖춘 사람들은 많지만 네 가지 모두를 갖춘 사람은 드물다.

이 네 가지 중 어떤 것이 실제로 가장 중요한 것일까? 빌 게이츠의 경우에는 어디에서나 PC가 사용될 것이고, 거기에는 반드시 공통된 소프트웨어가 필요할 것이라고 예측한 그의 비전이었다. 하드웨어보다 소프트웨어가 훨씬 중요해질 것이라는 그의 통찰은 적중했다.

그는 지적인 처리 능력과 노력, 집중력이 성공의 밑바탕을 이루는 모든 분야에서 놀라운 성공을 거두었다. 나아가 세계에서 가장 존경받는, 언제나 세간의 관심을 불러 모으는 인물이 되었다.

내가 처음 그를 만난 것은 2010년 3월 11일, 그가 내 워싱턴 사무실을 찾아왔을 때였다. 당시 우리는 자선 활동과 곧 발표할 기빙 플레지 캠페인에 대해 대화를 나누었다. 대화록은 남아 있지 않지만, 빌 게이츠를 사무실로 불러다 놓고 치즈버거를 먹었다는 사실은 세간의 시선을 끌 법도 하다.

빌은 유명세를 좇는 사람이 아니다. 그가 이룬 성취들에 대해 즐겨 이야기하는 편도 아니다. 하지만 2016년 6월 그의 시애틀 사무실에서 진행된 이 인터뷰를 통해 나는 그의 통찰력을 충분히 엿볼 수 있었다.

# interview with titans

**데이비드 루벤스타인(DR):** 세계 최고의 기술 기업, 아니 세계 최고의 기업 중 하나를 만드셨죠. 이제 최고의 재단 중 하나를 만들어 운영 중이신데요. 마이크로소프트를 설립할 때와 비교해 빌&멜린다 게이츠 재단을 운영하는 일이 얼마나 힘드십니까? 어떤 일이 더 어렵고 어떤 일이 더 즐겁나요?

**빌 게이츠(BG):** 생각보다 그 둘은 공통점이 많습니다. 혁신을 찾아 끈질기게 매달리고 팀을 구성해 성공과 실패를 함께 겪는 것이죠. 말하자면 변화의 이론을 따른다고 할까요.

마이크로소프트에서 일할 때는 정말 어렸습니다. 열일곱 살에 일하기 시작해 그 일에 매진해오다가 쉰세 살에 이르러 자선 재단 일에 전

넘하기로 마음을 바꿨습니다. 초창기에는 미친 듯이 일만 했죠. 결혼도 안 했고 아이도 없었으니까요. 서른이 될 때까지 주말도 모르고 살았습니다. 휴가 같은 것도 전혀 필요 없었어요. 소스 코드를 작성하고 밤샘 작업을 하면서 엄청난 성취감을 느꼈습니다. 20~30대 시절 내내 마이크로소프트는 더할 나위 없는 직장이었습니다. 그러다가 멜린다를 만나 결혼하고 아이도 갖게 됐습니다. 세상을 좀 더 넓은 시각으로 바라보게 되었고 '부의 분배' 등에 대해 생각하게 됐습니다. 이 시기에 많은 즐거움을 얻었습니다. 소프트웨어뿐 아니라 생물학을 비롯한 다양한 분야의 과학자들과 교류했고, 완벽했습니다.

회사를 운영하는 것과 재단을 운영하는 것은 둘 다 어려운 일입니다. 더 나아질 수 있고, 더 많이 배워야 하고, 팀을 만들고, 더 혁신적으로 생각할 수 있다고 항상 되새깁니다. 좋은 결과를 얻곤 하지만 늘 더 잘해내고 싶어 합니다.

DR: 잠시 마이크로소프트 얘기를 해보죠. 고등학생 때부터 컴퓨터 관련 일을 하고 싶었다고요. 그 시절에 컴퓨터에 대해 아는 사람들이 많았습니까?

BG: 매우 특별한 시대였습니다. 왜냐하면 제가 어렸을 때는 컴퓨터가 정말 비쌌거든요. 저는 친구 폴 앨런과 함께 워싱턴 대학교 컴퓨터실에 몰래 숨어 들어가기도 했는데, 밤에는 아무도 사용하지 않았기 때문입니다. 우리는 컴퓨터로 가능한 일들에 완전히 반해버렸지만, 그걸 아는 사람은 극소수였습니다. 우리는 열심히 노력했고 결국 운 좋게 성공할 수 있었습니다.

그러다가 컴퓨터를 인텔Intel이 만드는 칩으로 옮겨오자는 생각을 하게 됐습니다. 말 그대로 컴퓨터가 당시 가격보다 앞으로 백만 배는 더 저렴해질 것이고, 성능이 더 강화되면서 개별적으로 컴퓨터를 사용할 수 있는 사람들이 획기적으로 늘어날 터였으니까요. 그렇게 되면 필요한 소프트웨어와 업계가 돌아가는 방식이 엄청나게 변할 것이라는 생각이 들었습니다. 그런 상황에 놓여 있다는 게 커다란 행운이었던 것이죠. 폴은 인텔의 칩을 보면서 말했습니다. "이거 정말 놀랍지 않아? 왜 다른 사람들은 이걸 모를까?" 우리는 어렸고 하드웨어가 아니라 소프트웨어 관점에서 바라보고 있었기에 다른 사람들과는 다른 방식으로 밀고 나갈 수 있었던 겁니다.

DR: 가족들은 뭐라고 생각했나요?

BG: 제가 어렸을 때 부모님은 독서, 그것도 크게 소리 내어 읽기를 상당히 권장하셨죠. 등록금 부담이 만만찮았을 텐데도 감사하게도 저를 사립학교에 보내주셨습니다. 그래서 좋은 교육을 받았습니다. 레이크사이드 스쿨Lakeside School에 다녔는데, 컴퓨터라기보다는 컴퓨터로 전화를 거는 초창기 터미널이 학교에 있었습니다. 정말 운이 좋았던 거죠.

부모님은 제가 컴퓨터에 미쳐서 운동도 빼먹고 밤새도록 방에 처박혀 있다는 걸 알고 계셨습니다. 제가 밤에 이런 일에 매달려 있지 않길 바라시는 것 같으면 이따금 집 밖으로 나가곤 했습니다. 좀 괴짜 취급을 받는 아이였습니다.

중요한 순간이 찾아온 것은 제가 3학년 때 학교 대신 소프트웨어 회사에 취직하고 싶다고 말씀드렸을 때였습니다. TRW라는 회사는 멋진 네트워크 전기화 프로젝트를 진행하고 있어서 꼭 일해보고 싶었습니다. 부모님은 제가 취미로 하는 건 기꺼이 허락해주셨죠. 하지만 하버드 중퇴 얘기가 나왔을 때는 복학 가능성이 있긴 했지만 좀 걱정하셨습니다. 그래도 그때까지 제가 직접 생활비를 벌어서 썼기 때문에 부모님은 그저 저를 지켜보기만 하셨습니다.

DR: 다른 학교에도 지원하셨었나요?

BG: 프린스턴, 예일, 하버드에 지원했습니다.

DR: 전부 합격하셨고요?

BG: 네, 저는 성적이 좋았고 SAT 시험도 잘 봤습니다.

DR: SAT 시험에서 만점을 받으셨죠?

BG: 네, 저는 시험을 잘 보는 유형입니다.

DR: 그래서 하버드에 진학했고, 2학년을 마친 후 중퇴한 건가요?

BG: 사정이 좀 복잡합니다. 마이크로소프트를 운영하느라 6개월 동안 휴학했고, 복학해서 다시 6개월을 다녔습니다. 그래서 사실 중퇴할 때 쯤에는 3년을 마쳤어야 했는데 그러질 못했습니다. 잘되길 바라며 친구에게 회사를 맡기기도 했었지만, 계속되는 사업 기회와 복잡한 이유들 때문에 다시 학교로 돌아가지는 못했습니다.

DR: 하버드 학위가 있었더라면 더 나은 인생을 살지 않았을까, 생각한 적은 없었나요?

BG: 저는 중퇴자치고는 별난 축에 속했죠. 항상 대학 수업을 듣거든요. 저는 '러닝 컴퍼니(The Learning Company, 1980년 설립된 미국의 교육용 소프트웨어 회사)'의 강좌들을 무척 좋아합니다. 학생이 되는 건 즐거운 일이죠. 하버드를 다닐 때는 주변의 똑똑한 사람들에게 많이 배웠습니다. 학교를 계속 다니지 못해 아쉽긴 합니다만 학습 기회를 놓쳤다고 생각하지는 않습니다. 배워야 할 것이 있으면 계속해서 배웠으니까요.

DR: 중퇴 여부가 인생에서 가장 중요한 일은 아니었겠지만, 중퇴하지 않았더라면 컴퓨터 혁명의 선두주자가 될 기회를 잃고 마이크로소프트가 지금의 위치에 오르지 못했을 가능성도 있었을까요?

BG: 당시에는 그렇다고 확신했습니다. '소프트웨어가 점점 중요해지리라는 건 분명해. 지금 당장 이 소프트웨어를 만들어서 남들보다 앞서 가지 않으면 우리는 영영 특별해지지 못할 거야'라는 절박한 위기의식이 있었죠. 지금 생각해보면 1년 후에 나왔더라도 크게 다르지는 않았을 것 같긴 합니다.

IT 업계가 꽤 천천히 움직이기 시작했기 때문입니다. 분명한 것은, 칩은 개선이 필요했고 원래 PC에서 그다지 달라진 건 없었다는 겁니다. 디스크도 없었고 그래픽도 없었죠. 빠르게 움직이는 게 늘 중요하다고 생각했지만 1년 뒤였어도 괜찮았을 것 같습니다.

DR: 초창기에는 명문대 중퇴자란 것 말고는 딱히 내세울 게 없었을 텐데, 일을 찾거나 취직하기가 어렵지는 않았나요? 동안인 데다가 목소리도 고음인 편인데, 나이 많은 사업가들이 진지하게 받아들이던가요?

BG: 굉장히 양면적이었습니다. 젊은 괴짜들을 보고 '과연 믿어도 될까? 이런 녀석들은 한 번도 본 적이 없는데 말이야'라고 반응하는 사람들도 있었습니다. 하지만 우리가 작성한 코드를 본 사람들은 잔뜩 흥분했습니다. 우리의 성과물과, 소프트웨어의 중요성에 대한 우리의 맹렬한 믿음과, 어떻게 하면 자기네 회사에서 이런 작업을 빠르게 진행할 수 있는지에 대해 귀 기울여 듣고는 '와, 이 녀석들은 천재인가보군' 하고 생각하는 거죠. 때로는 우리가 가진 능력 이상을 기대하기도 했습니다.

맞습니다. 우리는 인정받기 위해 싸워야 했습니다. 너무 어려서 차를 빌릴 수도 없어 택시를 타고 다녀야 했죠. 좀 거친 사람들도 있었습니다만 당시 우리는 일정 정도 성공을 거둔 상태였기에 소프트웨어에 대한 우리의 굳은 신념에 큰 매력을 느끼더군요.

DR: 사실인지는 모르겠지만, IBM이 자사의 PC용 운영체제를 개발하려고 했다는 얘기가 있습니다. 당신은 그 계약을 따내려고 했죠. 당신의 어머니가 미국 공동모금회United Way 이사로 계셨는데, 그 이사회에 IBM의 CEO도 있었다고 알고 있습니다. 어머니가 당신을 추천했고 당시 IBM CEO도 당신을 추천했죠? 그렇게 해서 계약을 따낸 건가요?

BG: 어머니가 저녁을 먹으러 오라고 말씀하실 때마다 저는 너무 바쁘다고 답하곤 했습니다. 밀고 당기기를 반복하다가 결국 제가 일주일에 한 번 이상 찾아뵙기로 했습니다. 언젠가 대화를 나누다가 제가 "진짜 중요한 대형 IBM 계약 건이 있는데, 우리는 이게 차세대 PC를 탄생시킬 것이라고 기대하고 있다"고 말했습니다. 어머니는 공동모금회 회의에 가서 당시 CEO였던 존 오펠John Opel에게 "내 아들이 당신 회사를 위한 일을 하고 있다"라고 말씀하셨습니다. 어머니는 그가 처음 듣는다는 표정을 하고 있다는 걸 알아차리셨죠. 제게 오셔서는 "너에 대해 들은 적이 없다는구나"라고 하셨습니다. 역설적이게도, IBM의 플로리다 연구소가 본사에서 검토를 진행하겠다고 했을 때, 당시 연구소가 "소프트웨어 부분은 이 작은 회사가 맡아서 할 겁니다"라고 하자 존 오펠이 "아, 그게 메리 게이츠의 아들이군요"라고 말했다고 합니다.

DR: 회사를 상장시키기로 한 게…

BG: 1986년이었습니다.

**DR**: 그러면 그 당시에 이미 억만장자이셨나요?

**BG**: 거의 그런 셈이죠. 회사가 상장된 지 1년도 안 되어 〈포춘Fortune〉 지 표지에 '빌 게이츠에게 3억 5,000만 달러를 벌어다 준 거래' 같은 헤드라인이 실렸습니다.

**DR**: 나이에 비해 엄청난 부자였던 거네요. 회사가 상장됐을 때 몇 살이었죠?

**BG**: 서른이었습니다.

**DR**: 새롭게 억만장자 대열에 합류하셨군요. 그 때문에 갑자기 유명인사가 된 건가요? 부자가 되면서 더 많은 친구가 생겼나요? 고등학교 때 알던 사람들이 전화해서 "더 친해지고 싶다"고 말하지는 않던가요? 인생이 어떻게 바뀌었습니까? 아니면 전혀 바뀐 것이 없었나요?

**BG**: 그 시기는 굉장했습니다. 정말 빨리 직원을 채용할 수 있었거든요. 인사관리에 뛰어난 스티브 발머Steve Ballmer를 영입했고 그는 큰 도움이 되었습니다. 우리에게는 시장을 주도해야 한다는 조급함이 있었습니다. 윈도Window의 그래픽 인터페이스도 우리가 구현하려던 것들 중 하나였습니다. 신속하게 인재를 채용하고 투자해 세계적인 회사로 키울 수 있다는 생각에 저는 엄청난 매력을 느꼈습니다. 그와 동시에 너무나 바빴습니다. 친구가 전화를 걸어와도 통화에 시간을 많이 낼 수가 없었죠. 회사를 만드는 데 골몰해 있었어요. 어떻게든 사람들에게 소프트웨어의 마법에 대해 쉽게 설명하고자 애썼습니다. 물론 무엇보다 마이크로소프트를 위한 일이었지만 사람들에게 소프트웨어, 나아가 인터넷이 결합된 소프트웨어가 엄청난 변화의 촉매이자 기회라는 걸 알려주고 싶었습니다. 그런 게 참 즐거웠고 가슴 벅찬 경험이었습니다. 하지만 늘 이런 생각도 잊지 않았습니다. '이러다가 선두자리를

놓치고 말 거야. 계속해서 더 잘해야 해!'

DR: 그런데 당시에 또래에 비해 엄청난 돈을 버셨는데. 근사한 차를 지르겠다, 비행기를 사겠다, 보트를 사겠다 같은 생각을 한 적은 없었나요? 그런 데는 관심이 없었나요?

BG: 질렀다고 하기엔 좀 소소한 것이긴 하지만, 포르쉐 911을 구입했습니다. 중고이긴 해도 굉장한 차였죠. 가끔은 밤에 사색이 필요하면 그냥 밖으로 나가서 고속으로 질주하기도 했습니다. 다행히 죽지는 않았죠.

DR: 초창기에 스티브 잡스와의 관계는 어땠습니까? 그리고 어떻게 변했나요?

BG: 처음에 둘 다 앨버커키에 있었습니다. 애플1은 스티브 워즈니악Steve Wozniak이 설계한 조립 키트 컴퓨터였는데, 스티브 잡스와 함께 작업했죠. 그들은 애플1을 다양한 컴퓨터 클럽 모임에서 선보였습니다. 우리는 수많은 컴퓨터 클럽 모임에 다녔습니다.

그 애플 컴퓨터는 제 첫 번째 고객인 미츠 사가 만든 미츠 알테어MITS Altair 컴퓨터와 경쟁하게 됐습니다. 스티브 워즈니악은 베이직BASIC 인터프리터를 직접 만들 생각이었죠. 인터프리터는 초창기에 사람들이 이 컴퓨터들을 프로그래밍할 수 있도록 지원하는 아주 중요한 요소였습니다. 그런데 워즈니악이 다른 데 정신이 팔리는 바람에 사실상 제가 애플2에 탑재되는 베이직 소프트웨어를 설계했습니다. 그래서 스티브 잡스와 꽤 많은 시간 함께 일할 수 있었죠. 그와 나는 퍼스널 컴퓨팅의 복음을 전하는 일을 하는 동료였던 셈이죠. 때론 경쟁자이기도 했고요. 우리가 가장 치열하게 함께 일했던 때는 IBC PC가 출시된 후였습니다. 스티브 잡스는 애플에 작은 그룹을 두고 있었는데, 바로 매킨토시를 만들고 있었죠. 그는 초반에 나와 내 동료들을 찾아와 역량을 투입할 수 있는지 물었습니다. 우리는 사실 그 프로젝트에 애플보다 더 많은 인력을 지원했고, 마우스 그래픽 인터페이스를 사용한 초창기 응용 프로그램 소프트웨어를 만들었죠. 매킨토시가 성공을 거뒀을 때 마이크로소프트와 애플 모두 상당한 이익을 거뒀습니다.

DR: IBM에게서 따낸 그 유명한 소프트웨어 계약에서 궁금한 게 있습니다. IBM은 왜 그 소프트웨어의 저작권을 당신에게 준 건가요? 왜 그 소프트웨어가 IBM의 PC에 장착될 때마다 일정한 금액을 당신에게 지불하는 라이선스 방식을 선택한 건가요? IBM의 실수였나요?

BG: 그렇습니다. 그 소프트웨어가 바로 'MS-DOS'였습니다. 그래픽 인터페이스가 나오기 전, 모니터에 텍스트만 뜨는 PC 운영체제였죠. 우리는 이 소프트웨어를 IBM이 생산하는 PC에 장착하려고 했는데, IBM 사내법무팀에서 이 소프트웨어의 저작권을 자신들이 소유하는 걸 부담스러워했습니다. 그래서 저작권은 우리가 갖고, IBM은 일종의 사용료를 낸 것입니다. IBM의 PC가 시장을 완전히 장악하면서, 우리는 MS-DOS로 엄청난 돈을 벌 수 있었습니다.

IBM은 소프트웨어의 가치를 알아보지 못했습니다. 가장 중요한 건 하드웨어라 생각했고 소프트웨어는 그저 일종의 필수품 정도로만 가볍게 여긴 것이죠. 우리와 같은 비전을 깨달았더라면, 그러니까 소프트웨어가 앞으로 하드웨어보다 훨씬 중요해질 거라는 사실을 알았더라면 아마 전혀 다른 방식으로 계약을 체결하려 했을 겁니다.

DR: 마이크로소프트가 폭풍 같은 성공 가도를 달리면서 시가총액이 세계 최고를 기록한 적도 있습니다. 그 과정의 어느 시점에 이르렀을 때

'나는 이제 생계를 걱정하지 않아도 될 만큼 꽤 많은 돈을 벌었으니 살면서 좀 다른 일을 해볼까?' 같은 생각을 하게 됐나요? 40대? 50대? 회사 경영 외에 다른 일을 하고 싶다고 느낀 게 언제였습니까?

BG: 1995년은 특별한 해였습니다. 당시 우리는 편의상 '윈도 95Window 95'라 불리는 제품을 출시했고 회사는 좋은 실적을 내고 있었습니다. 엔지니어링 수준은 항상 최고였고 그 규모는 최대를 자랑했습니다. 마이크로소프트는 아주 성공한 기업으로 부상했습니다. 그래서 생각하게 됐습니다. '마이크로소프트의 가치가 엄청나군. 다른 자선사업가들은 역사적으로 어떤 일을 했을까?' 1990년대에 저는 그런 생각을 했습니다. 어머니는 제가 결혼한 1994년에 슬프게도 세상을 떠나셨습니다. 아버지는 자선 활동을 구상하는 데 발벗고 나서서 도움을 주고 계십니다.

마이크로소프트 임원인 패티 스톤사이퍼Patty Stonesifer가 은퇴를 앞두고 있었고, 그와 함께 재단을 만드는 것을 숙고했습니다. '진짜로 이 일에 뛰어들어보자'고 결심한 것은 2000년이었죠. 빌&멜린다 게이츠 재단에 200억 달러를 기탁한 것도 2000년이었습니다.

DR: 1994년에 듀크 대학교 출신의 멜린다와 결혼하셨군요. 그렇게 엄청난 회사를 경영하면서 이성을 만날 시간을 어떻게 냈나요?

BG: 아내는 마이크로소프트 직원이었습니다. 우리는 뉴욕의 거리에서 종종 마주쳤고, 그러다 보니 저녁식사를 함께 하게 되었죠. 그녀는 멋진 사람이었고 저를 깜짝 놀라게 하더군요. 회사 일로 엄청나게 바빴지만 그녀에 대한 관심이 점점 깊어졌습니다. 5년 가까이 데이트를 하다가 말다가 했죠. 그러던 어느 날 문득 결혼을 결심했습니다.

DR: 처음에는 재단에 200억 달러를 기탁했고, 지금은 그 액수가 훨씬 많아졌습니다. 재단으로 들어오는 돈은 대부분 당신이 마이크로소프트에서 번 돈이었고요. 그런데 워런 버핏이 어느 날 전화를 해서 "그런데 말이야. 내가 내 재산의 대부분을 기탁할 생각이네"라고 했단 말이죠. 그가 그렇게 많은 재산을 재단에 기부하고 싶다고 했을 때 놀라셨습니까?

BG: 깜짝 놀랐습니다. 워런은 최고의 투자자이자 엄청난 회사를 만든 사람이었으니까요. 저는 정말 운 좋게도 1991년에 그와 친구가 되었습니다. 우리는 매우 가깝게 지냈고 그는 제 모든 일에 조언을 주었습니다. 그에게 배운 것이 아주 많죠. 하지만 그는 그의 아내가 운영하는 재단에 재산을 기부했습니다. 그렇게 많은 액수를 지원한 건 아니지만 모두 버핏 재단으로 갈 예정이었습니다. 안타깝게도 아내가 세상을 떠나고, 그는 원래 계획은 의미가 없다고 생각한 거죠. 놀랍게도 그는 자기 재산의 80퍼센트가 넘는 액수를 우리 재단에 기부하겠다고 알려왔습니다. 커다란 영광일 뿐 아니라 큰 책임이 따르는 일이었습니다. 덕분에 우리 재단은 당초 예상을 훨씬 뛰어넘는 수준으로 목표를 상향 조정할 수 있었고, 사실상 역대 최대 기부금이었습니다.

DR: 어머니께서 "나랑 같이 저녁 먹으러 오면 좋겠구나. 워런 버핏도 올 거란다. 그를 한번 만나 보렴"이라고 처음 말씀하셨을 때 별 관심이 없었다고 했는데, 그 이유가 뭐였을까요?

BG: 워런은 주식을 사고파는 사람입니다. 그 일은 기본적으로 철저히 제로섬 게임이지요. 질병을 치료하는 것도 아니고 멋진 소프트웨어 출시도 아닙니다. 주가의 등락 곡선을 뚫어져라 쳐다본다고 뭔가가 생기지도 않지요. 저의 세계관과 목표를 생각할 때, 그리고 워런의 가치관을 고려하면 그다지 공통점이 없을 거라고 생각했어요.

그래서 직접 그를 만났을 때 충격을 받았습니다. IBM이 그 모든 장점에도 불구하고 왜 마이크로소프트를 뛰어넘지 못했는가에 대해 실제로 저에게 물어본 사람은 그가 처음이었습니다. 게다가 소프트웨어가 세상을 변화시키는 방식과 앞으로의 전망에 대해서도 물었습니다. 반면에 저는 특정 산업에 투자할 때 왜 그런 결정을 내리게 되는지, 왜 어떤 은행은 다른 은행보다 더 많은 수익을 내는지 등을 물었죠. 그는 확실히 폭넓은 '시스템적 사고'를 하는 사람이었습니다. 재미있고 유익한 대화에서 시작해 전혀 예상치 못했던 놀라운 우정으로 발전하게 됐습니다.

DR: 당신이 만든 것에 대해 질문이 있습니다. 컴퓨터를 리부팅하려면 보통 손가락 세 개를 사용해 컨트롤Ctrl, 알트Alt, 딜리트Delete 키를 눌러야 하는데요. 이게 좀 번거롭던데 왜 그렇게 했습니까? 왜 그런 식으로 컴퓨터를 켜야 하는지 듣고 싶군요.

BG: 다행히 최근의 컴퓨터들은 대부분 그럴 필요가 없어졌습니다. 우리는 키보드에 실행 중인 소프트웨어를 우회하는 고유의 단일 신호를 탐지할 수 있는 로직이 있다는 걸 알았습니다. 그래서 재시작된다는 걸 알 수 있지요. 비밀번호 입력창이 뜨면 진짜 소프트웨어라는 걸 아는 겁니다. 확실히 '사용자 인터페이스UI'에서 불편한 부분이긴 합니다. 다시 할 수 있다면 그렇게 하진 않을 겁니다. 그렇게 된 건 마이크로소프트와 IBM 간의 차이 때문이었습니다. '좀 더 간단하게 만들 수는 없었을까?'라는 질문을 하게 된 대표적인 경우가 된 것이죠.

DR: 처음에 마이크로소프트에서 일할 때 직접 코딩을 했으니, 그 누구보다도 뛰어난 코딩 전문가였겠군요. 지금은 다른 업무가 많은데, 마이크로소프트가 새로운 소프트웨어를 개발하면 20년 전과 같은 수준에서 소프트웨어 엔지니어들과 대화할 수 있나요? 개발자들의 기술 전문성 수준이 너무 높아져서 더 이상 따라가기가 어렵게 됐나요? 아니면 전혀 문제가 없나요?

BG: 확실히 제가 직접 코드를 작성하거나 코드를 훑어보고 모든 프로그래머를 채용하던 시절만큼 직접적으로 관여하지는 않습니다. 개별적으로 일을 하다가 관리자로, 다시 관리자들의 관리자로, 폭넓은 전략을 세우는 사람으로 커리어 성장을 거치면서 생각만큼 통제할 수 있는 게 많지 않다는 사실에 익숙해지게 됐습니다.

쿼리query 최적화 프로그램이나 코드 생성기처럼 면밀하게 살펴보지 않는 아주 복잡한 것들도 있습니다만, 기능 추가와 기본 설계방식을 두고 타협점trade-off을 파악하기 위해 소프트웨어를 충분히 이해하려고 합니다. 저는 여전히 이런 토론을 즐깁니다. 오늘날 마이크로소프트에서도 '차세대 오피스 솔루션은 뭐가 될까? 윈도를 어떻게 개선할 것인가? 음성 명령, 필기 입력 같은 것들로 인해 사용자 인터페이스가 어떻게 변할 것인가?' 같은 얘기를 합니다. 저는 이런 토론에 참여할 수는 있지만 상당히 복잡한 분야라서 더 이상 제가 직접 모든 코드를 작성할 수는 없습니다.

DR: 20여 년간 세계 최고의 부자였는데, 그런 사실이 부담스럽지는 않나요? 아니면 즐기는 쪽인가요? 사람들은 늘 당신을 찾아와 돈을 요구하거나 뭔가를 사주기를 기대할 텐데요. 최고의 부자로 사는 건 어떤 건가요? 지겹지는 않은지요?

BG: 재단과 관련해 아이디어를 내는 사람들도 있고, 감염병 퇴치나 교육 수준 개선 등에 대해 흥미진진한 대화를 나눌 수 있는 사람들도 있습니다. 어떤 목표를 정하고 '그게 바로 나의 목표!'라고 외치고 나서, 저는 곧장 그 일에 집중합니다. 사람들이 저를 찾아오는 것이 오롯이 부담은 아닙니다. 유명인이라서 누리는 혜택이 있어요. 다양한 사람들을 만나 의견을 공유하고 많은 관심을 받을 수 있습니다. 그건 장점이라고 해야겠군요. 아이들과 함께 나가면 다소 불편할 수 있습니다. 생각보다 훨씬 더 사적인 시간을 방해받을 수 있으니까요. 하지만 더 많은 일을 할 수 있고, 더 좋은 협력 관계를 맺고, 더 적합한 인재를 만날 수 있는 것은 무엇보다 제가 성공했기 때문이라고 생각합니다.

DR: 신용카드를 갖고 다닙니까, 아니면 현금으로? 쇼핑하고 싶을 때는 어떻게 하나요?

BG: 가게와 매장에 갑니다. 극장에 가기도 하고요.

DR: 셀카를 찍자며 사람들이 항상 다가오지는 않는지요?

BG: 그렇죠. 그런데 금방 끝납니다. 정중하게 요청하는 편이라서요.

DR: 게이츠 재단이 영구적인 건 아니라고 알고 있습니다. 20년 후 당신이나 아내 중 마지막 남은 한 사람이 세상을 떠나면 재단도 막을 내리는 건가요?

BG: 그렇습니다. 우리는 완벽히 해결할 수 있는 문제를 해결해 나가고 있습니다. 그렇게 재단을 설계해가고 있죠. 말라리아 퇴치계획도 그렇고요. 우리 재단은 저소득층이 특히 취약한 모든 감염병을 퇴치하는 사업에 참여해야 합니다. 그리고 왜 빈곤국 아동이 선진국 아동보다 사망률이 50배나 높은지, 그 이유를 설명할 수 있어야 할 거고요. 30년이나 40년 후에는 이런 문제들이 종식되어 있어야 합니다. 훗날 자선 활동이 요구되는 새로운 문제가 생기면 그때 활동가들이 뛰어난 경영진을 뽑아서 문제를 해결할 기관을 만들 겁니다. 따라서 게이츠 재단은 한시적인 조직인 셈입니다.

DR: 특정 시기마다 세계 최고의 부자는 존재하게 마련입니다. 역사적으로 보면 세계 최고 부자들은 재력을 과시하곤 했습니다. 요란한 행동도 많이 하고요. 당신은 그런 적이 없네요. 그런데 물건을 살 때마다 매장 직원들이 당신이 누군지 알아차리고는 가격을 대폭 올린다는 느낌을 받지는 않나요? 재산이 그렇게 많은데 돈의 가치에 대해 어떤 인식을 갖고 있습니까?

BG: 현명한 소비에 대한 말씀이군요. 전 뭘 많이 사지를 않습니다. 저의 가장 큰 사치는 개인 전용기입니다. 과도한 감이 있습니다만 덕분에 융통성과 효율성을 발휘할 수 있죠. 제가 지출하는 돈은 제대로 된 재단 운영을 위해서인 경우가 대부분입니다. 게이츠 재단에 기부하고 있으니 제 부자 순위가 앞으로 급격히 떨어지겠죠. 벌어들이는 돈보다 나가는 돈이 더 많으니까요.

DR: 재단 활동의 초점을 아프리카 보건과 미국 내 교육 개선에 맞추고 있으시죠. 이 두 가지를 주요 과제로 삼겠다고 결정한 것은 어떤 계기 때문이었는지요? 올바른 결정을 내린 데 대해 만족하시나요?

BG: 우리는 그 문제에 대해 많은 얘기를 나눴고 멜린다와 함께 그런 결정을 내리게 됐습니다. 세계 최대의 불평등을 해소해 큰 변화를 만들어내고 싶었습니다. 나아가 우리는 농업과 위생 관리 및 기타 분야를 추가해 문제 해결 범위를 확장했습니다. 다음으로는 미국이 강력해지는 데 도움이 될 만한 운동에 동참하고자 했습니다. 이를 위한 교육 기회 개선은 우리의 야심찬 계획이었습니다. 이 두 가지에 집중하는 것만으로도 충분할 거라 생각합니다. 보건 활동을 통해 싸워야 하는 수많은 질병이 있으며 교육 개선을 지원하는 방법도 상당히 많기 때문입니다.

이런 문제들을 깊이 파고들어 지속적으로 노력하는 것이 중요하다고 보기 때문에 올바른 선택을 했다고 생각합니다.

DR: 워런과 멜린다와 함께 기빙 플레지 운동을 시작하셨는데, 이에 대해 알려주셨으면 합니다.

BG: 워런은 자선사업가들이 목표를 파악하고 활동의 다양성을 포기하지 않으면서 서로 공유할 수 있는 방법에 대해 우리와 함께 아이디어를 구상했습니다. 그는 록펠러처럼 이미 훌륭한 성과를 내고 있는 자선단체 사람들과 식사를 하면서 의견을 들어보라고 제안했습니다. 그렇게 저녁식사 자리에서 만난 많은 사람들이 우리에게 직원 채용과 목표 설정 방식에 대해 좋은 조언을 주었습니다. 기빙 플레지 캠페인도 그렇게 탄생했습니다. 재산의 대부분을 기부하겠다는 유명인사들의 공약을 통해 자선 활동의 질과 초기 참여도가 효과적으로 개선될 수 있기 때문이었죠.

DR: 현재 160명 정도 참여하고 있다고요?(2020년 3월 현재, 207명으로 늘어났다.)

BG: 네, 데이비드 루벤스타인 씨, 당신도 핵심 멤버로 있죠. 우리는 해마다 모임을 갖는데, 출석률이 매우 좋습니다. 이 캠페인은 젊을 때부터 자선 활동에 관심을 갖게 하는 데 효과가 있습니다. 이처럼 자선 활동은 타인의 좋은 아이디어를 활용하면 상당히 효과적으로 전개해나갈 수 있습니다.

DR: 관심은 있지만 참여할 시간이 없는 사안들도 있습니까? 예를 들어 기후 변화에 무척 관심이 많으신데, 게이츠 재단에서도 여기에 깊이 관여하고 있나요?

BG: 우리 재단은 기후 변화의 영향을 완화하는 활동에 참여하고 있습니다. 저축을 장려하고 생산성이 높은 종자를 확보하도록 지원해서 농업과 보건 활동을 통해 다가오는 기후 변화의 영향을 상쇄하는 것을 목표로 합니다. 하지만 에너지 및 운송 시스템을 혁신한다거나, 온실가스 무배출 기술을 만들어내는 것은 어디까지나 영리 목적의 사업입니다. 스타트업을 통해 그런 분야의 혁신가들을 지원하는 고위험 투자는 게이츠 재단과는 무관한 활동입니다.

DR: 당신은 사람들이 선망하는 삶을 살아왔습니다. 최고의 부자이자 가장 성공한 사업가이고 가장 큰 자선단체를 이끌고 있죠. 지금껏 살아온 삶에 후회 같은 것은 없나요?

BG: 너무나 운이 좋았기에 과거로 돌아가 삶을 바꾸고 싶다는 생각은 해본 적 없습니다. 다만 마이크로소프트에서 휴대폰 사업이나 검색 분야 비즈니스가 더 잘되었더라면 좋았겠죠. 다른 기업들이 우리보다 더 좋은 기회를 잡아 훌륭한 성과를 낸 일들이 많습니다. 마이크로소프트도 꽤 잘해왔기에 대단한 기업이 되었습니다. 딱히 지난날을 후회하지는 않습니다. 실수도 많았지만, 그랬기에 거기에서 배우는 것도 많았으니까요.

DR: 같은 실수를 두 번 반복하는 삶을 살지는 않으신 것 같습니다. 훗날 사람들이 돌이켜볼 때 빌 게이츠의 성취가 어떤 것으로 기억되기를 바라십니까?

BG: 이러저러한 모습으로 기억된다는 게 중요한 것 같지는 않습니다. 그보다는 무엇보다 감염병이 대부분 사라졌으면 합니다. 그래야 더 이상 그 문제로 씨름하지 않고 다른 문제에 집중할 수 있으니까요. 그렇게 되면 정말 좋겠습니다. 나의 활동이 미국의 교육 개선에 도움이 되었다면 정말 좋은 일이겠죠.

제일 중요한 건 제 아이들이 저를 좋은 아버지, 자신의 삶을 만들어갈 기회를 준 사람으로 기억하는 것입니다.

# 03 리처드 브랜슨

버진 그룹 창업자

*Richard Branson*

"수익성을 생각하고 모험에 뛰어드는 일은 절대 없습니다.

그 분야에서 최고를 만들어낼 수 있다면 대개는 밥벌이를 하고

수익을 낼 것이라는 걸 알게 되죠."

리처드 브랜슨은 대부분의 기업가, 대부분의 사람이 꿈꿔봤을 법한 삶을 살아왔다. 다양한 사업(모두 '버진Virgin' 브랜드를 달고 있다)을 성공으로 이끈 창업자이자, 대담한 기행으로 죽을 뻔한 고비를 넘긴 전설적인 인물이며, 부유한 비즈니스 리더로서 세계적으로 알려진 자선사업가이기도 하다. 그는 40년 이상 결혼생활을 지속해 왔으며 가족들과 각별하게 지낸다. 목가적인 풍경의 카리브해 섬을 소유하고 있고 그곳에 거주 중이다. 전 세계 부자들과 유명인들을 친구로 두고 있고 영국의 엘리자베스 2세 여왕에게서 기사 작위를 받았다. 무엇보다 그는, 행복한 사람이다.

그가 삶에서 더 바랄 게 있을까?

리처드 브랜슨은 언제나 삶에서 더 많은 것을 원하는 듯하다. 항상 새

로운, 때로는 위험한 모험을 추구한다. 그가 최근 추진하는 사업은 버진 갤럭틱Virgin Galactic으로, 승객들에게 짧은 유료 우주 여행을 제공한다. 그가 처음 우주 여행 사업을 공개했을 때 사람들은 별 가능성이 없다고 생각했고 적잖은 난관에 부딪혔다. 하지만 그의 사업이 승산이 없다는 쪽에 베팅한 사람들은 지난 몇 년간 돈을 잃었다.

그가 인생 초반의 장애물을 극복하지 못할 것이라 생각한 사람들도 있었을지 모른다. 그는 열다섯 살에 학교를 중퇴했다. 심각한 난독증에 돈도 거의 없었다. 하지만 그는 타고난 비즈니스맨이었다. 수백 개의 회사를 창업했고 그중 상당수는 한동안 엄청난 성공을 거두었다(버진 레코드Virgin Records와 버진 애틀랜틱Virgin Atlantic 등등). 모든 회사는 그의 비전에 영향을 받았다. 버진은 대담함을 추구하고, 새롭고 재미있는 것을 제공하며, 도전에 기꺼이 응하는 사람들의 관심을 끌어당기고, 제품과 서비스뿐 아니라 신나는 경험을 판매한다.

브랜슨을 성공하는 CEO이자 리더로 이끈 핵심 요소는 무엇이었을까? 그는 이렇게 답했다. "능력 있고 혁신적이며 과감한 사람들에 둘러싸인 덕분이다."

그저 이런 사람들을 곁에 두고 싶다고 입버릇처럼 말하는 경영자들과는 달리, 브랜슨은 실제로 '더 똑똑한' 사람들의 말에 기꺼이 귀를 기울였다. 원래도 '훌륭했던' 자신의 아이디어에 대해 변경을 제안하면 적극적으로 이를 받아들였다. 자신의 아이디어 모두가 잘되지는 않을 것이라고 솔직하게 인정할 만큼 자존감도 탄탄했다. 이것이 곧 그를 성공으로 이끈 진정한 힘이다. 성공을 추구하는 비전을 실현하려면 당연히 재능 있고 혁신적이고 대담한 사람들의 도움이 필요하다. 그와 동시에 친근하고 겸손하며 자신을 낮추는 태도 또한 성공에 크게 기여한다.

2018년 5월, 나는 샌프란시스코에서 있었던 기빙 플레지 모임에서 그와 인터뷰를 진행했고, 그의 진가를 알게 되었다. 리처드 브랜슨이 자수성가한 CEO들 중에서도 왜 그렇게 유독 인기가 있는지, 그리고 그와 교류하는 사람들이 왜 그를 그토록 좋아하는지 쉽게 이해할 수 있었다.

# i n t e r v i e w   w i t h   t i t a n s

**데이비드 루벤스타인(DR):** 어렸을 때 난독증 탓에 뛰어난 모범생은 아니셨죠.

**리처드 브랜슨(RB):** 교실 뒤쪽에 앉아서 칠판을 바라보곤 했는데 글씨들이 뒤죽박죽 섞여 있는 것 같았습니다. 다들 저를 좀 게으르거나 둔하거나 아니면 그 둘 다인 애로 생각했죠. 저는 뭔가에 관심이 생기면 대체로 뛰어나게 잘했습니다. 제 관심은 늘 '세상이 어떻게 돌아가고 있지?'였습니다. 잡지를 만들어 세상의 부당한 일들에 반대하는 운동을 펼치겠다고 결심하기도 했어요. 베트남전 반대 같은 것이요.

**DR:** 열다섯 살 무렵 학교를 그만두셨습니다. 그러고는 잡지를 창간해 유명인사들을 인터뷰했죠? 믹 재거Mick Jagger도 있었던 걸로 기업합니다. 열다섯 살에 믹 재거를 인터뷰했다니, 어렵지 않았나요?

**RB:** 어떤 면에선 열다섯 살이 서른이나 마흔, 오십일 때보다 인터뷰 기회를 얻기가 훨씬 쉽습니다. 저는 그냥 인터뷰 대상자들 집 앞에 죽치고 있었어요. 어리지만 열정에 넘쳤기에 저를 연민의 정으로 봐준 거죠.

**DR:** 결국 음반회사를 차리기로 결심하셨더군요. 그런 생각은 어떻게 하게 된 건가요? 그리고 '버진Virgin'이라는 이름은 어디서 따온 건지 궁금합니다.

RB: 열대여섯 살 무렵이었죠. 우리는 한 무리의 여학생들과 지하실에 앉아 있었고 이런저런 아이디어를 내고 있었습니다. 음반사 이름은 슬립트 디스크 레코드Slipped Disc Records냐, 버진Virgin이냐로 압축되어 있었죠. 슬립트 디스크 레코드는 검은 LP 판에 항상 스크래치가 나고 판이 튀었기 때문에 지은 이름이었습니다. 한 여자아이가 웃으면서 말했습니다. "우린 다들 버진(처녀)이고 너는 비즈니스가 버진(처음)이니까, 버진으로 부르는 게 어떨까?"

DR: 그 아이디어에 수수료를 지불하셨나요?

RB: 그녀가 지금 여기 있다면 당장에 지불하고 싶군요. 정말 운이 좋았습니다. 다양한 분야와 다양한 비즈니스에 진출했는데, 그 모든 분야에 경험이 일천했습니다. '슬립트 디스크 에어라인'이라고 했으면 썩 아름답지는 않았겠군요.

DR: (웃음) 아마 잘 안 됐을지도 모르죠. 그래서 음반 회사를 차리셨는데, 원래는 음반 판매점이었다고요?

RB: 원래는 우편 주문 시스템을 통해 다른 곳보다 훨씬 싸게 음반을 파는 식이었습니다. 음반을 할인가에 파는 건 우리가 처음이었습니다. 그러다가 뜻밖에도 6주 동안 우체국이 파업을 벌였어요. 덕분에 런던 옥스퍼드 거리에 아주 싼 가격에 음반 매장을 내기로 한 겁니다.

DR: 그 뒤를 이어 영국과 다른 지역에 버진 메가스토어Virgin Megastore를 만들기 시작하셨습니다. 매장이 모두 몇 개나 됐나요?

RB: 타임스퀘어나 샹젤리제, 옥스퍼드 같은 세계적인 핫플레이스에 약 300개의 메가스토어 매장이 있었죠. 비디오 게임이나 휴대폰 등 요즘 젊은 사람들이 열광하는 것들이 나오기 전, 그러니까 모든 젊은이가 음악에 심취해 있던 전성기에는 그 정도였습니다.

DR: 성공 비결은 버진이라는 브랜드 네임과 당신이 직접 홍보하는 스타일 때문이었나요? 아니면 다른 곳보다 싸게 물건을 팔았기 때문이었습니까?

RB: 버진은 '믿고 듣는 음악'과 동의어였습니다. 우리는 굉장히 신뢰받는 브랜드였죠. 어느 날 한 젊은 뮤지션이 제게 엄청난 데모 테이프를 들고 나타났습니다. 저는 그 테이프를 여러 음반사에 가져갔죠. 하지만 모두가 발매를 거절했습니다. 저는 생각했죠. '집어치워. 우리가 음반사를 만들면 돼.' 그리고 우리는 그 테이프를 공식 음반으로 출시했습니다. 바로 마이크 올드필드Mike Oldfield의 '튜블라 벨스Tubular Bells'라는 음반이었습니다. 이 음반은 초대형 히트작이 됐죠.

DB: 그다음에는 항공사를 만들기로 하셨고요. 대체 그런 생각은 어디서 시작됩니까?

RB: 푸에르토리코에서 버진아일랜드로 이동할 계획에서 탄생했습니다. 당시 저는 스물여덟 살이었고 사랑스러운 여성이 저를 기다리는 상황이었죠.

DB: 버진이라는 이름을 좋아해서 버진아일랜드까지 가신 건가요?

RB: 실은, 맞습니다. 어쨌든 아메리칸 에어라인이 갑작스럽게 탑승을 취소했습니다. 3주 동안 애인과 떨어져 있었기 때문에 저는 공항 뒤쪽으로 가서 비행기 한 대를 전세 냈습니다. 신용카드 한도가 초과되지 않길 바라면서요. 그러고는 칠판을 하나 구해서 이렇게 썼죠. "버진 에어라인, 영국령 버진아일랜드행 편도 39달러." 탑승이 취소된 다른 승객들을 찾아가 설명을 했고, 제 첫 항공기를 만석으로 채웠습니다.

버진아일랜드에 도착하자 제 옆자리 승객이 와서는 말하더군요. "기내 서비스만 좀 다듬으면 항공 업계에 발을 들여놔도 되겠어요!" 그래서 저도 괜찮겠구나 싶었습니다. 이튿날 보잉 사에 전화를 걸어 물었습니다. "구매할 수 있는 중고 747기가 있습니까?"

우리는 중고 비행기 한 대로 시작했는데, 당시 브리티시 에어웨이즈British Airways에는 300대, 팬아메리칸 월드Pan Am와 TWA에는 300대의 항공기가 있었습니다. 브리티시 에어웨이즈는 우리를 상대로 치졸한 수법을 동원해 캠페인을 벌였습니다. 우리 항공사를 문 닫게 만들려고 갖은 수를 다 쓰더군요. 결국 그들을 고소했죠. 영국 역사상 최대 규모의 명예훼손 사건에서 승소했습니다. 때마침 크리스마스 시즌이었기에 직원 모두에게 똑같이 승소 금액을 나눠주었습니다. 그래서 직원들은 매년 브리티시 에어웨이즈가 우리를 상대로 치졸한 캠페인을 벌여주길 바라고 있지요.

DR: 사람들은 당신이 기득권을 가진 항공사에 반기를 들었다는 걸 좋아했습니다. 런던 아이London Eye라고 불리는 대관람차에 관한 글도 언젠가 읽은 적이 있습니다. 브리티시 에어웨이즈가 런던아이의 후원사인데, 관람차의 휠wheel이 고장났을 때 재빨리 소형 비행선을 빌리셨다고요?

RB: 사실 우리는 런던 외곽에서 작은 소형 비행선 회사를 운영하고 있었습니다. 재빨리 비행선을 띄웠고 런던아이 위를 날게 했습니다. 휠은 여전히 지상에 납작하게 누워 있었죠. 전 세계 언론이 그곳에서 런던아이가 일어나는 걸 보려고 모여 있었습니다. 우리가 비행선에 넣은 문구는 'BA can't get it up(브리티시 에어웨이즈는 관람차를 일으킬 수 없다)'였습니다. 관심이 온통 우리한테 쏟아졌죠!

DR: 정말 잘 풀렸군요. 그리고 새로운 회사들을 차리기 시작하셨죠. 버진이라는 이름과 창의성이 순조롭게 사업을 시작하는 데 도움이 될 것이라고 늘 생각하셨나요?

RB: 새로운 분야로 진출하는 유일한 이유는 '다른 사람들이 망쳐놓은 분야'라고 생각될 때입니다. 철도 사업에 뛰어든 건 정부가 철도 노선을 운영하고 있었기 때문입니다. 영국 철도British Rail의 기차들은 다 망가질 정도로 낡았고, 서비스는 빈약하기 짝이 없었죠. 그래서 우리는 진출해보기로 했습니다. 새로 근사한 철도 차량도 마련하고 직원들에게 동기부여도 하고, 꽤 큰 변화를 가져올 수 있었습니다. 덕분에 사람들은 완전히 새로운 경험을 할 수 있게 됐다고 봅니다. 업계 큰손들이 제대로 일을 하고 있지 않았기에 새로운 분야에 뛰어들 때마다 매력적인 틈새시장이 발견됐죠. 그래서 진출에만 성공하면, 곧 판도를 뒤흔들 수 있었습니다.

DR: 얼마나 많은 회사가 버진이라는 이름을 달고 출발했습니까?

RB: 300개가 넘습니다.

DR: 다 잘 풀린 건 아닌 것 같군요. 시작했다가 지지부진하면 일이 년쯤 하다가 그만두시나요? 파산 신청은 한 곳도 하지 않았던데요.

RB: 운 좋게도 아직 파산한 회사는 없습니다. 일이 잘 안 풀리면 모든 부채를 청산하고 새로운 회사를 창업합니다.

DR: 살면서 아직 이루지 못한 일이 있습니까? 앞으로 성취하고 싶은 것이 있습니까?

RB: 14년간 우주 프로그램 사업에 매달렸습니다. 쉽지 않았죠. 우주는 결코 만만한 영역이 아닙니다. 고도의 과학기술이 절대적으로 요구되는 일이니까요. 그 꿈을 마침내 실현할 날이 머지않았다고 봅니다.

2019년이 되기 전에 버진갤럭틱의 우주선을 타고 우주로 날아갈 수 있기를 기대합니다.

DR: 20만 명 정도를 모집하셨죠. 지금은 신청자가 더 늘어났겠군요. 그 사람들은 여전히 우주여행을 가고 싶어 합니까?

RB: 사실 신청하고 요금을 지불한 사람은 약 800명 정도입니다.

DR: 금액이 얼마입니까?

RB: 25만 달러입니다. 아마도 이 글을 읽는 사람들 중 50퍼센트는 우주에 가고 싶어 할 겁니다. 나머지 50퍼센트는 그들이 미쳤다고 생각하겠죠. '대체 왜 우주에 가고 싶어 하는 거야?' 하지만 우주 여행 시장은 어마어마합니다.

DR: 결국 이 사업으로 수익을 낼 것이라고 보십니까? 아니면 그저 좋아하기 때문에 하는 건가요?

RB: 수익성을 염두에 두고 모험에 뛰어드는 일은 절대 없습니다. 그 분야에서 최고를 만들어낼 수 있다면 대개는 밥벌이를 하고 수익을 낼 것이라는 걸 알게 되죠.

DR: 첫 우주 비행에 나설 생각입니까?

RB: 저는 첫 공식 비행에 참여할 겁니다. 사실상 시험 비행사인 아주 용감한 우주 비행사들을 두고 있고, 그들이 우주선을 반복 테스트하고 저를 포함한 탑승 대상자들이 승선하기 전에 잘못될 가능성이 있는 요소가 있으면 미리 해결합니다. 올해 그들 중 5명이 우주선 유니티 Unity 호의 정식 비행사가 되었습니다.

DR: 당연히 안전할 거라고 생각합니다. 다만 언젠가 열기구 비행을 했을 때 살아남을 수 있을지 알 수 없는 상황을 겪은 적도 있죠?(브랜슨은 1987년 열기구를 타고 첫 대서양 횡단 시도에 나섰다가 화염에 휩싸인 채 추락하는 사고를 겪었다.)

RB: 열기구로 모험을 하면서 저는 누구도 시도하지 않은 것에 도전했습니다. 대서양이나 태평양 또는 전 세계를 열기구를 타고 횡단하려고 했지요. 스웨덴 출신의 항공 엔지니어인 페르 린드스트란트Per Lindstrand와 함께 제트 기류를 타고 4만 피트 상공을 날아올랐습니다. 당시의 기술은 전혀 검증된 것이 아니었습니다. 우리는 시험 비행사였어요. 문제가 생길 수도 있었는데, 진짜로 문제가 생겼습니다.

DR: 그런데도 그 분야에서 기네스북 최고 기록을 여러 번 갈아치우셨죠. 엄청난 위험을 감수한 것에 대해 후회는 없었는지요?

RB: 나와 내 가족은 인생을 최대한 즐기며 살고 있습니다. 그러면서 알게 됐죠. 어떤 모험에 완전히 몰입해 있을 때는 어떻게 보면 죽을 가능성이 낮다는 것을요. 빈틈없이 준비를 갖추고 상황에 대처하는 법을 명확히 알고 있기 때문입니다.

DR: 당신이 한 모든 일은 전 세계적으로 잘 알려져 있습니다. 헤어스타일과 염소수염도 무척이나 유명하죠. 성인이 된 후로 줄곧 염소수염을 기른 겁니까? 머리는 항상 이 정도 길이였나요?

RB: 저는 히피였으니까요. 네, 열다섯 살 이후로는 계속 이랬습니다. 열다섯인가 열여섯 이후로는 계속 턱수염을 길렀습니다. 한번 다 밀어버린 적이 있는데 웨딩 업체인 버진 브라이드Virgin Brides를 시작할 때였습니다. 저는 신부 드레스를 입고는 사람들에게 웃음을 주었죠.

DR: 이제 '리처드 브랜슨 경'으로 불리고 있죠. 기사 작위를 받을 거라고 예상하셨습니까?

RB: 여왕 즉위 25주년을 기념하는 실버 주빌리Silver Jubilee 행사에서 그룹 섹스 피스톨즈Sex Pistols가 부른 'God Save the Queen(신이여, 여왕을 구하소서)'을 발매한 적이 있습니다. 그러고 나서 25년 후 기사 작위를 받았습니다. 저는 여왕님이 이 음반에 수록된 표현들을 기억하고 계신다면 어깨에 칼을 대며 작위를 내리는 대신 제 머리통이 날아갈지도 모른다는 생각에 다소 긴장했습니다.

DR: 1970년대 후반에 영국령 버진아일랜드를 구입할 기회가 있으셨죠.

RB: 그 아름다운 섬에 500만 달러를 지불해야 한다더군요. 잘하면 10만 달러는 모을 수 있겠다 싶었고, 그래서 10만 달러를 제안했습니다. 다행히 저 말고는 아무도 그 섬을 보러 오는 사람이 없었습니다. 1년 후 그쪽에서 12만 달러를 내면 섬을 팔겠다고 알려왔습니다. 비로소 저는 이곳저곳 뛰어다니며 어렵사리 12만 달러를 만들었죠. 그리고 마침내 세계 최고의 아름다운 섬을 손에 넣게 됐습니다.

DR: 그곳에 집을 지으셨습니다. 리조트도 있고요.

RB: 네커Necker 섬이 우리 집이 됐습니다. 아주 신비로운 곳입니다. 사람들과 그곳에서 모임을 자주 열고 때로는 컨퍼런스도 열립니다. 다양한 세상의 문제들을 해결하려고 머리를 맞대죠. 휴가차 왔다가 섬 전체를 빌리는 사람들도 있습니다.

DR: 전직 대통령 버락 오바마 부부도 어렵사리 네커 섬에 갔다고 들었습니다.

RB: 퇴임하기 석 달 전쯤에 그는 친절하게도 집무실로 저를 초대해 함께 점심식사를 했습니다. 즐거운 시간이었죠. 인생의 다양한 면면에 대해 기본적으로 서로 같은 의견이었어요.

DR: 오바마 전 대통령은 멋진 손님이었겠어요.

RB: 두 분 다 아주 유쾌한 사람들입니다. 카이트보드를 타며 즐거운 한때를 보냈습니다. 그들과 함께 할 수 있어서 정말 영광이었습니다.

DR: 훌륭한 리더들을 많이 만나보셨죠. '디엘더스The Elders'라는 자문 그룹을 통해 넬슨 만델라를 비롯해 이 시대 위대한 리더로 손꼽혔던 많은 인물들과 친분을 쌓으셨죠. 만델라 남아공 전 대통령과는 매우 가까운 사이셨군요.

RB: 각별한 사이였습니다. 정말 운 좋게도 10년간 그와 아주 가깝게 지낼 수 있었습니다. 그래서 디엘더스를 구성했습니다. 저명한 12명의 남녀로 이루어진 이 그룹은 분쟁 지역으로 가서 문제 해결을 위해 노력하죠. 분쟁은 인류가 가장 주목해야 할 일일 겁니다. 분쟁이 생기면 나머지 것들이 모두 와해되고 말기 때문입니다.

DR: 훌륭한 리더십이란 무엇이라고 생각합니까?

RB: 타인의 말을 경청하는 것이 핵심 요소 중 하나입니다. 디엘더스 멤버들을 보고 깨달았죠. 그들은 타인의 말을 잘 받아들이고, 발언을 할 때도 어휘 선택에 몹시 신중한 사람들이었죠. 그리고 그러한 경청이 그들을 디엘더스 멤버로 만들었습니다. 경청과 함께 사람에 대한 애정도 리더십의 핵심 요소일 겁니다. 타인을 진심으로 아끼고 그의 능력을 최상으로 끌어올려주는 것입니다.

DR: 비즈니스 리더로서 리처드 브랜슨 경의 리더십은 무엇을 추구합니까?

RB: 훌륭한 사람들을 곁에 두는 겁니다. 혼자서 모든 걸 떠맡는 대신 일찌감치 업무를 위임하는 법을 배우는 것입니다. 자신의 팀을 비판하지 않고 칭찬하는 사람들, 그리고 대담하고 적극적으로 혁신을 추진하면서 회사 직원 모두가 진심으로 자랑스러워할 만한 것을 만들어내는 사람들을 곁에 두어야 합니다.

DR: 당신의 삶에서 놀라운 것들 중 하나는 가정생활을 성실하고 훌륭하게 이끌어왔다는 것입니다. 결혼생활도 40년 이상 유지하고 계시는데, 아내 분을 어디서 만나셨는지요?

RB: 우리는 영국에 매너Manor라고 불리는 스튜디오를 소유하고 있는데, 바로 그 녹음실에서 만났습니다.

DR: 첫눈에 반하셨나요?

RB: 제 입장에서는 그랬죠. 아내는 차를 끓이고 있었습니다. 그 모습에 홀딱 반해버렸습니다. 당시 그녀는 다른 사람을 만나고 있어서 그냥 졸졸 쫓아다닐 수밖에 없었습니다. 그때부터 제 별명이 '태그얼롱(Tagalong: 졸졸 쫓아다니는 사람이라는 뜻 – 옮긴이)'이 됐죠. 버진에서 일했던 한 친구가 그녀와 아는 사이였는데, 그들이 밖으로 식사를 하러 나갈 때마다 제가 따라가도 되는지 묻곤 했기 때문이었습니다.

DR: 결국 성공했군요. 두 자녀와도 아주 잘 지내시죠. 저는 성공한 사람이 가족과 잘 지내는 것이 무척 중요하다고 늘 생각합니다. 부친께서는 몇 년 전에 세상을 떠나셨다고 들었습니다. 그때 연세가…

RB: 93세셨습니다.

DR: 93세군요. 어머님은 생존해 계시죠. 당신이 성공한 모습을 부모님이 보셨군요.

RB: 부모님과 그런 순간을 나눌 수 있어서 좋았습니다. 처음 사업을 시작하기 위해 마련한 자금이 200달러였습니다. 이 돈은 어머니가 목걸이를 하나 주워 경찰서에 가져갔는데, 찾아가는 사람이 아무도 없어서 다시 갖고 오셨죠. 그걸 판 돈이 200달러입니다.

DR: 성공하고 유명해진 사람들은 어떤 이유에서인지 불행해 보일 때가 많습니다. 그런데 당신은 정말 행복하고 만족하는 것처럼 보입니다. 제 판단이 맞나요?

RB: 제가 아주 행복한 사람이 아니었다면 아주 슬픈 사람이 되었을 겁니다. 감사하게도 저는 아름다운 배우자를 만날 수 있었습니다. 우리는 서로 완전히 다른 사람이지만 아주 잘 지냅니다. 인생의 대부분을 함께하면서 멋진 아이들과 손주들을 얻게 됐지요. 그리고 매일 저는 배웁니다. 인생은 제가 받아본 적 없는 '대학 교육'과 같습니다. 인생이라는 대학에서 사람들의 이야기를 경청하며 새로운 것을 오랫동안 배우고 있는 것이죠. 저는 모든 것을 메모합니다. 언제나 저는 학생입니다.

DR: 빌 게이츠에게도 했던 질문을 드리고자 합니다. 대학 학위가 있었다면 좀 더 성공한 인생을 사셨을까요? 물론 이보다 더 성공할 수는 없을 것 같긴 합니다만.

RB: 그렇지 않습니다. 마흔 살이 되었을 때 아내에게 말했죠. "모든 걸 포기하고 대학에 가는 게 어떨까?" 그러자 아내가 답했습니다. "대학에 가서 젊은 여자들한테 수작 부리려는 거잖아. 그냥 일이나 해."

멋진 충고였습니다.

# 04 오프라 윈프리

오프라 윈프리 네트워크 CEO

*Oprah Winfrey*

"지금 이 순간 당신이 나와 이곳에서 대화하고 있고,

당신이 시간을 내서 나와 인터뷰하는 것이 중요한 이유는,

당신이 중요한 존재이기 때문입니다."

오프라 윈프리의 성공과 리더십에 비견될 만한 미국인은 찾아
보기가 힘들다. 절대 빈곤 속에서 할머니 손에 자라 열아홉 살에 볼티모
어 지역 방송국에서 첫 직장을 얻은 오프라는 앵커로 일하다가 현장 리
포터로 좌천되었다. 그후 그녀는 시카고로 이주했다. 그곳에서 30여 년
간 미국에서 가장 존경받는, 가장 주목받는 방송인이 되었다. 〈오프라
윈프리 쇼〉는 여러 차례 에미상을 수상하며 2011년 5월 25일 종영되기
까지 전 세계 150개 국가에서 방영되었고, 오프라는 글자 그대로 누구
도 넘볼 수 없는 시청률의 여왕이었다. 동시에 그녀는 미국 대중의 일상
과 대화에서 막강한 영향력을 행사하는 인물이자 미국에서 가장 부유한
흑인 여성이 되었다. 나아가 그녀가 운영하는 엔젤 네트워크Angel Network
재단을 통해 5억 1,000만 달러가 넘는 기금을 모금하는 등 자선사업가

로도 높은 명성을 쌓았다. 그 어떤 영화도 밑바닥에서 정상에 오른 그녀의 인생만큼 드라마틱하지는 못했을 것이다.

오프라 윈프리는 토크쇼를 넘어 잡지 분야에도 성공적으로 연착륙했고 그녀의 이름을 딴 케이블 방송국인 오프라 윈프리 네트워크OWN를 출범시켰다. '오프라 윈프리 북클럽'에서 소개된 책은 5,500만 부 이상의 판매고를 올리며 독서 인구 확장에 기여했다. 2007년 버락 오바마 대통령의 선거 캠페인을 공개 지지했고 2018년 골든 글로브 시상식에서 발표한 그녀의 수상 소감은 SNS에서 '#Oprah2020'이라는 해시태그를 통해 전 세계로 퍼져나갔다(하지만 그녀는 계속 공직 출마를 거절해왔다).

오프라는 어떻게 이 모든 일을 해냈을까? 어떻게 미국인의 삶에서 그토록 엄청난 비중을 차지하게 된 것일까?

빈약한 환경에서 벗어나겠노라 그녀가 마음먹은 것에서부터 출발한 것은 확실하다. 성공을 꿈꾸는 사람들은 언제나 많았지만 그녀만큼 성공한 사람은 아무도 없었다(이제 굳이 그녀의 성을 언급할 필요조차 없다. 엘비스, 셰어, 마돈나, 보노처럼 이름이 그녀의 모든 걸 상징한다).

2016년 12월 나는 블룸버그 스튜디오에서 공개 방송 형식으로 그녀를 인터뷰했다. 그녀의 놀라운 직업적 성취와 인생에 대한 생각을 당사자에게서 직접 들을 수 있는 행운의 시간이었다. 인터뷰의 달인을 인터뷰하기란 쉬운 일이 아니었지만 어쩐지 편안한 기분이었다. 오프라를 알게 된 건 내가 존 F. 케네디 공연예술센터 이사회 의장을 처음 맡았던 2009년이었다. 그해 오프라는 케네디 센터의 공로상을 받았다. 너무나 당연한 결과였다. 낮 시간대 TV 진행자가 이 상을 받은 경우는 그녀가 처음이었다.

당시 오프라와 대화를 나누면서 나는 내 어머니가 해주신 이야기를 그녀에게 들려주었다. 어머니는 볼티모어 지역 방송국에 새로운 인물이 혜성처럼 나타났는데, 정말 대단하다고 감탄하셨다. "분명히 그녀는 더 큰 무대를 찾아서 볼티모어를 떠날 거야." 나는 그럴 일 없을 거라고 고개를 저었다. 볼티모어 뉴스 진행자들은 그리 뛰어났던 적이 없었기 때문이다. 어머니의 이야기를 새겨듣고 오프라의 미래에 투자하지 않은 것이 무척이나 아쉽다.

오프라가 최고의 인터뷰어가 된 배경에는 독보적인 공감 능력이 자리하고 있다. "상대가 어떤 말을 하든, 저는 그 말이 갖고 있는 영향력을 이해하기 위해 노력합니다." 오프라는 언제나 상대와 청중에게 완벽하게 녹아든다. 그래서 그녀의 말은 엄청난 호소력을 발휘하고 전 세계 시청자들은 TV 화면이 아니라 마치 현장에 있는 것처럼 그녀와 생생하게 교감한다. 그녀에게 공감은 본능과도 같다.


# interview with titans


**데이비드 루벤스타인(DR):** 공개 방송인데도 전혀 긴장하지 않는군요?

**오프라 윈프리(OW):** 사실 아주 편안합니다. 일일 토크쇼가 그리웠던 이유가 바로 이런 거니까요. 때때로 누군가가 묻겠죠. "토크쇼가 그립습니까?" 쇼가 그립지는 않아요. 사람들과 동료애가 그립죠. 매일같이 저는 쇼가 끝난 후에 방청객들에게 사인을 해줬습니다. 좌석 앞에 서서 모두에게 사인을 해줬죠. 350명에게 다 해줘야 한다는 생각 때문에 고개를 들 새도 없었습니다. 그러던 어느 날 문득 이런 생각이 들었죠. '너무 재미가 없어서 더는 못하겠어! 오프라, 네가 진짜 하고 싶은 게 이런 거니? 그래, 방청객들과 대화를 나누자. 그들이 어떤 사람들인지, 어디에서 왔는지 궁금하지 않아?' 그렇게 해서 방송이 끝나면 방청객들과 대화를 하는 시간을 30~40분쯤 가졌습니다. 그리고 그것이 하루 중 제가 가장 좋아하는 일이 되었죠.

DR: 인상적이군요.

OW: 말하자면 저만의 '포커스 그룹'을 만든 셈이죠. 24년간 일등 자리를 놓치지 않았던 비결이었습니다. 저의 가장 큰 자산은 '사람들'이었습니다. 사람들에게서 매일 얻은 정보를 빈틈없이 활용했죠. 남편과 고모와 딸들과 사촌들과 일부러 시간을 내 함께 온 사람들이 저의 열렬한 애청자가 되는 과정이 곧 제가 거둔 성공의 과정이었죠.

DR: 〈오프라 윈프리 쇼〉는 시카고에서 25년간 방영됐습니다. 에미상을 거의 50개나 받으셨고 TV 방송 역사상 최고의 쇼 중 하나로 뽑히기도 했고요. 그런데도 또다른 계획 때문에 25년간 진행하던 방송을 미련 없이 끝내셨죠. 쇼를 끝낸 것에 후회는 없으신지요?

OW: 전혀요. '다음엔 또 뭘 하지?' 같은 생각에 사로잡혀 그로기 상태로 링에 오르는 일 같은 건 하고 싶지 않았어요. 결국 우리의 최대 경쟁자는 우리 자신이었죠. 1986년 처음 전국으로 방송이 나갔을 때, 경쟁 토크쇼가 하나씩 생길 때마다 '앞으로 뭘 하지?' 하고 고민했습니다. 그런 고민에 붙들려 몇 년을 살다가 마침내 제가 깨달은 건 그 누구도 아닌 나 자신과의 경쟁에서 최고가 되어야 한다는 것이었습니다. 인생이 그렇더군요. 다른 사람들이 뭐 하는지에 너무 신경을 쓰면 내가 설 자리마저 잃고 맙니다. 다른 사람을 부러워하는 대신 더 나은 내가 되면 충분합니다. 비교 따위는 정말 필요 없죠.

최고의 나와 경쟁하다 보면 나만의 리듬을 찾게 됩니다. 내가 진행하는 쇼가 단순한 토크쇼가 아니라는 걸 깨달았습니다. 〈오프라 윈프리 쇼〉가 세상을 향해 말하고 외치는 연단이었다는 것을요. 1989년 즈음 저는 생각했습니다. '좋아, 그럼 세상을 향해 하고 싶은 말이 뭐야? TV에 이용당하지 않으면서 어떤 역할을 할 수 있을까? 나는 어떻게 TV를 이용할 수 있을까?'

DR: 그토록 열심히 일을 하는 동기가 무엇입니까? 성공할수록 왜 더 열심히 일해야겠다고 생각하셨는지요?

OW: 잡지든 북클럽이든 토크쇼든 간에, 오랫동안 제가 잘해온 것은 인간의 경험에는 공통분모가 존재한다는 사실을 이해한다는 것이었습니다. 루벤스타인 씨도, 저도, 여기에 계신 모든 분도 예외 없이 원하는 것, 그건 바로 인간으로서 스스로를 가장 진실되고 고귀하게 표현하며 살아가고 싶다는 바람입니다. 생의 마지막 날까지 이 갈망은 지속됩니다. 이 갈망을 표현하는 기회를 제공하는 것이 제 일의 사명이었습니다. 그러니 열심히 할밖에요. 인생의 어느 시점에 존재하든 간에, 언제나 다음 단계가 기다리고 있습니다. 마지막 순간까지도 다음 단계는 늘 있습니다. '이 연단에서 나도, 사람들도 할 수 있는 말을 다 했군. 그럼 이제 나는 어떤 역할을 해야 할까?' 이런 생각이 들었을 때 마침내 쇼를 끝날 때가 왔다는 걸 직감했습니다.

DR: 이 순간 지금껏 성취한 것들을 되돌아볼 때, 물론 앞으로 성취할 것이 아직 많이 남았다는 가정 하에, 가장 자랑스러웠던 것은 무엇인가요?

OW: 남아프리카공화국에 여자아이들을 위한 학교를 세웠습니다. 이제 막 10주년이 됐군요. 이 여학생들이 브라운과 스탠퍼드, 엘론 대학교 등 미국 전역의 학교로 진학했습니다. 여자아이들을 돕는 건 저 자신이 가난한 여자아이였기 때문입니다. 가난이 뭔지 알기 때문에 가슴 깊이 와닿습니다. 한 여자아이의 삶을 변화시키면 그 아이의 인생뿐 아니라 지역사회 전체가 변하게 됩니다. 여자아이들이 가족과 지역사회에 자기가 받은 것을 되돌려주기 때문입니다.

전국 방송에 나간 지 1년이 막 지났을 때 일입니다. 미시건 주 앤아버에 사는 한 여성이 제게 편지를 보내왔습니다. 그녀가 이러더군요. "오프라, 매일 있는 그대로의 당신 모습을 보고 있노라면 저도 좀 더 저다워지고 싶어집니다." 저는 이보다 더 좋은 말을 들어본 적이 없습니다. 이 말은 제 유언장에 들어갈 것이고 묘비를 세우게 된다면 거기에도 새겨질 것입니다.

우리가 남길 수 있는 가장 아름다운 유산은 우리의 손길이 보살피고 어루만진 모든 인생입니다. 우리는 흔히 위대한 자선 활동이란 강한 영향력을 발휘하고 세상에 큰 변화를 가져오는 것이라고 생각합니다. 하지만 실은 매일 우리가 하고 있는 것들입니다. 내 인생을 통해 타인에게 빛이 되어주는 것이죠. 이것이 곧 일을 통해 나만의 예술을 표현하는 방식이라고 생각합니다. 그 일이 어떤 것이든 간에요.

DR: 아주 평범한 환경에서 자라셨죠. 부유한 집안이 아니라.

OW: '평범하다'는 말은 맞지 않아요. 저는 가난했습니다. 제가 설립한 학교의 많은 여학생, 실은 모든 여학생이 가난합니다. 최근에 그녀들에게 제가 한 말이 있는데, 졸업식 참석을 위해 남아공에 있었거든요. "여러분은 모두 출신 환경이 같습니다. 바로 가난입니다."

한 여학생이 손을 들더니 말하더군요. "저는 그 표현이 싫어요." 그래서 제가 말했습니다. "가난하지 않다면, 학교를 떠나줘야겠구나. 너희들이 이 학교를 다닐 수 있게 내가 돈을 내는 이유가 바로 그것 때문이거든."

저는 가난하다는 말에 별로 개의치 않습니다. 부끄럽지도 않고요. 제가 어렸을 때나 사회 초년생 때라면 가난이라는 말에 마음이 불편했겠죠. 하지만 저는 진짜로 가난했습니다. 수돗물도 없었고 전기도 들어오지 않는 데다가 화장실은 집 밖에 있었죠.

DR: 부모님과 함께 친척들 집을 전전하면서 성장하셨죠. 이리저리 옮겨 다니자니 몹시 불안정했겠습니다. 정확히 어느 시점에 왔을 때 당신이 당신의 재능으로 말미암아 존재감을 드러낼 수도 있겠다는 생각을 하셨는지요?

OW: 유치원 때부터 느꼈던 것 같아요. 저는 작은 들판에서 자랐어요. 농장이라고 생각했는데 커서 다시 가보니 그냥 들판이었습니다. 할머니가 제게 읽는 법을 가르쳐주셨죠. 성경 구절을 할머니와 함께 읽으며 자랐습니다. 여섯 살이 됐을 무렵 저는 밀워키로 다시 이사를 갔고 제 생일이 일 년 중 별로 좋은 때는 아니었지만, 그 덕분에 흑백분리주의 학교에는 단 하루도 다니지 않을 수 있었습니다. 가난했지만 저는 단 한 순간도 남보다 못하다고 생각할 만한 상황을 겪어본 적이 없습니다. 유치원 첫 수업에 들어갔을 때 어린 백인 아이들이 알파벳을 익히고 있었습니다. 저는 "왜 애들이 알파벳을 배워요?"라고 선생님께 물었습니다. 그러고는 유치원 담임교사에게 편지를 썼습니다. "선생님, 저는 여기에 맞지 않는 것 같아요. 저는 어려운 단어들을 많이 알고 있거든요." 그런 다음 제가 아는 모든 어려운 단어를 써내려갔습니다. 성경을 읽어본 사람들은 알 텐데, 사드락, 메삭, 아벳느고, 느헤미

85

야, 예레미야 등과 같은 이름들을요. 그리고 코끼리나 히포포타무스 같은 단어도 적었습니다. 선생님은 그 편지를 인상 깊게 읽은 것 같았습니다.

DR: 어려운 단어와 성경 얘기가 나왔으니 말인데, 오프라라는 이름은 성경에서 온 이름이죠. 제가 알기로는 아마도…

OW: 오르파(국내 성경에는 '오르바'로 표기되어 있다 – 옮긴이)입니다.

DR: 오르파가 어쩌다 오프라가 됐습니까?

OW: 학교에 간 첫날, 철자를 틀렸는데 그대로 굳어진 겁니다. 제 출생증명서에는 오르파로 나와 있습니다.

DR: 그렇지만 아주 유명한 이름이 됐죠. 전 세계에 이름만으로 알려진 사람은 거의 없습니다. 그중에 오프라가 있고요. 엘비스도 있죠. 예수도 있고요. 아주 극소수예요. 이름이 그냥 메리나 제인 같은 것이었다면 어땠을까요?

OW: 아마도 지금 같지는 않았겠죠. 지금도 기억납니다. 볼티모어에 처음 출근했을 때 보도 국장이 저에게 "그 이름 좀 어떻게 해보자고. 아무도 기억하지 못하거나 발음하는 법을 모를 거야"라고 말했죠.

그때까지 저는 누구나 좋아할 만한 이름을 가져야 한다고 생각했어요. 그런데 제 상사가 저에게 이름을 바꿔야 할 거라고 말했을 때 비로소 '나는 내 이름을 지킬 거야'라고 결심하게 됐습니다. 볼티모어에서 일을 시작했을 때 방송국에서는 "오프라가 뭘까?"라는 캠페인으로 저를 소개했습니다. 이름을 발음하는 방법을 설명해야 한다면서요.

DR: 당신의 배경을 모르는 사람들을 위해 소개하자면, 테네시에서 대학을 다녔고 후에 테네시 방송국에도 짧게 몸을 담았죠. 그러다가 제 고향인 볼티모어로 가서 취직을 했고요. 당신의 방송을 자주 보셨던 제 어머니가 하루는 전화를 하시더니 "여기 쇼에 엄청난 사람이 출연하는데 곧 전국 방송으로 나간다는구나"라고 하셨습니다. 저는 "어머니, 볼티모어 사람들이 전국 방송으로 나가는 경우는 거의 없어요"라고 대답을 했었는데, 어머니가 옳으셨죠.

OW: 어머니는 아셨군요.

DR: 똑똑한 분이셨습니다. 누구나 어머니 말씀을 잘 들어야 하죠. 그러면 볼티모어에 가셨을 때 원래 하려던 일이…

OW: 뉴스 앵커였습니다. 그런데 리포터 일을 하라고 하더군요.

DR: 잘 풀리지 않았군요.

OW: 뭐, 좌천이라 봐야죠.

DR: 그렇군요. 계약 때문에 해고까지는 못했군요. 그러다가 어떻게 오후 토크쇼 프로그램을 맡게 되셨나요?

OW: 나이가 들면 시야가 넓어지고 자연스럽게 알게 되는 것들이 있죠. 좌천이나 해고는 많은 경우 새로운 일이 생기는 기회가 됩니다. 제가 지금껏 인터뷰한 수많은 사람들은 그런 좋지 않은 일이 인생 최고의 사건이 되어주었다는 이야기들을 줄기차게 합니다. 아무튼 저는 뛰어난 리포터는 아니었어요. 너무 감정적이었거든요. 사건을 취재하러 갔다가 눈물을 글썽이며 사람들을 위로해주다가 돌아오고는 했으니까요.

DR: 게다가 굉장히 젊은 나이였네요. 스물하나인가 둘이셨죠.

OW: 네, 그렇지만 전 굉장히 공감을 잘하는 편이기는 했어요. 항상 다른 사람 일에 개입한다는 평가를 받곤 했죠. 연봉이 2만 2,000달러였는데 제 절친인 게일 킹Gayle King도 저와 같이 일하고 있었어요. "와, 스물두 살에 2만 2,000달러를 벌고 있잖아. 스물다섯, 그리고 서른이 됐을 때를 생각해 봐"라고 하더군요. 계속 거기에 있었다면 지금쯤 저는 6만 달러 정도를 벌고 있겠군요. 6만 2,000달러 정도면 괜찮긴 하겠네요. 일이 잘 안 풀려서 다행이었죠. 좌천이 되자 그쪽에서는 저에게 계약상의 급여를 지급하지 않으려고 했습니다. 제 연봉이 2만 5,000달러였는데, 전액을 지급할 수는 없다는 거였죠. 대신 저를 붙들면서 "계약 기간이 끝날 때까지만 이 토크쇼에 출연하는 걸로 합시다"라고 하더군요.

DR: 그렇게 맡게 됐군요. 토크쇼 중간에 'Dialing for Dollars(무작위로 전화를 걸어 화면에 나온 번호를 맞히는 시청자에게 상금을 주는 쇼 – 옮긴이)'라는 이벤트가 있었죠?

OW: 조사를 철저히 하셨군요. 놀랍습니다.

DR: 제가 볼티모어 출신이라 그 쇼에 대해 좀 알고 있죠.

OW: 지금처럼 한참 대화를 하다가 도중에 제가 일어서서 "자, 이제 'Dialing for Dollars'를 해야겠어요!"라고 하는 거죠. 작은 세트장으로 가서 누군가에게 전화를 거는 겁니다. 옐로 페이지(업종별 전화번호부 – 옮긴이)를 펼쳐놓고 전화를 걸어 이렇게 말하는 거예요. "Dialing for Dollars입니다. 지금 프로그램을 시청 중이시라면 화면에 나온 숫자와 상금 액수를 말씀해주시겠습니까?" 말도 안 되는 짓이었죠.

DR: 하지만 반응은 아주 좋았습니다. 그러다가 누군가가 "시카고에서 방송을 해보는 것이 어떠냐?"고 제안했고, 그래서 그만두기로 하셨습니다. 맞나요?

OW: 맞습니다. 당시 제 계약은 사실 만료가 된 상태는 아니었습니다. 하지만 다들 제가 본능에 따라 평생 살아왔다는 걸 알 겁니다. 어떤 곳에서 성장할 수 있는 만큼 성장했다 싶으면 새로운 곳으로 움직이는 게 제 본능이죠.

저는 다른 곳으로 옮기고 싶어졌습니다. 뉴욕은 너무 복작거려서 걸어 다니기조차 버거운 수준이었죠. 하지만 최고의 시장이었고 모두가 도착하고 싶어 하는 곳이었습니다.

당시 제게는 에이전트가 있었는데, 그에게 "조앤 런든(Joan Lunden, 미국의 인기 여성 앵커 - 옮긴이)을 대신하고 싶다"고 말했습니다. 조앤 런든 아시죠? 저는 물었습니다. "조앤 런든이 휴가를 가거나 잠시 쉬고 싶어 할 때 저를 대신 그 자리에 넣어줄 수 있어요?" 에이전트가 말했죠. "그런 일은 없을 겁니다. 이미 흑인을 채워 넣었거든요. 브라이언트 검벨이요."

제가 다시 말했습니다. "검벨은 런든과 다른 방송국에 있잖아요? 그러니 한 명이 더 필요할지도 몰라요." 그가 "아니요, 소용없을 겁니다"라고 고개를 저었고, 저는 그를 해고했습니다.

제가 우여곡절 끝에 시카고에 오게 된 건 누군가의 오디션 테이프에 제가 등장했기 때문이었어요. 제 프로듀서 중 한 명이 새로운 일자리를 얻으려고 거기 갔던 겁니다. 그녀가 제게 전화를 했어요. "데니스 스완슨Dennis Swanson이 내 테이프에서 당신을 봤어요." 그녀는 프로듀서로 채용됐더군요. "스완슨이 궁금해하던데, 여기서 〈AM 시카고AM Chicago〉라는 아침 토크쇼 프로그램에 출연할 생각이 있어요?" 그렇게 시카고에 가게 됐죠.

DR: 재미있는 그 프로그램을 맡아 아주 유명해지셨죠. 프로그램 타이틀도 〈오프라 윈프리 쇼〉로 바뀌었고요.

OW: 사람들이 점점 '오프라 쇼'라고 부르기 시작했거든요. "오늘 '오프라 쇼' 봤어?" 같은 식이었죠. 〈AM 시카고〉라고 부르는 사람들이 점점 줄어들었습니다. 사실 아주 친했던 볼티모어의 한 친구를 제외하고는 모두가 저에게 시카고에서 실패할 거라고 했어요. 왜냐하면 필 도나휴Phil Donahue와 경쟁해야 했기 때문이죠. 사실 그건 제게 별 문제가 안 됐습니다. 그를 이길 수 있다고 생각하지는 않았어요. 실제로 상사였던 스완슨 국장에게도 그렇게 털어놓았습니다. 그러자 그가 이렇게 말해줬습니다. "우리도 당신이 그를 이길 수 없다는 걸 알아요. 그러니 걱정 말고 그냥 당신답게 하면 됩니다."

그 말에 저는 안도했습니다. 제리컬 스타일의 흑인 머리를 한 뚱뚱한 제가 아무런 부담 없이 거물 중의 거물이었던 도나휴에 맞서 오직 나답게만 진행하면 되는 거였으니까요.

DR: 필 도나휴가 결국 당신과의 경쟁에 지쳐 시카고를 떠나 뉴욕으로 간 것 같습니다만.

OW: 저는 항상 도나휴가 아니었다면 '오프라 쇼'도 없었을 거라고 말하곤 했어요. 그가 새로운 청중을 만들어낸 셈이죠. 집에 있는 똑똑한 여성들은 상당수가 아이들을 키우는 전업주부이고, 개중에는 제가 일을 시작한 1980년대 중반에 노동시장으로 다시 복귀한 사람들도 있었습니다. 그들은 목적이 뚜렷하고 의미 있는 것들에 대해 이야기하고 싶어 했습니다. 필 도나휴가 그 문을 열어준 것이죠.

DR: 인터뷰어로서 그 누구보다 뛰어난 자질을 갖고 있다는 사실을 언제 알게 됐습니까?

OW: 제가 최고라고 생각한 적은 한 번도 없어요. 다만 청중과 소통하는 저만의 고유한 능력이 있다고는 생각합니다. 제가 인터뷰를 잘해서가 아니라 잘 듣기 때문에 인정받는 것이죠. 기본적으로 제가 청중과 전혀 다를 게 없는, 똑같은 인간이라는 생각을 갖고 있기 때문에 잘 듣게 되는 것 같습니다. 진행자석에 앉을 권한과 마이크를 쥘 권한을 갖게 된 것은 언제나 저 스스로를 청중의 대리인이라고 생각했기 때문입니다. 궁금하기는 하지만 보통 사람이라면 상대에게 던지기 어려운 질문들을 제가 대신 던집니다. 한 번은 정말 당황스러운 질문을 한 적이 있는데, 개인적으로 그 답이 궁금해서가 아니라 청중이 궁금해한다고 생각해서였죠. 영화배우 샐리 필드Sally Field에게 버트 레이놀즈Burt Reynolds와 데이트할 때 그가 부분가발을 쓴 채로 잤냐고 물었습니다.

DR: 답은 뭐였습니까?

OW: 입을 꾹 닫더군요. 그 질문 때문에 샐리가 당황스러워하고 있다는 걸 알 수 있었고, 그다음부터는 아무런 얘기도 들을 수 없었습니다. 그때 깨달았죠. '그래, 이러면 안 되는 거였어.' 그렇게 또 하나를 배우게 됐죠. 지금은 그런 일은 절대 하지 않습니다. 프로듀서들이 계속 부추겼던 거죠. "사람들이 알고 싶어 해, 오프라. 뭐가 문제야? 중요한 건 사람들이 알고 싶어 한다는 거야!"

DR: 토크쇼를 진행하면서 영화 〈컬러 퍼플The Color Purple〉에 배우로 출연할 기회도 얻으셨죠.

OW: 그저 단순한 기회 이상이었습니다. 인생에서 그 이상 원하는 게 없었어요. 그래서 〈컬러 퍼플〉에만 나올 수 있다면 그 어떤 것도 바라지 않았어요. 영화로 만들어진다는 소식을 알기 전에 이미 저는 〈뉴욕 타임스New York Times〉에 실린 서평 기사를 본 후 원작 도서를 구매해 그날 밤 끝까지 다 읽었습니다. 그러고는 책을 8권 더 샀습니다. 물론 이건 제가 북클럽을 시작하기 전의 일이에요. 아마 1983년 아니면 1984년 이었을 겁니다. 책들을 주위에 나눠주었습니다. 저는 언제나 그런 식이었어요. 뭔가 재미가 있거나 가슴이 뛰는 것을 발견하면 모두가 그 걸 가지게 되기를 열망합니다. 나는 다시 서점으로 가 진열대에 남아 있던 책을 모두 샀습니다. 이튿날 직장에 갖고 가 한 권씩 아는 사람에게 돌렸죠. 그러다가 어느 날 그 책이 영화화된다는 얘기가 들려오기 시작했습니다. 그때 뜬금없이 이런 생각이 들었습니다. '오프라, 네가 그 영화에 출연하면 어때?'

어느 날 영화 제작자로 일하는 퀸시 존스Quincy Jones가 시카고의 한 호텔에서 샤워를 하고 나와 TV를 켰다가 마침 〈AM 시카고〉 방송을 봤습니다. 그러고는 자신을 영화 제작사의 캐스팅 에이전트라고 소개하는 사람의 전화를 받았습니다. "오프라 윈프리 씨죠? 혹시 저희가 진행하는 영화의 배역 오디션을 보러 와주실 수 있나요? 영화 제목은 〈달의 노래Moon Song〉입니다." 당시 저는 영화로 만들어진다는 〈컬러 퍼플〉에 출연할 수 있게 해달라고 계속 기도를 하고 있는 중이었죠. 그래서 저는 말했습니다. "〈달의 노래〉 같은 영화에는 출연하고 싶지 않을 것 같아요. 〈컬러 퍼플〉이면 몰라도요. 혹시 〈달의 노래〉가 〈컬러 퍼플〉이 될 수는 없는 걸까요?" 에이전트는 답했습니다. "아니오, 영화 제목은 〈달의 노래〉입니다."

저는 뭔가에 홀린 듯이 〈달의 노래〉 오디션을 보러 갔습니다. 그러고는 알게 되었죠. 감독이 어떤 영화를 준비하는지 알려지기를 절대 원하지 않아서 〈컬러 퍼플〉을 〈달의 노래〉로 모든 관계자가 부르고 있었다는 것을요. 저는 퀸시 존스가 누군지도 몰랐습니다. 하지만 감독석에 앉아 있는 사람은 누군지 알았어요. 바로 스티븐 스필버그Steven Spielberg였지요.

DR: 역할을 따내셨나요?

OW: 역할을 따냈죠.

DR: 아카데미 여우조연상 후보에 올랐죠. 당연히 수상했어야 했는데, 그해 운이 없으셨어요.

OW: 아니, 괜찮았어요. 드레스는 어울리지 않았고 어쨌거나 의자에서 일어나 단상에 올라갈 수 없었을 거예요.

DR: 버락 오바마가 미국 대통령직에 당선된 최초의 흑인이었습니다. 동의하지 않으실지도 모르겠지만, 이제 언론계 인사(도널드 트럼프를 의미—옮긴이)를 대통령으로 선출했는데, 아직 미국에서 여성 대통령은 나오지 않았습니다. 당신의 인기와 여전히 여성이 깨지 못한 유리 천장을 생각할 때, 대통령 선거에 출마해 당선될 수 있다는 생각은 안 해보셨습니까?

OW: 그 질문을 진지하게 생각해본 적이 없고 가능성조차 고려한 적이 없습니다. 올해까지는요.

DR: 대통령이 되기 위해 굳이 공직 경험이 필요하지는 않으실 것 같습니다.

OW: 올해까지만 해도 저는 '난 경험이 없어, 그러니 잘 모르겠지'라고 생각했었죠. 지금은 '오~' 하고 생각하죠. 그렇지만 그런 일은 일어나지 않을 겁니다.

DR: 오늘 당신의 일들을 좀 살펴봤더니, 소유하신 케이블 방송사 오프라 윈프리 네트워크OWN의 발전과 제작의 총책임을 지는 수석 프로듀서 일을 최우선으로 생각하시는 것 같습니다만.

OW: 연기는 계속할 생각이에요. 인류애에 호소하는 방송 프로그램 개발도 계속할 겁니다. 그런 프로그램을 보면서 더 나은 삶을 꿈꾸고 선한 일을 실천하고 싶어 하고 나 자신의 성취를 자랑스러워할 수 있도록 말이죠. 이런 일들은 나 스스로를 중요하고 의미 있는 존재로 계속 유지시켜줍니다.

토크쇼를 진행하는 하루하루가 제게는 심리 치료 같았어요. 매일 진행하는 쇼에 마음을 쏟았습니다. 심리치료사를 찾아간 적은 없었습니다만 쇼를 진행하는 수년간 사람들의 이야기에 귀를 기울였지요. 그러면서 저를 비롯해 스스로 아무 문제가 없다고 생각해왔던 많은 사람들이 심리 치료에 대한 거부감을 덜게 됐습니다. 1990년대 중반부터 눈에 띄기 시작하는 것이 있었어요. 제 토크쇼에 출연한 사람들이 다들 인터뷰 말미에 제게 "어때요, 괜찮았나요? 정말 괜찮았던 거죠?"라고 묻는다는 것이었습니다. 왜 그런 말들을 하는지 알아보기 시작했죠. 쌍둥이 딸들을 살해한 죄로 종신형을 받은 남자를 인터뷰할 때였습니다. 인터뷰 막바지에 감옥에 갇혀 있으면서도 그는 제게 말했죠. "제 인터뷰, 괜찮았나요?"

버락 오바마가 처음 의자에 앉았을 때도 그렇게 말했습니다. 조지 부시도 마찬가지였고요. 비욘세도 똑같았습니다. 그녀는 제게 트월킹 댄스를 가르쳐주더니 "어때요, 괜찮나요?"라고 말했습니다.

DR: 노력하면 잘할 수 있는 거죠?

OW: 네, 트월킹은 그렇죠. 그런데 제가 25년간 인터뷰를 진행하면서 배운 게 있습니다. 당신이 나를 인터뷰하든, 제가 당신을 인터뷰하든, 직업이 무엇이든 간에, 인생이나 관계의 어느 단계에 있든지 간에, 우리가 만나는 모든 사람은 어떤 일이 끝나고 나면 '괜찮았는지' 알고 싶어 한다는 겁니다. 바꿔 말하면 결국 "내가 한 말 들었어요? 그리고 내 말이 당신에게 의미가 있었나요?"가 됩니다. 저는 이걸 염두에 두고 타인의 말을 듣기 시작했습니다. 지금 이 순간 당신이 나와 이곳에서 대화하고 있고, 당신이 시간을 내서 나와 인터뷰하는 것이 중요한 이유는, 당신이 중요한 존재이기 때문입니다. 제 토크쇼는 당신이 중요한 존재라는 사실을 확인시켜주는 자리였습니다. 출연자든 시청자든 방청객이든 모두 말입니다. 논쟁도 만남도, 모두 마찬가지입니다. 그무엇이든 사람들이 알고 싶어 하는 건 오직 이것뿐입니다. "내 말 들었어요? 날 봤나요? 제가 중요한 얘기를 잘했나요?"

# 워런 버핏

버크셔해서웨이 창업자 겸 CEO

_Warren Buffett_

"하고 싶은 일을 찾으십시오. 인생은 한 번뿐이니까요.

살면서 방황하고 싶지 않다면 말이죠.

X만큼 버는 것, X의 120퍼센트를 버는 것은 전혀 중요하지 않습니다.

잘 맞는 사람과 결혼하는 것,

돈이 필요 없어도 하고 싶은 일을 찾아내는 것이 더 중요합니다."

워런 버핏은 모두가 아는 세계 최고의 투자자다. 70년 가까이 활동하면서 그는 (자신을 포함한) 투자자들에게 역사상 그 어떤 금융전문가보다도 많은 수익을 가져다준 인물이다. 이제 나이 90세를 바라보는 그는 5,000억 달러가 넘는 시장 가치를 보유한 버크셔해서웨이Berkshire Hathaway를 통해 여전히 건재함을 자랑하고 있다.

버핏은 젊었을 때부터 비즈니스와 투자에 비상한 관심을 보였다. 하버드 비즈니스 스쿨 입학을 거부당한 그는 컬럼비아 대학교 비즈니스 스쿨을 졸업한 후 뉴욕에서 몇 년 동안 자신의 우상인 벤저민 그레이엄 Benjamin Graham 밑에서 일했다.

그러다가 고향 오마하로 돌아와 세계 최고이자 가장 존경받는 투자 실적을 세웠을 뿐 아니라 독보적인 투자 방식도 선보였다. 직원 수는 소수였고 사무실에는 컴퓨터도 없었으며 투자은행 고문도 두지 않았던 것이다. 거래는 신속하게 이루어졌고 경쟁 입찰이나 가격 흥정도 없었으며 비우호적 거래도 없었다. 그는 자신이 잘 아는 산업 분야에서 저평가된 가치를 가진 주식을 발굴해 투자하는 인물이다. 소박한 경구를 좋아하고, 부를 과시하는 일에는 관심이 없다(그는 여전히 1958년에 구입한 집에서 살고 있다).

겸손한 태도로 자신을 낮추는 유머를 즐기고 썩 건강해보이지 않는 음식 취향을 갖고 있다. 그러면서도 명철한 두뇌에는 90년째 아무런 타격도 없어 보인다. 최근에는 빌&멜린다 게이츠 재단에 750억 달러에 달하는 재산의 대부분을 기부하겠다고 약속하면서 세계 최대 자선사업가 명단에 이름을 올렸다.

비법을 배우겠다고 몰려드는 추종자들을 거느린 투자자들 중 워런 버핏의 명성을 따라갈 사람은 아무도 없다. 수만 명이 6시간 넘게 이어지는 그의 논평을 듣기 위해 버크셔해서웨이의 연례 주주총회에 몰려든다(2020년에는 온라인으로 진행됐다). 그의 투자 노하우를 다룬 수십 권의 책과 분석서들이 출간됐고 전 세계 투자자들이 오늘도 이를 탐독하고 있다.

나는 버핏이 지금처럼 유명해지기 꽤 오래 전에 그를 만났다. 기빙 플레지 모임을 비롯해 다양한 투자 및 자선 활동 모임을 통해 그를 더 잘 알게 되었다. 그를 여러 번 인터뷰했는데, 그때마다 나는 매우 즐거운 시간을 보내며 많은 것을 깨닫고 배울 수 있었다.

이 책에 실린 인터뷰는 2016년 버핏이 가장 좋아하는 오마하의 레스토랑 고라츠Gorat's에서 진행됐으며, 경제적으로 평범한 환경에서 자란 그가 글로벌 투자 리더로 떠오르게 된 드라마틱한 이야기를 들을 수 있었다. 그는 자신의 성공을 단 한 마디로 정의했다. "일에 대한 열정 덕분이었죠."

앞에서도 말했듯이, 그의 일은 가치가 저평가되어 괜찮은 수익률이 기대되는 회사에 투자할 기회를 찾아내는 것이었다. 버핏은 이 초심을 한 시도 잃지 않았다. 언제나 낮은 가격으로 사들인 후 거의 모든 주식을 팔지 않았다. 이를 통해 엄청난 거래 비용과 양도소득세를 절약할 수 있었다. 브리지 게임을 즐기고 기부를 하고 가족의 목표를 지원하지만, 연례 보고서를 읽고 큰 비용이 들지 않는 투자 대상을 발견한 후 버크셔해서웨이의 투자 목록에 추가하는 것만큼 그를 즐겁게 하는 일은 없다.

버크셔해서웨이가 다양한 자산을 세계 최대 규모로 보유할 수 있게 된 것은 버핏의 통찰력과 역량, 끊임없는 노력 때문에 가능했다. 고령에도 불구하고 투자자들은 그가 여전히 버크셔해서웨이를 이끌고 있다는 사실에 매우 만족해한다. 2019년 버크셔해서웨이의 주가는 1965년과 비교할 때 그 가치가 2만 배 뛰었기 때문이다.

워런 버핏은 단 한 명뿐이다. 그가 지금껏 해온 모든 일을 할 수 있는 사람은 당분간 나타나지 않을 것이다. 더군다나 매일같이 탭댄스를 추는 흥겨운 기분으로 일을 한다고 말하는 사람은 더더욱 찾기 어려울 것이다.

**데이비드 루벤스타인(DR):** 오마하에서 자라셨죠. 그러다가 부친이 하원의원에 당선되면서 워싱턴으로 이사를 가셨고요.

**워런 버핏(WB):** 저는 이사 가기 싫었습니다. 고향에서 아주 잘 지내고 있었으니까요. 그때가 8학년이었고 친구도 많았습니다. 모든 게 완벽했는데 낯선 환경으로 떠나야 했죠

처음에 우리 가족은 버지니아 주 프레드릭스버그로 갔습니다. 아버지는 워싱턴이 악의 소굴쯤 되는 걸로 여기셨죠. 그래서 지리적으로라도 좀 떨어져 있으면 우리가 물들지 않을 거라고 생각하신 것 같습니다. 6주쯤 지나자 정말 우울해지더군요. 이상 증세가 생겼다고 부모님께 말씀드렸습니다. "밤에 숨을 쉴 수가 없어요. 하지만 걱정 안 하셔도 돼요. 밤을 새우면 되니까요. 푹 주무세요. 제 걱정은 마시고요."

그 말이 할아버지 귀에 들어갔고, 즉시 돌아오라고 하셨습니다. 그렇게 오마하로 돌아가 할아버지와 한동안 지냈습니다. 그러다가 아예 워싱턴으로 우리 가족이 이사를 갔습니다. 부모님이 지인들로부터 워싱턴으로 오라는 얘기를 들을 만큼 들었다고 생각해 결정한 일이었습니다.

**DB:** 그후 우드로윌슨 고등학교에 진학하셨습니다. 학교 다닐 때 부업을 좀 하셨다고요. 워싱턴에서 어떻게 사업을 시작하게 됐습니까?

**WB:** 우리가 벌인 사업 중 최고는 '윌슨 동전 기계 회사'라는 이름을 붙인 핀볼 기계 사업이었습니다. 제 친구와 제가 다녔던 고등학교 이름을 딴 것이었습니다. 우리는 이발소에 그 기계를 들여놓았고, 점점 이

발사들은 우리가 플리퍼(공을 되튕겨내는 판 – 옮긴이)가 달린 기계를 들여놓길 바라더군요. 신형 기계였습니다. 하지만 그 기계는 너무 비쌌죠. 예전 것이 25달러였는데 그건 한 대에 350달러나 했습니다. 우리는 늘 이렇게 말했습니다. "윌슨 씨와 얘기해보겠습니다." 이 베일에 싸인 윌슨 씨는 무척이나 강인한 사내였다고 말씀드려야겠군요.

DB: 고등학교를 16등으로 졸업했다고 들었습니다. 제 생각에는 학업에 전념했다면 1등도 충분히 하셨을 것 같은데요. 공부에는 딱히 관심이 없었나요?

WB: 네, 관심이 없었습니다.

DR: 고등학교 졸업 앨범에는 "그는 증권 중개인이 될 것 같다"고 적혀 있습니다. 와튼 스쿨에 가셨죠. 그 이유는요? 그리고 왜 2년만 다녔나요?

WB: 대학에 가고 싶지 않았습니다만 아버지가 진학을 무척이나 원하셨습니다. 저는 늘 아버지를 기쁘게 해드리고 싶었습니다. 예전에도 지금도, 제 영웅이시니까요.

아버지가 저를 끌고 가면서 말씀하셨습니다. "그냥 재미 삼아 원서를 내보면 어떨까?" 그가 와튼 스쿨을 제안하셨고 저는 그냥 거기에 지원을 했죠. 거기서 절 받아주었습니다.

1년이 지나자 학교를 그만두고 사업을 시작하고 싶어졌습니다. 아버지가 1년만 더 다녀보라고 하셔서 2학년까지 다닌 후 다시 말씀드렸죠. "여전히 관두고 싶어요." 아버지는 말씀하셨죠. "학점을 거의 다 채웠으니 네브래스카 대학교에 가면 1년만 더 다녀도 졸업할 수 있을 거야." 1년이라면 더 다닐 수 있을 것 같았어요. 그래서 그렇게 했습니다.

DR: 와튼 스쿨에서 "절반쯤은 졸업생이나 다름없으니 기부 좀 해달라"고 연락 오지는 않던가요? 아니면 귀찮게 한 적이 한 번도 없었나요?

WB: 지금까지는 그런 말을 들은 적이 없는 것 같군요.

DR: 졸업 후에는 뭘 하고 싶었습니까? 경영대학원에 가고 싶었나요?

WB: 네브래스카에서 약간의 장학금을 받아 원하는 어떤 대학원이든 갈 수 있었습니다. 500달러를 주겠다더군요. 아버지는 제게 하버드를 권했습니다.

DR: 합격하지는 못하셨고요?

WB: 네, 못했습니다. 면접관이 시카고 근방에서 온 사람이었는데 딱 10분 얘기하더군요. 저는 그를 보기 위해 10시간 가까이 기차를 타고 왔는데. 그가 절 보고는 말했습니다. "관두게나."

DR: 그를 다시 마주친 적은 없나요?

WB: 아뇨, 하지만 이제 그 사람은 몸조심을 해야겠죠.

DR: 왜 컬럼비아 경영대학원에 진학하셨습니까?

WB: 네브래스카대 도서관에서 카탈로그를 넘겨보다가 컬럼비아 경영대학원에서 벤저민 그레이엄과 데이비드 도드David Dodd가 가르치고 있다는 걸 알게 됐습니다(1934년에 그레이엄과 도드는 《증권 분석》이란 책을 썼다. 이 책은 가치 투자서의 바이블로 시대의 한 획을 긋는 역할을 했다). 저는 그 책을 읽어봤지만 그들이 강의도 하는 줄은 몰랐습니다. 도드는 부학장이었고 그레이엄은 일주일에 한 번 강의실에 나타났죠. 도드 부학장에게 편지를 썼습니다. "교수님, 저는 두 분이 모두 돌아가신 줄 알았는데 살아계시는군요. 컬럼비아 경영대학원에 꼭 진학하고 싶습니다. 저를 뽑아주신다면요."

DR: 그렇게 된 거군요. 자신의 영웅을 실제로 만나게 되면 다소 실망하는 경우가 있습니다. 그레이엄이 생각만큼 훌륭한 인물이던가요?

WB: 물론이죠. 그리고 도드 부학장은 저에게 아주 훌륭한 친구가 되어 주셨습니다.

DR: 컬럼비아에서도 상당히 두각을 나타냈을 것으로 생각됩니다. 졸업 후 벤저민 그레이엄의 투자회사에서 일하고 싶어 하셨죠. 어떻게 됐습니까?

WB: 나의 영웅을 위해 일한다는 점에서 정말 좋았습니다. 하지만 그는 몇 년 후에 은퇴할 예정이었어요. 저는 거기서 1년 6개월밖에 일하지 않았지만 평생 그를 위해 일할 수 있다는 생각이 들었습니다.

DR: 그레이엄의 원칙에 따라 주식을 고르셨죠. 저평가된 회사를 찾아 투자한다는 원칙 말입니다. 지금은 이걸 '가치 투자'라고 부르게 됐습니다. 그에게 그 자신만의 고유한 원칙이 있다는 걸 아셨습니까?

WB: 그의 회사에서 일할 당시 저는 그의 책에 나온 말들을 그보다 더 잘 외우고 있었을 겁니다. 수없이 그의 책을 반복해서 읽었으니까요. 새로운 것을 그에게 배운다기보다는, 그에게서 '영감'을 얻는 것이 중요했습니다.

DR: 결국 벤저민 그레이엄은 은퇴했고, 그의 투자회사도 사라졌습니다. 뉴욕에 있을 때 직접 창업하겠다는 생각을 하기 시작했나요? 뉴욕 생활을 좋아하신 것 같은데, 왜 오마하로 돌아가셨나요?

WB: 네, 고향으로 돌아가고 싶었죠. 뉴욕에 친구들이 많긴 했지만 당시에 아이도 둘이 있었고, 화이트플레인스에 살고 있었거든요. 기차로 통근을 했습니다. 여기 오마하에 사는 것과 별반 다를 게 없었죠. 조부모님들도 살아 계셨고 친척들도 계셨고요. 오마하가 훨씬 살기 편했습니다.

**DR:** 그렇군요. 수지 여사(수전 톰슨 - 옮긴이)와 결혼하셨죠. 두 자녀인 하워드와 수지도 생겼고요. 여기 오하마에서 집을 구매하셨죠?

**WB:** 처음에는 월세 175달러에 집을 얻었습니다.

**DR:** 그럼 지금까지 살고 있는 집은 언제 사신 겁니까?

**WB:** 1958년에요. 셋째 아이가 태어날 예정이었습니다.

**DR:** 그리고 투자회사도 여기서 시작하셨습니다. 창업자금은 어떻게 조달했습니까? 당신을 아는 사람들에게서? 아니면 부친의 지인들?

**WB:** 당시 수중에 17만 5,000달러가 있었습니다. 그 돈이면 평생 먹고 살 수 있겠다 싶었습니다. 뭐든지 할 수 있을 거라 생각했죠. 학교에 진학할 계획도 세웠습니다. 로스쿨에 갈 생각에 네브래스카에서 관련 강의들도 좀 들었습니다. 투자회사를 시작할 생각은 안 했어요. 그러다가 오마하로 돌아오고 몇 달이 지나서 몇몇 친지들이 그러더군요. "이봐, 투자는 어떻게 하는 거야? 뭘 하면 돼?" 제가 말해줬죠. "내가 주식 중개업에 다시 뛰어드는 일은 없겠지만 뉴먼&그레이엄이라는 뉴욕의 투자회사에서 일한 적은 있지. 원한다면 비슷한 투자회사를 차릴 수도 있다고." 그렇지만 고향에 와서 그럴 생각은 없었습니다. 그런 얘기를 나눈 게 1956년 5월이었는데, 제가 돌아온 게 1월 말이었습니다.

**DR:** 변호사로서도 큰 성공을 거두셨을 겁니다.

**WB:** 그랬을지도요. 후회가 좀 되긴 했습니다.

**DR:** 회사의 첫 투자금이 얼마나 모였습니까?

**WB:** 1956년 5월 초 어느 날 밤, 우리는 미팅을 가졌습니다. 저를 제외한 7명이 모두 합쳐 10만 5,000달러를 내놓더군요. 저는 100달러를 투자했습니다. 그래서 총 10만 5,100달러로 시작했고, 기본 원칙이라 불리는 조그만 종이쪽지를 나눠주면서 이렇게 말했죠. "다들 같은 생각이고 같은 입장이라면 이걸 읽고 동의한 다음 투자조합partnership에 가입하세요. 계약서를 읽을 필요는 없지만 기본 원칙에는 모두 동의해야 합니다."

DR: 그 10만 5,000달러를 내놓은 사람들은 지금쯤 재산이 꽤나…

WB: 많이 불어났죠.

DR: 하, 많이요… 그렇게 첫 회사가 탄생했군요. 주식을 좀 매수하셨고요. 그러다가 결국 그 조합을 청산한 이유가 매수할 만한 기업을 찾지 못하셨기 때문인가요, 아니면 싼 가격에 살 만한 주식이 없어서였나요?

WB: 1956년 5월에서 1962년 1월 사이에 10개의 조합을 추가했습니다. 실수였죠. 친구들 중 하나가 첫 번째 조합에 관한 공고가 신문에 난 것을 보고 말했습니다. "이게 뭐야?" 그러고는 조합에 가입했습니다. 그러다가 다른 친구가 버몬트에서 왔습니다. 이런 식으로 조합들을 계속 만들기 시작했습니다. 비서도, 회계사도, 아무도 없었습니다. 주식을 살 때마다 저는 전표를 11개로 나누었습니다. 수표도 11개로 나눠서 발행했고요. 회계장부도 11개를 썼고 소득 신고도 11개로 나누어 했습니다.

DR: 대단하시군요.

WB: 모든 걸 혼자해야 했죠. 다른 사람들이 믿고 맡긴 돈이었기에 걱정이 됐지요. 혼자서 모든 주식을 매수하고 곧바로 은행에 가 그걸 다시 매도했습니다. 그러다가 결국 저는 머리를 써서, 1962년 1월 1일에 11개 투자조합을 버핏 파트너십Buffett Partnership이라는 이름으로 통합했습니다. 1969년 말까지 그 통합조합을 운영하다가 해산했습니다.

DR: 버핏 파트너십은 해산됐지만 1969년에 새로운 투자사를 설립하셨죠?

WB: 아닙니다. 그때까지 우리의 투자조합 자금은 1억 500만 달러 정도였고, 그중 약 7,000만 달러는 현금성 자산이거나 배당해야 할 금액이었습니다. 잔액은 3개 주식으로 구성되어 있었습니다. 대부분은 버크셔해서웨이였고, 저는 모두에게 비례 배분해서 배당했습니다.

DR: 그런 다음에 버크셔해서웨이를 통해 더 많은 주식을 사들이기 시작하셨죠.

WB: 주식과 기업을 사들였습니다.

DR: 버크셔해서웨이는 뉴잉글랜드의 섬유 공장이었죠.

WB: 뉴베드포드입니다.

DR: 그랬던 회사가 지금은 당신 회사의 이름이 되어 매우 유명해졌습니다. 하지만 최악의 투자 중 하나였다고 알고 있는데, 맞는지요?

WB: 끔찍한 결정이었죠.

DR: 망한 섬유업체 이름을 왜 그대로 쓰셨나요? 나중에 사명 변경은 왜 안 하신 거죠?

WB: 멍청한 결정을 내렸기 때문입니다. 당시 버크셔해서웨이는 공장 문을 거의 닫고 있었고 자사주를 대량 매입하는 데 돈을 쓰고 있었습니다. 저는 이걸 '담배꽁초 투자'라고 부릅니다. 담배 한 모금을 공짜로 피울 정도의 수익을 내는 것이죠. 저는 상당량의 주식을 매입했고 지분이 10퍼센트쯤 됐습니다. 그들은 공장을 몇 개 팔았습니다. CEO가 말하더군요. "보유 지분을 얼마에 내놓을 생각입니까?" 저는 "주당 11.5달러"라고 답했습니다. 그러자 그는 "좋아요"라고 하더군요. 그리고는 11.375달러에 공개 매수 제안을 했습니다. 저는 엄청나게 화가

105

났습니다. 그래서 주식을 더 매입해 회사 경영권을 확보했는데, 그건 최악의 결정이었습니다.

DR: 50년 전의 일이군요. 버크셔해서웨이를 사들였을 때 누군가가 당신을 따라 투자한 사람이 있었다면 지난 50~51년간 연 복리 19~20퍼센트 정도로 자산이 불어났겠습니다.

WB: 그런 셈이죠.

DR: 투자 역사상 그토록 장기간에 걸쳐 그만한 수익을 낸 사람은 없었습니다.

WB: 상당한 기간이긴 합니다.

DR: 성공의 비결이 뭐라고 생각하십니까? 누구보다 열심히 기업을 연구했기 때문인가요? 원칙을 고수해서? 다른 사람들보다 똑똑해서? 유행에 휩쓸리지 않아서?

WB: 우량 기업이라고 판단되는 회사들을 합리적인 가격에 사들여 능력 있는 사람들에게 운영을 맡겼습니다. 버크셔해서웨이에서 '시장성유가증권marketable securities'을 매입하기도 했죠. 시간이 갈수록 유가증권 매입보다 회사를 인수하는 데 더 중점을 두게 됐습니다. 처음에 우리는 주식을 샀습니다. 그러다가 1967년 우리는 지역 보험사를 870만 달러에 인수했습니다.

DR: 그게 내셔널 인뎀니티National Indemnity였습니까?

WB: 맞습니다. 두 자매 회사가 있었죠. 내셔널 인뎀니티가 주력 회사입니다. 상당히 좋은 거래였습니다만 섬유 공장과 함께 하나의 회사로 운영한다는 건 정말 어리석었지요. 별도 회사로 분리하는 게 좋았을 겁니다.

DR: 계속 '우리'라는 표현을 쓰시는데, 실제 의사결정을 내리는 건 당신인데 '우리'라고 하시는 건 파트너가 있기 때문이죠? 그 유명한 찰리 멍거Charlie Munger인가요?

WB: 파트너가 있긴 했었습니다. 유한책임 파트너는 사실 아주 많았고, 개중에는 지금도 활동 중인 사람들도 있습니다.

DR: 찰리 멍거와 어떻게 동업을 하게 되셨습니까? 그도 오마하 출신인 가요?

WB: 찰리도 오마하가 고향입니다. 그를 무척 좋아합니다. 저와 마찬가지로 찰리도 제 할아버지 식품점에서 일한 적이 있었죠. 지금 제가 사는 곳에서 반 블록 정도 거리에 살았습니다. 그의 아이들이 제 아이들과 같은 초등학교와 같은 고등학교를 다녔습니다. 하지만 젊은 시절 찰리와 저는 마주친 적이 없었습니다.

1957년, 제가 스물여섯 살이었을 때 저는 오마하에서 의사로 일하고 있는 에드윈 데이비스Edwin Davis 박사와 함께 투자 조합을 결성하고 있었습니다. 제가 그에게 물었습니다. "어떻게 제게 수십만 달러를 투자하겠다고 결심하셨나요?" 수십만 달러는 당시 정말 큰돈이었죠. "당신을 보니 찰리 멍거가 떠올라서요"라고 그가 답했습니다. 제가 다시 말했습니다. "찰리 멍거가 누군지 잘 모르지만 웬지 그가 좋아지는군요." 몇 년 후 데이비스 박사가 찰리와 저의 만남을 주선했습니다.

DR: 수년간 수많은 기업을 사들였고 회사 지분을 소유하셨죠. 제가 잘 아는 회사 중에 〈워싱턴 포스트〉가 있습니다. 이 신문사 주식을 아주 오래전에 매입하셨죠. 제가 그 사실을 알게 된 건 제가 워싱턴에 살고 있는 데다가 제 아내가 그 신문사에서 일했기 때문입니다. 〈워싱턴 포스트〉에는 어떻게 투자를 하신 건가요?

WB: 〈워싱턴 포스트〉는 1971년에 상장됐습니다. 펜타곤 문서(1945~67년까지 미국 정부가 정치적·군사적으로 베트남 전쟁에 개입한 역사를 담은 1급 기밀문서 – 옮긴이)가 폭로된 직후였습니다. 1973년 닉슨 행정부는 〈워싱턴 포스트〉 소유의 플로리다 지역 TV 방송국 중 두 곳의 허가권 갱신에 제동을 걸고 있었죠. 그래서 주가가 37달러에서 16달러로 떨어졌습니다. 16달러일 때 500만 주의 유통 주식이 있었습니다. 〈워싱턴 포스트〉의 전체 가치가 8,000만 달러였고요. 그런데 여기에는 신문, 4개의 거대 TV 방송국, 〈뉴스위크Newsweek〉, 그리고 기타 자산 등이 모두 포함되어 있었고, 이렇다 할 만한 부채는 없었습니다. 즉 〈워싱턴 포스트〉의 내재 가치는 4억~5억 달러 정도였는데, 시장에서 8,000만 달러에 거래되고 있었던 것이죠. 우리는 시장에서 〈워싱턴 포스트〉 주식의 대부분을 1억 달러 수준의 가격으로 매입했습니다. 말도 안 되는 상황이었죠. 명백히 거래가격의 4~5배 가치가 있는 기업을 소유하게 됐으니까요. 게다가 닉슨 대통령이 〈워싱턴 포스트〉의 핵심 자산들까지 문 닫게 하지는 않을 테니까요.

DR: 그래서 지분을 매입하셨군요. 캐서린 그레이엄(Katherine Graham, 〈워싱턴 포스트〉와 〈뉴스위크〉의 발행인. 워터게이트 사건을 취재 보도해 〈워싱턴 포스트〉를 세계적인 언론으로 성장시킨 인물 – 옮긴이)은 처음에 화를 냈습니까?

WB: 몹시 불안해하더군요. 저는 편지를 썼습니다. 캐서린은 그걸 "친애하는 그레이엄 여사" 편지라고 불렀습니다. 저는 말했죠. "버크셔해서웨이는 당신 회사 주식의 10퍼센트가 조금 못 되는 지분을 소유하고 있습니다. 우리는 〈워싱턴 포스트〉가 그레이엄이 소유하고 통제하는 회사임을 인정하며 그러한 사실을 기쁘게 생각합니다. 우리는 수년간 〈워싱턴 포스트〉의 애독자였으며 지금도 변함이 없습니다."

DR: 그레이엄이라는 이름을 정말 존경하시나 봅니다.

WB: 당연하지요.

DR: 이런 분석을 할 때 그때나 지금이나 컴퓨터의 도움을 받으시나요? 그냥 인쇄물을 활용하셨습니까? 예전에는 〈워싱턴 포스트〉에 대한 정보 자료를 어떻게 얻었고, 지금은 어떻게 하시는지요?

WB: 예나 지금이나 거의 똑같습니다. 지금이 기회가 좀 더 많다는 것만 빼면 말이지요. 그 당시에 밥 우드워드Bob Woodward 기자를 만났는데 그가 《모두가 대통령의 사람들All the President's Men》이라는 책을 막 출간했을 때였습니다. 책이 나온 후 그는 서른이 채 되지 않은 나이에 상당한 부자가 됐죠. 그와 나는 워싱턴에 있는 매디슨 호텔에서 아침인가 점심을 먹었습니다. 그가 말하더군요. "이 돈으로 제가 뭘 할까요?" 그에게 저는 이런 얘기를 들려줬습니다. "투자란 자신에게 어울리는 '이야기'를 찾아내는 일입니다. 벤 브래들리(Ben Bradlee, 당시 〈워싱턴 포스트〉 편집국장)가 오늘 아침 이렇게 말하는 장면을 떠올려보세요. '〈워싱턴 포스트〉는 어떤 가치가 있는가?' 밥, 당신이라면 어떻게 하시겠어요? 한 달 안에 그 기사를 써야 한다면요. TV 브로커들과 신문 브로커들, 그리고 〈워싱턴 포스트〉 사주와 계열사들의 대표를 인터뷰한 다음 각 회사의 가치를 평가하려고 하겠죠. 밥, 그게 바로 제가 하는 일입니다. 나는 내게 맞는 이야기를 찾아내기 위해 노력합니다. 그 이상도 그 이하도 아니죠."

제가 쓸 수 없는 이야기들도 있습니다. 제 눈길을 상당히 끌어당기는 비영리단체가 어떤 가치가 있는지 이야기를 써보라고 한다면 저는 그걸 어떻게 써야 할지 모를 겁니다. 하지만 포토맥 전력회사 같은 기업의 가치에 대해 쓰라고 하면 저는 충분히 해낼 수 있습니다. 그게 제가 매일 하는 일입니다. 저는 제게 맞는 이야기를 찾아내고, 그 이야기를 보도하지요.

DR: 그래서 늘 연례 보고서를 탐독하시는군요. 다른 사람들이 소설을 읽듯이 말입니다.

WB: 그렇습니다.

DR: 그럼 머릿속으로 투자 대상의 가치를 계산하시나요?

WB: 당연하죠.

DR: 컴퓨터의 도움을 받으십니까?

WB: 아닙니다. 소수점 이하 네 자리까지 내려가야 한다면 포기합니다.

DR: 컴퓨터는 언제 쓰시나요?

WB: 브리지 게임할 때나 검색을 할 때 씁니다. 사무실에는 컴퓨터가 없고 집에 있어요.

DR: 스마트폰이나 휴대폰으로 당신에게 연락할 수 있습니까?

WB: 아니요. 스마트폰은 제가 쓰기엔 너무 스마트합니다(2020년에 워런 버핏은 상황이 달라졌다며 아이폰을 갖고 있다고 말했다).

DR: 그렇다면 컴퓨터는 거의 사용하지 않으신다는 말씀?

WB: 빌 게이츠와 제가 청중에게 던지는 까다로운 질문이 있습니다. "여러분, 빌과 저 가운데 이메일 확인을 빼고 누가 더 컴퓨터를 많이 사용할까요?" 답은 아마도 저일 확률이 높습니다. 저는 일주일에 12시간씩 컴퓨터로 브리지 게임을 하고 인터넷 검색을 하는 데에도 상당히 많이 사용하기 때문입니다.

DR: 누구와 브리지 게임을 하시나요?

WB: 제 닉네임은 티-본이고, '설로인(등심)'이라는 닉네임을 가진 샌프란시스코 거주 여성과 게임을 합니다. 그녀는 세계 챔피언을 두 번이나 차지한 사람입니다. 저는 두 번이나 말아먹었고요. 우린 좋은 팀입니다. 몇십 년째 함께 게임을 즐기고 있습니다.

DR: 그렇게 오래 하셨다니 이제 세계적인 수준 아니신가요?

WB: 절대 아닙니다. 그녀보다 더 좋은 선생은 없겠지만 학생에겐 늘 한계가 있기 마련이죠.

DR: 빌 게이츠를 언급하셨습니다. 언제 그를 어떻게 알게 되셨나요? 빌 게이츠와 파트너가 되거나 친구가 되실 거라고는 예상하기 쉽지 않습니다만. 그는 컴퓨터 업계에 있고 당신은 그렇지 않으니까요. 그가 당신보다 스물다섯 살 정도 젊기도 하고요.

WB: 메그 그린필드Meg Greenfield는 〈워싱턴 포스트〉의 사설 면 담당 편집자였는데, 1980년대 후반에 제게 전화를 걸어 이렇게 말하더군요. "워런, 저는 늘 태평양 북서부를 사랑했어요." 그녀는 그곳에서 자랐던 겁니다. "제가 가진 여윳돈이 시애틀 근처 베인브리지 섬에 별장을 구입할 수 있을 만큼 되는지 알고 싶어서요." 제가 말했습니다. "메그, 제게 전화해서 자금이 충분한지 물었던 사람들은 모두 자금이 충분했어요. 전화를 안 한다는 건 돈이 없다는 뜻이거든요." 그녀는 별장을 샀고 1991년 7월에 제게 얘기했습니다. "당신이 충분하다고 말해준 덕분에 섬에 집을 살 수 있었으니, 꼭 한 번 와서 보셨으면 좋겠어요." 그녀가 저와 캐서린 그레이엄을 비롯해 몇 명을 집으로 초대했습니다. 또 빌 게이츠의 부모님과도 친분이 있었던 그녀는 메리 게이츠에게 연락해 말했습니다. "우리는 지금 시애틀에 있어요." 메리는 친절한 목소리로 "후드 커널에 있는 우리 집에서 만나기로 해요"라고 말했습니다. 그런 다음 메리는 빌에게 오라고 설득했지만 빌은 "증권 브로커들을 만나려고 거기까지 가지는 않을 겁니다"라고 했죠. 메리는 성격이 아주 확고한 편이라 "아니, 너도 오는 거야!"라고 말했습니다. 빌은 "가지 않겠다!"고 버텼고요. 두 사람은 몇 시간 동안 실랑이를 벌였고, 그녀는 "4시간이면 된다"고 했고 빌은 "한 시간이요"라고 했습니다. 그런 우여곡절 끝에 결국 빌이 나타났습니다. 우리는 쉬지도 않고 11시간 동안 얘기를 나눴습니다. 죽이 잘 맞았죠.

DR: 그렇지만 마이크로소프트 주식은 한 주도 사지 않으셨죠?

WB: 이 젊은이가 뭘 하는지 알아볼 요량으로 100주 정도 샀습니다.

DR: 빛나는 순간들이 훨씬 많았지만 어두웠던 순간들도 있으셨습니다.

WB: 물론입니다.

DR: 어두웠던 순간 중 하나는 아마 살로먼 브라더스Salomon Brothers 투자 은행에 대한 투자였던 것 같은데요.

WB: 확실히 어두운 순간이었습니다.

DR: 거기에 투자를 하셨는데 나중에 위기, 그러니까 스캔들이 터졌습니다. 살로먼 브라더스가 국채 시장에서 부정을 저지른 일로 CEO를 교체하셨죠. 어떠셨습니까? 직접 살로먼의 CEO가 되고 싶지는 않으셨나요?

WB: 네. 실은 금요일 아침에 전화를 한 통 받았습니다. 아침 7시 정도였습니다. 1991년 8월 어느 금요일에 전화벨 소리에 잠을 깼습니다. 전화를 건 사람은 당시 살로먼의 CEO 존 굿프렌드John Gutfreund와 살로먼의 회장 토머스 스트라우스Thomas Strauss였습니다.

그들은 그 전날 밤 뉴욕 연방준비은행 총재인 게리 코리건Gerry Corrigan에게 들었다며, 자신들의 행위는 용납될 수 없으며 마땅히 사임해야 할 것이라고 말했죠. 그들은 주식 거래도 중단해야 했습니다. 기업 어음도 상환할 수 없게 될 거라고 했습니다. 제 기분이 어떠했겠습니까?

생각을 좀 정리해보겠다고 하자 그들이 "〈뉴욕 타임스〉 1면에서 우리의 부고를 읽게 될 겁니다"라고 하더군요. 그래서 저는 사무실로 가서 〈뉴욕 타임스〉를 읽었습니다. 저는 모든 정치인이 꿈꾸는 일을 해냈습니다. 아무런 반대 없이 완전하게 이긴 거였죠. CEO를 맡을 사람이 아무도 없었던 겁니다. 그래서 운 좋게도 저는 언제든 떠날 수 있는 자리에 앉을 수 있었습니다. 비즈니스는 제가 잘 아는 분야였지요. 또한 과거의 행실로 발목 잡힐 일도 제게는 없었습니다. 실제로 그날 저는 그곳으로 다시 날아갔고, 일요일에 열린 이사회는 공식 투표를 통해 저를 CEO로 뽑았습니다(버핏은 살로먼 브라더스를 9개월 동안 경영했다).

DR: 당신이 살로먼 브라더스를 살렸다고 평가하는 사람들이 많습니다. 하지만 당신의 사업상 경력 면에서는 사실 저점이었습니다. 별로 하고 싶지 않은 일을 하셨을 테니까요.

WB: 즐거운 일은 아니었습니다. 그래도 했죠. 솔직히 당시 살로먼의 실질적 운영자였던 데릭 모건Deryck Maughan이 없었다면 해내지 못했을 겁니다. 많은 사람들의 도움이 있었기에 가능했던 일이었죠.

DR: 빛나는 순간들에는 어떤 것들이 있었습니까? 가장 만족스러웠던 거래라든가. 최근의 사례를 들어보면, 최대 규모 거래로는 올해 버크셔 해서웨이가 인수한 '프리시전 캐스트파츠Precision Castparts'가 있었죠. 매입가격이 약 370억 달러였습니다만.

WB: 320~330억 달러 정도가 현금이었습니다. 부채 규모는 40억 달러 정도로 추정됐습니다.

DR: 370억 달러를 지출하기 위해 해당 회사에 대해 1년간 연구하셨습니까?

WB: 아닙니다.

DR: CEO와 얼마나 오래 대화를 나눴나요?

WB: 2015년 7월 1일에 CEO를 만났을 겁니다. 그는 일부 주주들에게 전화를 하고 있었죠. 우리 사무실 동료 중 한 명이 한동안 그 회사 주식을 보유하고 있었습니다. 하지만 그를 만나게 된 건 우연이었어요. 제가 골프를 치러 나갔다거나 다른 일을 하고 있었더라면 만나지 못했을 겁니다. 아무튼 저는 안으로 들어갔고, 그를 좋아하게 됐죠. 30분에 걸친 그의 말을 듣고 난 후 나는 우리 사무실 직원에게 말했습니다. "그에게 내일 전화를 걸어 버크셔해서웨이의 현금 입찰을 받고 싶은지 물어보게. 그가 받아들이지 않으면 없던 일로 하고."

DR: 그렇게 된 거군요. 투자에 도움을 줄 만한 전문가는 고용하지 않으셨나요?

WB: 아니요.

DR: 기업 분석에 도움을 줄 만한 투자금융 전문가는요?

WB: 기업 분석에 도움을 받기 위해서는 아니었습니다. 가끔씩 거래에 관여하는 경우는 있습니다. 우리는 언제나 두둑한 수수료를 지급할 용의가 있습니다.

DR: 언젠가 당신이 저에게 얘기하신 적 있죠. 당신이 매수하려는 기업에서 투자금융 전문가를 어떻게 고용하게 됐는지, 그리고 그 전문가가 일주일간 당신의 제안가격을 올리려고 노력했다는 얘기를 하셨었죠. 결국 아주 근소한 액수를 올리셨죠.

WB: 그 얘기를 하자면, 한 에너지 기업에 대해 주당 35달러를 지불하겠다고 했습니다. 그쪽에서 고용한 투자금융 전문가가 일주일 정도 방문해 끈질기게 높은 가격을 끌어내려고 했어요. 그가 "괜찮은 거래로

만들려면 가격을 올려야 합니다"라고 하더군요. 저는 괜찮아 보이든
말든 상관없다고 했죠.

그들은 일주일가량 상황을 지켜봤습니다. 그러더니 마침내 전화를 걸
어 "저희 쪽에서 청구서를 보내드릴 수 있도록 조금만 가격을 올려주
실 수는 없는지요? 그럼 저희도 적절한 보상을 받을 수 있을 것 같아
부탁드립니다"라고 간청하다시피 말하더군요. 제가 말했죠. "좋아요.
그럼 우리가 35.05달러를 지불하기로 했다고 전해요. 5센트를 더 얻
어냈다고 하시면 됩니다." 그렇게 우리는 35.05달러를 지불했습니다.

DR: 보통 당신이 가격을 부르고 그걸 고수하시죠. 비우호적 거래unfriendly
deal도 하시나요?

WB: 아니요. 그런 적 없습니다.

DR: 왜요?

WB: 버크셔해서웨이 자체가 원래 비우호적 거래의 결과였다고 말하는
사람도 있겠지만 그런 거래는 우리의 관심 밖입니다. 비우호적 거래가
꼭 나빠서만은 아닙니다. 경영진 교체 등의 문제가 있기 때문이지요.

DR: "괜찮은 거래가 있다"는 전화를 매일 받으실 줄 압니다. 그런 거래들
중 실제로 진행되는 경우가 얼마나 되나요?

WB: 매일 연락이 오지는 않습니다. 우리는 나름 매우 투명한 투자 기준
을 세워놓고 있습니다. 따라서 그런 전화는 생각보다 많지 않아요. 누
구든 연락을 하면 저는 2~3분 내에 그 거래가 성사될지 여부를 알 수
있습니다. 정보를 걸러내는 대여섯 가지 기준이 있는데, 그걸 통과하
면 거래가 성사되는 겁니다.

DR: 한 번은 이스라엘에서 누군가가 당신에게 이런 편지를 보냈다는 얘
기를 들었습니다. "저희 회사를 한번 검토해주시면 좋겠습니다." 이스

라엘의 누군가가 회사에 대한 투자설명서를 일방적으로 보낸 걸 받고 거기 투자할 가능성이 얼마나 될까요? 그런데 그렇게 하셨습니다.

WB: 네, 맞습니다. 우리는 당시 40억 달러에 그 회사 지분의 80퍼센트를 매입했습니다. 그리고 나중에 남은 20퍼센트도 인수했죠.

DR: 매입하기 전에 이스라엘에 가 그 회사를 둘러보셨나요?

WB: 안 갔습니다. '거기 있겠지' 하고 생각했습니다.

DR: 그런데 나중에는 가보셨더군요.

WB: 그 회사를 제게 매각한 가족에게 약속했습니다. 우리가 그 회사를 인수하면 이스라엘에 가보겠다고.

DR: 인수 결정에 만족하셨습니까?

WB: 물론이죠.

DR: 전 세계 최대 철도회사 중 하나를 인수하기도 하셨죠. 지금까지 별 문제 없었습니까?

WB: 없었습니다.

DR: 철도회사를 인수한 배경은 무엇이었나요? 비즈니스 모델이 좀 낡았다는 느낌인데요.

WB: 미국의 대형 철도회사는 네 곳뿐입니다. 캐나다에는 두 곳이 운영 중이고요. 철도 사업에는 어두운 역사가 있습니다. 말하자면 시카고 컵스Chicago Cubs와 비슷합니다(시카고 컵스에는 108년간 우승을 한 번도 하지 못한 '무관의 역사'가 있다 - 옮긴이). 누구에게나 어두운 시절이 있는 법이죠. 철도 사업은 괜찮은 사업입니다. 경영도 합리적으로 개선되었고 현대화되었죠. 훌륭하다고까지는 할 수 없어도 썩 괜찮은 사업인 건 확실합니다.

2009년 가을 우리는 철도운송회사인 벌링턴노던샌타페이BNSF의 지분을 상당량 보유하고 있었습니다. 포트워스에서 이사회 일정을 잡은 후 우리는 BNSF의 CEO 매트 로즈Matt Rose를 찾아갔습니다. 그날 그는 2009년 3분기의 수익을 보고하고 있었습니다. 아시겠지만 그해 3분기는 경기 침체가 바닥을 찍고 막 올라올 때였죠. 저는 BNSF가 좋은 기업임을 알았고 운영 노선도 훌륭했습니다.

합리적인 가격으로 거래가 진행될 것 같았습니다. 아마도 목요일이었을 겁니다. BNSF 이사회가 관심이 있다면 우리가 주당 100달러를 지불하겠다고 매트 로즈에게 제안했습니다. 그가 주말 동안 이사들의 의견을 확인했고 일요일에 우리는 계약을 체결했습니다.

DR: 누군가가 당신보다 더 비싼 값을 부르면 가격을 올리기도 하십니까? 아니면 입찰 경쟁에는 보통 뛰어들지 않는 편인가요?

WB: 그런 적은 없었던 것 같습니다. 아주 예전에는 있었을지도 모르지만요.

DR: '대침체'라고 불렸던 2008년 글로벌 금융위기 당시 많은 사람들이 경제적 재앙에 빠졌습니다. 당신에게 자금 지원을 요청했던 기관들 중에는 골드만 삭스Goldman Sachs와 뱅크오브아메리카BOA, 제너럴 일렉트릭GE 등도 있었습니다. 어떻습니까, 거래를 할 때마다 그 거래들이 모두 잘 풀렸던가요?

WB: 우리가 거절한 적도 있었습니다만 결국 잘 풀렸습니다. 앞에서 말씀하신 기업들은 세계 경제와 별개로 위기에 처한 게 아니었습니다. 도미노 게임 속 블록이었던 것이죠. 사람들은 갑자기 이 도미노들이 서로 너무 가까이 붙어 있다고 생각하기 시작했습니다. 게임은 빠르게 진행되고 있었고 모두가 쓰러질 차례를 기다리고 있었던 겁니다.

DR: 금융위기 이후 7년 넘게 경기 침체가 없었습니다. 경기 사이클을 살펴보면 평균적으로 약 7년에 한 번씩 침체가 찾아옵니다만 그렇다고 7년마다 꼭 침체를 겪으란 법은 없겠지요. 앞으로 몇 년간 경제 성장이 좋을 것이라고 전망하시나요?(이 인터뷰가 2020년 신종 코로나 바이러스 대유행과 그 경제적 여파가 나타나기 4년 전에 진행됐음을 기억하기 바란다).

WB: 현재 미국에서 태어나는 아기만큼 운 좋은 사람은 없을 겁니다. 미국 경제의 앞날은 매우 유망하고 세계 경제 전망도 좋습니다. 내일이나 다음 달, 또는 1년 뒤에 무슨 일이 일어날지는 아무도 모릅니다. 제가 아는 건 10년, 20년, 30년 후에는 미국인들의 삶이 훨씬 좋아질 것이란 사실입니다.

DR: 다른 곳에서 태어났더라면 지금만큼 운이 따르지 않았을지도 모른다는 말씀을 자주 하시죠. 여전히 세계에서 투자하기 가장 좋은 곳은 미국인가요?

WB: 제가 아는 한 최고입니다. 지금까지 훌륭했습니다. 1776년 이후 미국은 얕잡아볼 만한 상대가 아니었고, 이후 모두가 알다시피 세계 경제를 주도해왔지요.

DR: 최근 몇 년간의 성장률이 대략 2퍼센트 이하를 기록했습니다. 이런 경제 상황에서 3퍼센트, 또는 4퍼센트나 5퍼센트의 성장도 가능할까요?

WB: 향후 몇 년은 그럴 겁니다. 하지만 2퍼센트 성장이란 것은 인구 증가가 1퍼센트 미만인 경우 한 세대(25년) 후에 1인당 GDP가 1만 8,000달러 또는 1만 9,000달러 정도 증가한다는 뜻입니다. 4인 가구의 경우는 7만 5,000달러가 되겠죠. 그러니 이제 시작인 셈입니다. 우리가 이미 경제 호황을 누리고 있다면, 세계 역사상 유례없는 최고의 경제 호황을 누리고 있다면, 시간이 지날수록 복리로 성장할 수 있죠.

그렇다면 20년 후 사람들은 지금의 호황보다도 훨씬 더 좋은 수준의 삶을 누릴 수 있게 될 것입니다.

DR: 최근 몇 년간 대통령들의 자문 요청을 받으셨죠. 차기 대통령이 누가 되든, 계속해서 자문 요청을 받으실 것 같습니다. 차기 대통령에게 경기를 활성화하거나 성장률을 좀 끌어올릴 수 있는 방법에 대해 조언을 해주신다면요?

WB: 제가 연락을 받는 시점의 상황에 따라 달라지겠지요. 그리고 아마 연락이 오지도 않을 겁니다. 하지만 두 가지를 언급하고 싶군요.

우리는 지금 역대 최고의 황금알을 낳는 거위를 가진 상황이라고 할 수 있습니다. 우리는 인간의 잠재력을 실현할 수 있는 시스템을 갖추고 있습니다. 따라서 제가 태어났을 때 세계 최고의 부자로 불렸던 존 D. 록펠러 시니어가 살던 시대보다 현재의 우리 이웃이 더 나은 삶을 살 수 있는 환경입니다. 시스템이 제대로 굴러가고 있는 겁니다. 우선 그걸 망치면 안 될 것입니다.

두 번째로는 이처럼 부유한 국가에서 주당 40시간을 일하는 사람은 누구나 괜찮은 삶을 누릴 수 있어야 합니다. 모든 걸 평등하게 만들어야 한다는 뜻은 아닙니다. 황금알을 낳는 거위가 더 많은 알을 낳게 하고, 그걸 분배해서 40시간을 일할 의지가 있는 사람은 누구나 그 가족을 포함해 괜찮은 삶을 살도록 해야 한다는 것입니다.

DR: 당신의 비서는 세상에서 가장 유명한 비서 중 한 명이 됐을 겁니다. 당신보다 세율이 높다고 말씀하셨으니까요.

WB: 급여세를 말하는 거라면 그렇습니다. 지금도 마찬가지고요.

DR: 그걸 바꾸는 데 찬성하는 입장이시죠.

WB: 네. 몇 년 전에 백악관 인사 하나가, 대통령은 아니었습니다만, 연락을 해와서는 과세에 대한 제 의견을 들었다고 하더군요. 그러면서 이렇게 말했습니다. "당신의 이름을 딴 세금을 신설해도 괜찮겠습니까?" "글쎄요, 모든 질병과 병폐의 명칭을 이미 다 갖다 썼다면, 뭐 제가 세금을 맡죠"라고 답해주었습니다.

1년에 수백만 달러를 버는 사람이라면 급여와 소득을 합쳐 최소한 30퍼센트의 세금은 내야 한다고 생각합니다. 제 사무실에서는 저를 뺀 모두가 여기에 해당됩니다.

DR: 그렇군요. 부친께서는 보수적인 공화당 하원의원이셨습니다.

WB: 매우 보수적이셨죠.

DR: 그런데 당신은 진보적인 민주당 쪽이시죠?

WB: 사회 문제에 있어서는 진보에 가까울 겁니다. 민주당 내 진보 진영에 속한다고는 할 수 없지만 보수 쪽은 아닙니다.

DR: 부친이 공화당 실세였는데 어쩌다 민주당 지지자가 된 겁니까? 나아가 아주 보수적인 지역에 살고 계시고요.

WB: 인권이 무엇보다 중요합니다. 열두 살, 열네 살 때는 인권에 대해 별 생각이 없었죠. 그러다가 앨리스 딜Alice Deal 중학교에 진학하고 난 후 겨우 몇백 미터 떨어진 곳에 흑인들만이 다니는 학교가 있다는 걸 알았습니다. 나와 다른 사람의 삶이 나와 얼마나 다를 수 있는지 한 번도 생각해본 적이 없었습니다. 더 넓은 세상을 보게 되면서 저는 세상이 아주 불공정하다고 생각하게 됐고, 민주당은 그 문제를 조금이나마 해결할 의지가 있어 보였습니다.

DR: 오늘날 비즈니스에 뛰어든 사람이라면 거의 누구나 당신을 존경합니다. 투자 실적이며 설립한 회사며 청렴함이나 유머 감각 등 이유는 여러 가지입니다. 업적으로 어떤 것을 남기고 싶습니까?

WB: 세상에서 가장 오래 산 인간이라는 기록을 갖고 싶습니다. 저는 가르치는 걸 좋아합니다. 저는 지금까지 괜찮은 선생이었고 매년 많은 대학생들과 만납니다. 가르치는 걸 즐기죠. 연례 보고서가 바로 그런 겁니다. 교육 메커니즘이죠.

DR: 못해본 일 중 버킷리스트에 추가하고 싶은 것은요? 못 가본 곳이라든지.

WB: 다 해봤습니다. 하고 싶은 게 있으면 저는 합니다. 돈은 저에게 별소용이 없어요. 시간이 소중합니다. 그런데 돈이 있으면 여행을 한다거나 더 많은 집을 소유하거나 보트 같은 걸 사거나 할 수 있지만, 저에게는 전혀 소용이 없어요. 다른 사람들에게는 굉장히 유용하겠지요. 그래서 기빙 플레지 캠페인 같은 데 참여하게 된 것입니다.

DR: 당신과 비슷한 나이대의 사람들은 휴가와 취미를 즐기는데, 계속 회사를 운영하게 만드는 원동력은 무엇입니까?

WB: 대개 그런 사람들은 일주일 내내 미용실에 갈 계획을 세우느라 시간을 보내죠. 저는 매일 제가 사랑하는 사람들과 사랑하는 일을 합니다. 그보다 더 좋을 수는 없어요.

DR: 그러면 이 일을 언제까지 할 생각이신가요?

WB: 정신이 온전할 때까지는요.

DR: 당신의 후임자는 당신이 더 이상 이 일을 하지 않게 되는 날이 되어서야 결정되겠군요. 그게 누구일지 염두에 둔 사람이 있나요?

WB: 후임자는 버크셔해서웨이 이사회 전원에게 공개됩니다. 이사회는 제가 저녁에 사망하면 다음 날 아침에 뭘 해야 하는지 항상 알고 있습니다.

DR: 그렇군요. 그러면 삶에서 가장 즐거운 일은 지금 이 인터뷰를 제외하면 뭐가 있습니까? 새로운 기업을 발굴하는 것? 아니면 투자나 기부? 가장 즐거운 게 뭔가요? 손주들인가요?

WB: 말씀하신 모든 것입니다. 하지만 사실 저는 마치 화가가 그림을 대하듯이 버크셔해서웨이를 생각합니다. 차이가 있다면 캔버스가 무한대라는 것이지요. 버크셔해서웨이에 결승선이란 없습니다. 계속해서 즐길 수 있는 게임 같은 겁니다.

제가 프로 골프 선수라면, 아무도 권한 적은 없지만, 아니면 축구 선수 같은 경우에도 마찬가지로 육체적 한계가 있습니다. 제가 하는 일은 그렇지 않고요. 오랫동안 저는 이 뛰어난 사람들을 불러 모았고 그중 많은 수가 저와 두터운 친구가 되었습니다. 덕분에 제 삶이 수월해졌습니다.

DR: 그럼 아주 행복하게 일을 하고 있고, 지금 이 순간에 더없이 만족하면서, 매일 탭댄스를 추는 마음으로 일을 하러 가신다는 건가요?

WB: 물론입니다. 당연하죠.

DR: 당신을 닮고 싶어 하는 젊은 투자자들에게 마지막으로 조언 한 말씀 해주시죠.

WB: 일이 필요 없더라도 하고 싶은 일을 찾으십시오. 인생은 한 번뿐이니까요. 살면서 방황하고 싶지 않다면 말이죠. X만큼 버는 것, X의 120퍼센트를 버는 것은 전혀 중요하지 않습니다. 잘 맞는 사람과 결혼하는 것, 돈이 필요 없어도 하고 싶은 일을 찾아내는 것이 더 중요합니다. 저는 50년 넘게 이 일을 해왔습니다. 운 좋게도 이쪽에서 관심이 가는 일을 일찍 찾을 수 있었지요. 하지만 (피)할 수 있다면 안주하지 마십시오. 이번 주 또는 다음 달에 돈을 많이 벌 수 있을까를 걱정하지 마십시오. 제가 벤저민 그레이엄 밑에서 일하겠다고 했을 때 이렇게 말했습니다. "무급으로 일하겠습니다."

흥미를 북돋는 일을 찾으세요.

좋아하는 일을 찾으시길 바랍니다.

HOW TO
LEAD

# 2장
# 육성가형

필 나이트
Phil Knight

켄 그리핀
Ken Griffin

로버트 F. 스미스
Robert F. Smith

제이미 다이먼
Jamie Dimon

메릴린 휴슨
Marillyn Hewson

# 01 필 나이트

나이키 공동창업자 겸 명예회장

"나는 늘 눈이 부십니다.

미래가 너무 밝아서 선글라스를 착용할 수밖에 없습니다."

1964년 필 나이트는 스탠퍼드 경영대학원에 제출한 논문 속 아이디어 실현을 위해 일본에서 만든 러닝화를 수입하기 시작했다. 재정도 인력도 충분치 않았던 그 사업은 마침내 최고의 수익을 올리는 세계 최대 기업이자 가장 유명한 스포츠화를 만드는 나이키Nike의 탄생으로 이어졌다.

통상적인 회사 창업자나 CEO답지 않게 꽤 내성적이고 심지어 낯을 가리기까지 하는 필 나이트는 2016년 나이키의 초창기 시절을 다룬《슈독Shoe Dog》을 출간했다. 그의 성격과 처신을 감안하면 그가 그 책에서 나이키의 성공이 운과 타이밍, 다른 이들의 리더십과 도움 덕분이었다고 밝힌 것은 그다지 놀랍지 않다. 하지만 필 나이트는 비전과 추진력, 엄격한 자기관리를 통해 스포츠 용품 업계에서 나이키의 시장지배력을 획기적으로 확장해온 탁월한 리더였다.

2004년 11월 그는 나이키 CEO에서 은퇴한 후 2016년 6월 이사회 의장을 맡았지만 여전히 나이키의 명예회장이자 최대 주주로서 영감의 원천이 되어주고 있다. 나는 브루킹스 연구소Brookings Institution 이사회 활동을 하면서 그와 친분을 맺었는데, 알고 보니 나와 같은 역사광이었다.

필은 수년간 브루킹스 연구소 정기 이사회에 참석할 때마다 변함없이 나이키 운동화를 신고 짙은 선글라스를 썼다. 회의 내용을 듣고 있는지 혹은 졸고 있는 건 아닌지 알 수 없는 경우도 있었다. 하지만 그는 대부분의 시간 동안 그의 인생의 역작인 나이키를 어떻게 하면 전 세계인이 열광하는 회사로 만들지 고민하고 있을 것이다.

필은 장시간 인터뷰에 응하지 않는 인물로 유명하다. 하지만 내가 소장한 나이키 운동화를 꼭 신고 나오겠다고 약속한 덕분이었는지, 2017년 3월 마침내 그는 나와의 인터뷰를 수락했다.

실제로 나는 마이클 조던 시리즈의 나이키를 신었다. 그걸 신으면 농구를 더 잘할 수 있지 않을까 싶어 몇 년 전에 산 것이었다. 아직 그런 날은 오지 않았지만 나는 여전히 희망을 버리지 않고 있다.

필은 자신의 노력 때문에 나이키가 성공할 수 있었다고 말하길 주저하는 편이다. 하지만 그는 무릇 탁월한 리더란 교육 수준, 외모, 지능에 상관없이 모험을 성공으로 만들기 위해 열심히 노력하는 사람이라는 것만큼은 분명히 밝히고 있다. 그리고 이는 필 나이트를 설명하는 중요한 대목이다. 그는 운동화와 운동복을 판매하는 글로벌 기업의 비전을 훌륭히 제시했을 뿐 아니라 그것을 실현하기 위해 기꺼이 워커홀릭이 되었고 거듭 닥쳐오는 실패와 위기를 탁월하게 극복해왔다. 그런 다음 회사를 더 성장시킬 수 있는 유능한 경영인에게 운영권을 넘겨주었다.

**데이비드 루벤스타인(DR):** 나이키를 창업할 때 신발 디자인에 문외한이었고 경영 지식도, 자금도 별로 없었다고 하셨습니다. 오늘날 나이키는 시가총액 약 1,000억 달러, 총 수익은 400억 달러, 임직원 수는 7만 4,000명에 달합니다. 사업에 뛰어들었던 1960년대 초반에 지금과 같은 규모로 커질 것이라 예상하셨나요?

**필 나이트(PK):** 그런 질문을 받으면 "계획대로 가고 있다"고 대답합니다. 하지만 오늘은 굳이 그럴 필요가 없겠네요. 그래요, 아무도 예상치 못했던 길을 걸어왔죠. 막 창업했을 때 미국 내 브랜드 스포츠화의 총 매출액이 20억 달러 정도였어요. 작년(2016년)에 우리는 90억 달러 매출을 찍었습니다. 창업한 해를 기분으로 보면 현재 우리의 시장점유율이 450퍼센트인 셈입니다. 달리기 열풍이 조깅 열풍으로 이어졌고 그게 다시 피트니스 열풍으로 이어졌는데, 나이키가 이런 열풍의 대표적인 수혜자였죠.

**DR:** 나이키가 훌륭한 마케팅 회사라서 도움이 된 건가요, 아니면 뛰어난 기술을 갖춘 회사였기 때문인가요? 다시 말해 뛰어난 품질 때문인지, 마케팅 능력이 탁월하기 때문인지, 아니면 둘 다인지?

**PK:** 우리는 마케팅 회사입니다. 그리고 품질은 가장 중요한 마케팅 수단입니다.

**DR:** 성공의 비결은 무엇입니까? 뛰어난 지능, 뛰어난 추진력, 뛰어난 리더십? 어떤 것인가요?

**PK:** 전부 다 필요합니다. 굳이 한 가지만 꼽아보라면, 저는 사람을 평가

하는 걸 꽤 잘했습니다. 제가 《슈독》에서 꼭 다루고 싶었던 것 중 하나는, 제대로 한 거라면 좋겠습니다만, 제 동료직원들과 팀원들에 관한 내용이었습니다. 정말 대단한 사람들이었죠.

DR: '슈독'이 뭔가요?

PK: 슈독은 신발을 정말 사랑하는 사람을 뜻합니다. 제가 바로 그랬죠. 저는 육상선수였습니다. 공을 차거나 할 일도 없었기에 1마일을 달리면서 신경 써야 하는 건 오직 신발뿐이었죠. 예나 지금이나 항상 중요한 건 신발뿐이었습니다.

DR: 말씀하신 대로 고등학생 때 육상을 하셨습니다. 슈퍼스타였나요, 평범한 선수였나요?

PK: 평균보다 조금 나은 정도이긴 했지만 슈퍼스타급은 확실히 아니었습니다.

DR: 그래도 오리건 대학교의 장학금을 받은 걸로 아는데요.

PK: 아니요, 못 받았습니다. 체육 특기생 장학금을 받지 않은 일반 선수였습니다.

DR: 제가 알기로 당신의 최고 기록은 1마일에 4분 10초입니다만.

PK: 4분 13초였습니다. 그래도 거의 비슷하군요.

DR: 아, 4분 13초였군요. 3초를 단축시켜드렸네요.

PK: 맞습니다. 가만히 있을 걸 그랬나요.

DR: 두 가지 선택의 기로에 서 있었던 것 같습니다. 나이키를 창업할 것이냐, 3.56마일을 달릴 것이냐. 어느 쪽이셨나요?

PK: 3.56마일 달리기냐, 나이키냐 중에서요? 당연히 나이키죠. 잠시 고민을 하긴 했습니다만.

DR: 육군 현역으로 1년을 복무한 후 수년간 예비군으로 복무하셨습니다. 그러다가 스탠퍼드 경영대학원에 진학했고요. 스탠퍼드는 어떻게 선택하게 되셨나요?

PK: 예나 지금이나 좋은 학교였으니까요. 그래서 입학했습니다.

DR: 그렇군요. 그리고 '기업가정신'에 관한 강의에 감명을 받았다고요.

PK: 네, 담당 교수가 정말 역동적이고 영감을 주는 분이셨습니다. 학기 말 논문을 쓰게 하셨는데, 그 논문의 학점 비중이 상당히 높았습니다. 샌프란시스코 베이 지역의 중소기업에서 일을 하거나, 아니면 직접 작은 회사 하나를 차려야 했습니다. 교수님이 말씀하시더군요. "반드시 여러분이 잘 아는 것에 대해 써오도록 하세요."

수강생들은 대부분 전자제품 프로젝트에 대해 썼는데, 그건 제 능력 밖이었습니다. 문득 신발을 연구하던 예전 육상 코치가 생각났습니다. 그 코치에게 저는 신발을 테스트하는 실험 대상이었죠. 그래서 그 연구에 대해 잘 알고 있었습니다. 당시 저는 세계 시장을 장악한 러닝화가 독일 제품이라는 게 좀 말이 안 된다고 생각했습니다. 저는 논문에 이렇게 썼습니다. "러닝화를 일본에서 만들어야 한다. 독일 카메라를 일본이 앞지른 것처럼 러닝화도 마찬가지다. 독일보다 일본 제품이 나을 것이다." 그게 논문의 핵심 전제였습니다. 열심히 써서 제출했는데 교수님이 마음에 들어 하셨죠.

DR: A학점을 받으셨나요?

PK: 그렇습니다.

DR: 이처럼 훌륭한 논문을 썼음에도 졸업 후 당신을 고용한 신발 회사는 없었군요. 당시는 실리콘밸리에 대형 벤처캐피털 회사들이 생기기 전이라, 거기서 일자리를 얻지는 못하셨는데요. 다시 고향으로 돌아가 회계사가 되셨죠. 회계사 일은 재미있었습니까?

PK: 사실 회계사로 일할 생각은 없었습니다. 제가 뭘 하면 좋을지 정말 많은 사람들과 얘기했어요. 스탠퍼드에서 일종의 재무학을 전공한 제게 사람들은 "재무학이란 게 세상에 어딨어? CPA 자격증을 따면 상당히 많은 걸 배울 수 있을 거야. 수입도 안정적으로 유지할 수 있지"라고들 하더군요. 그래서 그렇게 했습니다.

DR: 그런데 그 전에 혼자서 세계 일주를 하셨죠.

PK: 원래 다른 사람과 일주를 시작했는데, 그가 하와이에서 한 여자를 만나 여행을 중단했습니다. 제게는 그런 일이 없었기에 혼자서 여행을 계속했죠.

DR: 여행 중 일본에 도착했을 때 신발 제조회사를 방문하지는 않았나요?

PK: 제가 썼던 논문에서 힌트를 얻은 게 바로 그거였습니다. 일본의 신발 제조회사를 방문해 미국 수출 의사가 있는지 타진해보자는 거였죠. 한 군데만 방문했는데 업체 쪽에서 열의를 보였고, 그렇게 시작됐습니다.

DR: 미국으로 돌아온 후 일본 업체가 신발을 선적하기 시작했죠. 블루리본Blue Ribbon이라는 회사 앞으로요. 그 이름은 어디서 온 겁니까?

PK: 업체 쪽에서 "회사명이 뭐냐?"고 묻더군요. 이름을 짜내야 했습니다.

DR: 그래서 급하게 '블루리본'이란 회사가 탄생했군요. 일본 회사가 신발을 보내기 시작했고 당신은 그 신발을 팔면 되는 거였죠. 당시 당신이 크라이슬러의 밸리언트Valiant 차량을 몰았다고 알고 있습니다. 널찍한 트렁크에 신발들을 싣고 육상 대회를 찾아다니며 판매를 하셨다고요.

PK: 네, 그랬습니다.

DR: 그때 뭔가 엄청난 기업을 만들겠다는 목표 같은 건 없었나요?

PK: 이제 막 시작이고, 더 키울 수 있겠다고 생각했습니다. 하지만 아무도 지금처럼 회사가 커질 줄은 몰랐죠.

DR: 어느 순간, 일본 회사가 당신 회사와 경쟁하기 시작하면서, '나이키'라는 회사를 창업하게 되셨죠. 너무도 유명해진 부메랑 로고를 디자인한 사람에게 35달러를 지불했다고요?

PK: 그래픽 아트를 전공하는 포틀랜드 주립대 학생이 돈이 필요하다면서 만들어왔습니다. "시간당 2달러를 지급할 테니 열심히 만들어서 진짜 같은 걸 만들어와요"라고 했더니 17시간 30분을 들여 로고를 만들어왔습니다.

DR: 그렇게 35달러가 된 거군요. 가성비가 정말 좋은데요.

PK: 결과가 좋았습니다.

DR: 그 학생에게 스톡옵션을 주셨죠.

PK: 회사가 상장됐을 때 우리는 그녀에게 500주 정도를 주었습니다. 단 한 주도 팔지 않아서 지금은 그 가치가 100만 달러를 넘습니다.

DR: 정말 잘됐군요. 그렇게 일본 회사 오니츠카타이거와 결별한 후 직접 회사를 차리셨죠. 신발을 직접 디자인하신 건가요, 아니면 기본적인 테마를 구상하셨나요?

PK: 말씀을 들으니 존 케네디에게 어떻게 영웅이 됐는지 물었을 때가 생각나는군요. 그는 이렇게 말했죠. "간단합니다. 그들이 우리 배를 침몰시켰거든요." 오니츠카타이거는 말하자면 최후통첩을 날린 것이었습니다. "장부가액으로 당신 회사 지분의 51퍼센트를 우리에게 팔지 않으면 이 종이 쪼가리에 뭐라고 써 있든 간에 다른 유통사를 알아볼 겁니다"라고 하더군요. 덕분에 우리는 제조업체를 바꾸는 게 나을지도 모르겠다고 생각하게 됐습니다. 우리는 서둘러 일을 진행했고, 일주일 만에 도쿄에 사무실을 낸 다음 첫 운동화 생산에 들어갔습니다.

DR: 신발 품질이 개선되면 정말 더 빨리 달릴 수 있나요? 아니면 그리 큰 차이는 없는지요?

PK: 저는 신발이 핵심이라고 봅니다. 우리는 1마일 달리기에서는 더 가벼운 신발이 낫고, 거기서 결정적인 차이가 생겨난다고 생각합니다. 예를 들어 정장 구두를 신고 1마일을 달리려고 하면 4온스(약 113그램)짜리 미끄럼 방지 밑창이 붙은 신발을 신고 달리는 것만큼이나 빠르게 달릴 수 없을 겁니다.

제가 오리건 대학에서 선수생활을 했을 때는 캔버스 트레이닝화를 많이 신었습니다. 6마일을 달린다고 하면 결승선에 도착할 때쯤에는 발이 피투성이가 됩니다. 그래서 신발이 중요합니다.

DR: 창업하셨을 때 아디다스Adidas나 푸마Puma 같은 독일 회사들의 시장 지배력이 강력했습니다. 나이키의 등장을 이 회사들이 반기던가요? 나이키를 시장에서 몰아내려고 하던가요?

PK: 그들이 경계하기 시작했을 때는 이미 너무 늦었지요. 말하자면 우리는 '살그머니' 다가간 셈입니다.

DR: 오리건 대학 출신 육상선수 중에 스티브 프리폰테인Steve Prefontaine이라는 전설적인 스타가 있습니다. 그와 친하셨죠. 어떻게 해서 그에게 나이키 신발을 후원하게 된 겁니까?

PK: 후원 계약을 따내기 위해 노력하고, 노력하고, 또 노력했습니다. 그는 선수 시절 내내 아디다스를 신었지만 오리건 주에 있는 유진Eugene 시에서 활동했습니다. 우리는 유진에 작은 사무소가 있었는데 사무소 운영자가 그와 형제나 다름없던 사람이었습니다. 그가 프리폰테인을 설득해 나이키 운동화로 바꿔 신도록 했습니다. 프리폰테인은 나이키 최초의 걸출한 육상 스타였습니다.

DR: 다른 선수들과도 후원 계약을 체결하셨죠. 얼마나 어렵습니까? 돈을 받았기 때문에 신발을 신는 건가요, 아니면 선수들 스스로 그 신발이 너무 좋아서 신는 건가요?

PK: 대부분 정말 좋아서 신더군요.

DR: 진짜로요?

PK: 당연히 아니죠. 신발이 좋다 싶으면 우리한테 홍보 수수료를 요구합니다. 다른 회사들한테도 마찬가지입니다. 프리폰테인을 제외하고 지금 제 머릿속에 곧바로 떠오르는 스타는 1996년 애틀랜타 올림픽에 출전했던 마이클 조던Michael Jordan 입니다. 그가 신었던 금색 운동화 덕분에 나이키의 홍보 효과가 정말 어마어마했습니다.

DR: 그러다가 타이거 우즈Tiger Woods도 합류했습니다. 상대적으로 선수 생활 초기에 인연을 맺으셨죠. 그와 계약하기가 어려웠습니까?

PK: 타이거 우즈는 아주 일찌감치 두각을 드러내고 있었습니다. US 주니어 대회에서 세 번 우승했고, US 아마추어 대회에서 세 번 우승했습니다. 열다섯 살부터 스무 살까지 6년이라는 기간 동안 이룬 성과였죠. 우즈는 종종 포틀랜드에서 경기를 했었는데, 그때마다 우리는 우즈와 그의 아버지를 점심 식사에 초대했습니다. 실제 계약을 체결하기까지 3년 정도 그렇게 공을 들였습니다.

DR: 계약 후 그는 나이키 신발만 신었습니다. 골프 장비도 출시했다가 지금은 발을 빼셨죠. 신발에 주력하기 위해서였나요?

PK: 생각해보면 꽤 간단한 문제입니다. 장비와 공 때문에 20년간 적자를 보고 나면 별로 달라질 게 없다는 걸 깨닫게 되지요.

DR: 한동안 캐주얼웨어 분야에도 뛰어드셨죠. 에어로빅 용품도 있었고요. 운동화를 캐주얼화로 변형하는 시도도 했는데, 반응이 좋았습니까?

PK: 네, 스포츠웨어와 캐주얼화, 그리고 의류는 여전히 우리 비즈니스의 꽤 큰 부분을 차지합니다.

DR: 다시 말해 선수용에 국한되지 않는다는 뜻이군요. 이제 신발 디자인에도 신경을 쓰신 지가 좀 됐죠. 바야흐로 나이키는 현재 운동화를 일상화로 신는 사람들을 위한 신발을 만들고 있습니다. 정장을 입고 나이키 신발을 신은 사람들을 좋아하시죠. 지금 당신을 인터뷰하는 저처럼요. 저도 정장에 나이키 신발을 신었는데, 어떻습니까?

PK: 멋진데요.

DR: 나이키 말고 다른 브랜드도 신으시나요?

PK: 아니요.

DR: 그러면 턱시도 같은 걸 입었을 때도 나이키 신발을 신습니까?

PK: 검은색 나이키를 신습니다.

DR: 그렇군요. 농구 관련 질문을 드리겠습니다. 마이클 조던을 후원하셨는데, 계약 체결이 까다롭진 않았나요? 마이클 조던 시리즈 농구화가 엄청난 성공을 거둔 비결은 무엇이었나요? 스포츠계에서 가장 큰 성공을 거둔 신발이 되었습니다.

PK: 계약은 정녕 쉽지 않았습니다. 모두가 그를 원하고 있었으니까요. 우리가 결국 계약을 따냈죠. 전쟁에서 이겼습니다.

DR: 당신의 성격적인 면이 한몫했기 때문이죠?

PK: 물론입니다.

DR: 돈이 아니라 성격이 중요하군요.

PK: 그렇다기보다, 우리는 꽤 큰 액수를 제시했습니다. 나이키는 뛰어난 선수들을 많이 보유했지만 최정상급 선수는 없었죠. 마이클 조던이 그 적임자라고 봤습니다. 그는 확실히 우리가 생각했던 것 이상으로 뛰어났습니다. 그가 나이키를 신기 시작하면서 우리는 신발을 굉장히 드라마틱하게 만들어낼 수 있었어요. 그는 굉장한 선수였습니다. 점프 후 바람처럼 빠르게 슛을 날렸죠. 모든 게 완벽했습니다. 잘생겼고 언변도 뛰어났죠. 게다가 검은색과 빨간색, 흰색을 활용한 운동화 디자인은 아주 독특했습니다.

더군다나 NBA 총재였던 데이비드 스턴David Stern이 취한 조치가 우리에겐 상당한 호재로 작용했습니다. 그는 그 농구화를 NBA에서 신지 못하게 금지했습니다. 우리는 'NBA 출전 금지된 농구화'라는 대대적인 광고를 걸었습니다. 당시 모든 아이들이 그 신발에 열광했죠.

DR: 마이클 조던은 현재 20년 넘게 NBA에 출전하지 않고 있죠. 그럼에도 그 농구화는 여전히 베스트셀러입니다. 왜 그렇습니까?

PK: 마이클 조던이 은퇴할 당시 나이키는 조던 농구화 시리즈로 7억 달러의 매출을 올리고 있었습니다. 지금은 그 매출이 30억 달러쯤 됩니다. 조던이 역사상 최고의 농구선수였다는 걸 잘 아는 아이들이 있는가 하면, 그가 누군지조차 모르는 아이들도 있습니다. 싫든 좋든, 마이클 조던은 그냥 하나의 톱 브랜드가 된 것이죠.

DR: 에어 조던을 신으면 더 높이 뛸 수 있습니까? 제가 신으면 더 높이 점프가 되지 않을 것 같은데요.

PK: 아마 되실 겁니다.

DR: 커리어의 정점을 찍으셨을 때가 나이키의 상장 때였나요, 아니면 지금처럼 나이키가 큰 성공을 거두게 됐을 때인가요? 인생의 전성기 또는 가장 좋은 기억이라고 말할 만한 것에는 어떤 게 있습니까?

PK: 저에게 나이키는 말하자면 예술 작품과 같은 존재입니다. 그림 전체가 중요한 것이지요.

DR: 리더십 얘기를 잠깐 해보죠. 리더십은 타고나거나 물려받거나, 아니면 교육을 통해 길러지기도 합니다. 훌륭한 리더는 어떻게 만들어진다고 보시는지요?

PK: 할리우드는 키가 크고 잘생기고 강인한 턱선을 가진 사람을 리더로 그려냅니다. 많은 경우 실제로 좋은 리더는 그 반대입니다. 우선 리더가 되려는 의지가 있어야 합니다. 그렇지만 리더의 모습은 각양각색일뿐더러, 리더십에 대해 가르쳐주는 곳이 있는지조차 모르겠군요.

DR: 선글라스를 쓰고 다니는 걸로 유명하시죠. 선글라스를 벗고 이 인터뷰에 응해주셔서 감사합니다. 원래 숫기가 없는 성격이라 쓰는 건가요? 얼굴이 노출되는 게 싫은가요?

PK: 저는 콘택트렌즈를 착용하기 때문에 더 눈이 부십니다. 그리고 미래가 너무 밝아서 항상 선글라스를 쓸 수밖에 없지요.

# 켄 그리핀

시타델 창업자 겸 CEO

*Ken Griffin*

"시장이 완전히 틀리는 경우는 거의 없습니다.
시장보다 똑똑한 사람들이 전 재산을 날리는 이야기는 널려 있습니다.
금융의 역사에서 실패담들은 언제나 시장을 존중하지 않은 사람들이
주인공입니다."

주식 시장에 일찍이 관심을 갖고 매료된 켄 그리핀은 친구들이 일반 대학생들의 관심사에 몰두해 있는 동안 하버드대 기숙사 방에서 옵션 트레이딩을 시작했다. 성공하지 못했더라면 켄은 또 다른 열정에 빠졌을지도 모른다.

그러나 그는 누가 봐도 꽤 좋은 실적을 냈다. 그래서 하버드를 졸업하자마자 곧장 투자회사를 차렸고 결국 시카고에 본사를 둔 시타델Citadel 을 창업해 세계에서 가장 성공한 헤지펀드로 만들었고 시타델 서비스를 최대 증권거래 회사 중 하나로 탈바꿈시켰다.

회사가 성공하자 그는 투자와 증권 거래 분야에서 전설적인 인물로 떠올랐다. 나아가 그는 미국에서 최대 규모로 자선활동을 펼치는 인물 중 하나가 되었다. 특히 교육 분야에 지원을 집중하고 있으며 예술품 수

집가이자 시각예술 분야 후원자에 이름을 올리고 있기도 하다.

나는 그와 함께 시카고대 신탁 이사회에서 활동하면서 수년 간 알고 지냈지만, 특별한 용무 때문에 그의 회사나 그와 개인적인 관계를 맺은 적은 없었다. 켄은 장시간 인터뷰를 잘 하지 않는 사람이다. 따라서 2019년 3월 그가 블룸버그 스튜디오에 모인 청중 앞에서 내가 진행하는 인터뷰 쇼에 출연한다고 했을 때 무척 반가웠다.

인터뷰에서 켄의 날카롭고도 뛰어난 지성은 금세 빛을 발했다. 그는 자기 일에 진정한 열정을 가진 사람들을 높이 평가하고 발탁하고 싶어 한다. 그런 사람들만이 자기 분야에서 정상에 오를 수 있는 가능성이 높다고 그는 설명한다.

사실 이런 그의 생각이 별로 놀라울 것은 없다. 켄 자신이 회사 일에 매우 열정을 갖고 뛰어드는 사람이기 때문이다. 그는 교육과 자유의 중요성에 대해서도 상당한 열의를 보였다. 머지않아 이 분야에서 그의 리더십은 투자와 증권 분야에서 보여준 리더십을 뛰어넘을지도 모른다. 그리고 그러한 분야에서 그의 리더십은 이미 정평이 나 있다. 아마도 글로벌 금융위기 때 회사의 존망이 위태로운 상황을 겪었던 경험 때문일 것이다.

오래전에 켄을 알게 되어 그에게 투자했더라면 더할 나위 없이 좋았을 것이다.

**데이비드 루벤스타인(DR):** 기숙사 방에서 전환사채 트레이딩을 시작했다는 얘기는 전설로 남아있습니다. 사실입니까?

**켄 그리핀(KG):** 사실입니다. 하버드 신입생 시절 홈쇼핑 네트워크Home Shopping Network의 주가가 얼마나 비싼지를 다룬 칼럼이 〈포브스Forbes〉에 실린 적이 있습니다. 그 글을 읽고 저는 홈쇼핑 네트워크에 대해 2개의 풋옵션을 매수했습니다. 놀랍게도 제가 풋옵션을 사자마자 30~40퍼센트 정도 주가가 폭락했죠. 대학 신입생이 몇천 달러를 벌면 성공한 것이죠. 다들 바라는 순간이었던 겁니다. 그렇게 해서 트레이딩 세계에 본격적으로 입문하게 됐습니다.

**DR:** 그전에는 한 번도 해본 적이 없었나요?

**KG:** 그전에는 금융 자산을 거래해본 적이 없었습니다.

**DR:** 하버드 동기들은 다른 일에 몰두하느라 전환사채 거래 같은 거에 신경 쓸 겨를이 없었겠군요. 동기들은 당신을 어떻게 생각하던가요?

**KG:** 저는 좀 특이한 학생이었습니다. 동기들과 저는 맹렬한 정치 토론을 벌이다가 해 질 무렵이면 운동장에서 축구를 하면서 나무를 들이받지 않으려고 애쓰곤 했지요. 금요일 밤은 다들 재밌게 보냈고요. 그런 게 바로 대학 생활 아니겠습니까. 그런 한편으로는 경영대학원 도서관에 죽치고 앉아 금융원리를 열심히 공부하기도 했죠.

**DR:** 듣자 하니, 주식 시장 데이터를 수신할 수 있도록 기숙사 방에 수신기를 설치했다던데요. 사실인가요, 루머인가요?

**KG:** 사실입니다. 당시 하버드에는 캠퍼스 내에서 어떤 형태의 비즈니스도 금지한다는 정책이 있었습니다. 관리인이 건물 옥상에 위성 안테나를 설치할 수 있게 허락해준 덕에 실시간으로 주식 시세를 파악할 수 있었습니다. 왜냐면 아시다시피 그때는 인터넷이 보급되기 전이었으니까요. 위성 안테나 같은 걸 설치하지 않으면 시세를 알 길이 없었습니다.

옥상에 안테나를 설치하고 건물 측면에 케이블을 늘어뜨린 후 창문을 통해 케이블을 끌어당겨 복도를 따라 제 기숙사 방으로 들여왔습니다. 덕분에 실시간으로 주가 정보를 알 수 있게 되어 트레이딩이 한결 쉬워졌지요.

DR: "이러면 안 될 것 같아"라고 말한 룸메이트가 있었습니까?

KG: 저는 일부러 1인실을 골랐습니다. 그래서 매일같이 귀찮게 할 룸메이트가 없었죠.

DR: 꽤나 수익을 내셨던 것 같은데. 졸업할 때쯤 전업 트레이더가 되겠다는 생각이 들었는지요?

KG: 이 일은 정말 재밌습니다. '타이밍'은 언제나 한 사람의 경력에서 매우 중요하죠. 제가 전환사채 차익거래에 뛰어들었던 1987년 9월은 제 포트폴리오가 상승장에서 어떻게 움직일지는 확실히 알았는데, 하락장에서는 아주 불투명했습니다. 하락장에서는 상승장에서보다 정확한 계산이 몇 배는 더 어렵습니다. 어림잡아 계산한 수치로 나온 것보다 훨씬 많은 주식을 저는 공매도했습니다. 한 달 후 어떻게 됐을까요? 바로 뉴욕 증시가 대폭락을 맞은 '블랙 먼데이Black Monday'가 닥쳤습니다. 의도적으로 장내 공매도를 한 저를 보고 장외 투자자들이 말했죠. "이것 봐, 저 아이는 천재네. 폭락장에서 돈을 벌다니." 하지만 저는 천재 소년이 아니라 기막히게 운 좋은 소년이었을 뿐임을 지금은 압니다. 1987년 블랙 먼데이 사건은 제 경력에 결정적인 순간으로 기록되었고, 순공매도를 통해 투자자들의 관심을 끌 만한 실적을 일찌감치 갖게 됐습니다.

DR: 그러니까 당신에게 투자한 사람들에게 일찍부터 돈을 벌어다준 거군요. 대학 시절부터 투자자들을 끌어모으셨습니다.

KG: 소액 브로커였던 친구의 주선으로 솔 걸킨Saul Galkin이란 사람이 우리와 얘기를 하러 왔었습니다. 친구가 "솔에게 전환사채 시장에 대해 네가 생각했던 투자 전략을 얘기해봐"라고 했습니다. 제 생각을 제시하자 솔이 이렇게 말하며 일어섰죠. "이제 점심을 먹으러 가야겠군. 그전에 5만은 내놓고 가겠네." 어리둥절해 하는 제게 친구가 "네가 트레이더로서 처음 관리하게 될 5만 달러를 내놓겠다는 뜻이야"라고 하더군요. 그게 경력의 첫발이었습니다.

DR: 졸업 후 회사를 직접 차리겠다고 했을 때 가족들이 회사를 차리기엔 좀 어린 나이라고 하진 않았나요?

KG: 저는 정말로 운이 좋았습니다. 아버지는 집안에서 대학에 진학한 첫 세대였습니다. 아버지에겐 형제가 일곱이었지요. 할아버지는 철도회사에서 일하셨고요. 제 부모님은 항상 교육의 중요성을 강조하셨습니다. 외할아버지는 기업가셨습니다. 말 그대로 증조할머니에게 돈을 빌려 작은 회사를 차리고 1950년대와 1960년대에 연료유통업에 종사하셨습니다. 그래서 기업가적인 기질이 제 어머니를 평생 따라다녔습니다. 제 꿈을 좇아 회사를 만들겠다고 했을 때 부모님께선 곧바로 이 한 마디만 하셨습니다. "한번 해봐."

DR: 많은 사람들이 이런 종류의 트레이딩을 하는 뉴욕이 아닌 시카고로 가셨습니다. 왜죠?

KG: 결정하기가 어려웠습니다. 확실히 동부에서 학교를 다녔던 친구들은 대부분 뉴욕으로 가더군요. 막 대학을 졸업한 저를 밀어준 회사는 글렌우드 파트너스Glenwood Partners였는데, 두 명의 파트너가 있었습니다. 한 명은 시카고에 있는 프랭크 마이어Frank Meyer였고 다른 한 명은 뉴욕에 있었습니다. 뉴욕에서 근무하는 파트너는 전형적인 월스트리트 출신 같았습니다. 굉장히 세련되고 금융시장에 대해 해박하고.

반면에 프랭크는… 제가 나온 고등학교의 물리 선생님 같은 분이었습니다. 프랭크는 그냥 믿음이 갔고 동지애까지 느껴졌죠. 대학을 갓 졸업한 제가 '나는 이렇게 내 미래를 걸어보겠어'라고 결심하게 된 것은 프랭크 곁에서 배우고 싶었기 때문입니다. 그렇게 프랭크가 사는 시카고로 가게 됐습니다. 놀랍게도 시카고는 곧장 제게 고향처럼 익숙하고 편안한 곳이 되었습니다.

DR: 처음 회사를 차렸을 때 직원은 몇 명이었나요? 몇 년도에 시작하셨죠?

KG: 공식적으로 첫 헤지펀드가 출범한 게 1990년이었습니다. 아마 그 당시에는 저를 제외하고 직원이 네다섯 명쯤 있었을 겁니다.

DR: 초창기에 투자자들을 적극적으로 찾아다니며 자본금을 조달해야 했습니까, 아니면 투자금이 알아서 흘러들어와 트레이딩만 신경 쓰면 되는 상황이었나요?

KG: 루벤스타인 씨, 당신도 제가 베이징 공항 같은 데서 마주친 적이 있을 텐데, 혹시 기억나십니까? 직접 금융사를 소유하는 즐거움이란 전 세계 수백 명을 위해 일하고 자본 조달을 위해 출장을 다녀야 한다는 데 있습니다. 프랭크 마이어는 초창기에 제가 자금을 조달할 수 있게 도와준 훌륭한 파트너였습니다. 그에 대한 평판은 흠잡을 데가 없었습니다. 무엇보다도 그가 저를 보증해준 덕분에 성공할 수 있었고 출장을 다니게 됐지요.

DR: 실제 트레이딩 결정은 누가 내렸습니까?

KG: 초창기에는 트레이딩 결정에 도움이 될 만한 일련의 모델과 분석을 참고했습니다. 저는 운 좋게도 상품을 이해하고 판단력이 뛰어난 동료들을 몇 명 고용할 수 있었지요.

여러 가지 면에서 볼 때 제 인생의 여정에서 가장 중요했던 것은 첫날부터 하루 24시간 쉬지 않고 트레이딩을 했다는 것입니다. 우리는 미국에서 전환사채를 거래하고 도쿄에서는 일본의 장기 주식 옵션을 거래했지요. 그리고 유럽의 전환사채 시장 순이었습니다. 왜 이게 중요할까요? 하루에 13시간, 14시간, 15시간밖에 일할 수 없기 때문입니다. 업무를 위임할 줄 알아야 하더군요. 지난 30년간의 성공 비결을 살펴보니 사람들을 믿고 그들의 판단을 믿고 유능한 이들에게 업무를 위임했기 때문이라는 걸 알게 됐습니다.

DR: 저는 트레이더가 아닙니다만, 시장이 트레이더의 예측과 반대로 움직이기도 하잖습니까?

그럴 때 '시장의 판단보다 내 의사결정이 더 뛰어나니까, 당분간 시장이 예상대로 움직이지 않더라도 곧 제자리를 찾겠지'라고 얘기하죠. 하지만 오랜 시간 기다려 봐도 시장이 회복되지 않는 경우가 많습니다. '실수를 했으니 빨리 털고 나와야겠다'고 말하는 투자자들도 있고요. 어느 쪽이십니까? 내가 내린 현명한 판단에 시장이 동조할 때까지 기다리는 편인가요, 아니면 내 예측과 다르게 움직일 때 빠르게 발을 빼는 편인가요?

KG: 시장이 완전히 틀리는 경우는 거의 없습니다. 역사책들에는 '시장보

144

다 똑똑한' 사람들이 전 재산을 잃은 이야기가 널려 있습니다. 투자를 했는데 잘 풀리지 않고 있다면, 한발 물러나야 합니다. '이 상황에서 내가 놓친 것이 무엇일까?'를 냉철하게 고민해야 합니다. 내가 파악할 수 있다고 생각한 모든 미지수를 다 해결했다고 진지하게 믿는다면 현재 포지션을 고수해야 합니다. 하지만 금융의 역사에서 실패담은 언제나 시장을 존중하지 않은 사람들이 주인공입니다.

DR: 글로벌 금융위기를 겪기 이전에는 회사 규모가 어느 정도였습니까?

KG: 1990~2008년까지 직원 수가 3명에서 1,400명 수준으로 늘어났습니다. 자산 관리 규모도 대략 250억 달러 수준이었습니다.

DR: 금융위기가 닥쳤을 때 살아남을 수 있는 확률이 얼마나 됐던가요?

KG: 글자 그대로 '살아남았다'고밖에는 표현할 수가 없군요. 시타델 역사상 존립 자체가 불투명했던 유일한 순간이었죠. 코앞에 닥친 금융 시스템의 붕괴가 어느 정도로 심각할지 저는 예측조차 하지 못했습니다. 자금 조달 방법이 사라지고 차입 자산으로 구성된 포트폴리오의 가치가 하락하면서 회사는 바람 앞의 등불처럼 위태한 상황에 처하게 됐습니다. 가격 균형을 유지하면서 아무도 차익거래를 할 수가 없었기 때문입니다. 그때까지 우리는 10퍼센트 손실조차 낸 적이 한 번도 없었는데, 16주 만에 자본의 절반을 잃었습니다.

DR: 살아남지 못할 수도 있다고 생각하셨나요?

KG: 분명히 짚고 넘어가죠. 제가 금요일에 집에 가는데 모건스탠리Morgan Stanley가 돌아오는 월요일에 문을 열지 않으면, 저는 수요일에는 끝장이 나는 상황이었습니다. 기억하실지 모르겠지만, 모건스탠리의 문제는 일본이 자금조달 약속을 이행할 것인가였습니다. 이처럼 존립 자체가 너무나 위태로웠습니다. 그래서 살아남지 못할 수도 있다는 두려움과 함께 전혀 예측할 수 없는 외부 요인이나 사건 때문에 우리가 파산할 수도 있다는 사실을 생생하게 깨달아야 했습니다. 그런 냉혹한 현실을 받아들여야 했습니다. 일단 그런 현실을 받아들이고 난 다음 살아남기 위해 내린 최고의 결정이 무엇이었는지 아십니까? 매일같이 우리가 사용했던 대응전략을 다시 한번 상기하는 것이었습니다. 실패할 것을 알면서도 살아남기 위해 싸우겠다는 전략 말입니다. 살아남지 못해도 결코 포기하지는 않겠다는 각오였습니다.

DR: 설립하신 헤지펀드 운용사의 규모가 지금은 어떻게 됩니까?

KG: 현재 300억 달러입니다. 그런 규모가 된 지 3~4년쯤 됐습니다.

DR: 투자 결정을 직접 합니까, 아니면 다양한 투자 전문가에게 결정을 위임합니까?

KG: 지금 당신과 이 인터뷰를 시작한 지 30~40분 정도 됐군요. 오늘 우리 회사 거래액이 미국 전체 자기자본회전율turn-over of net worth의 3~4퍼센트 정도 될 겁니다. 그럼에도 저는 지금 블랙베리도, 아이폰도 없습니다.

의사결정의 99.9퍼센트는 제 동료들이 내립니다. 저는 해당 정보를 가장 잘 아는 사람이 현명한 판단을 내리기를 바랍니다. 5년간 제록스Xerox를 분석하거나 10년 이상 암젠Amgen을 분석한 애널리스트보다 제가 더 나은 의사결정을 내린다는 건 어불성설이니까요. 그들보다 더 현명한 판단을 내리는 건 불가능합니다.

DR: 당신이 뛰어난 투자 전문가를 채용하는 데 상당한 시간을 들인다고들 하더군요. 시타델로 인재를 끌어오는 것이 당신 업무의 핵심인가요?

KG: 이 일을 하면서 대략 1만 명쯤 면접 인터뷰를 해봤습니다. 오늘도

146

두 건이, 내일도 두 건의 면접이 잡혀 있죠. 항상, 언제나 인재를 찾아 다닙니다.

DR: 지금 이 인터뷰를 접한 후 '켄 그리핀과 면접 일정을 잡아야겠다'고 생각하는 사람이 있다면, 당신 마음에 들기 위해 어떤 말을 해야 할까요?

KG: '당신 마음에 든다'는 건 인터뷰를 진행할 때 갖게 되는 인지적 편향입니다. 이런 함정에 빠지지 않는 것이 좋습니다. 저는 지원자에게서 두 가지 핵심 요소를 살펴봅니다. 열정이 있는지를 가장 먼저 봅니다. 자신의 일을 정말로 사랑하는가를 확인하는 것이죠.

15년 전에 우리 회사에서 일하던 젊은 여성이 있었습니다. 아이비리그 대학을 졸업한 지 1~2년쯤 된 재원이었는데, 정확히 기억나지는 않는군요. 그녀의 상사가 제 사무실에 들어오더니 "그녀가 퇴직할 모양입니다. 정말 뛰어난 인재인데, 의대에 진학하고 싶어 합니다. 회사에 남으라고 설득해주셨으면 합니다"라고 말했습니다. 제가 말했죠. "미안하지만, 나는 그녀가 내 사무실에 들어오자마자 의대 학장에게 보낼 추천장을 써줄 것 같군요."

젊은 인재가 의사가 되고 싶어 한다면, 세상은 곧 훌륭한 의사를 한 명 더 얻게 되는 것이죠. 그래서 저는 인재들이 꿈을 이룰 수 있도록 도와주는 것이 제 미션이라고 생각합니다. 저는 인재들이 어떤 열정을 갖고 있는지 진지하게 살펴봅니다. 그런 열정이 인재들을 성공으로 이끌고, 그것이 곧 우리가 거둘 수 있는 성공의 핵심 요인으로 이어지기 때문입니다.

열정 다음으로는 '확실한 성과'를 봅니다. 저는 현명한 의사결정을 내린 후 삶에서 무엇인가 성취한 사실을 확실하게 보여주는 사람들을 찾아다닙니다.

DR: 명문대 우등 졸업생이 아니더라도 상관없나요?

KG: 이번 주에 저는 대학을 다녀본 적 없는 사람을 직원으로 채용하도록 승인했습니다. 그는 뛰어난 소프트웨어 엔지니어입니다. 탁월한 소프트웨어 엔지니어 중에는 대학에 가지 않고도 젊을 때 기회를 얻는 경우가 꽤 있습니다. 좋은 학교 출신이라면 물론 채용 절차에 도움이 되긴 합니다. 하지만 대학 중퇴자 중에 특출난 사람들도 종종 있습니다. 빌 게이츠라든가 마크 저커버그Mark Zuckerberg가 대표적이죠. 특출난 재능이 있다면 배경은 그리 중요치 않습니다. 당신도 특출난 부류일 것 같은데요.

DR: 이 인터뷰를 접한 독자들은 누구나 당신이 당연히 똑똑한 사람이라 생각하면서 '이 사람에게 투자하고 싶다'고 생각할 겁니다. 시타델에 투자하려면 어떻게 해야 합니까? 최소 가입금액이 있나요? 보통 예상되는 특정 수익률이 있습니까? 얼마나 오래 투자금을 예치해야 합니까?

KG: 나쁜 소식을 전하게 되어 유감입니다. 저희 펀드는 오래전에 모집이 마감됐습니다. 적극적으로 신규 투자 유치를 진행하지는 않습니다.

DR: 아직 이런 생각을 하기에는 이르긴 합니다만 나이가 들면서 인생에 무엇을 남기고 싶은지 생각해본 적 있습니까?

KG: 이것 보세요, 전 아직 오십이라고요.

DR: 알고 있습니다. 한참 젊으시죠. 그래도 빌 게이츠는 50세에 회사 운영에서 거의 손을 뗐습니다. 존 록펠러도 40대 후반에 은퇴했고요. 50세에 은퇴한다는 생각은 안 해보셨는지요?

KG: 록펠러는 다른 시대 사람이죠. 다행히 우리는 그보다 훨씬 오래 건강한 삶을 살게 되겠죠. 저는 앞으로 수십 년은 더 사회에 기여하고 싶습니다. 비즈니스든 자선사업이든 상관없어요. 이 사회에 의미 있는 사람이 되고 싶습니다.

저는 운 좋게도 팀을 꾸릴 줄 알았고, 비전을 실현하는 방법을 알았습니다. 그건 저의 천부적인 재능 때문이 아니라 수많은 시행착오를 겪었기 때문에 가능했던 일이지요. 많은 경험이 있었기 때문입니다.

시타델의 성공을 들여다보면 우리가 부분의 합보다 훨씬 크다는 걸 알 수 있을 것입니다. 제대로 된 목표를 갖고 제대로 된 팀을 꾸리면 위대한 일들을 성취할 수 있게 됩니다. 제가 가장 자랑스럽게 여기는 것은 시타델 증권Citadel Securities이 전 세계 금융시장을 재편한 방식입니다. 금리 스왑을 예로 들자면, 우리는 '경쟁 입찰'의 도입을 주도해 지난 10년간 매매가격 차이를 거의 80퍼센트 가까이 줄였습니다. 그렇게 해서 돈이 월스트리트가 아닌 가장 중요한 곳으로 곧장 흘러들어갑니다. 즉 퇴직연금이나 회사채, 사회의 다양한 분야에서 그 혜택을 누리는 것이죠. 우리는 주식시장에 경쟁을 도입함으로써 이러한 상품의 최종 소비자를 위해 엄청난 가치를 창출해왔습니다.

로버트 F. 스미스

비스타 에퀴티 파트너스 창업자 겸 CEO

*Robert F. Smith*

"부를 축적한 사람이라면 누구든
자선활동과 기부를 하겠다고 서약을 하든 안 하든 상관없이
정말 의미 있는 방식으로 공동체에 기여할 수 있어야 합니다.
그것이 옳은 일이기 때문입니다."

　　로버트 F. 스미스는 가장 부유한 미국 흑인이자 완벽한 자수성가형 비즈니스 리더로서 세계 최고로 성공한 사모펀드 가운데 하나인 비스타 에퀴티 파트너스Vista Equity Partners를 설립했다. 이 운용사는 주로 기업용 소프트웨어 전문회사에 투자한다. 그는 20년 남짓한 기간에 실로 엄청난 성과를 거두었다.

　　로버트 스미스의 혁신은 그가 인수한 소프트웨어 회사들의 운영방식을 획기적으로 변화시키기 위한 강력한 조치를 개발하고 이를 철저히 시행했다는 데 있다. 그가 개발한 방식이 별다른 실패 없이 성과를 내면서, 비스타는 급증하는 글로벌 투자자들에게 상당히 높은 수익률을 가져다주었다.

　　엔지니어 교육을 받은 로버트는 원래 엔지니어링 기술을 골드만삭

스Goldman Sachs의 기술 투자 금융업무에 적용했다가 나중에 사모펀드에 활용했다. 회사가 점점 성공을 거두고 높은 수익을 올리자, 그는 자신이 어릴 때 덴버의 흑백분리 지역에서 시민단체 리더로 활동했던 부모를 본받아 자선활동에 뛰어들었다. 그는 가장 중요한 흑인 자선활동가로 존경과 명성을 쌓았다. 환경이 열악한 흑인들이 더 나은 교육을 받도록 지원하고, 모든 미국인에게 미국 사회에 기여한 흑인의 공로를 적극적으로 알리고 있다.

2019년 로버트는 역사적으로 애틀랜타에 있는 모어하우스 대학Morehouse College의 졸업 연설을 통해 세계인의 주목을 받았다. 연설에서 그는 졸업생들의 학자금 대출과 그들의 부모가 자식을 대학에 보내기 위해 진 빚을 모두 갚아주겠다고 밝혔다. 총 액수가 약 3,400만 달러에 달했다.

스미소니언 협회, 미국 국립공원관리청, 기빙 플레지 캠페인 등에서 활동하는 그를 보며 나는 로버트 스미스가 진정한 비전을 가진 리더이자 열정적인 실천가임을 알게 되었다. 2018년 3월 26일, 나는 스미소니언 협회의 국립흑인역사박물관에서 그와 인터뷰를 진행했다.

로버트는 흑인뿐 아니라 모든 미국인의 롤모델로 꼽힌다. 옷차림에 별로 신경을 쓰지 않는 대다수의 성공한 인물들과는 달리 그는 차림새를 까다롭게 따지는 편이다. 성공한 CEO들이 스리피스 정장을 입었던 시절을 떠올리게 한다. 그는 늘 스리피스 정장을 입고 다닌다. 나도 그걸 입고 다니던 시절이 있었지만 이제는 더 이상 조끼가 작아져 몸에 맞지 않는다.

**데이비드 루벤스타인(DR)**: 덴버에서 교사의 자녀로 자라면서 언제가 미국 최고의 부자가 될 거라는 생각을 해보셨나요?

**로버트 F. 스미스(RS)**: 제 가족은 다들 성공한 사람들이었습니다. 어머니와 아버지는 두 분 다 교육학 박사이셨고 a) 교육을 받는 것, b) 열심히 일하는 것, c) 자신이 속한 공동체에서 성공의 정점에 도달하기 위해 노력하는 것이 중요하다고 강조하셨습니다. 덕분에 저는 최고가 되기 위해 노력한다는 것의 의미를 항상 생각하게 됐습니다.

**DR**: 어린 시절 덴버에서는 흑인 차별이 심했습니까?

**RS**: 저는 거주민 대부분이 흑인인 동네에서 컸습니다. 빈곤층 거주지역이라 금융 서비스를 이용할 수 없었죠. 그래서 미국에서 자산 축적의 기반이라고 할 수 있는 집을 사실상 구매할 수가 없었습니다. 자라면서 점점 공동체의 중요성을 알게 됐습니다. 강제 버스 통학이 시작되기 전까지 저는 흑백 분리 원칙이 뿌리 깊게 자리 잡은 동네에서 살았습니다. 강제 버스 통학으로 최소한 학교에서는 흑백 분리 정책이 사라지기 시작했습니다.

**DR**: 경영대학원에 진학하기 전에 직장을 세 곳 다니셨는데, 흑인이라는 이유로 차별받았던 경험은 없으신지요?

**RS**: 당연히 있죠. 미국에서 저는 지금까지도 겪는 일입니다.

한번은 에어프로덕츠&케미칼Air Products&Chemical에 있을 때였는데, 샌프란시스코에서 열리는 대규모 컨벤션에서 강연을 해달라는 요청을 받았습니다. 한 남자가 오더니 묻더군요. "쌀의 보관 수명은 어떻게 연장할 수 있습니까?" 저는 그 원리와 생물학, 수용성 문제와 더불어 미생물 문제를 함께 고려해야 한다고 설명했습니다. 그랬더니 그는 "정말 똑똑한 분이시네요. 사업에 성공하려면 물려받은 혈통만 극복하면 되겠군요"라고 했습니다. 그 말이 오래 기억에 남았습니다. 결국 제가 이루어 온 온갖 성취에도 불구하고 그는 저를 여전히 제가 하는 일로 판단하기보다는 피부색의 편견을 갖고 바라봤던 겁니다.

DR: 컬럼비아 경영대학원에 진학하셨습니다. 거기서도 상당히 뛰어났을 것 같은데요. 졸업 후 골드만삭스에 입사하신 걸 보면요. 다양한 회사의 엔지니어링 부서에서 일하다가 골드만삭스의 금융공학 분야로 옮겨간 겁니까?

RS: 꽤 흥미로운 얘기입니다. 저는 일을 아주 잘했습니다. 경영대학원 첫 1년 동안 우등생이었지요. 그런데 우등상을 받으려면 여름 졸업식 때까지 학교로 돌아와야 했습니다. 존 우텐달John Utendahl이란 사람이 있었는데, 그는 당시 자신의 투자은행을 운영하고 있었고 그날의 기조 연설자였습니다.

제가 상을 받은 후 그가 제게 오더군요. 그는 "자네 배경이 정말 인상적이군. 투자 금융 분야에서 일해볼 생각은 없나?"라고 물었습니다. 저는 이렇게 답했습니다. "대학원에 온 사람들 중에 투자은행 출신들도 많습니다만, 괜찮은 사람은 아직 보지 못했습니다. 그들은 뭐든 아는 척하고 꽤 오만하더군요. 저는 엔지니어입니다. 모든 걸 안다는 식의 태도를 유독 거슬려하죠."

그러자 그가 빙그레 웃었습니다. 제 농담에 불쾌해하지 않아 다행이다 싶었죠. 제가 다시 말했습니다. "솔직히 투자 은행가들이 무슨 일을 하는지 잘 모릅니다." 그가 권했습니다. "내 사무실로 와서 한번 얘기를 해보는 게 어떻겠나?" 그렇게 그가 초대를 해서 함께 점심을 먹었습니다. 그러더니 그가 전화기를 집어 들고는 당시 메릴린치 CFO였다가 나중에 CEO가 된 스탠 오닐Stan O'Neal이며 훗날 아메리칸 익스프레스 CEO에 오른 켄 셔놀트Ken Chenault 같은 사람들과 통화를 하더군요.

DR: 다들 유명한 흑인 비즈니스 리더들 아닙니까?

RS: 그는 저를 다른 사람들에게 소개했고, 그렇게 다른 미팅들이 여러 건 잡히게 됐죠. 경영대학원 2학년 가을 무렵, 백 번도 넘는 면접을 봤습니다. 면접을 치르는 동안 투자 금융 분야에서 제가 유일하게 관심을 가진 분야가 '인수합병M&A'임을 알게 됐습니다. 전쟁을 치르지 않고도 자산을 이전할 수 있는 매력적인 방법이었기 때문입니다. M&A는 CEO급이나 고위급 이사회에서 벌어지는 중대한 전략적 토론이죠. 하지만 햇병아리인 제게도 상당히 흥미롭더군요. 제가 갖고 있는 가치와 인사이트가 이 분야에 기여할 수 있지 않을까 생각했습니다.

DR: 골드만삭스에 언제 합류하셨죠?

RS: 1994년입니다.

DR: 한동안 거기서 일하셨는데, 어쩌다가 기술 금융 쪽으로 옮기고 싶은 마음이 생긴 겁니까?

RS: 모든 게 그렇듯이 맹인의 세상에서는 외눈박이가 왕이지요. 그 당시 우리에게 기술이란 방위 산업체를 뜻했습니다. 우리가 상장시킨 또 다른 기술 회사로는 마이크로소프트가 있었습니다. IBM도 있었고요. 골드만삭스는 기술 분야에 투자했습니다. 저는 샌프란시스코 현장 업무에 투입되어 기술 기업에 주력하는 최초의 인수합병 전문 뱅커였습니다. 그러다가 우리는 기술 그룹을 만들기로 했죠. 그렇게 기회가 연달아 생기며 원동력이 만들어졌습니다.

DR: 샌프란시스코 지역에 살면서 많은 걸 성취하셨군요. 큰 성공이라 할 만합니다. 투자은행 기준으로는 매우 높은 보수를 받으셨을 것 같습니다만, '이 모든 걸 다 포기하고 직접 회사를 차려야겠다'고 생각하게 된 계기는 무엇이었습니까?

RS: 굿이어 타이어&러버 컴퍼니Goodyear Tire&Rubber Company라는 회사를 지켜보면서 소프트웨어가 기업에 실제로 미치는 영향력이 정말 강력하다는 사실을 알게 됐죠. 사실 소프트웨어 기업들 자체가 효율적인 경영과는 거리가 멀었습니다. 왜 그럴까요? 주된 이유는 소프트웨어 회사를 차린 임원들 대부분이 직접 코드를 작성한 개발자이거나 시장 기회를 읽어 코드를 판매한 마케터였기 때문입니다. 회사를 어떻게 경영해야 하는지 배운 사람이 아무도 없었던 거죠.

어느 날 저는 텍사스 휴스턴에 있는 이 작은 회사를 알게 됐습니다. 제가 본 회사 중 가장 효율적인 경영을 하는 곳이더군요. 기본적인 사항들이 정말 잘 지켜지고 있었습니다. 그들의 기본적인 규칙과 사례들이 다른 기업용 소프트웨어 회사에도 잘 적용될 수 있다면 회사의 경영 효율이 놀라운 수준으로 높아질 것이고, 그렇게 되면 거기서 엄청난 기업 가치들이 창출될 것이라고 판단했습니다. 꽤 기발한 아이디어였죠.

DR: 골드만삭스에서도 좋은 생각이라며 직접 해보라고 권했고요.

RS: 네, 그랬습니다. 이 아이디어를 적용해 기업용 소프트웨어 회사를 매수해 운영하다 보면 꽤 좋은 결과가 나올 거라고 말했고 골드만삭스도 적극 이에 동의했습니다. 그러면서 상당히 구미가 당기는 제안을 하더군요. 제 변호사가 했던 말이 기억나네요. "이건 나쁜 선택입니다,

로버트. 하지만 받아들여야겠군요."

DR: 그 제안을 받았을 때가 몇 살이었나요?

RS: 서른아홉이었습니다. 통상적으로 사람들이 하던 일을 그만두고 창업을 하는 나이였죠. 그래서 저는 "그럼 한번 해보겠습니다"라고 했습니다.

DR: 각 회사들이 모두 시스템을 따르도록 실제로 해당 시스템을 통합하셨죠. 그에 대해 설명해줄 수 있습니까?

RS: 물론입니다. 우리는 핵심적인 모범 사례들을 활용해 사실상 전체 시스템에 적용하는 방식을 개발했습니다. 모범 사례들을 활용하면 회사 내 어떤 기능 영역이든 간에, 그 능률을 개선할 수 있다는 것이었죠. 제 식대로 말하자면 우리는 이런 기업들에 모범 사례를 적용해, 수익 성장의 복잡한 방정식을 실제로 풀게 된 겁니다. 수익률이 늘어나고 있을 뿐 아니라 이러한 기업의 성장을 가속화할 수 있게 됐습니다.

DR: 지난 몇 년간 자산이 큰 폭으로 늘어나면서 자선활동에 적극 참여하고 계십니다. 부모님을 통해 자연스럽게 배운 결과인가요? 몇 년 사이에 그처럼 활발하게 자선활동을 하게 된 이유가 무엇입니까?

RS: 저는 어머니가 매달 25달러짜리 수표를 미국 흑인대학기금United Negro College Fund에 보내는 걸 보면서 자랐습니다. 신상품 스니커즈를 갖고 싶어 했을 때도 어머니는 "직접 돈을 벌어서 사라"고 하셨죠. 그러면 저는 "엄마가 보낸 25달러 수표면 제 신발을 살 수 있잖아요"라고 푸념하곤 했죠. 어머니는 제게 지역사회 기부가 얼마나 중요한 일인지를 일깨워주셨습니다. 유년기 내내 자선활동이란 제 삶을 끌어가는 중요한 원동력이었습니다.

DR: 기빙 플레지 서약을 하셨죠. 재산의 절반을 기부하기로요. 서약이 어렵지는 않으셨나요?

RS: 어렵지 않았습니다. 빌 게이츠, 워런 버핏, 그리고 당신과 같은 사람들은 이 운동의 의미를 널리 알리는 굉장한 일을 하고 계시죠. 우리는 미국이 하나의 사회일 뿐이며 우리 사회가 스스로 문제를 치유할 능력이 있음을 분명히 보여주어야 합니다. 부를 축적하는 동시에 현재 우리에게 닥친 문제를 함께 해결해나가야 합니다. 부를 축적한 사람이라면 누구든 서약을 하든 안 하든 상관없이 의미 있는 방식으로 공동체에 기여할 수 있어야 합니다. 그것이 옳은 일이기 때문입니다.

DR: 어떤 사람으로 기억되고 싶습니까?

RS: 아직 잘 모르겠습니다. 모든 게 그렇다시피 고유한 해법을 통해 문제를 해결할 수 있는 분야를 찾아보게 마련입니다. 제가 지금 해결하고 싶은 문제는 우리나라의 흑인들에게 기회의 공정을 보장하고, 미국 경제계에서 흑인의 참여 비중을 높이는 것입니다.

일자리나 직장뿐 아니라 지속 가능한 직업 기회를 어떻게 창출할 수 있을까요? 저는 교육이 해답이라고 생각합니다. 인턴십을 통해 가능하지요. 저는 도움이 필요한 사람들을 찾아내 학교 교육을 받도록 하고 적절한 인턴십 기회를 제공해서 창의적인 비즈니스 리더를 비롯해 독창적인 엔지니어, 기술 전문가가 되는 길을 안내함으로써 미국이라는 사회에 기여할 수 있도록 지속 가능한 구조를 구축하고 만들어가고 싶습니다.

DR: 로버트 스미스 씨, 미국인으로서 자긍심을 깊이 느낄 수 있는 좋은 이야기이군요.

# 04 제이미 다이먼

JP모건체이스 CEO 겸 회장

*Jamie Dimon*

"'나는 매일 유니폼을 입는다. 나는 문제해결사가 아니다.
나는 회사를 위해 피 흘리며 싸우다가 내 전부를 내놓고
다른 사람에게 그걸 넘긴다'라는 식으로 비즈니스를 생각합니다.
저는 회사에서 일하는 사람들이 마치 회사를 자기와 상관없는
대상인 것처럼 얘기하는 게 정말 싫습니다.
회사는 제게 제3자가 아닙니다. 보상 때문이 아닙니다.
제 일이기 때문에 하는 겁니다."

제이미 다이먼은 2005년 JP모건체이스JPMorgan Chase의 CEO 겸 회장에 취임했다. 그후 세상에서 가장 유명하며 가장 존경받는 금융전문가로서 성공적인 커리어를 쌓아온 인물이다. 그가 재직하는 동안 JP모건은 2020년 6월 초 현재 시장가치가 1,320억 달러에서 4,290억 달러로 늘어났고 자산관리 규모는 8,280억 달러에서 2조 2,000억 달러로 증가했다. 주가는 38.57달러에서 111.23달러가 되었다.

제이미 다이먼이 하버드 경영대학원을 졸업한 직후 골드만삭스와 모건스탠리의 입사 제안을 마다하고 집안끼리 알고 지내던 당시 아메리칸 익스프레스의 샌디 웨일Sandy Weill 사장 밑에서 일할 때만 해도, 금융계에서 이처럼 눈부신 성취를 달성하리라고는 누구도 생각하지 못했다. 탄탄대로를 걷는 듯했지만 그는 시티그룹Citigroup 사장 자리에서 공개적으

로 쫓겨나고 말았다. 자신이 일궈온 회사에서 한때 멘토이자 친구였던 샌디 웨일이 그를 해고한 것이다.

그 무렵 나는 제이미를 칼라일 그룹으로 영입하려고 했다. 하지만 그는 대형 은행의 경영자로서 자신의 능력을 제대로 발휘할 기회를 엿보며 사양했다. 마침내 적당한 기회가 도착했고, 그는 뱅크원Bank One의 CEO가 되어 회사를 우량 금융사로 키운 후 JP모건에 매각했다.

나머지는 다들 아는 이야기다. 그는 큰 시련들을 이겨내고 JP모건을 세계 최대 은행으로 키워냈다.

그를 아는 사람은 누구나 그의 능력에 대해 훤히 안다. 뛰어난 지능, 디테일한 열정, 재능 있는 사람들과의 교류, 기꺼이 위험을 감수하며 거침없이 발언하는 성격, 워커홀릭으로서의 집중력과 성공에 대한 뜨거운 의지 등등이 주변에까지 강하게 전파되는 인물이었다.

이 모든 걸 다 갖춘, 그렇게 어마어마한 성취를 이룬 사람이 왜 정상에 있을 때 떠나지 않는가 하는 질문을 할 수도 있다. 자기 분야에서 이룰 것을 다 이룬 사람이 정부 고위직이나 정치계로 떠나는 것처럼 말이다.

제이미 다이먼이 JP모건에 남아 있는 이유는 자신의 일을 사랑하기 때문이다. 하루하루 더 탄탄하게 성장하는 회사를 바라보는 데서 가장 큰 즐거움을 느끼기 때문이다. 미국 대통령이 되면 좋겠다고 말한 적도 있지만 그는 자신이 지지하는 민주당이 상업은행 CEO를 후보 지명하지는 않을 것임을 잘 안다. JP모건의 주주들과 고객, 직원들에게는 참으로 다행한 일이다.

나는 제이미 다이먼이 금융계에 들어온 지 얼마 안 됐을 무렵부터 그와 알고 지냈고 몇 번 인터뷰한 적도 있다. 그는 항상 흥미를 유발하며 통찰력 넘치는 솔직한 인터뷰어다. 이런 면을 다 갖추기도 역시 쉽지 않다.

이 인터뷰는 2016년 9월, 워싱턴 경제클럽에서 진행되었으며, 워런 버핏이 나중에 몇몇 친구들에게 이 인터뷰를 보라고 당부하기도 했다. 버핏은 실제로 제이미가 한 얘기 중에 특히 미국의 강점에 대한 내용을 높이 평가했다.

2020년 3월 제이미는 심장 수술을 받았다. 그는 수많은 친구와 동료, 그를 따르는 이들에게 4월 초부터 재택근무를 시작한다는 희소식을 전할 수 있었다. 그가 아닌 다른 사람이 JP모건을 대표한다는 건 상상하기 어렵다. JP모건의 창업자도 제이미 다이먼만 한 후계자가 없다는 데 전적으로 동의할 것이다.

**데이비드 루벤스타인(DR):** 부친이 주식 중개인이셔서 자연스럽게 이 분야를 알게 되셨죠. 그래도 금융업에 진출한다는 생각을 이전에 해보셨습니까?

**제이미 다이먼(JD):** 아닙니다. 그보다는 하기 싫은 일들이 더 많았거든요. 저는 변호사가 되기도 싫었고 의사가 되기도 싫었습니다. 저는 뭔가를 만드는 정도는 해보고 싶었습니다.

주식 중개인과 월스트리트가 익숙한 환경에서 자랐습니다. 저는 늘 금융계에 있었지만, 제게는 이 또한 그저 뭔가를 만드는 일일 뿐입니다. 그래서 경영대학원에 갔습니다. 굳이 금융계로 진출할 필요는 없었는데, 굉장히 매력적이더군요. 신문에 난 기사 하나하나가 제게는 중요했습니다. 전 세계 소식이 실렸고 그와 관련된 정책 이슈도 수없이 많았습니다. 뭔가를 신나게 만들 수 있는 곳이 금융계였습니다. 지금 생각해보면 솔직히 그 정도로 재밌는 것들은 세상에 많았을 것 같지만요.

DR: 하버드 경영대학원 졸업생 가운데 상위 5퍼센트에 해당하는 베이커 장학생Baker Scholar이라면 원하는 일자리를 골라서 갈 수 있지 않나요? 골드만삭스 같은 회사에 들어갈 수도 있었을 테죠. 그런데 샌디 웨일 밑에서 일하기로 결정하셨습니다. 그 이유가 뭔가요?

JD: 샌디는 아메리칸 익스프레스에 매각한 작은 증권사를 갖고 있었습니다. 저는 그가 매우 철저하고 견실한 사람이라는 걸 알았습니다. 그는 제게 아메리칸 익스프레스의 자회사가 된 시어슨Shearson 투자은행의 입사를 권유했습니다. 저는 골드만삭스와 모건스탠리, 리먼브러더스에서 입사 제의를 받았기 때문에 싫다고 했죠. 시어슨보다 그런 투자은행들에서 더 많이 배울 수 있을 거라 생각했으니까요.

결국 제게 연락이 왔습니다. 샌디는 베이커 장학생에게 깊은 관심을 갖는 사람이었죠. "여기 와서 내 비서로 일하는 게 어떤가? 많이 배울걸세. 어떻게 될지는 모르지만 말이야"라고 하더군요. 그는 이후 3년 더 아메리칸 익스프레스에서 근무했습니다. 그에게서 많이 배웠죠.

DR: 그는 퇴임할 때 사실상 해임된 셈이었습니다.

JD: 그를 따라 저도 퇴사했습니다. 저는 남아 있으라며 많은 직책을 제안받았습니다만, 샌디는 우리가 위대한 제국을 건설하게 될 거라고 하더군요. 그는 볼티모어에 있는 커머셜 크레딧Commercial Credit이라는 작은 회사를 인수했습니다. 제 아이가 그 무렵 볼티모어에 있는 사이

나이 병원에서 태어났지요.

저는 이사를 한 다음 그와 함께 이 작은 회사를 인수했습니다. 소비자 금융과 중소기업 업무 등을 취급하는 곳이었습니다. 점점 이스라엘의 리스 회사라든가 저개발국가에 대출을 해주다가 결국 파산한 작은 외국계 은행이라든가 손해보험사, 생명보험사 등을 사들였습니다. 그 회사가 훗날 시티그룹의 일원이 되었죠.

12년 동안 우리는 프리메리카Primerica, 스미스 바니Smith Barney, 시어슨 Shearson, 살로먼 브라더스Salomon Brothers, 애트나 손해보험Aetna Property-Casualty, 트래블러스 생명보험Travelers Life, 트래블러스 손해보험Travelers Property Casualty 등을 사들였습니다. 운영 실적도 좋았고 주주들도 만족했습니다. 그러다가 시티그룹과 합병하게 된 겁니다. 그토록 맹렬한 기세로 달려왔는데, 어느 날 샌디가 저를 해고하더군요. 그로부터 1년 뒤 저는 그에게 전화를 걸었습니다. 그가 아니라 제가 말입니다. "샌디, 이제 식사 한번 하죠"라고 했습니다. 저는 둘만 조용히 먹고 싶었습니다. 그는 이렇게 답했습니다. "포시즌즈 레스토랑에서 만나기로 하지." 〈파이낸셜 타임스Finantial Times〉 1면에 '다이먼, 웨일과 점심 식사하다'라는 헤드라인이 실리더군요.

그는 좀 초조했던 것 같습니다. 제가 말했죠. "샌디, 과거는 이제 묻어두기로 하죠. 단지 당신이 회사에 잘못을 저질렀다는 얘기만 하고 싶었을 뿐입니다. 저도 실수를 많이 저질렀어요. 그리고 제가 저지른 실수는 이런 것들이죠…"그에게 제가 저지른 실수를 얘기하고 나자 그는 말해줘서 고맙다고 했습니다. 우리는 그렇게 맛있는 점심을 먹었고, 그렇게 각자의 길을 갔습니다.

DR: 해고당한 후 일자리 제안을 많이 받으셨습니다. 홈데포Home Depot의

CEO직 제안을 포함해서요.

JD: 홈데포 외에 대형 국제 투자은행 몇 곳에서도 연락이 왔습니다. 모회사를 경영해달라는 게 아니라 투자은행을 맡기겠다는 거였지요. 당시 AIG를 경영하고 있던 행크 그린버그Hank Greenberg는 "우리 회사에 오는 게 어떻습니까?"라고 하더군요. 속으로 들었던 생각이, "샌디 웨일에서 행크 그린버그로 옮겨가다니, 이게 말이 되는 얘긴가!"였습니다.

사모펀드 운용사에서도 연락이 많이 왔습니다. 제프 베조스도 연락을 해왔죠. 그는 사장직을 맡을 사람을 찾고 있었습니다. 저는 제프를 좋아하는데, 우리는 그후 친구로 지내왔습니다. 제프의 제안을 받고 저는 '다시는 정장을 입을 필요가 없겠군. 시애틀에 선상 가옥을 하나 얻으면 되겠고…'라는 생각이 들었습니다. 하지만 저는 금융 분야에서 평생을 일했기에 그에게 가서 말했죠. "당신과 함께 일하는 건 평생 테니스만 치던 사람이 갑자기 골프를 치는 것과 비슷할 겁니다."

홈데포의 경영진이었던 버니 마커스Bernie Marcus와 아서 블랭크Arthur Blank, 켄 랭건Ken Langone과 가진 저녁식사 자리에서 저는 말했습니다. "고백할 게 있습니다. 여러분이 제게 연락하기 전까지 전 홈데포 매장에 한 번도 가본 적이 없습니다. 제가 홈데포 매장에 간 건 오직 제 직원이었던 사람이 제게 '제이미, 그 저녁식사 자리에 가기 전에 한 번은 가봐야 해요'라고 말했기 때문입니다." 그들은 개의치 않더군요. "우리는 자네라는 사람을 원하네. 열정과 아이디어, 에너지가 넘치는 사람을 찾고 있지. 매장이나 도매상 같은 것쯤은 몰라도 상관없네." 몇몇 인터넷 회사에서도 연락을 취해왔습니다. 대부분은 나보다는 내가 벌어다 줄 돈에 관심이 있었죠.

뱅크원(전신은 퍼스트 시카고First Chicago)과 얘기하면서 지금이 기회라는 걸 알게 됐죠. 얼마나 많은 금융 회사들이 그곳에 있을까요? 서른 곳? 3년 혹은 4~5년 사이에 그중 얼마나 많은 회사가 CEO를 갈아치웠을까요? 네 명, 다섯 명? 그중 얼마나 많은 곳이 회사 밖에서 CEO를 찾으려 할까요? 한 곳? 그렇다면 아마 문제가 있는 곳일 확률이 크겠죠. 그래서 저는 "이곳은 커머셜 크레딧처럼 성장할 수 있습니다. 우리가 그렇게 만들어 갈 겁니다"라고 말했습니다.

뱅크원에 저는 많은 돈을 투자했습니다. 주식이 저평가되어 있어서가 아니었습니다. '나는 매일 유니폼을 입는다. 나는 문제해결사가 아니다. 나는 회사를 위해 피 흘리며 싸우다가 내 전부를 내놓고 다른 사람에게 그걸 넘긴다'라는 식으로 비즈니스를 생각하기 때문입니다. 저는 회사에서 일하는 사람들이 마치 회사를 자기와 상관없는 대상인 것처럼 얘기하는 게 정말 싫습니다. 회사는 제게 제3자가 아닙니다. 보상 때문이 아닙니다. 제 일이기 때문에 하는 겁니다.

DR: 뱅크원에 가셨을 때 시카고로 거주지를 옮기셨죠. 거기서 다시 뉴욕으로 오게 될 것이라 예상했나요?

JD: 아무 생각이 없었습니다. 참고로 저는 시카고를 좋아합니다. 멋진 도시죠. 제가 공항에 앉아있는데 누군가 제게 와서 "다이먼 씨, 뉴욕으로 가는 예정된 항공편이 없습니다"라고 말하는 카툰이 있었는데, 전 그런 게 있는지도 몰랐습니다.

시카고로 이사를 하자 그쪽에서는 믿을 수 없어 하며 이렇게 묻더군요. "여기로 진짜 이사 오시는 겁니까? 아이들이 여기서 학교를 다닌다고요?" 저는 "네, 진짜 여기로 왔고 여기 살 겁니다"라고 답했죠. 제가 시카고에서 평생 살다가 죽으면 그들이 제 유해를 뉴욕으로 보내면서 "그러게 우리가 뭐랬어요"라고 말할 것 같다고 농담하곤 했습니다. 당시 금융계는 인수합병이 한창이었습니다. 지금도 여전히 그런 분위기고요. 잘하면 그런 흐름을 탈 수 있다는 걸 알았지만 제가 인수하는 쪽이 되어 대형 지역 은행을 만들게 될지, 아니면 인수당하는 쪽이 될지 알 수가 없었습니다. 하지만 그건 저 혼자 결정할 문제가 아니었습니다. 이사회의 의견도 들어봐야 했으니까요. 그건 회사의 최대 성장을 이끌어내기 위한 전략이었고, 그렇게 되면 실제로 수많은 기회를 창출할 수 있었습니다.

DR: 종종 워싱턴에 오셔서 규제기관과 입법기관 담당자들을 만난 걸로 압니다.

JD: 기업이 정치에 관여하는 것은 중요합니다. 저는 정치와 거리를 두라고 말하는 쪽은 아닙니다. 정치에 무관심하면 나와 상관없는 사람들이 정책을 결정해버리게 됩니다. 출장을 다니며 어느 도시에서나 은행과 전혀 관련이 없는 규제에 대해 한바탕 잔소리를 듣습니다. 심각한 사안이니까요. 경제에 규제 부담을 줄여야 합니다. 기업인으로서 워싱턴에 올 때는 국가의 이익을 업계의 이익이나 회사의 이익보다 우선해야 합니다.

DR: JP모건이 확보한 전 세계 데이터를 갖고 계시죠. 지금 미국 경제가 괜찮은 상태라고 생각하시는지요? 침체를 우려하시나요? 7년간 경기가 악화되는 일은 없었지만 보통 7년마다 침체가 찾아오니까요.

JD: '7년 주기'라는 규칙은 없다고 봅니다. 경제를 볼 때는 항상 위험지표에 주목하지요. 2007~08년에는 레버리지와 모기지 쪽이 그랬습니다. 지금은 그런 실질적인 위험지표가 없습니다. 1,500만 명이 추가로 경제활동 인구에 잡혔습니다. 임금이 오르고 있고 주가도 예전보다 훨씬 높습니다. 더 많은 집을 지을 때입니다. 소비가 늘고 있어요. 시장도 활짝 열렸습니다. 기업에는 현금이 넘칩니다. 위험지표가 주기적으로 찾아오는 것은 아닙니다. 자동차 대출 한도가 다소 확대됐을 수는 있습니다. 학자금 대출 수준도 지나치게 높습니다. 하지만 미국 경제를 끌어내릴 정도는 아닙니다.

심각한 사회 문제들에 대해 정치권에서 떠들어대는 걸 쉽게 볼 수 있습니다만 저는 좀 다르게 생각합니다. 지구상에서 지금이든 그 어느때든, 미국보다 더 좋은 조건을 가진 나라는 없습니다. 캐나다와 멕시코처럼 분쟁 없는 나라를 이웃으로 두고 있지요. 식량과 물, 에너지 등 필요한 자원은 다 있습니다. 지상 최고의 군대를 보유하고 있고 최고의 경제대국인 한 계속 그럴 겁니다. 미국 대학도 세계 최고죠. 다른 나라에도 훌륭한 대학들이 많습니다만 미국 대학이 최고입니다. 세계적으로 창업을 꿈꾸는 젊은이들 대다수가 미국에서 공부합니다. 우리는 아주 뛰어난 법치 질서도 갖추고 있습니다.

훌륭한 노동 윤리도 확립되어 있습니다. 우리는 뼛속 깊이 혁신의 DNA를 품고 있지요. 이곳에 계신 분들에게 생산성을 높이기 위해 어떤 일을 할 수 있는지 물어보십시오. 비서나 작업 현장 근로자들에게 물어보십시오. 모두가 혁신을 추구합니다. 스티브 잡스만 그런 게 아닙니다. 그 폭과 깊이가 상당하지요. 미국 금융 시장은 세계 최대 규모를 자랑합니다. 이런 것들 중 몇 가지만 언급한 거라 빠진 부분이 있을 수 있습니다. 엄청나지요. 그 엄청난 것들이 오늘날 미국의 모습입니다.

DR: 공직 진출은 생각해보신 적이 없습니까?

JD: 미국 대통령이 되면 정말 좋겠습니다. 도널드 트럼프가 현재 자리에 오르기 전까지는 공직 생활을 해보지 않은 성공한 기업인은 대통령이 될 수 없다고들 했습니다. 요즘은 "전문가를 세상 밖으로 나오게 하라"는 말을 자주 듣게 되지요. 전에도 그런 말이 있었습니다. 신중한 사람들이 정책을 수립해야 합니다. 분석을 통해 제대로 해야 합니다. 다 같이 만들어가야 합니다.

미국에서 일하는 사람들의 수는 1억 4,500만 명입니다. 그중 1억 2,500만 명이 민간 기업에서 일합니다. 정부가 모든 문제를 해결할 수는 없습니다. 정부 역할이 유일한 해법이 되는 경우는 우체국이나 재향군인회, 차량등록국DMV 등이 그 예가 될 수 있겠죠. 정부가 유일하게 정말 잘하는 건 '군대'뿐입니다. 전국을 돌아다니다 보면 모든 도시와 지역에서 협력이 이루어지는 걸 볼 수 있습니다만, 무슨 이유에서인지 지지부진한 상황입니다. 어쩌면 인류에게 너무 까다로운 문제인지도 모르겠군요.

DR: 지금은 뱅크원과 JP모건 CEO로 대략 16년간 은행을 경영하고 계십니다. 은행 경영의 가장 큰 즐거움은 무엇입니까?

JD: 더 나은 세상을 만들기 위해 제가 할 수 있는 일은 JP모건 체이스를 제대로 경영하는 게 아닌가 합니다. JP모건 체이스에서 제가 일을 제대로 못하면 우리 직원들이 기회를 놓치고, 우리 사업의 근간인 2,000개 이상의 작은 마을이 기회를 놓치게 됩니다. 자선 활동이란 어려운 게 아닙니다. 그저 성장하도록 돕는 것이죠. 제가 제 일을 잘해내면 우리는 모든 걸 해낼 수 있습니다. 저는 예술가도, 테니스 선수도, 음악가도, 정치인도 아닙니다. 저는 제 방식대로 사회에 기여합니다.

DR: 회사를 떠나지 않으신다니 주주들도 무척 기뻐할 것 같습니다. 얼마나 오래 CEO직에 머물러 있을지 생각해 보셨는지요?

JD: 저는 제 일을 사랑하고 일을 계속할 에너지도 충분합니다. 많은 에
너지가 들긴 하지만요.

# 메릴린 휴슨

록히드마틴 이사회 의장 겸 CEO

*Marilyn Hewson*

"저는 장학금을 받지 못했습니다. 밤에도 일했습니다.

밤 11시부터 아침 7시까지 일하는 이른바 야간근무조였지요.

그리고 8시부터 오후 한 시나 두 시까지 수업을 듣고 잠을 잤습니다.

데이트가 없으면 잠을 안 자고 일터로 바로 복귀했습니다.

열여덟이나 열아홉에는 그렇게 할 수 있었죠.

전일제로 일했고, 일해서 번 돈으로 학교에 진학했습니다.

그리고 3년 반 만에 대학을 졸업했어요. 할 일을 한 것 뿐입니다."

2013년, 메릴린 휴슨이 록히드마틴Lockheed Martin Corporation의 사장 겸 CEO가 되었다. 1년 후 그녀는 이사회 의장이 되었다. 이로써 그녀는 미국 최대 방산업체를 이끄는 최초의 여성이 되었다.

1983년 메릴린 휴슨이 록히드마틴에 입사했을 때만 해도 이런 일들은 상상조차 하기 어려웠을 것이다(당시 록히드마틴을 비롯한 방산업계에서 고위 여성 임원은 거의 찾아볼 수 없었다). 어렸을 때 메릴린의 아버지가 어머니와 다섯 아이를 남겨놓고 돌아가셨을 때도, 앨라배마 대학교 학비를 대기 위해 야간근무조로 일할 때도 마찬가지였다.

현재의 록히드마틴에 오기까지 직장생활을 하는 동안 메릴린은 권한과 책임이 늘어나는 리더 자리에 오르며, 잦은 인사이동으로 회사의 여러 핵심 부서를 지휘하다가 마침내 CEO이자 이사회 의장직을 거머쥐

게 되었다. 동료와 고객들은 그녀를 항상 효율성과 결과를 중시하는 준비된 모습의 임원으로 기억했다. 그녀는 대기업 관료주의 속에서 일을 추진하고 회사의 핵심 고객인 국방부와 협력관계를 잘 이끌어갈 줄 아는 사람이었다.

칼라일의 파트너 하나가 록히드마틴 이사회 소속인 데다 록히드마틴이 워싱턴 지역에 지사를 두고 있었지만, 나는 메릴린을 그다지 잘 알지는 못했다. 그녀는 언제나 고객과 주주, 직원을 가장 중시했기에 자신의 유명세에는 별 관심이 없었다. 하지만 몇 번의 시도 끝에 결국 그녀를 설득해 워싱턴 경제클럽 오찬 때 인터뷰를 진행할 수 있었다.

인터뷰 초반부터 그녀는 능수능란한 모습을 보였다. 성공한 CEO가 되기 위해 갖춰야 할 다양한 테크닉을 쉽게 자기 것으로 만든 인물이라는 인상을 받았다.

그녀는 여성의 고위급 경영진 진출 기회를 마련하기 위해 록히드마틴의 여성 직원을 비롯해 우수 인재가 될 만한 소녀와 학생 들의 역량을 개발하는 데 역점을 두고 계획을 추진해왔다. 그녀는 자신이 주변의 지지 덕분에 승진할 수 있었다는 사실을 안다. 메릴린이 경영자에게 요구되는 장시간 근무와 잦은 출장을 감당할 수 있었던 배경에는 남편의 육아와 가사 전담이 놓여 있다. 직장생활을 하는 커리어 우먼들이 이런 지원을 얻기란 쉽지 않은 일이다. 하지만 록히드마틴의 주주들에게는 확실히 반길 만한 일이었다. 그녀가 CEO로 일하는 동안 회사의 주가는 4배가 뛰었다.

2020년 6월 메릴린은 CEO직을 사임했다. 하지만 머지않아 잘 갈고 닦은 리더십을 발휘할 수 있는 다른 일에 자신의 뛰어난 재능을 쏟아부을 사람이다.

**데이비드 루벤스타인(DR):** 록히드마틴의 CEO가 되신 후 주가가 거의 330퍼센트 뛰었습니다. 시가총액은 약 280퍼센트 올랐고요. 경쟁사인 제너럴 다이내믹스General Dynamics에서도 피비 노바코비치Phebe Novakovic라는 여성이 CEO가 되었습니다. 그러더니 주가가 250퍼센트 올랐죠. 여성이 남성보다 방산업체를 더 잘 경영한다고 생각하십니까, 아니면 여성이 남성보다 기업 경영 자체에 뛰어나다고 보십니까?

**메릴린 휴슨(MH):** 여기에 모인 청중들을 보세요. 얼마나 많은 여성들이 박수를 치고 있는지. 하지만 저는 경영이란 팀 스포츠라고 말씀드리고 싶군요. 우리 회사 실적은 저만 잘한다고 얻을 수 있는 게 아니죠. 우리 팀이 지난 5~6년간 이룬 성과가 정말 자랑스럽습니다. 제가 CEO로 있던 6년이었죠.

**DR:** 주주총회장에 들어가면 기립박수를 받나요? 주주들이 상당히 만족스러워할 것 같은데요.

**MH:** 만족감을 표하는 주주들이 있었죠. 그렇지만 주주들은 끊임없이 가치를 창출하도록 항상 우리를 지켜봅니다. '당신, 최근에 나를 위해 어떤 일을 했소?' 같은 질문을 받는 기분이죠.

**DR:** 대통령직 인수기간 동안 도널드 트럼프는 당신이 만든 최고의 제품인 F-35가 너무 비싸다는 트윗을 올렸습니다. 당시 해외에 계셨죠?

**MH:** 이스라엘에 있었습니다. F-35 두 대를 처음 인도했습니다.

**DR:** 록히드마틴이 미국 정부에 너무 많은 비용을 청구한다는 트윗을 미국 대통령이 올렸을 때 어떤 느낌이셨습니까?

MH: 우리는 이 전투폭격기(전폭기)를 인도해야 했습니다. 베냐민 네타냐후Benjamin Netanyahu 총리가 당시 인수식에 참석해 있었는데, 제게 새 대통령이 해당 전폭기를 할인된 가격에 사게 되는 거냐고 물으면서 자신들이 구매한 전폭기에 대해 리베이트를 받아야겠다고 말하더군요. 그 때문에 상황이 꽤 곤란해졌습니다.

미국 대통령 당선자가 어떤 내용을 전하고 있는지 잘 파악했어야 합니다. 그는 미국인들에게 그가 좋은 가격에 장비를 구매했고, 국방비를 증액하긴 할 것이지만 절대 세금을 허투루 쓰지 않았다는 걸 보여주려 한 것이죠. 저는 직접 저희 팀을 대동해 대통령 당선자와 면담을 가졌습니다.

DR: 총리에게 약간 할인을 해주셨나요?

MH: 가격을 좀 낮췄습니다. 계약을 체결했고, 그것도 아주 빠르게 마무리했죠. 트럼프 대통령의 입김이 확실히 많이 작용했습니다.

DR: 캔자스에서 자라셨죠. 아홉 살 때 아버지가 돌아가셨고 4명의 형제자매가 있으시고요. 어머니는 5남매를 어떻게 키우셨나요?

MH: 솔직히 힘들었습니다. 아버지는 군무원이셨고, 어머니는 전업주부이셨습니다. 평균적인 가정이었는데 아버지가 세상을 떠난 후 상당히 힘들어졌습니다. 어머니께 정말 감사한 마음입니다. 어머니는 몇 년 전 아흔일곱에 세상을 떠나셨습니다. 정말 대단한 삶을 사신 분입니다.

DR: 어머니가 앨라배마 출신이셨죠.

MH: 네, 맞습니다. 어머니는 저희에게 1달러의 가치를 가르쳐 주셨습니다. 저희는 어릴 때부터 절약하는 법을 익혀야 했지요. 어머니는 저희가 직접 전기 요금을 내게 하셨습니다. 저희를 집 밖으로 내보내시면서 "이런 일들을 할 줄 알아야 한다"고 말씀하셨죠. 덕분에 저는 굉장히 독립적인 사람으로 자랐습니다.

DR: 어머니께서 "여기 5달러를 줄 테니 식품점에 가서 7달러어치 장을 봐 오너라"는 말씀도 하셨다고 들었습니다만.

MH: 사실입니다. 저는 일찌감치 아끼는 법을 배웠죠.

DR: 앨라배마 대학교에 가셨죠. 일할 필요 없이 장학금을 받고 다니셨나요?

MH: 받지 못했습니다. 밤에도 일했습니다. 밤 11시부터 아침 7시까지 일하는 이른바 야간근무조였죠. 그리고 8시부터 오후 한 시나 두 시까지 수업을 듣고 잠을 잤습니다. 데이트가 없으면 잠을 안 자고 일터로 바로 복귀했습니다. 열여덟이나 열아홉에는 그렇게 할 수 있었죠. 전일제로 일했고 일해서 번 돈으로 학비를 낼 수 있었습니다. 그리고 3년 반 만에 대학을 졸업했어요. 할 일을 한 것뿐입니다."

DR: 졸업 후 록히드마틴의 CEO가 되고 싶다는 꿈을 갖게 됐나요?

MH: 하하, 아니요. 저는 일자리를 찾기 시작했습니다. 졸업 후 여기 워싱턴의 노동통계국에서 경제분석가로 일하게 됐습니다. 생산자 물가지수 통계를 다시 내던 중이더군요. 대학을 막 졸업한 사람에게는 괜찮은 일자리였습니다. 그렇게 제 경력이 시작된 것이죠. 4년 후에는 몇몇 기업의 제의를 받아 면접 인터뷰를 치렀습니다. 그중 하나가 조지아 주 마리에타에 있는 록히드마틴이었죠. 록히드마틴에서 선임 산업 엔지니어로 일하게 됐습니다.

DR: 입사 후 차근차근 승진하셨죠. 제가 알기로 관리자급 직책만 22개를 거치셨습니다. 정말 인사발령이 잦았군요.

MH: 13년 가까이 마리에타에 있었습니다. 18개월쯤 됐을 때 산업 엔지니어링 감독관으로 승진했습니다. 그러다가 2년 정도 지나고 총괄 관리 개발 프로그램에 들어가게 됐습니다. 그 프로그램에 저를 밀어주신 분께 정말 감사하죠. 그렇게 2년간 회사의 각 부서를 돌아보게 됐습니다. 2년이 다 된 후 저는 우리 회사의 생산 견적 및 예산을 총괄하는 관리자가 되었습니다.

DR: 남편도 록히드마틴의 면접을 보신 적이 있었다고요?

MH: 그는 다니던 회사가 망해 새로 직장을 구하러 다녔습니다. 그때 아이가 5개월차였기에 그가 직장을 찾게 되기를 무척 바랐습니다. 당시 노동시장이 정말 어려울 때였는데 하루는 그가 집에 오더니 "나, 일자리 찾았어!"라고 하더군요. 어떤 회사냐고 물었더니 "록히드마틴!"이라고 답했습니다. 깜짝 놀라지 않을 수 없었죠. "록히드마틴? 우리 회사라고?"

알고 보니 그는 재무 부서에서 일하게 되었더군요. 우리가 마주칠 일은 없었습니다. 저는 당시 산업 엔지니어링 부서를 맡고 있었으니까요. 그는 5년 후 록히드마틴에서 퇴사했습니다.

DR: 당신의 눈부신 성취에는 남편의 덕이 크다고 하셨습니다. 남편이 퇴직 후 육아와 가사 전담을 하게 된 이야기를 좀 해주실 수 있는지요?

MH: 남편과 저는 두 아들을 두고 있어요. 남편이 퇴직할 당시 각각 여섯 살과 세 살이었죠. 우리는 마리에타에서 텍사스 주 포트워스로 이사했는데, 물론 제 직장 일 때문이었습니다. 어린 자식들을 키우는 게 얼마나 큰 스트레스인지 당신도 잘 아실 겁니다. 그런데도 남편은 "당신이 1년간 재택근무를 해보는 건 어떨까?"라는 제 제안을 흔쾌히 받아주었습니다. 당시로서는 파격적인, 새로운 시대의 가족상을 구현한 셈이었죠. 우리 가족은 계속 그런 스타일을 유지했죠. 그는 살림하는 아빠이자 코치였고, 스카우트 리더가 되어 아이들을 데리고 현장 학습을 나갔습니다. 제가 직업상 출장이 너무 많았기에 남편은 점점 그런 역할을 자연스럽게 받아들이게 됐죠. 그럼에도 우리에겐 전혀 문제가 없었습니다. 이제 아이들은 20대가 되어 집을 떠나 있습니다. 남편은 록히드마틴에서 퇴직금을 받았고요.

DR: 그렇다면 남편께서도 록히드마틴의 주주이시군요. 주주로서 상당히 만족하시겠습니다.

MH: 그렇죠.

DR: 앞서 언급했던 전폭기에 대해 잠시 얘기를 나눠보죠. 전폭기에는 F-14, F-15, F-18이 있죠. F-22도 있었습니다. 그러다가 록히드마틴에서 F-35를 만들어냈습니다. 22에서 35 사이가 왜 비어 있는 건가요?

MH: 전투기 번호는 록히드마틴이 붙이는 게 아닙니다. 미국 정부가 결정하죠. F는 전투기Fighter를 상징하고 B는 폭격기Bomber를 나타냅니다. 용어는 일반 명칭을 쓰는 편이고 대개 순차적으로 번호가 나갑니다. 우리는 X-35 시제기로 계약을 따냈습니다. X 또는 Y를 붙이는 이유는 실험 단계이거나 시제품이라는 의미입니다. 록히드마틴은 사업을 따냈고 공군부 장관이 'F-35'라는 이름을 발표했습니다. 우리도 놀랐어요. 당연히 F-23이 될 줄 알았으니까요. 일단 F-35로 부르기 시작하자 그대로 굳어졌습니다.

DR: 장관의 실수를 지적하고 싶지 않으셨으리라 생각합니다. 막 계약을 따낸 상황이었을 테니까요. F-35는 미국 역사상 최대 규모의 방산 계약입니다. 수백억 달러 규모로 추정됩니다. 이 전투기들을 만드는 데 왜 그렇게 엄청난 비용이 들어가는 건가요? F-35는 어디가 그렇게 뛰어난 겁니까?

MH: F-35A는 원래 전폭기의 변형 기종인데 가격이 9,430만 달러였습니다. 2020년까지 8,000만 달러로 가격을 낮추기 위해 연구 중입니다. 당신도 멕시코 만 위의 하늘을 날 때가 있으시죠?

DR: 가끔요.

MH: 그 비행에 지불하는 비용을 생각해보세요. 그리고 세계에서 가장 정교한 전투기가 8,000만 달러라고 생각해보세요. 놀라운 일 아닌가요? 세계 최고의 최첨단 전투기입니다. 스텔스기예요. 센서 융합 기술이 장착됩니다. 제공권을 확보하면서 항공전의 양상을 완전히 바꿔놓을 뿐 아니라 전장에서 모든 자산 정보가 센서로 전달되는 것이죠. 근본적으로 전력을 증강시키는 겁니다. 제가 군이 말씀드릴 필요는 없겠네요. 전투기 조종사들과 얘기해보면 알게 되실 겁니다.

DR: 미국 최대 방산기업의 CEO로 일하는 건 어떤 건가요? 매출의 약 70퍼센트가 미국 정부에 납품한 데서 발생하죠. 얼마나 많은 시간을 정부에 할애해야 합니까? 보통 일주일에 몇 시간 정도인가요?

MH: 제 시간의 60~70퍼센트는 비즈니스 전략과 고객, 계약에 할애됩니다. 고객을 위해 전 세계를 돌아다니는 셈이죠. 의회 지도부 및 정부 지도층 인사들과 만나는 것뿐 아니라 이들의 요구 사항과 우선순위를 맞춰주는 것이 중요합니다. 그게 제 역할이죠. 해외 출장도 많이 다니는 편입니다. 우리 비즈니스의 30퍼센트는 해외 정부와 진행합니다.

DR: 얼마 전에 전 세계에서 22번째로 영향력 있는 여성에 선정되셨습니다. 전 분야를 통틀어서요. 그 기사를 읽고 난 후 '더 높이 올라가야 하나?' 하는 생각을 하셨는지요? 전 세계 36억 명의 여성 중에서 22번째로 영향력 있는 여성이 되신 소감이 어떻습니까?

MH: 별로 생각을 안 해봤습니다. 오빠가 쪽지로 "왜 오프라가 너보다 순위가 높은 거야?"라고 묻긴 하더군요. 하지만 이건 제 관심사가 아닙니다. 이런 것 말고도 신경 써야 할 일들이 너무나 많습니다. 가장 중요한 것은 국가 자산이기도 한 록히드마틴이 중요한 일을 하게끔 이끌어가는 위치에 제가 있다는 것입니다.

DR: 입사하고 나서 록히드마틴에서 당신이 해당 부서의 유일한 여성인 경우가 자주 있었나요?

MH: 네, 그랬죠.

DR: 그 사실이 두려웠나요, 아니면 남들보다 낫다는 걸 보여주겠다고 생각하는 편이었나요?

MH: '팀'이라 부르는 조직에서 일하면 성별은 별로 중요하지 않죠. 중요한 건 신뢰를 쌓는 것입니다. 나 혼자 여자니까 더더욱 신뢰를 쌓아야겠다고 생각한 것도 같습니다. 다시 말하지만 중요한 것은 성별이 아니라 '믿음'입니다. 신뢰를 쌓은 팀원으로 일을 하게 되면 성별과 같은 차이는 더 이상 업무에 아무런 영향을 주지 못하게 됩니다. 적어도 제 경우에는 그랬습니다.

매우 긍정적인 소식은 현재 우리 회사의 관리자급 여성 비율이 22퍼센트라는 것입니다. 전체 직원의 24~25퍼센트가 여성이고요. 여성들의 진출이 활발하게 이루어지고 있습니다. 이제 회의실에서 여성이 단 한 명밖에 없던 시절은 지났습니다. 회의를 주도하는 여성 관리자들이 눈에 띄게 많아졌습니다.

35년 전에는 엔지니어링을 비롯한 여러 분야에 여성 근로자가 많이 없었습니다. 하지만 오늘날 우리의 주요 고객인 군 조직을 예로 들면, 군복을 입고 핵심적인 직책을 수행하는 여성들을 쉽게 찾아볼 수 있습니다. 이건 전적으로 시스템의 문제입니다. 우리는 항상 더 많은 여성이 인재 개발 시스템에 들어오도록 노력하고 있습니다.

DR: 쉴 때는 어떤 일을 하십니까? 운동을 하는 편인가요? 여행이라든가 아니면 스포츠를 즐기나요?

MH: 남편과 저는 야외에 나가 골프를 치며 쉬는 걸 좋아합니다. 가족과 함께 여행을 가기도 하고요. 저는 직업상 여기저기 돌아다닙니다만 가족과 함께 하는 여행을 정말 좋아하죠. 항상 아이들이 즐길 수 있는 여행을 생각해내려고 합니다. 부모가 돈을 대면서 재미까지 있으면, 아이들은 항상 따라오게 되어 있습니다.

# 3장
# 혁신가형

**멜린다 게이츠**
Melinda Gates

**에릭 슈미트**
Eric Schmidt

**팀 쿡**
Tim Cook

**지니 로메티**
Ginni Rometty

**인드라 누이**
Indra Nooyi

# 01 멜린다 게이츠

빌&멜린다 게이츠 재단 공동 회장

*Melinda Gates*

> "퇴사를 할까 싶었습니다. 그러다가 문득 이런 생각이 들었죠.
> '이런 문화 속에서 나답게 지내보고, 잘 되는지 두고 보다가
> 만일 안 되면 그때 가서 다른 일을 찾자.' 마침내 저는 저답게
> 행동하기 시작했습니다. 서로 갈등하기보다는 협업하면서 화합을
> 추구하는 여러 팀을 만들기 시작했습니다.
> 놀랍게도 회사 내에서 그런 팀들에 합류할 사람들을 만날 수 있었습니다."

최근 몇 년간 멜린다 게이츠는 여성, 특히 저개발국 여성을 대변하는 세계적인 유명인사가 되었다. 열정과 헌신을 다해 자신이 생각하는 문제를 해결하는 데 뛰어들면서 그녀는 언론에 자주 오르내리며 세계에서 가장 영향력 있고 존경받는 여성 가운데 한 명이 되었다.

그녀는 또한 전 세계 여성의 롤모델이 되기도 했는데, 이는 최고의 비즈니스 아이콘(동시에 지난 25년 동안 최고의 부자였던 사람)과 결혼했기 때문이 아니다. 오히려 수십 년간 세간의 주목을 받아온 전설적인 인물과 결혼한다는 것이 쉬운 선택은 아니었을 것이다. 이런 환경에서 자녀 셋을 반듯하게 키운다는 것 또한 전혀 다른 차원의 어려움이었을 것이다.

멜린다는 빌&멜린다 게이츠 재단의 공동 회장으로서 열정을 다해 헌신하는 모습을 보여주고 있다. 남편과 공동으로 재단을 만들어 동등한

파트너로서 목표를 수립하고 재단 보조금이 목표 달성에 얼마나 효과적으로 쓰이는지 검증하기 위해 다양한 국가를 방문한다. 게이츠 재단의 영향력으로 세계가 변화하고 있으며, 특히 저개발국의 보건 문제가 결실을 맺고 있다.

멜린다는 앞장서서 기빙 플레지 캠페인을 주관하기도 했다. 이를 통해 수많은 국가에서 여성들이 직면한 문제를 해결하는 글로벌 리더로 활약하고 있다. 자녀 양육을 위한 기본 소득 확보, 학대하는 배우자에 따른 고통과 고난 해결, 피임에 대한 올바른 교육과 피임약 보급, 일자리 확보에 필요한 교육 기회 확장 등과 같은 문제에 집중하고 있다. 2019년 멜린다는《누구도 멈출 수 없다Moments of Lift》를 출간해 이 같은 문제들을 다양하게 다루기도 했다.

멜린다는 듀크 대학교 졸업생이며 듀크대 이사회 이사로 활동한 적이 있다. 나는 15년 정도 그녀보다 먼저 그 학교를 다녔고, 그녀가 이사회 임기를 마친 직후에야 이사회에 합류할 수 있었다. 하지만 2019년 4월 블룸버그 스튜디어에서 그녀를 마침내 인터뷰할 수 있었다.

멜린다는 인터뷰를 통해 고등학생 시절 가졌던 컴퓨터에 대한 관심이 어떻게 그녀를 듀크대와 마이크로소프트로 이끌었는지 이야기한다. 나아가 빌 게이츠와 결혼해 자선 활동에 앞장서며 세상에서 가장 골치 아픈 문제들을 해결하는 데 적극 나서게 된 배경에 대해 털어놓는다.

지금 이 순간에도 멜린다는 인간의 발길이 닿기 어려운 지역들을 끊임없이 찾아다니고 있다. 세계의 전문가와 리더 들과 해결 과제에 대해 열띤 논의를 하며 문제 해결에 필요한 재원을 갖춘 이들에게 의욕을 불러일으키고 있다.

이는 세계 최고의 부자와 결혼한 사람이 선택할 만한 인생이 아니다.

하지만 자신이 전면에 나서는 것이 다른 이들에게 문제가 된다고 하더라도(예를 들어 가톨릭의 고위 성직자들은 피임약 지원과 사업을 지지하지 않는다), 그녀는 이러한 삶을 좇아야 할 의무를 느낀다고 말한다.

# interview with titans

데이비드 루벤스타인(DR): 잠시 재단 얘기를 해보죠. 전 세계 최대 규모 재단이죠. 자산 규모가 지금 얼마나 되나요?

멜린다 게이츠(MG): 500억 달러쯤 됩니다.

DR: 창립 이후 기부된 금액이 얼마죠?

MG: 450억 달러입니다.

DR: 전 세계 재단 중에 이 정도 액수에 근접한 곳은 아무 데도 없습니다. 마이크로소프트를 통해 축적한 자산으로 이 재단을 설립하셨는데요. 그러다가 어느 날 워런 버핏이 당신과 빌에게 전화해 "그러니까, 내 재산으로 뭘 할지 모르겠으니 당신들에게 기부했으면 하네. 당신들이 하는 일이 마음에 드니까"라고 한 거죠?

MG: 말하자면 그렇죠. 워런의 아내 수지 여사는 자선활동에 매우 적극적이었고, 워런은 아내와 함께 세운 재단을 통해 기부를 하려고 했지요. 그러다가 아내가 갑자기 일찍 세상을 떠나게 된 겁니다. 그가 저와 빌을 찾아와 놀래키더군요. 재산의 대부분을 우리 재단에 기부하겠다고 하면서요. 그의 자녀들이 세운 3개 재단과 수전 T. 버핏 재단에도 기부를 하겠다고 했지요.

DR: 그가 당신 부부에게 연락해 500~600억 달러를 내놓겠다고 했을 때 뭐라고 답하셨나요?

MG: 빌과 저는 그 대화가 끝난 후 산책을 했어요. 그러다가 아무도 없이 우리만 남았을 때 둘 다 울어버렸죠. 아낌없이 나눌 줄 아는 워런의 마음 씀씀이를 새삼 알게 된 데다, 그 덕분에 원래 우리의 계획보다 전 세계 사람들을 위해 훨씬 더 많은 일을 할 수 있게 됐기 때문입니다. 정말 믿을 수 없을 정도로 감동적인 순간이었죠. 워런 같은 인물을 수탁자로 맞이하게 된 건 굉장한 일이었습니다. 그는 우리와 마찬가지로 장기적으로 내다보는 사람이니까요.

제가 몹시 힘든 일을 떠맡아 고민할 때도 워런은 조용히 제게 이렇게 말해주곤 했습니다. "지금 옳은 일을 하고 있는 겁니다." 그는 자녀들과 저와 빌에게 늘 이렇게 말했죠. "원대한 꿈을 가져야 합니다. 여러분은 사회가 방치한 일들을 대신하고 있는 겁니다. 그런 일에는 위험이 따르지요. 저는 여러분이 위험을 기꺼이 감수하기를 바랍니다."

DR: 언제 재단이 설립됐습니까?

MG: 결혼 직후 우리는 두 개의 재단을 설립했습니다. 2000년에 그걸 하나로 합쳐 빌&멜린다 게이츠라고 이름을 붙였죠.

DR: 패티 스톤사이퍼Patty Stonesifer는 10여 년간 마이크로소프트 직원이었다가 재단 운영자로 자리를 옮겼습니다. 빌은 CEO직을 사퇴한 후 재단으로 넘어왔고요. 당신은 이렇게 말했습니다. "우리가 해결하고자 하는 두 가지 문제는 세계 보건, 주로 사하라 사막 이남 지역의 아프리카와 동남아시아의 보건 문제, 그리고 미국의 초중등 교육 문제입니다." 왜 이 두 가지를 선택하셨나요? 이 두 가지 말고도 추진할 사업이 많았을 텐데요.

MG: 전 세계 여러 나라, 특히 저소득 국가에서 사람들의 발전을 가장 저해하는 것은 말라리아, HIV/에이즈, 결핵, 불필요한 아동 사망 등의 보건 문제입니다. 우리는 재단을 통해 보건 문제를 해결할 방법이 있을 거라고 생각했습니다. 보건 문제가 해결되고 나면 양질의 교육을 보장할 수 있게 됩니다. 미국에서는 모든 생명의 가치가 동등하다고 생각하지만 동등한 기회를 보장받지는 못합니다. 그리고 미국의 발전을 막는 요소는 바로 부실한 초중등 공교육 제도이죠.

DR: 일각에서는 "미국 기업이 거둔 막대한 수익을 왜 아프리카나 동남아시아에 쏟아붓는가?"라고 지적하기도 합니다.

MG: 개발도상국에서는 50달러, 100달러, 아니 단 몇 달러만 있어도 수많은 생명을 구할 수 있습니다. 그렇게 목숨을 건진 사람들이 자립하도록 도와주면 인류는 평화롭고 풍요한 사회를 만들 수 있습니다. 우리는 미국인을 포함한 세계인을 위해 일합니다.

DR: 아이들이 태어났을 때 자녀들과 좀 더 많은 시간을 보내야 한다는 이유로 마이크로소프트를 퇴사했습니다. 빌의 반응은 어땠나요?

MG: "정말이야?"라고 했죠. 남편은 제가 일을 사랑하고 마이크로소프트에서 일하길 정말 좋아한다는 걸 알고 있었습니다. 그리고 저는 일을 할 때 더 만족감을 느끼는 사람이라는 걸 남편도 알고 있었죠. 그래서 제가 그만둔다고 했을 때 꽤 놀라더군요.

제가 재단에서 얼마나 일을 할지는 아이들이 커가는 상황을 봐가며 정해야 했습니다. 막내딸이 유치원에 들어가기 전까지는 전일제 근무가 불가능하다는 걸 알았죠. 아이가 유치원에 들어가면 그때 가서 전일제로 업무에 복귀하자는 게 제 계획이었습니다.

DR: 재단 일을 하면서 특히 사하라 사막 이남 지역에 갔다가 여성 문제에 더 집중하기로 결심하셨다고요.

MG: 20년간 재단에서 일하면서 알게 된 사실은 모든 여성의 자립을 도울 수 있다면 전 세계를 변화시킬 수 있다는 것이었습니다. 오늘날 여성을 억압하는 요소가 너무나 많습니다. 저는 전 세계 여러 나라를 돌면서 제 눈으로 확인했습니다. 여성이 자립하면, 그녀들은 주변 모두를 돕습니다. 그러면 마침내 자연스럽게 지역사회가 일어나고, 국가가 일어나게 됩니다.

DR: 처음에 염두에 두셨던 것 중 하나가 피임이었죠. 독실한 가톨릭 신자이신 걸로 알고 있습니다만. "재단에서 피임 프로그램에 더 많은 노력을 기울여야 한다"고 발언하기가 쉽지 않으셨겠습니다.

MG: 맞습니다. 가톨릭 환경에서 자랐기에 결정이 어려웠죠. 물론 지금도 여전히 가톨릭 신자이고요. 그렇지만 전 세계 수많은 여성을 만나 얘기해보니, 이건 말 그대로 엄마로서 생사가 걸린 문제였습니다. 그녀들은 이렇게 말했죠. "곧 아이가 또 한 명 태어날 텐데, 그러면 저는 출산 중에 죽을 거예요." "아이가 이미 다섯인데 그 아이들에게 또 한 명의 동생이 생기면 모두가 더 굶주릴 겁니다. 못할 짓이에요."
그래서 저는 제 신앙과 갈등할 수밖에 없었습니다. 저는 생각했습니다. '내가 진실로 믿어야 하는 건 무엇일까? 나는 생명을 구하는 게 옳다고 믿는다.' 그렇습니다. 그렇게 하는 게 옳은 일이었으니까요.

DR: 제발 아이를 데려가달라는 애원도 들은 적 있죠?

MG: 여러 번 들었죠. 저는 워런의 아내 수지 여사에게서 가능하면 남이 모르게 해야 한다는 걸 배웠습니다. 카키색 바지와 티셔츠 차림으로 더 많은 시골 지역들을 방문해 여성들과 얘기해볼 생각입니다. 수지 여사가 그러더군요. 여성뿐 아니라 마을 남성들과도 얘기를 해보면 배우는 게 많을 거라고요.

제가 인도 북부에 갔을 때 진료소를 방문한 적이 있었습니다. 우리는 정부와 함께 임산부가 진료소에서 출산할 수 있도록 하는 사업을 진행 중이었습니다. 덕분에 그녀들은 목숨을 건졌고 아이들도 살아남았죠. 저는 한 마을에 가서 여성 한 명과 얘기를 나눴습니다. 그녀 옆에는 어린 아들과 남편이 있었고 갓 태어난 아기를 안고 있더군요. 진료소 이용 경험이 좋았다고 하더라고요. 저는 거기서 그녀와 함께 진료소에 대해 얘기했습니다. 얘기가 끝날 때쯤 어떤 희망을 갖고 있냐고 물었죠. 그녀의 이름은 미나였습니다. 그녀는 한동안 아래를 쳐다보다가 눈을 내리깔았습니다. 제가 부적절한 질문을 던져서 그랬나보다 생각했지요. 그런데 그녀가 마침내 저를 올려다보니 답했습니다. "사실 제게는 희망이 없어요. 아이들을 교육은커녕 먹여 살릴 자신조차 없어요. 제발 아이들을 당신이 데려가주세요."

가슴이 찢어지는 줄 알았습니다. 그토록 아이들을 사랑하는 여성이 아이들을 낯선 사람에게 딸려 보내는 게 더 낫다고 믿다니, 가슴 아픈 일이죠. 전 세계 수많은 여성과 가정에서 이런 일이 실제로 벌어지고 있습니다.

DR: 이런 지역의 여성들에게 피임법을 제공하기로 하셨는지요?

MG: 2012년 우리는 협력단체와 함께 글로벌 파트너십을 통해 26억 달러를 모금했습니다. 여성들이 제대로 된 피임약을 얻을 수 없는 전 세계 69개 최빈국에 모든 종류의 피임약을 보급하기 위한 것이었습니다. 우리는 여성에게 피임법을 교육하기 위해 체계적으로 일하고 있습니다. 이미 많은 여성들이 알고 있다는 사실에 놀랐지만, 중요한 것은 그녀들이 자신의 신체에 대해 알고 원하는 도구를 이용할 수 있도록 교육하는 겁니다.

DR: 당신의 어린 시절 얘기를 잠시 해보죠. 댈러스에서 자랐고 아버지가 엔지니어셨죠?

MG: 우주공학자이셨습니다. 초창기 아폴로 계획에 참여하셨죠.

DR: 곧 아폴로의 달 착륙 50주년을 맞게 됩니다.

MG: 아폴로 계획에 기여한 공로로 조지아 공대에서 상을 받으셨습니다. 공학 학위를 거기서 받으셨거든요.

DR: 어머니는 대학 교육을 받지는 못하셨지만 부동산 중개업으로 자녀들의 사립학교 학비를 대셨다고요?

MG: 저희 집은 애들이 넷이었습니다. 부모님은 네 명 모두 대학에 보내겠다는 목표를 세우셨죠. 저희는 국내에서 가고 싶은 곳은 어디나 갈 수 있었고, 부모님은 학비를 마련할 방법을 궁리하셨습니다. 그래서 작은 부동산 투자회사를 차리셨고 엄마는 아이 네 명을 키우며 하루 종일 그 일에 매달리셨죠. 그러다가 부모님과 우리는 밤 시간과 주말에도 그 일을 하게 됐습니다.

DR: 가톨릭계 여고를 다니다가 듀크대에 진학하셨죠. 다른 학교는 어디를 지원할 생각이셨습니까?

MG: 제가 처음에 생각했던 곳은 노터데임Notre Dame 대학교였습니다. 여고 동창들의 아버지들 가운데 그 대학을 나온 분들이 많았습니다. 그런데 아버지와 함께 노터데임을 방문했을 때 컴퓨터공학과를 단계적으로 축소시키고 있었습니다. 컴퓨터공학을 일시적 유행이라 판단하고는 학부로 편입시킬 계획이었던 것이죠. 저는 컴퓨터공학을 전공하고 싶었습니다. 컴퓨터를 가진 사람이 아무도 없던 고등학생 시절, 수학 선생님이 수녀원장님을 찾아가 학교에 컴퓨터를 들여와야 한다고 설득하셨었죠. 그래서 저는 대학에서 컴퓨터공학을 공부하고 싶다고 생각했고, 노터데임에 가는 게 꿈이었기에 엄청난 충격을 받게 됐습니다. 그러다가 듀크대를 보게 됐습니다. IBM에서 엄청난 지원금을 받아 멋진 컴퓨터실을 마련했더라고요. '그래, 이 학교다' 싶었습니다.

DR: 재미있게도 여성들은 최근이 아니라 과거에 더 컴퓨터공학 분야에 진출했던 것 같습니다. 왜 그럴까요?

MG: 제가 대학을 다닌 1980년대 후반에는 컴퓨터공학과 학부생의 약 37퍼센트가 여성이었습니다. 법대, 의대와 함께 여성의 약진이 두드 러진 분야였죠. 그런데 그후 여성의 비율이 17~18퍼센트까지 떨어졌 습니다. 지금은 약간 증가해 19퍼센트 정도죠.

데이터에 대해 제가 알게 된 것 중 하나는 우리가 데이터를 '객관적' 이라고 생각한다는 것입니다. 데이터는 사실 성차별주의적입니다. 우 리는 왜 컴퓨터공학을 전공하던 여성들이 자퇴하는지 모릅니다. 하지 만 우리가 가진 데이터를 보면 몇 가지 추측이 가능합니다. 홈비디오 게임이 유행이던 시절, 퐁Pong과 팩맨Pac-Man이 인기였지요. 그러다가 컴퓨터가 등장하면서 점점 남자아이들을 위한 게임들이 제작되다가 총쏘기 게임으로 진화해갔습니다. 그러자 여자들은 점점 게임을 하지 않게 됐죠. 그러면서 이런 양상이 반복되는 악순환에 빠지고 말았습 니다.

DR: 출간하신 책에서 당신은 다음과 같은 걸 지적했습니다. 컴퓨터로 회 계나 백오피스 업무를 처리하기 시작하면서, 그런 업무들이 원래 여 성들이나 하는 일로 치부되었기에, 컴퓨터가 종종 여성들을 위한 것 으로 받아들여진다는 사실을요. 그러다가 기술 분야에서 스타트업을 시작할 수 있게 되면서 그런 일들이 점차 각광을 받기 시작하자 비로소 남성들이 기술 분야로 밀려들어왔다고 하셨습니다.

MG: 정확히 그렇습니다. 여성들을 위한 더 많은 길을 만들어야 합니다. 전국 최고의 대학들은 더 많은 소수집단과 여성들이 수강할 수 있는 컴퓨터공학 강좌를 열고 있습니다.

DR: 가톨릭 계통 여고를 졸업하고 듀크대에 진학했는데 이번엔 남녀공학이었죠. 남학생들과 같이 수업 듣기는 어땠나요?

MG: 고등학생 때 물리학이랑 적분 수업을 듣고 싶으면, 남학교까지 찾아가야 했습니다. 무법천지 그 자체더군요. 듀크대에 들어갔을 때는 정치학이나 경제학 시간에 교수님이 질문을 던지면 저는 가톨릭 여고의 모범생처럼 손을 들어야 할 것으로 생각했습니다. 그런데 남학생들은 큰소리로 답을 외쳐댔죠. 저는 정말 깜짝 놀랐습니다. 강의실에서 제 목소리를 내고 생각을 표현하고 싶으면 그런 방식을 받아들여야 했습니다. 실제로 그렇게 했고요.

DR: 듀크대에서 학사학위와 MBA를 둘 다 받을 수 있는 5년짜리 특별 프로그램에 들어가셨죠. 5년 후 학위를 받을 때쯤에는 컴퓨터 회사에 면접을 보러 다니셨고요. 일하고 싶었던 회사가 IBM이었다고 들었습니다.

MG: 여름마다 IBM에서 인턴십을 몇 번 했었거든요. IBM에서 대학 졸업자에게 상시 채용 기회를 준 겁니다. 정말 좋은 일이었죠.

DR: 듀크대에서 마이크로소프트라는 작은 회사의 채용박람회도 진행했었죠. 일류 회사인 IBM의 채용 제안을 받았음에도 마이크로소프트에 갈 생각을 한 이유는요?

MG: 마이크로소프트 제품이 막 대중화되기 시작한 때였습니다. 마이크로소프트 면접을 보러 갔을 때 저는 그 에너지와 속도에 놀랐습니다. 저는 그 사람들이 머지않아 세상을 바꾸리라는 걸 알았습니다. 그래서 생각했죠. '이런 에너지와, 이런 인재들과 함께 일하고 싶다'고요. 저와 함께 면접 인터뷰를 치른 사람들은 한 명만 빼고 모두 남성이었습니다. 하지만 저는 남성 위주의 환경에서 일하는 데 익숙했죠. 컴퓨터공학과에 여성은 별로 없었으니까요. 저는 마이크로소프트에 최초로 취직한 MBA 졸업생 중 한 명이었습니다. 저를 뺀 나머지 9명은 모두 남성이었죠.

DR: 마이크로소프트에 들어가니 생각만큼 좋던가요?

MG: 우리는 세상을 바꾸고 있었어요. 그게 좋았습니다. 그 혁신적인 분위기와 제품을 만드는 게 너무 좋았습니다. IBM 면접관이 제게 말했듯 "거기서 일자리 제안을 받으면 여성으로서 혜성처럼 떠올라 발군의 실력을 발휘할 기회를 잡게 될 것"이라는 사실을 점점 실감했죠. 그 점이 정말 좋았습니다. 그럼에도 불구하고 저는 2년 내에 마이크로소프트를 떠날 수도 있다는 가능성을 염두에 두고 있었습니다. 당시 기술 기업의 문화는 솔직히 거친 편이었으니까요. 그런 방식으로 일을 할 수는 있었습니다. 제 생각과 우리 팀의 의견을 주장하려면 어떻게 해야 하는지 잘 알고 있었으니까요. 하지만 그렇게 하는 제자신이 마음에 들지는 않았습니다. 회사 밖 다른 사람들과 소통할 때도 무심코 회사 안에서처럼 하는 제가 싫었습니다.

그래서 퇴사를 할까 싶었습니다. 그러다가 문득 이런 생각이 들었죠. '이런 문화 속에서 나답게 지내보고, 잘 되는지 두고 보다가 만일 안 되면 그때 가서 다른 일을 찾자.' 마침내 저는 저답게 행동하기 시작했습니다. 서로 갈등하기보다는 협업하면서 화합을 추구하는 여러 팀을 만들기 시작했습니다. 놀랍게도 회사 내에서 그런 팀들에 합류할 사람들을 만날 수 있었습니다.

DR: IBM 채용 담당자가 마이크로소프트에서 일자리를 제안하면 받아들이라고 했다고요?

MG: 그랬죠. 그는 IBM에서 인사부장으로 승진할 예정이었습니다. 제가 "면접 예정인 곳이 한 곳 더 있습니다. 그래도 IBM의 제안을 받아들일 생각입니다"라고 말했더니 그가 제 눈을 보면서 그랬죠. "충고 하나 해도 될까요? 마이크로소프트의 제안을 받으면 그걸 받아들이세요." 그래서 제가 "왜 그런 말씀을 하시죠?"라고 물었습니다. 그가 답했습니다. "물론 당신은 IBM에서도 매우 잘할 겁니다. 하지만 성공하려면 오랫동안 차근차근 단계를 밟아나가야 하죠. 하지만 마이크로소프트 같은 신생 스타트업에서는, 내 예상대로 당신에게 재능이 있다면, 혜성처럼 부상할 기회를 순식간에 잡게 될 겁니다." 그의 말이 맞았습니다.

DR: IBM의 제안을 받아들였다면 인생이 어떻게 달라졌을까요?

MG: 상상하기가 어렵네요. 그랬다면 빌과 아름다운 세 아이를 갖지 못했겠죠. 아마 그랬다면 텍사스 주 댈러스에서 살았겠죠. 지금처럼 재단 일로 전 세계를 돌아다니거나 하는 일은 없었을 겁니다.

DR: 당신이 회사 CEO이자 창업자인 남자와 데이트하는 걸 사람들이 아는 상황에서, 회사를 다니기가 껄끄럽지는 않았나요?

MG: 아마 한 번인가 두 번 만나고 나서였던 것 같은데, '흠, 흥미로운 사람이군. 세계적으로 이런 놀라운 일을 하는 회사의 경영자니까 말이야'라고 생각했죠. 점점 더 자주 데이트를 하기 시작했다는 걸 깨닫고 난 후에는 '어려운 문제네. 이걸 어떻게 하면 좋을지 모르겠군' 하는 생각이 들었습니다. 무엇보다 정말 일을 열심히 해야 했으니까요. 저는 컴퓨터공학을 공부했고 MBA를 받기 위해 경제학도 공부했습니다. 빌을 계속 만나는 것이 제게 좋은 일일지 알 수 없었죠.

빌과 데이트한다는 사실을 굳이 숨기지는 않았습니다. 제가 관리하던 팀들에게 그 사실을 명확히 했지요. 공과 사를 아주 명확히 구분하고 있고, 퇴근 후 집에 가서 빌에게 회사 얘기를 하는 일 따위는 없다고 말이죠. 빌이 참석하는 고위급 경영진과의 회의에 앞서 팀원들의 긴장을 풀어주기 위해 그린 말들을 하기도 했죠. 어쨌든 절대 하면 안 되는 것이 빌에게 회사 얘기를 이러쿵저러쿵 늘어놓는 것이었습니다. 그래야만 팀원들에게 제가 그들 편임을 확실하게 보여줄 수 있었으니까요.

DR: 효과가 있었나 보군요.

MG: 효과가 있었죠.

DR: 책에서 결혼 전에 폭력적인 파트너를 만난 적이 있다고 하셨습니다. 그 얘기는 쓰기가 참 어려웠을 텐데요. 폭력적인 관계를 예방하고 줄이기 위해 게이츠 재단은 어떤 일을 할 수 있을까요?

MG: 책에 그런 얘기를 쓴 이유는 그런 일이 누구에게나 일어날 수 있음을 보여주고 싶었기 때문입니다. 그런 관계 속에서는 내 목소리를 낼수가 없습니다. 결혼 관계에서든 직장에서든 혹은 공동체에서든, 여성의 목소리는 언제나 그런 식으로 묵살됩니다.

제 경우에는 자신감을 잃게 됐죠. 저는 세계 여행을 다니면서 여성들에게 백신이나 벤처 자금에 대해 얘기하는데, 결국은 계속해서 끊임없이 등장하는 주제가 '폭력'이더군요. 미국에서조차 당신과 같은 남성들은 주로 벤처 자금에 대해 대화하지만, 저 같은 여성은 다양한 수

위의 괴롭힘과 학대에 관한 얘기를 듣는 현실입니다.

수백만 명의 여성이 세계 곳곳에서 괴롭힘과 학대를 당하고 있습니다. 다시 말하면 여성의 입을 다물게 만드는 것이죠. 미국 같은 나라에서도 직장 내 괴롭힘을 당하는 여성의 80퍼센트가 2년 내에 퇴사하고 맙니다. 우리는 이런 장벽에 대해 열띤 논의를 해야 하고 이를 뿌리 뽑아야 합니다. 우리가 할 수 있는 일은 그에 대한 데이터를 수집하는 겁니다. 이 세상은 실제로 학대에 대한 데이터를 수집하지 않습니다. 그러니 우리가 그 일에 나서서 폭력에 이름을 붙이고, 이를 인식하고, 세계 각지에 변화를 일으킬 수 있도록 노력해야 하는 것이죠.

DR: 몇 년 전 당신과 빌, 워런 버핏은 기빙 플레지 운동을 시작하기로 서약했습니다. 그 취지는 무엇이었고, 어떻게 해서 많은 사람들이 동참하게 된 겁니까?

MG: 그 취지는, 워런의 엉뚱한 발상에서 시작된 건데, 말하자면 '미국에서든 해외 어디에서든, 억만장자라면 재산의 절반을 충분히 기부할 수 있을 것이고, 그게 사회를 위해 옳은 일이다'라는 것이죠.

빌과 워런이 말라위나 모잠비크 같은 나라에서 태어났다면 결코 위대한 기업을 창업할 수 없었을 겁니다. 이처럼 우리는 사회로부터 많은 혜택을 받습니다. 바로 뛰어난 인프라죠. 그래서 최소한 재산의 절반 정도는 사회에 환원하는 게 맞다고 생각합니다. 데이비드 당신도 이 운동에 큰 도움을 주고 있죠. 지금껏 전 세계 22개국의 190개 가정이 기빙 플레지에 재산 환원을 서약했습니다(그 숫자는 2020년 3월 현재 207개 가정으로 늘어났다).

DR: 이에 대한 부유층의 반발도 있었죠. 재산을 여기저기 옮겨 놓는 식으로요. 그에 대해선 어떤 생각입니까?

MG: 확실한 건 빌과 워런, 그리고 저는 지금과 같은 불평등이 존재해서는 안 된다고 생각한다는 겁니다. 이 문제를 어떻게든 해결해야 합니다. 저는 미국에 살고 싶어 하는 수많은 전 세계 사람들을 만납니다. 그들은 미국의 민주주의와 자본주의 시스템을 부러워하죠. 하지만 그런 시스템 속에도 격차가 뚜렷하게 존재하고 그런 격차를 해소하기 위해 노력해야 합니다. 빌과 제가 가장 파고들려는 분야가 있다면 바로 자선 활동입니다. 모든 자선 활동은 변화의 단초가 될 수 있습니다. 정부가 세금 투입을 꺼리는 일들에 우리의 재원을 동원하면 새로운 일을 시도하고 새로운 도전을 실험해볼 수 있습니다.

효과를 증명하고 나면 그런 사업을 확장할지의 여부는 정부가 결정하는 것이죠. 자선 활동과 정부, 민간 부문, 비정부기구가 다 같이 협력하는 생태계를 통해 우리는 세상을 보다 나은 곳으로 만들 수 있습니다.

# 02  에릭 슈미트

구글/알파벳 전임 회장

*Eric Schmidt*

> "리더란 어떤 일을 정말 잘해야 하는 사람이라고 생각합니다.
> 어디서 시작하느냐는 별로 중요하지 않습니다.
> 하지만 한 가지는 뛰어날 정도로 잘해야 합니다.
> 그래야 능력을 확장할 수 있습니다. 절제력, 근면함, 그리고 무엇보다
> 자기 일에 대한 뜨거운 애정이 있을 때 비로소 발전합니다."

에릭 슈미트는 엔지니어 교육을 받은 후 경력을 쌓았으며 노벨 Novell이라는 기술 기업의 CEO가 되었다. 우수한 머리와 실리콘 밸리의 사정에 정통한 그가 오랫동안 기술 업계 리더로 군림하고 있는 것은 이미 정해진 운명처럼 보인다. '어른을 찾아오라'는 벤처 투자자들의 압박에 못 이긴 세르게이 브린Sergey Brin과 래리 페이지Larry Page를 만나 신생 검색엔진 기업인 구글Google의 CEO에 오른 후 그의 존재감이 훨씬 뚜렷해졌음은 모두가 아는 사실이다.

구글(이제는 알파벳Alphabet)의 폭발적인 성장과 그 혁신적인 검색엔진 알고리즘은 지난 20년간 세상과 담을 쌓고 산 사람이 아니라면 누구나 아는 얘기다. 오늘날 구글의 시장가치는 1조 달러를 넘어섰고 2019년 회계년도 기준 연간 매출액은 1,610억 달러에 달했다.

2020년 초 현재 임직원 수는 12만 3,000명을 웃돌고 핵심 검색 비즈니스에서 처리하는 한 해 검색량은 1조 2,000억 건에 달한다. 실리콘 밸리 벤처 투자자들이 구글의 두 젊은 창업자에게 필요하다고 생각했던 노련한 관리, 재무, 경영 경험을 회사에 접목한 인물이 바로 구글 CEO로 9년 이상 재직한 에릭 슈미트였지만, 이런 사실은 의외로 잘 알려져 있지 않다.

구글의 성공(실제로 어딜 가든 구글을 벗어날 수 없다)은 필연적인 것은 아니었다. 구글이 나타났을 때 이미 수많은 검색엔진 회사들이 있었다. 구글의 검색엔진이 다른 검색엔진보다 훨씬 매력적이었을지는 모르지만, 그것만으로 실리콘 밸리에서 성공이 보장되는 것은 아니었다.

구글의 현기증 날 정도로 빠른 성공, 그리고 주식시장 역사상 전무후무한 상장 기업으로 도약한 바탕에는 창업주들을 비롯한 젊은 기술 전문가와 엔지니어들을 대신해 발휘한 에릭 슈미트의 빛나는 리더십이 자리하고 있다.

현재 구글과 알파벳의 CEO직과 이사회에서 사퇴했지만 에릭 슈미트는 빠르게 변하는 기술 업계에서 가장 존경받는 논평가이자 전문가로 활동하며 미국의 연방 정부와 주 정부, 대학교, 다수의 비영리단체에서 자문역을 맡고 있다. 그와 동시에 유명한 벤처 투자자이자 열성적인 자선사업가이며 해양과 교육에 각별한 관심을 기울이고 있다.

나는 에릭이 구글 CEO로 일할 때 그를 만났고, 여러 비영리단체에서 함께 활동해왔다. 기술 관련 이슈가 있을 때면 나는 그에게 조언을 구한다. 수년 동안 나는 다양한 공개토론회 석상에서 그를 인터뷰했는데, 결코 쉬운 일이 아니었다. 에릭은 풍부한 경험을 갖춘 뛰어난 인터뷰어였다. 지금 이 책에서 공개하는 인터뷰는 2016년 10월 워싱턴의 구글 지사에서 진행되었다.

성공하는 리더의 조건을 물었을 때 에릭의 답은 간명했다. 다른 분야로 뻗어나가기 전에 한 분야나 한 가지 기술을 완전히 마스터하는 것이 중요하다고 그는 강조했다. 나는 그의 말에 전적으로 공감한다.

처음 사회생활을 시작했을 때 한 분야의 전문가가 되는 것은 정말 중요하다. 그래야만 다른 사람들이 찾아와 도움과 조언을 구하게 되고, 이 과정에서 지식이 확장되고 인재들을 만나게 되기 때문이다. 한 분야에 대한 충분한 지식과 역량을 확보한 후에는 기술을 습득하고 신뢰를 다져나감으로써 제2, 제3의 분야로 자신의 성공과 경력을 확장해나갈 수 있다.

그 대표적인 인물이 바로 에릭 슈미트다.

# interview with titans

데이비드 루벤스타인(DR): 구글에 합류하셨을 때는 아주 작은 회사였죠. 꿈에서라도 구글이 전 세계에서 가장 가치 있는 회사 중 하나가 될 거라고 상상한 적이 있습니까?

에릭 슈미트(ES): 우리들 중 그 누구도 못해봤을 겁니다. 저는 확실히 아니고요. 래리와 세르게이를 만났을 때, 두 사람이 정말 엄청나게 똑똑해 보였습니다. 기술적인 내용을 두고도 엄청나게 다퉜는데, 그런 좋은 논쟁은 실로 오랜만이었습니다. '이 친구들이랑 꼭 같이 일해야겠다'

고 결심했죠. 당시 그 회사는 사옥이 한 채였는데, 지금은 너무나 당연하게도 여러 채로 늘어났죠.

DR: 구글 입사를 준비할 때 노벨이란 회사의 CEO셨죠. 좋은 기업으로 옮길 많은 기회가 있었고요. 구글을 고른 이유는요?

ES: 사실 다른 회사에서는 면접을 진행하지 않았습니다. 벤처 투자자인 존 도어John Doerr가 저에게 구글을 방문해보라고 권했죠. "검색엔진에 대해 누가 관심을 갖겠어? 그렇게 중요하지도 않은 분야잖아"라고 제가 밀했죠. 하지만 그는 "그래도 래리와 세르게이를 꼭 만나봐"라고 계속 권하더군요. 그의 말이 맞았습니다. 두 청년이 하는 일은 진정 흥미진진했습니다. 더군다나 그들이 고용한 인재들은 한결같이 발군의 실력자라서 눈을 뗄 수가 없었죠. 그래서 구글에 올 수밖에 없었습니다.

DR: 수많은 검색엔진 회사들이 있었습니다. 구글이 세상을 바꿀 검색엔진을 가졌다고 생각한 이유는 뭔가요?

ES: 저는 구글이 그토록 성공할 거라고 특별히 생각하지는 않았습니다. 그래도 그 기술만큼은 비상할 정도로 특별하다고 생각했죠. 알파벳Alphabet은 순위를 매기는 다른 방식을 개발했습니다. 이전의 검색엔진들이 내놓은 순위는 모두 기업의 입김이 작용해 쉽게 순위를 조작할 수 있었습니다. 그런데 래리 페이지는 페이지랭크PageRank라는 걸 만들어냈는데, 이건 완전히 다른 방식으로 검색하는 새로운 알고리즘이었습니다. 페이지랭크는 입소문을 타고 빠르게 퍼졌습니다. 처음에는 스탠퍼드 대학교에서 시작해 입소문을 타고는 샌프란시스코 베이 지역에까지 알려졌습니다. 그런데도 저는 그저 '썩 괜찮은 프로젝트'라고만 생각했지요.

**DR:** 래리와 세르게이라는 두 명의 '창업주'가 있었죠. 두 사람은 자기들이 만든 회사의 CEO가 경험이 많거나, 최소한 벤처 투자자 정도는 되길 원했었습니다. CEO 직함이 없는 창업주들을 상대하면서 CEO 자리에 앉는다는 게 어색하지는 않았는지요?

**ES:** 그 둘은 16개월 동안 함께 일할 수 있는 경영자를 계속 찾고 있었습니다. 특이하게도 두 사람은 각각의 지원자들과 주말을 함께 보냈어요. 한 사람과는 스키를 타러 가고, 다른 한 사람과는 다른 스포츠를 즐기면서 자신들과 잘 맞는지 확인하는 식이었습니다.

제가 그들을 만났을 때 우리는 성공한 제품을 만든 '기업 사이언티스트Corporate Scientist'라는 점에서 서로 엇비슷한 배경을 갖고 있었죠. 우리는 금방 허물없는 사이가 됐습니다. 1980년대 존 스컬리John Sculley와 스티브 잡스가 그랬던 것처럼, 구글은 그 두 사람의 회사이고 제 일은 구글을 성공적으로 성장시키는 것이라고 처음부터 생각했습니다.

**DR:** 통상적인 면접이었나요?

**ES:** 제가 사무실로 들어서자 두 사람이 벽에 제 이력서를 붙여 놓은 게 보이더군요. 지금 이 복작거리는 건물에 있는 작은 사무실이었죠. 여전히 구글 사무실로 쓰고 있고요. 그들은 제 이력서를 바탕으로 할 수 있는 온갖 질문을 했습니다. 태어나서 그토록 철두철미한 질문 세례는 받아본 적이 없었습니다. 그뿐이 아니었습니다. 제가 노벨에서 만들었던 제품에 관한 질문을 하고는 "지금껏 본 것 중 가장 멍청한 제품이군요"라고 말했습니다. 물론 저는 그에 대한 반박을 내놓아야 했고요. 그런 식이었습니다.

**DR:** 래리와 세르게이에게서 그런 말들을 들은 후 일자리를 얻지 못할 거라 생각했습니까?

ES: 저는 그게 채용 면접인 줄도 몰랐습니다. 제 입장에서는 그냥 한번 방문해 본 거였으니까요. 그런데 막상 건물을 나섰을 때 문득 다시 돌아올 것이란 예감이 들었습니다. 신기하게도 그 건물은 몇 년 전 제가 선마이크로시스템즈Sun Microsystems에서 일할 때 근무했던 건물이었어요. 역사는 이렇게 반복된다는 사실을 깨닫게 되었죠.

DR: 실제로 다시 돌아오셨습니다. 구글은 작은 회사였습니다. 당신이 구글에 합류할 당시에는 직원이 100~200명 정도였죠. 광고가 회사 성장의 실질적인 수단이 될 것임을 아셨나요?

ES: 아닙니다. 저는 그들이 선택한 광고 전략이 전혀 먹히지 않을 거라 확신했습니다. CEO가 됐을 때 저는 일이 잘못되어간다는 생각이 들어 굉장히 고민했습니다. 실제로 그들에게 현금 계정을 들여다보겠다고 했죠. 구글의 광고가 실제로 팔리는지 확인하기 위해서였습니다. 결국 우리는 타깃 광고 프로그램이 엄청나게 효과적이란 사실을 알게 됐습니다. 그림도 없는 단순한 텍스트 광고인데도 말이죠. 이와 함께 알고리즘 개선으로 광고 키워드 경매가 가능해지면서 마침내 오늘날의 구글이 만들어지게 됐습니다. 믿기지 않을 만큼 젊고 창의적인 두 엔지니어 덕분이었습니다. 실험 정신이 가득한 청년들이었죠.

DR: 당시 구글의 문화는 매우 독특했습니다. 다른 기업들이 그걸 모방했죠. '원하는 일을 하고, 원하는 옷을 입고, 졸리면 사무실에서 자라'였던가요?

ES: 구글에는 복장 규정이 있습니다. 옷을 입고 있어야 한다는 것이죠. 엔지니어들이 사무실에 입주하면서 간이침대를 들여놓으려고 해서 문제가 된 적도 있었습니다. 우리는 구글에서 하고 싶은 건 다 할 수 있지만 여기서 살 수는 없다고 설명하곤 합니다. 침대는 다른 곳에 두어야 합니다. 반려동물을 데리고 출근할 수 있도록 한 정책은 널리 알려졌죠. 반려동물에 대한 규칙은 많습니다만 사람에 대한 규칙은 하나도 없습니다. 하지만 반려동물은 반드시 정해진 자리에 머물러야 했습니다.

DR: 음식에 관한 건 어떻습니까? 누구에게나 무료로 먹을 것이 제공됐죠. 그런 정책의 취지는 무엇이었습니까?

ES: 무료 식사가 모든 걸 바꿔놓았다는 분석들이 있었죠. 무료 식사 제공 같은 시도들은 대부분 즐거운 경험으로 포장되긴 했지만 사실 그 뒤에는 중요한 목적이 숨겨져 있었습니다. 무료 식사 제공은 세르게이의 아이디어였습니다. 함께 저녁을 먹는 '가족'이라는 개념에 착안한 아이디어였죠. 그는 회사가 가족 같은 존재이기를 바랐습니다. 제대로 된 양질의 식사를 아침과 점심, 저녁으로 제공하면 말 그대로 팀워크를 발휘하게 된다는 것이었습니다.

어떤 아이디어든 간에, 목적은 가장 최적의 방식으로 일하는 것이었습니다. 래리와 세르게이는 '20퍼센트 시간제'를 고안하기도 했습니다. 기본적으로 직원들, 특히 엔지니어들이 새로운 관심 분야가 생기면, 그 분야에 자기 업무 시간의 20퍼센트를 쓸 수 있게 해주는 것입니다.

대체 어떤 사람이 회사를 그렇게 경영한단 말입니까! 그런데 저녁식사 자리에 모인 엔지니어들이 덕분에 서로 생각을 주고받으며 창의적인 대화를 하게 된 것이죠. 그들의 대화는 늘 이랬습니다. '네 생각은 어때?' '네 생각은 어때?' '네 생각은 어때?'

예를 하나 들어보겠습니다.

어느 날, 래리 페이지는 우리의 광고들이 나오는 걸 쳐다보고 있었습니다. 그러고는 벽에 큰 표지판을 걸었습니다. "이 광고들은 형편없다"라고 쓰여 있더군요. 제가 그걸 보고 말했죠. "바보 같은, 정말 구글스러운 짓이군. 이런다고 뭐가 달라질까." 구글에는 광고 팀도 있고 관리자도 있고 계획도 있습니다.

그게 금요일 오후에 있었던 일입니다. 그런데 월요일 아침에 와보니 광고와는 전혀 상관없는 몇 개 팀에서 그 표지판을 보고는 주말을 이용해 오늘날과 같은 구글의 핵심 광고 시스템을 개발해 완성해놓았더군요. 구글스러운 분화가 없었다면 불가능했을 일들입니다.

DR: 예전에 저에게 말씀하신 적이 있습니다만 누군가 당신 사무실을 차지해버린 적이 있었다고요.

ES: 당시 구글 문화는 아주 특이했습니다. 전 그걸 알고 있었기 때문에 말하자면 실수를 저지르지 않으려고 항상 주의했지요. 어느 날 아침 사무실에 들어가자 비서가 마치 나쁜 일이 일어나기라도 한 듯한 표정을 지었습니다. 8~9평 정도 되는 사무실이었는데, 새로운 룸메이트가 생긴 겁니다.

한 남자가 제 사무실에 들어온 거였죠. 그는 일을 하고 있었고 저는 왜 새로운 룸메이트가 생겼는지 몰랐습니다. 어쨌건 CEO는 저였으니까, 누군가 저한테 귀뜸이라도 했어야 하는 거 아닌가요? 제가 말했습니다. "안녕하십니까. 누구시죠?" 그가 "안녕하세요. 저는 아밋입니다. 만나서 반갑습니다"라고 인사하더군요. "왜 여기 있는 겁니까?" 하고 물었더니 그는 "여기에 항상 안 계시던데요. 저는 6명이 일하는 사무실에서 근무했는데 너무 시끄러워서요"라고 답했습니다.

저는 속으로 '뭐라고 답을 해야 하나?' 생각했습니다. 왜냐하면 잘못하다간 직업적으로 불이익을 당할 수도 있으니까요. 제가 만약 "내 사무실에서 나가주게"라고 한다면 구글 직원들이 들고일어나 저를 해고한다거나 할 테니까요. 그래서 물었죠. "누구에게 허락을 받았습니까?" 그가 답했죠. "상사에게 건의했더니 좋은 생각이라고 하시던데요." 그래서 저는 알겠다고 했죠. 우리는 나란히 앉아 그는 프로그램을 짜고, 저는 제 일을 하면서 1년간 붙어 지냈습니다. 그렇게 우리는 절친이 됐습니다.

DR: 버지니아에서 자라셨나요?

ES: 버지니아에서도 시골 지역이었죠.

DR: 왜 엔지니어가 되고 싶다는 생각을 하게 되셨죠?

ES: 저는 과학에 관심이 많았던 평범한 소년이었습니다. 우주 탐험이 한창이던 시절이었고 모두가 우주비행사가 되고 싶어 했죠. 제가 다닌 고등학교에는 단말기가 있었습니다. 구형 ASR-33 텔레타이프였습니다. 아버지는 그걸 집에 한 대 들여놓자는 멋진 생각을 하셨는데, 당시로서는 상당히 특이한 경우였습니다. 저는 매일 저녁 일하고 재프로그래밍을 했습니다. 물론 지금 제가 열다섯 살 소년이라면 집에 PC 다섯 대와 슈퍼 네트워크, 그리고 여러 대의 스피커에서 꽝꽝 울리는 사운드를 갖춰 놓겠죠.

DR: 버지니아에서 고등학교를 다니셨습니다. 프린스턴에 진학할 정도면 굉장히 공부를 잘했을 것 같은데요.

ES: 네, 그 당시엔 프린스턴에 가는 게 지금보다 좀 쉽긴 했지만요.

DR: 엔지니어가 될 것을 아셨나요?

ES: 저는 사실 프린스턴대 건축학과에 지원했습니다. 입학을 하고 나니 건축가로서는 별 소질이 없지만 프로그래머로서는 재능이 좀 있다는 걸 알게 됐습니다. 학교에서는 고맙게도 제가 입문 강좌는 건너뛰어도 될 만큼의 수준이라며 상급 과정으로 바로 들어가 대학원 과정까지 들을 수 있도록 해주었습니다.

DR: 성적이 매우 좋았나 봅니다. 장학금을 받아 버클리대에서 박사 학위까지 받으셨으니까요. 나라 반대편으로 가기가 어렵진 않으셨는지요?

ES: 전혀요. 저만 봐도 당시 사람들이 얼마나 순진했는지 알 수 있는 게, 제가 캘리포니아로 가고 싶다고 마음먹은 이유가 캘리포니아가 정말 멋지고 햇살이 쨍쨍한 해변이 있다고 들어서였거든요. 물론 제가 간 곳은 그런 곳이 아니었죠. 그때는 구글 지도가 나오기 전이었습니다. 벨 연구소Bell Labs에서 일한 적이 있는데, 오늘날 컴퓨팅의 많은 부분에서 기반이 되는 유닉스Unix가 바로 거기서 개발됐습니다. 저는 주니어 프로그래머였죠. 그리고 제록스의 팔로알토 연구소에서도 프로그래머로 일했습니다. 워크스테이션이나 스크린, 수많은 편집기, 그리고 오늘날 우리가 사용하는 네트워킹의 많은 요소들이 거기서 개발됐습니다. 저는 대단히 운 좋게도 그런 연구자들의 조수로 일할 수 있었습니다. 그러다 선마이크로시스템즈로 이직한 후에는 수년간 임원으로 일했습니다.

DR: 그후에는 노벨 연구소로 스카우트되셨고요?

ES: 그렇습니다. 선마이크로시스템즈에서 14년, 노벨에서 4년, 그리고 구글에서는 16년이 넘게 일하고 있네요.

DR: 구글은 점점 커져 검색엔진 시장을 장악했습니다. 검색엔진 시장의 90퍼센트를 점유하고 있죠. 그런데 왜 "검색 시장만 고집하지는 않을 것"이라고 발표한 겁니까?

ES: 구글이 내건 슬로건은 '웹 검색'이 아니라 '전 세계의 정보'입니다.

정보는 널리 소비됩니다. 구글은 가능한 모든 채용 방식과 인재를 동원해 새로운 문제들을 해결하기 시작했습니다.

우리는 지도에 큰 관심을 기울이기 시작했고 그다음에는 직접 지도를 개발했습니다. 엄청난 성공을 거둔 제품 계열이죠. 유튜브YouTube도 구글에서 인수했고요. 유튜브는 현재 동영상을 비롯한 다양한 형태의 정보를 전달하는 데 굉장히 성공적인 플랫폼이 되었습니다. 기업용 솔루션도 제공하고 있지요. 이 역시 상당히 잘되고 있습니다. 이 밖에도 많습니다. 구글 어스Google Earth처럼 우리가 작은 회사들을 사들여 키우는 경우도 있고, 우리가 직접 개발하는 기술도 있습니다.

핵심은 '정보 중심의 통합'이라는 것이죠. 4~5년 전쯤 우리는 문제 해결에 관심을 갖기 시작했습니다. 정보 문제뿐 아니라 디지털 기술로 중대한 변화가 생길 수 있는 문제, 특히 자율주행 차량처럼 눈에 띄는 문제에 주목하고 있습니다. 그 문제를 연구 프로젝트로 정해 해법을 모색 중입니다.

미국에서만 올해 3만 2,000명이 넘는 사람들이 차량 관련 사고로 사망할 것으로 예측됩니다. 어떤 사람들이 사망할지만 모를 뿐이죠. 그 정도로 이 문제가 심각합니다. 사망자 수를 절반 혹은 3분의 1이나 4분의 1로 줄일 수 있다고 상상해보세요. 대부분의 사고는 운전자 과실로 발생합니다. 궁극적으로 교통사고를 아주 극히 드문 사건으로 만들 수 있게 될지도 모릅니다.

DR: 당신은 과학기술 분야와 재계에서 누가 봐도 최고의 리더라고 할 만합니다. 리더는 타고나는 겁니까, 아니면 후천적이거나 교육을 통해 리더가 된다고 보십니까?

ES: 둘 다입니다. 타고난 능력도 좀 있어야 하지만 확실히 교육을 통해 키울 수도 있죠. 저는 리더란 어떤 일을 정말 잘해야 하는 사람이라고 생각합니다. 오늘날 변화하는 세상에서는 관리자에 대한 고정관념을 깨야 합니다. 이제 관리자들은 자신의 전문분야 외에 다른 분야에 대해 배워야 합니다. 어디서 시작하느냐는 중요하지 않지만 한 가지는 뛰어날 정도로 잘해야 합니다. 그래야 능력을 확장할 수 있습니다. 절제력, 근면함, 자신의 일에 대한 뜨거운 애정이 있어야 발전합니다.

# 03 팀 쿡

애플 CEO

"스티브 잡스가 제게 일자리를 제안했을 때

그걸 받아들이는 건 미친 짓이라고 모두가 펄쩍 뛰었습니다.

하지만 저는 제 머릿속의 소리를 따라갔습니다.

'서쪽으로 가, 젊은이. 서쪽으로.'"

팀 쿡은 미국 기업 역사상 가장 전설적인 리더였던 스티브 잡스Steve Jobs의 후계자가 되었다. 부러워할 만한 지위는 아니었다. 전설적인 기업인의 뒤를 잇는다는 것이 언제나 시작이나 끝이 좋기만 한 것은 아니기 때문이다. 기대는 지나치게 높은 반면 비판의 칼날은 더욱 예리해질 수 있어서다.

팀 쿡은 IBM에서 직장 생활을 시작해 최고운영책임자COO를 역임했다. 잡스가 애플Apple의 CEO로 복귀한 직후 그는 컴팩Compaq을 퇴사하고 애플에 합류했다. 그 당시만 해도 애플의 브랜드 가치가 세계 최고가 된다거나 팀 쿡이 잡스의 후계자로 발탁된다거나 하는 일은 좀처럼 생각할 수 없는 일이었다. 하지만 2011년 8월 24일, 잡스가 CEO직을 사임하면서 이는 현실이 되었다. 일선에서 물러난 잡스는 췌장암이 재발하면서 세상을 떠났다.

시장 분석가들은 팀 쿡에 대해 상대적으로 낮은 기대를 갖고 있었다. 스티브 잡스는 애플 PC, 아이폰, 아이패드, 아이튠스와 애플 스토어를 탄생시킨 창의적이고 혁신적인 천재였다. 그와 대조적으로 팀 쿡은 온화한 성격의 제조 및 공급망 전문가였다. 이런 성격과 배경을 가진 사람이 과연 애플의 미래를 이끌어갈 수 있을까? 모두가 고개를 갸우뚱거렸다.

하지만 모든 것은 결과가 말해준다. 팀 쿡의 리더십 하에 애플의 시장가치는 3,590억 달러에서 1조 4,000억 달러로 늘어났다. 이는 그가 CEO로 9년을 일하는 동안 달성한 성과다. 애플은 시장가치가 1조 달러를 돌파한 최초의 기업이 되었고, 현재까지도 전 세계에서 가장 가치 있는 기업으로 평가받고 있다.

왜 수많은 시장 분석가들의 예측이 빗나간 것일까?

일단 애플은 스티브 잡스의 리더십 덕분에 실적이 양호했고 회사 전체에 훌륭한 최고위급 임원들도 포진해 있었다. 그러나 그만큼 중요한 것이 또 있었으니, 바로 효율적으로 회사를 경영하는 팀 쿡이라는 탁월한 리더였다.

팀 쿡의 트레이드 마크는 '디테일dtail'이다. 세부 사항을 누구보다 꼼꼼하게 체크한다. 협력에 기반한 팀워크를 중시한다. 무엇보다 조용하고 일관된 일처리 스타일을 갖고 있다. 팀 쿡을 새로운 수장으로 맞은 후 애플은 경이로운 실적을 기록했다. 팀 쿡은 전 세계에서 가장 영향력 있는 CEO로 떠올랐다.

팀 쿡의 엄청난 존재감과 영향력은 스티브 잡스의 역할을 답습하지 않겠다는 결심에서 비롯되었다. 창의적인 감각을 갖춘 혁신가이자 디자이너, 파격의 달인인 데다 애플이 하는 모든 일의 중심이었던 잡스와 거리를 두겠다는 것이었다. 그 대신 팀 쿡은 새로운 스티브 잡스가 될 수 있는 사람은 아무도 없다는 사실을 인식하고 조직, 팀워크, 효율성, 예측 가능성, 절제된 리더십 등 자신이 가장 잘 알고 가장 잘하는 것에 집중하겠다는 전략이었다. 전략은 적중했고 팀 쿡의 지휘 하에 애플은 잡스의 시대보다 3배 이상 시장 가치를 끌어올리며 누구도 넘볼 수 없는 세계 최고의 기업이 되었다.

듀크대 푸쿠아 경영대학원Fuqua School of Business 출신인 팀 쿡을 만난 것은 내가 듀크대 이사회 의장으로 있을 때였다. 나는 실리콘 밸리에서 듀크대 행사에 참석한 그를 인터뷰할 수 있었다. 우리는 중국 칭화대 경제관리학원(경영대학원에 해당-옮긴이)의 자문위원회에서 함께 활동하며 서로를 더 잘 알게 되었다.

이 인터뷰는 팀 쿡이 모교인 듀크대에서 졸업식 축사를 한 지 일주일이 지난 후인 2018년 5월 13일, 같은 장소에서 진행됐다. 청중은 대부분 듀크대 학생들과 학부모, 교직원들이었으며, 스티브 잡스의 미망인이자 팀 쿡의 강력한 지지자인 로렌 파월 잡스Laurene Powell Jobs도 그 자리에 참석했다.

팀 쿡의 겸손한 태도는 인터뷰에서도 잘 나타난다. 그는 최근 애플의 놀라운 성공을 자신만의 리더십과 능력으로 돌리는 일은 절대 하지 않을 사람이다. 하지만 그는 글로벌 비즈니스 환경에서 한 기업이 독보적인 위치에 오르는 데 요구되는 리더십의 유형은 무엇인지에 대해 정확하게 이해하고 있었다. 리더 자신에게가 아니라, 애플의 제품과 서비스, 고객에 집중하는 리더십 말이다.

**데이비드 루벤스타인(DR):** 2011년 8월부터 애플 CEO로 일하고 계시죠. 이익은 80퍼센트 정도 올랐습니다. 이보다 더 좋은 실적을 낼 수는 없겠다 싶은 생각이 든 적은 없습니까? '할 만큼 했으니 이제는 내 인생의 다른 부분을 좀 더 돌아봐야겠다'고 생각하셔도 될 것 같은데요.

**팀 쿡(TC):** 주가와 매출, 이익은 혁신과 창의성을 바탕으로 제대로 제품을 만드는 데 집중한 결과라고 봅니다. 고객을 소중히 대하고 사용자 경험에 집중하는 것이죠. 저는 방금 인용하신 수치도 몰랐습니다. 솔직히 말해 그런 것까지 생각할 여력은 없습니다.

**DR:** 분기별 이익을 발표할 때 애널리스트들이 항상 하는 얘기가 있습니다. "이 제품은 우리 예상만큼 많이 팔리지는 않았다"라는 것이죠. 그런 말에 신경을 쓰는 편인가요?

**TC:** 그런 적도 있었습니다만 지금은 아닙니다. 우리는 애플을 장기적으로 운영하고 있습니다. 저는 늘 90일간 얼마나 많은 제품이 팔리는지에 집착하는 게 이상하게 느껴집니다. 애플은 수년 단위의 의사결정을 내립니다. 단기간의 이익 실현을 기대하는 이들과는 경영 철학이 맞지 않습니다. 우리는 장기적인 안목으로 회사를 전진시켜 나가고 있습니다.

**DR:** 최근에 7,500만 주를 추가 매입한 것으로 알려진 투자자가 있었는데, 바로 워런 버핏이죠. 그가 주주가 됐다는 사실에 만족하십니까?

**TC:** 굉장히 만족합니다. 감격스러울 정도입니다. 그는 장기 투자에 집중하는 투자자이니까요. 그래서 우리는 서로 잘 맞지요. 애플의 운영 방식과 그의 투자 방식이 조화를 이룬다고 할까요.

DR: 워런이 여전히 구형 폴더폰을 사용하는 걸 아시는지요?

TC: 알고 있습니다.

DR: 그는 스마트폰이 없습니다. 그가 애플 제품을 실제로 사용한다면 주가가 얼마나 더 올라갈지 생각해본 적 있습니까?

TC: 그에게 공을 들이고 있는 건 사실입니다. 제가 직접 오하마로 그를 찾아가 기술 지원을 해주겠노라 말한 적도 있죠(이러한 노력이 결실을 맺었는지, 2020년 워런 버핏은 아이폰을 사용하고 있다고 밝혔다).

DR: 지금 이 자리까지 어떻게 오게 되셨는지 질문을 드리겠습니다. 앨러배마에서 자라셨죠.

TC: 그렇습니다. 멕시코 연안의 펜사콜라Pensacola와 모빌Mobile 사이에 위치한 아주 아주 작은 시골 마을에서 자랐습니다.

DR: 고등학교 때 스포츠 스타였나요? 아니면 성적 우수 장학생? 기술을 파고드는 괴짜였나요?

TC: 눈에 띌 정도로 뭔가를 특출나게 잘했던 건 없습니다. 공부는 좀 열심히 했습니다만. 성적도 꽤 좋긴 했습니다. 성장 과정에 도움이 됐던 게 있다면 화목한 가정에서 크면서 괜찮은 공립학교를 다녔다는 것입니다. 그건 상당한 장점이 되어주었습니다. 그리고 솔직히 요즘은 많은 아이들이 그런 혜택을 누리지 못하고 있는 것도 사실이고요.

DR: 오번Auburn 대학교에 진학했는데, 거긴 어쩌다가 가게 된 겁니까?

TC: 저는 꽤 공부를 잘했습니다. 특히 엔지니어링에 관심이 깊었습니다. 산업공학이요.

DR: 졸업 후에는 IBM에 입사했습니다.

TC: 그렇습니다. 제조 공정을 설계하는 생산 관리 엔지니어로 일을 시작했습니다. 당시 로봇 개발이 한창이어서 우리는 자동화에 집중했습니다. 자동화 전략이 성공적이었다고 말씀드릴 수는 없습니다만 그때의 경험 덕분에 많은 것을 배울 수 있었습니다.

DR: 12년 정도 IBM에서 근무한 다음 컴팩에 합류하셨죠. 당시에는 PC 업계의 최대 제조업체 중 하나였던 걸로 기억합니다.

TC: 당시에는 1위 기업이었죠.

DR: 거기서 6개월 정도 됐을 때 스티브 잡스였던가, 아니면 그의 직원에게서 연락을 받으셨죠? 애플에 합류할 생각이 있느냐고요. 애플은 컴팩에 견주면 그리 대단한 회사가 아니었습니다. 왜 면접 후 애플에 입사했습니까?

TC: 좋은 질문이군요. 스티브는 애플에 복귀한 후 경영진을 갈아치웠습니다. 저는 '업계 전체를 일으킨 인물과 얘기해볼 좋은 기회다' 싶은 생각을 했고요.

스티브와 토요일에 만났습니다. 그와 대화를 나눈 지 몇 분도 되지 않아 제 마음에 '꼭 하고 싶다'는 열망이 생겼습니다. 충격을 받았죠. 그의 눈에는 보통의 CEO에게서는 전혀 볼 수 없었던 반짝이는 빛이 있었습니다. 거기 그가 있었습니다. 말하자면 모두가 오른쪽을 향할 때 왼쪽으로 가는 그런 사람 말입니다. 그가 통념과는 완전히 다른 것을 하고 있다는 걸 한눈에 알 수 있었습니다.

소비재 시장을 포기하는 사람들이 많았습니다. 심각한 불황이었으니까요. 스티브는 정반대였습니다. 그는 오히려 소비자를 공략하는 데 집중했습니다. 그와 대화해보니, 질문의 종류 자체도 달랐습니다. 자리를 뜨기 전에 그가 제게 일자리를 제안했으면 정말 좋겠다고 생각했죠. 진심으로, 그 일이 하고 싶어졌습니다.

DR: 친구들이 만류하는 분위기였습니까?

TC: 스티브 잡스가 제게 일자리를 제안했을 때 그걸 받아들이는 건 미친 짓이라고 모두가 펄쩍 뛰었습니다. "세계 최고의 PC 제조업체에서 일하고 있는데 왜 퇴사를 해? 앞길이 창창한데!" 자리에 앉아 장단점을 따지는 수학적 계산을 했다면 이직하면 안 됐죠. 그냥 컴팩에 있는 게 맞는 결정이었습니다. 하지만 저는 제 머릿속의 소리를 따라갔습니다. '서쪽으로 가, 젊은이. 서쪽으로.'

DR: 당신의 인생에서, 직업적으로 최고의 의사결정이 아니었나 싶군요.

TC: 아마도 그럴 것입니다. 거기에 굳이 '직업적'이란 말을 붙일 필요는 없을 것 같네요.

DR: 애플에 입사해 스티브와 함께 일해 보니 생각보다 좋았습니까? 생각보다 훨씬 힘들진 않았나요?

TC: 해방감을 느꼈다고 표현하는 게 더 맞을 것 같습니다. 스티브에게 당신이 뭔가 흥미진진한 것을 얘기했는데, 그가 공감하며 "좋아"라고 하면, 당신은 그 즉시 그 일을 할 수 있습니다. '회사가 이런 식으로 운영될 수도 있구나' 하는 전혀 새로운 깨달음을 얻었습니다. 저는 여러 단계로 이루어진 의사결정 시스템과 경직된 관료적 기업문화에 익숙해 있었으니까요. 애플은 완전히 달랐습니다. 일을 제대로 해낼 수 없을 것이라는 생각이 들 때는 가까이에 있는 거울을 바라보면 되었습니다. 거기에 그 이유가 담겨 있었으니까요.

DR: 건강이 악화되면서 스티브는 CEO직을 더 이상 수행할 수 없게 되었습니다. 그는 이사회에 그 사실을 알렸고 당신은 2011년 8월경에 새로운 CEO로 임명됐죠. 스티브가 새 CEO가 된 당신에게 관심사를 들이밀면서 자신이 정한 목표를 실현하라고 밀어붙일 거라는 생각은 안 들었나요? 그와 동시에 이제 스티브의 영향력에서 벗어나 당신만의 방식으로 일을 해야 할 때가 왔다고 생각하셨을 텐데요. 이 둘 사이에서 어떻게 균형을 찾았나요? 전설 같은 인물의 뒤를 잇는다는 게 여간 어려운 일이 아니었겠습니다.

TC: 그게 그렇게 순차적으로 나타나지는 않았습니다. 애플은 정말 개방적인 회사입니다. 우리는 대부분 다른 이의 의견에 동의하지 않을 때도 상대의 의중을 잘 헤아리는 편입니다. 애플이 성공가도를 달린 건 스티브가 비밀문서 같은 걸 갖고 있다거나 해서가 아니었습니다. 그는 언제나 자신의 생각을 공유했습니다. 당시 저는 그가 회장이 된 후 오랫동안 그 자리를 유지할 것이라고 생각했고, 그 과정에서 그와 저의 관계 변화를 차근차근 짚어봐야 할 것이라고 생각했습니다. 하지만 안타깝게도 그런 일은 일어나지 않았습니다.

DR: 애플은 인류 역사상 가장 성공적인 상품을 만들었습니다. 아이폰 말입니다.

TC: 심오한 제품, 시장의 판도를 바꿀 만한 제품이라는 느낌이었습니다. 당시로 돌아가 아이폰 발표장에서 했던 스티브의 기조연설을 다시 보게 된다면, 아이폰에 대한 그의 열정과 혁신적인 설명 방식을 느낄 수 있을 겁니다. 저는 아직도 어제 일처럼 생생합니다.

DR: 아이폰은 지금껏 몇 대나 팔렸습니까?

TC: 10억 대가 넘습니다.

DR: 당신이 지지해온 가치들에 대해 좀 얘기해보죠. 그중 하나가 '프라이버시privacy'입니다.

TC: 우리는 프라이버시를 인권의 근본이라고 생각합니다. 애플에서는 프라이버시를 시민적 자유와 함께 매우 중요하게 생각합니다. 프라이버시는 점점 사람들 사이에서 큰 이슈가 되어가고 있습니다. 우리는 최소한의 고객 데이터를 요구합니다. 뛰어난 서비스를 제공하는 데 필요한 만큼만을 요구하지요. 그리고 암호화 등을 활용해 고객 데이터를 보호하기 위해 최선을 다하고 있습니다.

DR: 평등의 중요성에 대해서도 말씀하셨죠.

TC: 전 세계의 수많은 문제는 결국 평등의 부재로 귀결됩니다. 특정 주소지에서 태어난 아이가 오직 그 주소지에서 우연히 태어났다는 이유로 양질의 교육을 받지 못하는 것이 현실입니다. 성소수자 집단에 속한 사람이 해고당하는 것도 그런 이유 때문이지요. 다수가 아닌 소수의 종교를 가진 사람이 그 때문에 어떤 식으로든 배척당하는 것도 같은 맥락입니다. 간단히 말해, 어느 날 마법처럼 전 세계인이 서로를 품위와 존경을 갖추고 대한다면 많은 문제가 사라질 것이라고 생각합니다.

DR: 누구나 보호받아야 한다고 말씀하셨던 프라이버시를 일부 포기하면서까지 당신의 사생활을 공개했습니다. 그 이유는 무엇이었습니까?

TC: 더 큰 목적을 위해서였습니다. '게이'라는 사실 하나 때문에 자신의 가정에서조차 부당한 대우를 받는 사람들이 많습니다. 동성애자라는 고백 하나 때문에 지금껏 잘 살아왔던 인생을 부정당하는 일이 벌어져서는 안 될 것입니다. 성소수자들에게 게이라는 사실이 인생을 감옥으로 만들어서는 안 된다고 힘주어 말해줄 수 있는 사람들이 필요하다고 생각합니다.

특히 아이들에게서 이런 고민들을 들었을 때 저는 점점 더 마음이 무거워졌습니다. 그러다 마침내 '나 자신의 편안함을 위해 사생활을 비밀에 부치는 잘못된 판단을 하고 있구나' 싶은 생각이 들었습니다. 그래서 더 많은 이들을 위해 뭔가를 하기로 했지요.

DR: 후회는 없으신가요?

TC: 없습니다.

DR: 부모님은 생전에 당신이 성공하는 걸 지켜보셨습니까?

TC: 어머니는 3년 전에 돌아가셨지만 아버지는 아직 살아계십니다.

DR: 어머니께서도 당신이 애플 CEO가 되는 건 보셨군요.

TC: 그렇죠.

DR: 어머니께서 "나는 늘 네가 성공할 거라 믿었단다. 근데 내게 아이폰 조작법 좀 가르쳐 주겠니?" 같은 말씀을 한 적은 없었나요?

TC: 두 분 모두에게 아이패드를 드렸고, 결국 아버지를 설득해 아이폰을 쓰시게 했습니다. 부모님은 20년 전, 40년 전, 60년 전처럼 저를 대하십니다.

DR: 부친께서는 전화로 충고 같은 걸 하시는 편인가요?

TC: 아버지 생각에 좋지 않다 싶은 일을 제가 한 경우에는 그 얘기를 하십니다.

DR: 당신은 누가 봐도 상당히 잘 알려진 공인입니다. 미국 대통령 선거에 출마할 수도 있겠다는 생각을 해본 적이 있습니까? 대통령을 아주 가까이서 보신 적도 있으시죠.

TC: 저는 정치적인 사람은 아닙니다. 정책적인 면에 집중하는 건 좋아합니다. 입법부를 비롯한 공공기관의 기능이 제대로 수행되지 않는 것을 보면서, 제가 속한 분야에서 더 큰 변화를 만들 수 있을 것이라고 생각합니다.

DR: 제가 아는 모든 대기업 CEO 중에서 당신은 이런 지위에 있는 그 누구보다도 스스로를 낮추고 내세우지 않는 사람입니다. 스스로 다른 CEO와 다르다는 사실을 의식한 적이 있습니까? 세계 최대 기업을 경영하면서 이처럼 겸손함을 유지할 수 있는 비결이 뭡니까?

TC: 애플에서 일하는 사람은 누구나 자기 역할을 다하고 조직에 기여해야 한다는 높은 기대를 받습니다. 그처럼 기준이 높기 때문에 절대 도달할 수가 없죠. CEO를 비롯해 애플에서 일하는 누구나 마찬가지입니다. 그래서 제가 좀 다르다는 생각이 들 때도 있지만, 그런 느낌이 오래가지는 않습니다.

# 04 지니 로메티

IBM 이사회 의장/IBM 첫 여성 CEO

*Ginni Rometty*

"직원을 채용할 때 면접 당시의 지식 수준뿐 아니라
학습 의지가 있는지도 봅니다.
어차피 지식은 계속 쌓지 않으면 일시적인 것에 불과하니까요.
학습 의지가 가장 중요한 자질이라고 생각합니다.
저는 늘 사람들에게 말합니다.
타고난 호기심이 없다면, 후천적으로라도 개발해야 한다고 말입니다.
호기심이야말로 발전의 원동력입니다."

1911년에 설립된 IBM은 1950년대와 1960년대, 그리고 1970년대에 전 세계에서 가장 막강한 영향력을 자랑하는 컴퓨터 제조업체이자 기술기업이 되었다. 하지만 PC와 소프트웨어 혁신을 제대로 활용하지 못했고, 마이크로소프트와 애플을 비롯한 실리콘 밸리의 기업들이 가진 고객친화적 첨단 기술기업이라는 브랜드 가치를 확립하는 데에도 실패했다.

그 결과, 1991~92년에 거의 파산의 문턱에까지 이르렀다. 하지만 RJR 나비스코Nabisco에서 영입한 루 거스너Lou Gerstner가 CEO로 취임해 1992~2001년까지 재직하는 동안 IBM은 '구원받았다'는 평가를 받았다. 거스너 이후 새뮤얼(샘) 팔미사노Samuel Palmisano가 2002~12년까지 CEO직을 이어받았다. 그는 IBM에서 착실히 경력을 쌓아온 임원 출신으로, CEO로 일하는 동안 기술 혁신을 통해 IBM이 경쟁력을 유지하는 데 큰 공을 세운 인물이었다.

팔미사노가 물러나고 오랫동안 IBM 임원으로 일했던 지니 로메티Ginni Rometty가 그의 뒤를 이었다. 그녀의 임명 소식은 많은 이들을 놀라게 했다. 주요 기술기업이나 컴퓨터 회사에서 여성이 CEO에 임명된 경우는 거의 없었기 때문이다. 특히 IBM 같은 기술기업의 아이콘이자 대기업(임직원 수 약 35만 명)인 곳에서는 여성 CEO를 찾아보기란 무척이나 어려웠다.

나는 루 거스너가 IBM에서 퇴직하자마자 그를 칼라일 그룹의 회장직에 채용했다. 그래서 그의 후임이었던 지니 로메티의 유능함에 대해선 익히 알고 있었기에 그녀가 CEO가 됐다는 것도 그다지 놀라운 소식이 아니었다. 루와 샘은 지니 로메티가 회사의 수장으로서 핵심 과제들을 해결하는 데 가장 확실한 적임자라는 데 의견이 일치했다. 기술 분야가 급격한 변화를 맞이하면서 IBM의 제품과 서비스는 민첩한 신생 기술기업의 경쟁력에 미치지 못하는 경우가 많았다. IBM은 긴박한 상황이었고 여성이라는 점이 유능한 지니가 CEO가 되는 데는 아무런 영향을 주지 않았다.

그녀는 2012~20년까지 CEO를 역임했다. 그녀는 임기 동안 IBM을 철두철미하게 쇄신했다. 민첩하고 고객친화적이며 경쟁력을 갖춘 회사로 만들었다. 특히 2019년 340억 달러에 레드햇Red Hat을 인수(100년이 넘는 IBM 역사상 최대 규모의 인수합병)하며 클라우드 컴퓨팅 분야에서 입지를 확고히 하고, 다양한 사회적·경제적 배경을 가진 사람들이 디지털 경제의 혜택을 누릴 수 있도록 이끌어 해당 업계와 비즈니스 세계에서 높은 평판을 얻었다.

나는 세계경제포럼과 미국 기업인협회 등에서 지니와 함께 활동하며 그녀의 지성과 집중력, 침착함, 리더십을 높이 평가해왔다.

이 인터뷰는 2017년 6월, 뉴욕의 블룸버그 스튜디오에서 진행되었다. 인터뷰에서 지니는 그다지 유복하지 않았던 자신의 가정환경에 대해 털어놓았다. 어머니 홀로 쪼들리는 살림에 네 자녀를 키워야 했다. 나아가 지니는 노스웨스턴 대학교 장학생으로 공학 학위를 취득했고 제너럴 모터스General Motors에서 몇 년간 근무한 후 1981년 IBM에 입사한 경험을 들려주었다.

지니 로메티는 어떻게 정상에 오를 수 있었을까? 그녀는 무엇이 리더십의 핵심 자질이라고 생각할까?

핵심 자질 중 하나는 '호기심'임에 분명하다. 그녀는 자신의 성공이 배움에 대한 끊임없는 관심, 더 알고 싶고 더 알아야 하는 분야에 대해 질문을 던지는 습관 때문이었다고 설명한다. 지속적인 배움에 대한 관심은 그녀가 IBM에서 인재를 채용하고 승진시킬 때 가장 중요한 평가 기준이기도 했다.

## interview with titans

데이비드 루벤스타인(DR): 아침에 일어나면 세계 최고의 기업 CEO라는 것, 그리고 여성으로서 유리천장을 뚫고 이 자리에 오르기까지 열심히 달려왔음을 떠올리면서 '내가 이렇게 많은 걸 이루어냈다니, 정말 자랑스럽다'라고 생각할 때도 있나요? IBM의 CEO가 된다는 건 즐거운 일인가요?

**지니 로메티(GR):** 이런 식으로 대화의 난감한 시작을 만드는군요. CEO가 된 첫날부터 그런 생각을 해본 적은 없었던 것 같습니다. 첫날, 영광스럽다는 생각이 들면서도 한편으로는 막중한 책임감이 고스란히 느껴졌죠. 당시 IBM은 창립 100년이 조금 넘었을 때였습니다. 그러니 매일 아침 일어나 떠오르는 생각은 '내가 이렇게 중요하고 오래된 회사의 수장이구나' 하는 사실이었죠. 즐거움요? 네, 상당히 즐겁다고 느낍니다. 즐겁다고 생각하지 않으면 할 수 있는 게 아무것도 없습니다.

**DR:** 오늘날 IBM이 컴퓨터 업계에서 1960년대에 보유했던 강점을 여전히 갖고 있다고 보십니까?

**GR:** IBM이 위대한 것은 어떤 조건과 환경에서도 늘 세상의 돌아가는 방식을 바꾸는 데 일조해왔다는 데 있습니다. 이를 위해서는 끊임없는 쇄신이 기술기업에게는 요구됩니다. 1911년, IBM 초창기로 돌아가보죠. 창업 초기의 IBM은 지금의 IBM이 아니었습니다. 치즈와 고기의 슬라이서를 만들었죠. 그러다가 시계를 만들었고 다시 천공카드 기계를 생산하다가 메인프레임 시대로 접어듭니다. 이른바 백오피스를 개발하다가 다시 혁신을 거듭하면서 소프트웨어와 서비스 분야로 확장했습니다. 그리고 오늘날 우리는 다시 혁신을 추진하고 있습니다. 저는 이러한 '혁신'이 IBM만의 고유한 장점이라고 생각합니다.

**DR:** IBM이 PC 사업 진출을 계획할 당시 그 유명한 소프트웨어 납품 계약 사건이 있었죠. RFP(제안요청서)를 발표하자마자 마이크로소프트라는 작은 회사가 그 사업을 따냈습니다. IBM이 그 소프트웨어의 저작권을 마이크로소프트에게 주지 않았더라면, 마이크로소프트는 현재 시장에서 자취를 감추지 않았을까 싶습니다만. 그런 생각은 안 해 봤나요? 아니면 IBM에서는 아무도 그 얘기를 하는 사람이 없나요?

GR: 마이크로소프트의 오피스 프로그램 말씀이시죠? 아주 오래 전 얘기 군요. 저는 그 당시에 IBM에 없었습니다만 흥미로운 질문이긴 합니다. 오늘날 기술 업계에는 엄청나게 많은 IBM의 후손들이 있으니까요. 위대한 기술기업이 되려면 많은 것을 개발해야 하고 그중에는 잘 되는 것도 있고 안 되는 것도 있게 마련이라고 봅니다. 사실 그렇지 않으면 혁신이란 불가능할 테니까요.

요즘 같은 시대에는 기업들이 PC 사업을 계속하고 싶어 하지 않잖아요? 우리가 혁신을 추진하는 이유는 바로 이런 것이죠. 흔히 기술이라고 하면 성장, 성장, 또 성장을 떠올립니다. 하지만 모든 기술의 가치가 높은 성장에만 매달리는 건 아닙니다. 그것이 IBM 혁신의 중요한 부분이지요. 우리는 늘 수익과 가치가 있는 영역으로 옮겨갑니다.

DR: 시카고에서 자라셨죠. 그리고 여동생 둘과 남동생 하나가 있고요. 어느 날 아버지가 집을 나가고 어머니는 당시 대학 교육을 받지 못했습니다. 어머니는 어떻게 자녀 넷을 기르셨나요?

GR: 어머니에게서 항상 많은 걸 배웁니다. 그리고 저희 사남매를 키우느라 고생이 많으셨습니다. 어머니는 고등학교 졸업 직후 결혼해 자녀들을 낳았죠. 아버지가 집을 나갔을 때 저는 10대 초였습니다.

갑작스러웠죠. 머지않아 길거리에 나앉을 처지였고 먹을 것도 동이 나고 있었습니다. 우리는 식량배급표를 얻으러 다녀야 했습니다. 도움이 필요했지요. 그렇지만 어머니는 꿋꿋하고 당당하셨습니다. 낮에는 열심히 일하고 밤에는 학교에서 직업 교육을 받으셨습니다. 훗날 어머니는 시카고에 있는 한 병원의 행정책임자가 되셨습니다.

저는 맏이였기에 많은 걸 도와드려야 했습니다. 그리고 힘을 보탠 사람들과 친척들도 있었습니다. 제가 어머니에게서 배운 가장 중요한 교훈은 '다른 사람의 시선 따위는 신경 쓸 필요가 없다'였습니다.

DR: 동생 셋을 거의 키우다시피 하셨다고요.

GR: 그랬죠. 저는 학부모회를 비롯해 나팔 불기 수업 등 온갖 종류의 활동에 참여했습니다.

DR: 동생들을 돌보는 대가로 용돈 같은 걸 받았나요?

GR: 전혀요. 집에 가서 계산을 좀 해봐야겠군요.

DR: 고등학교 때 성적도 상당히 좋았던 것 같습니다. 대학에는 장학금을 받고 가셨죠?

GR: 그랬죠. 스스로 생각해도 대견한 일이었죠. 우리 남매는 다들 어떻게든 대학에 갈 수 있는 방법을 스스로 찾아야 했습니다. 저는 종종 스스로를 성취도가 낮은 사람이라고 생각합니다. 제 동생들이 엄청난 성공을 이루었으니까요. 남동생은 다트머스Dartmouth에 진학했고 여동생은 노스웨스턴에서 학부와 석사를 마쳤습니다. 다른 여동생은 조지아 공대에서 MBA를 받았고요. 다들 잘하는 게 많았습니다. 어머니가 우리에게 심어준 직업의식 때문이었기도 합니다. 어머니는 불평하는 법이 없으셨어요. 일이 너무 많다는 말씀도 안 하셨죠. 하지만 우리는 모두 어머니가 어떤 힘겨운 일들을 하셨는지 잘 알고 있었습니다.

DR: 제너럴 모터스GM에서 장학금을 받긴 했지만 노스웨스턴을 졸업한 후에 거기서 일할 의무는 없었다고요. 하지만 부채감 같은 걸 느끼진 않았나요?

GR: 장학금은 여성을 비롯한 소수자들의 경제 활동을 지원하기 위한 것이었습니다. GM은 명문 학교를 찾아다니며 학비와 숙식 등 모든 경비를 지원하는 프로그램을 운영했습니다. 교수님 한 분이 저에게 이 프로그램을 알아보라고 알려주셨죠.

그 대신 저는 여름마다 GM에서 인턴을 했습니다. 그 외에는 아무 조건이 없었습니다. GM에서의 인턴 생활은 매우 유익했습니다. 졸업 후 GM에서 일을 해야 한다는 의무감이 진짜 들긴 하더군요. 다른 곳에서도 입사 제의가 많았지만요. 컴퓨터공학 학위가 있어서 인기가 좀 있었습니다.

DR: 노스웨스턴에서 그 시절에 컴퓨터공학 과목을 듣는 여성들이 많았습니까?

GR: 어떨 것 같나요?

DR: 여성은 당신이 유일했나요?

GR: 그렇지는 않았습니다. 다만 수강생들 중 저만 여성인 과목이 많았죠.

DR: 그 분야에 여성이 거의 없었기 때문에 당신이 그런 직종에서 리더로 떠오를 기회를 얻었다고 생각합니까?

GR: 그런 식으로 생각해본 적은 없습니다. 그리고 얼마나 많은 사람이 그럴지도 모르겠군요. 저는 언제나 수학과 과학이 좋았습니다. 저에겐 당연했습니다. 요즘은 제 조카들을 보니 대학을 다니는 동안 다들 전공을 바꿀 생각이더군요. 저는 전공을 바꿀 생각을 한 번도 안 해봤습니다. 노스웨스턴에 들어갔을 때부터 공학이 내 길이라 확신했고, 그 길만 고집했습니다.

DR: 1~2년 전쯤 노스웨스턴에서 졸업 축사를 하셨죠. 모교로 돌아가 졸업 축사를 하니 소회가 어떻던가요? 친구들이 와서 "그래, 난 항상 네가 성공할 줄 알았어!"라고 하던가요?

**GR:** 제가 좋아하는 속담이 있는데, 비즈니스에 대입해 그 속담을 자주 떠올립니다. "성공은 아버지가 많고 실패는 고아다." 졸업 축사는 정말 멋진 경험이었습니다. 금의환향의 기분이 들었죠.

**DR:** 몇 년간 GM에서 일한 후 IBM으로 이직할 기회를 얻게 됐다고요. 이직하라고 설득한 사람이 누구였나요?

**GR:** 남편인 마크였습니다. 사람들은 제가 심사숙고 후 장기적인 진로 계획을 세워 이직했을 것이라고 생각하는데, 솔직히 그렇지 않았어요. GM에서 일하는 동안 제 일이 마음에 들었고, 수많은 업계에 기술이 적용된다는 게 정말 좋았습니다. 그러다가 이직은 남편의 말 한 마디에서 가볍게 시작됐죠. "친구 아버지가 IBM에서 일하시는데 한번 전화해보는 게 어때?" 면접 일정을 실제로 잡은 건 제 남편이었던 걸로 기억합니다.

**DR:** 남편께서 중개 수수료를 받으셨나요?

**GR:** 사실 전 아직도 수수료를 내고 있습니다. 면접을 치른 후 곧바로 채용이 됐습니다. 당시 IBM은 경력직을 많이 뽑지 않았어요. 대학 졸업자를 채용해 교육하면 충분하다는 식이었죠. 지금은 그때와는 상당히 분위기가 달라졌지만요. 아마도 제가 최초의 경력직 사원들 중 한 명이었을 겁니다.

**DR:** IBM에 입사한 후 엔지니어링 분야에서 일을 시작하셨죠?

**GR:** 시스템 엔지니어로 시작해 금융과 보험 분야에서 일하게 됐습니다. 그 분야에서 경험을 많이 쌓았죠.

**DR:** 한동안 컨설팅 분야에도 몸담으셨습니다.

**GR:** IBM에서 다양한 일들을 했습니다. 기술 영업, 마케팅, 전략 등등 사내 부서들을 두루 거쳤습니다. 그리고 말씀하신 컨설팅 그룹은 제가 시작했습니다.

DR: 컨설팅 비즈니스를 시작했을 때 CEO가 될 수도 있겠다는 생각이 들기 시작했나요? 아니면 다른 많은 기업처럼 IBM은 절대 여성 CEO를 발탁하지 않을 거라고 생각하셨나요?

GR: IBM이 성별을 기준으로 CEO를 뽑을 거라고는 생각한 적 없습니다. 한 번도요. IBM은 제가 일하는 동안 언제나 포용성이 가장 뛰어난 기업이었어요. 그래서 현재 맡은 일을 잘해내면 승진은 자연스럽게 따라온다고 믿었습니다.

DR: 어느 시점에 이른 순간부터 당신은 유력한 CEO 후보로 거론됐습니다. 막상 전임자인 샘 팔미사노가 당신을 CEO로 지명했을 때 놀라셨나요?

GR: 당연히 놀랐습니다. 당시 이미 좋은 직책을 맡고 있었으니까요.

DR: 여성이 IBM의 최고책임자로 승진하려면 남성보다 훨씬 더 잘해야 한다고 생각합니까? 아니면 별 차이가 없었습니까?

GR: IBM에서는 그다지 큰 차이가 있었던 것 같지는 않습니다.

DR: 이제 세계에서, 그러니까 재계에서 가장 영향력 있는 여성 중 한 명으로 이름을 올렸습니다. 여성 CEO로서 다른 여성들의 멘토가 되어 여성 관련 이슈에 목소리를 내야 한다는 책임감을 느끼십니까?

GR: 저는 점점 롤모델이 되는 것에 익숙해졌습니다. 비즈니스가 성과를 거두면서 우리가 한 일, 우리가 기여한 바에 걸맞은 인정과 보상을 요구해야 한다고 생각하는 여성 동료들이 많을 것이라 봅니다. 하지만 저는 늘 '이건 성별과 무관한 일이야'라고 생각하며 거의 외면하고 살았죠. 그런데 시간이 갈수록 롤모델이 된다는 게 얼마나 중요한지 생생하게 깨닫게 됐습니다.

마음속에 떠오르는 기억이 하나 있는데, 10년인가 15년 전쯤에 저는 호주에서 금융 서비스 프레젠테이션을 하고 있었습니다. 그럭저럭 잘 했다고 생각했습니다. 나중에 한 남자가 제게 다가오더군요. 저는 속으로 '프레젠테이션이 훌륭했다고 칭찬하거나, 아니면 자기는 의견이 다르다고 말하겠구나' 싶었죠. 그런데 그가 이렇게 말하는 거였어요. "제 딸들이 이 자리에 있었으면 좋았겠다고 생각했습니다." 참 재밌죠? 이런 순간들이 살면서 종종 기억이 난다는 게요.

어떤 식으로든 영향력을 가진 저 같은 사람들은 누군가에게 롤모델이 됩니다. 특히 여성들에게는 롤모델이 필요하지요. 기업을 경영하는 데 있어 여성은 여전히 소수에 불과합니다. 커리어 우먼들에게 '그래, 얼마든지 가능해. 나도 그렇게 될 수 있어!'라고 희망을 불어넣어 줄 수 있는 롤모델이 필요합니다. '그들은 나와 다른 사람들이야. 그래서 그렇게 할 수 있었던 거지'라는 생각이 지배하는 사회에선 꿈을 갖기가 불가능합니다.

DR: 〈포춘Fortune〉 선정 100대 또는 200대 기업을 보면 여성 CEO의 비율이 여전히 미미하다는 사실에 실망감이 드나요, 아니면 놀랍습니까?

GR: 지금쯤이면 여성 CEO가 더 많아지길 바랐죠. 이제 여성이 노동 시장에 계속 남아 있도록 하려면 더욱 의식적인 노력이 필요합니다. 여성들이 계속 일자리를 지키고 승진할 수 있도록 모든 노력을 기울여야 합니다. IBM의 새로운 복지 중 하나는 수유 중인 엄마들을 위해 아이에게 모유를 배달해주는 겁니다. 그래서 원하는 사람에게는 계속 일을 할 수 있도록 해주어야 합니다. 한 기업이 좋은 인재를 지속적으로 채용하려면 먼저 그 인재들이 노동 시장에 남아 있어야 합니다.

DR: IBM에서는 한동안 당신이 도입했던 재택근무 정책을 실시했습니다. 하지만 그다지 성공적이진 않았던 것 같습니다. 그 정책이 폐지된 건가요? 여성들에게 유용하지 않았나요?

GR: 오해가 있는 것 같은데, 우리는 폐기한 적 없습니다. IBM은 훌륭한 모빌리티mobility 정책을 시행하고 있습니다. 수천 명의 직원이 탄력적으로 원격 근무를 하고 있습니다. 우리는 모빌리티, 일과 가정 생활의 균형 등을 매우 중시합니다.

요즘 시대의 CEO들은 빠른 속도를 추구합니다. 특히 소규모 기업들의 업무 속도는 정말 빠르죠. 날렵하고 작고 민첩합니다. 하지만 IBM도 오랫동안 업무 속도를 높이기 위해 노력해왔습니다. 민첩성을 보여주는 세계 최대 사례라고 해도 과언이 아니라고 생각합니다. 우리는 직원이 35만 명에 달합니다. 그래서 속도를 높이기 위해 몇 가지 중요한 방식을 적용해왔습니다.

대표적인 사례가 '디자인 싱킹design thinking'의 도입입니다. IBM은 전 세계에 32개의 연구소를 운영하고 있습니다. 그리고 이들 연구소에 가능한 한 많은 디자인 전공자를 채용하고 있습니다. 전화기처럼 우리가 사용하는 모든 것은 단순해야 한다는 철학을 기반으로 삼고 있기 때문이죠. 단순함을 구현하는 데 디자인 싱킹이 핵심적인 역할을 합니다. 우리는 기업을 상대로 하는 B2B 회사이지만 그런 단순함이 업무 방식에 적용되어야 합니다. 어떤 제품을 만들든지 간에, 처음부터 최종 사용자를 염두에 둔 프로세스를 갖춰야 합니다.

다음으로는 규모에 따른 민첩성 구축입니다. 말은 쉽지만 정말 어려운 일이죠. 그래도 IBM은 성공적으로 구현했습니다. 즉 여러 분야의 전문가들로 구성된 소규모 그룹 안에서 민첩하게 업무를 수행하도록 직원을 교육한다는 의미입니다. 그리고 단계적인 업무를 통해 최소 기능의 제품MVP을 만들게 되지요. 또한 부서를 한 곳에 공동으로 배치하게 되는데, 이는 아까 질문하신 모빌리티의 문제와도 연결됩니다. 왜 이런 변화를 추진할까요? '속도 향상' 때문입니다. 우리는 전 세계의 업무 공간을 쇄신하고 협업을 위한 개방된 공간을 마련하는 데 10억 달러가 넘는 비용을 지출해왔습니다. IBM 내에는 직원들을 한 곳에 배치해야 하는 여러 직무가 있습니다. 그래서 원격 근무가 불가능한 직원들도 있습니다. 하지만 민첩한 업무 시스템과 공간 배치, 현대적인 툴과 디자인 싱킹의 결합, 이 모든 것을 우리는 '업무 환경'이라고 부릅니다. 원격 근무가 가능한 사람은 원격 근무를 하고, 직장에 나와 동료들과 함께 일해야 하는 사람은 그렇게 해야 합니다.

DR: 대기업 CEO로서의 삶에 대해 얘기를 나눠 보겠습니다. 길 위에서 보내는 시간이 얼마나 됩니까?

GR: 아마 50퍼센트 정도 될 겁니다.

DR: 고객이나 직원, 정부 관료에게 할애하는 시간인가요?

GR: 셋 다 해당됩니다. 전 세계를 돌아다니죠.

DR: 고객들은 주로 어떤 것에 관심이 있나요? 고객을 만날 때 IBM이 다른 업체보다 더 낫다고 말씀하시겠죠?

GR: 물론 어느 정도는 그렇게 말하고 다니죠. 하지만 고객들은 우리를 늘 오래된, 한결같은 모습으로 생각하는 경우가 많죠. 몇 년 전 고객들이 "내가 아는 IBM이 맞나요? 엄청나게 변했네요"라고 놀라움을 표했을 때 제가 이렇게 답했었죠. "조만간 계속해서 그런 변화를 확인하실 수 있을 겁니다."

IBM은 데이터와 클라우드 서비스를 중심으로 혁신되어야 합니다.

고객사들의 업무 시스템도 계속 변화시켜 나가야 하죠. 직원이 어떤 사람들이고, 누가 그 일을 하고 있는지 잘 파악해야 합니다. 현재 IBM은 100억 달러 규모의 사업을 처분하고 65개 회사를 인수해 포트폴리오를 새로 짰습니다. 완전히 새로운 제품과 서비스로 재편했죠. 고객에게 가이드를 제시하고자 클라우드 서비스와 데이터, 인공 지능, 보안을 중심으로 한 전략적 과제를 도출했습니다. 새로운 사업은 이제 우리 매출의 50퍼센트를 차지합니다. 하지만 포트폴리오와 업무 시스템은 별개입니다. 저는 늘 고객사들에게 업무 시스템의 변화를 제안합니다.

DR: CEO로서 회사의 성공 여부를 어떻게 측정합니까? 주가인가요? 이익인가요? 주당순이익인가요? 매출 증가인가요? 회사를 평가하고 이사회에 보고할 때 어떤 측정 기준을 활용합니까?

GR: 저와 이사회가 가장 주목하는 부분은 '차세대 인지 컴퓨팅cognitive computing' 시대에 대비한 IBM의 혁신입니다.

DR: 업무에 대한 스트레스는 없습니까? 싫어하는 일도 있겠죠?

GR: 힘든 점이라면 항상 속도가 점점 더 빨라진다는 것입니다. 제가 느끼는 스트레스는 어떻게 업무 속도를 더 빠르게 할 것인가에 관한 것이죠. 그것이 지금의 현실입니다. 어떻게 속도를 높일 것인가를 두고 치열하게 경쟁하고 있습니다.

DR: 노스웨스턴대에 다닐 때 지금의 자리에 오를 것이라 상상해보셨는지요? 그리고 과거를 돌아볼 때 어떤 점이 성공의 비결이라 말씀하시겠습니까? 남보다 열심히 일했기 때문인가요? 더 똑똑해서? 더 친절해서? 당신과 같은 CEO를 꿈꾸는 사람들에게 어떤 조언을 해주고 싶나요?

GR: 말씀하신 것들은 별 상관이 없는 것 같습니다. 누군가가 '당신이 했던 한 가지만 꼽아보라'고 한다면 저는 '끊임없는 배움'을 들 것입니다. '모르는 것은 항상 있게 마련이니 누구에게든 배워야 한다'고 스스로를 항상 다독이는 것이 성공 비결이라면 비결입니다. 이런 인터뷰를 통해서도, 누구와 대화하든 배울 수 있으며, 그게 꼭 자신의 직장 상사일 필요도 없습니다.

저는 늘 어떤 상황이든 배움의 기회가 될 수 있다고 생각해왔습니다… 사람들은 제게 묻습니다. "직원을 뽑을 때 어떤 점을 눈여겨봅니까?" 그러면 저는 단연 목소리를 높여 이렇게 답합니다. "호기심입니다." 직원을 채용할 때 면접 당시의 지식 수준뿐 아니라 학습 의지가 있는지도 봅니다. 어차피 지식은 계속 쌓지 않으면 일시적인 것에 불과하니까요. 학습 의지가 가장 중요한 자질이라고 생각합니다. 저는 늘 사람들에게 말합니다. 타고난 호기심이 없다면, 후천적으로라도 개발해야 한다고 말입니다. 호기심이야말로 발전의 원동력입니다.

DR: 어떤 업적을 남기고 싶습니까? 앞으로 5년, 10년, 15년 후 사람들에게 어떻게 기억되고 싶습니까?

GR: 그 질문은 제 자신이 아니라 회사로 돌리는 게 맞을 것 같습니다. IBM은 뛰어난 기술과 전 세계 인재들을 통해 독보적인 지위를 확보하며 차세대 환경을 위해 혁신을 거듭했습니다. 또한 의료, 교육 및 보안 환경 개선에 기여했습니다. 전 세계 기업들이 혁신을 통해 운영을 개선하도록 도울 수 있다면 사회에 긍정적인 영향을 줄 수 있으며, 그 자체로 위대한 유산이 된다고 생각합니다.

인드라 누이

펩시코 전임 회장/CEO

"필요한 대가를 모두 치를 의지가 있다면, 그러면 다 가질 수 있습니다.

가슴 아픈 일이 생기고 고통스러울 수 있고,

겉으로는 보이지 않는 상처들도 생길 수 있습니다.

그걸 감내하고 살아야 합니다."

앞에서 언급했듯이 글로벌 대기업을 경영하는 여성 CEO의 존재는 유감스럽게도 여전히 흔치 않다. 미국 이민자 출신의 여성이 CEO인 회사는 더더욱 드물다. 수년간 가장 눈에 띄었던 여성 CEO로는 인드라 누이를 꼽을 수 있다. 인도 출신의 그녀는 2006년 10월부터 2018년 10월까지 펩시코PepsiCo의 CEO로 일했다.

그녀가 CEO로 있는 동안 펩시코는 급속도로 성장해 시장가치가 1,040억 달러에서 1,540억 달러로 뛰었다. 제품 영향력과 소비자 선호도 면에서 진정한 글로벌 기업으로 도약했으며, 보다 건강한 식음료 제품을 생산함으로써 시대정신을 적절하게 반영했다는 평가를 받고 있다.

2018년 10월 3일, 인드라는 CEO직에서 물러나 새로운 관심 분야에 뛰어들었다. 전 세계 여성들이 잠재력을 실현하고, 특히 조직 내 리더

자리에 오를 수 있도록 지원에 나선 것이다. 백인 남성이 주도하는 미국 기업 환경에서 그녀는 성공한 여성의 모습을 당당하게 보여주었고, 모든 여성의 롤모델로 눈부시게 떠오르고 있다.

나는 그녀가 보스턴 컨설팅 그룹BCG에서 일하며 펩시를 비롯한 기업들에 전략 자문을 제공하던 시절에 처음 만났다. 그후 나는 남다른 지성과 집중력, 프로 의식, 글로벌한 시각, 매력을 겸비한 그녀에게 놀라지 않을 수 없었다.

세계경제포럼과 CEO 모임 등을 통해 나는 종종 인드라와 연락하고 지냈다. 펩시의 글로벌 목표와 건강 이슈에 매진하면서도 여성 이민자로서 수많은 이들에게 모범이 된 그녀의 모습에 매번 감명을 받았다.

인드라 누이는 어떻게 남성 중심적인 비즈니스 업계에서 최고의 자리에까지 오를 수 있었을까? 부모와 남편, 자녀들과 단단한 유대를 어떻게 다질 수 있었을까? 그리고 그처럼 두드러진 롤모델의 입지를 굳힐 수 있었을까? 그녀의 리더십 비결은 무엇일까?

2016년 11월, 뉴욕의 펩시코 본사에서 진행된 이 인터뷰에서 인드라는 많은 질문에 답을 해주었다.

인드라는 부모님, 특히 어머니 덕분에 자존감 높은 사람으로 성장했고 타인을 항상 존중하는 법을 배웠다고 말한다. 또한 그녀는 모든 걸 다 해내려면 반드시 대가를 치를 수밖에 없고, 높은 수준의 성공을 이루기 위한 지름길은 없다고 강조한다. 언제나 일정 수준의 무언가를 희생해야만 한다는 것이다.

하지만 인드라가 펩시에서 일할 때 희생하지 않았던 것 중 하나는 직원들에 대한 '공감'이었다. 그녀는 규칙적으로 임직원들의 부모에게, 그들의 자녀가 얼마나 좋은 성과를 올렸는지 알려주는, 일종의 성적표(언제나 긍정적인 내용)를 편지에 담아 보냈다. 이는 결국 회사에 대한 깊은 충성도를 끌어냈다. 펩시코 직원들이 인드라에게 보낸 성적표에도 역시 긍정적인 내용이 담겨 있었다. 아주 호평 일색이었다.

## i n t e r v i e w   w i t h   t i t a n s

**데이비드 루벤스타인(DR):** 어린 시절 인도에 살 때, 펩시 같은 대기업 CEO가 될 거라고 생각해보셨나요?

**인드라 누이(IN):** 꿈에 그리던 일이 실현된 셈이었죠. 매일 제 얼굴을 꼬집으며 "이거 꿈 아니지?"라고 말합니다. 돌이켜 생각해보면, 제가 태어나 자란 곳과 현재의 제 모습은 절대 연결될 수 없는 두 개의 점이라는 걸 알게 됩니다. 여기 미국에서 제가 이렇게 큰 기업을 경영한다는 건 믿기 어려운 일이죠.

**DR:** 단란한 가정에서 성장했습니다. 어렸을 때 어머니께서 식탁에 앉아 "인도 총리가 됐다고 상상해보면 어떻겠니?"라고 하셨죠. 무엇을 가르치려고 그러셨던 겁니까?

**IN:** 어머니는 현명한 분이셨지만 대학 진학은 못 하셨죠. 조부모님이 여자아이는 대학에 갈 필요가 없다고 생각해서였습니다. 어머니를 대학에 보낼 형편도 못됐습니다. 그래서 어머니는 딸들을 통해 대리 만족을 하고 사신 셈이죠. 우리가 원하는 게 무엇이든 이루어내도록 격려하셨습니다. "꿈을 크게 가져야 한다"고 늘 말씀하셨죠. "그렇지만 열여덟 살이 되면 나는 너희를 결혼시켜 떠나보낼 거다. 그래도 그때까지는 꿈을 크게 가지렴."

거의 매일 어머니는 저희를 앉혀 놓고 이런 말씀을 하셨습니다. "네가 대통령이라고 상상하고 나에게 연설을 해봐라." 어느 날은 총리가 되기도 했고, 어느 날은 주지사가 되기도 했습니다. 그러고 나면 어머니는 항상 저희 연설에 비판적인 의견을 내놓으셨죠. 한 번도 칭찬을 해주시는 법이 없었습니다. 그저 이렇게만 말씀하셨죠. "적어도 주지사라면 이렇게 하진 않을 거다. 총리라면 이렇게 안 할 거다." 어머니는 우리에게 좀 더 잘해보라고 다그치셨죠. 그래서 어머니에게서 칭찬 한마디라도 듣는 날에는 "와, 우리 정말로 잘했나보다"라고 얘기할 정도였습니다. 어머니는 끊임없이 우리에 대한 기대치를 높였습니다. 희망을 주는 동시에 열여덟이 되면 결혼을 해야 한다는 보수적인 남인도의 가치관에 우리를 묶어 두었습니다. 물론 그런 일은 일어나지 않았지만 항상 그 말씀을 하셨죠.

DR: 열여덟 살에 결혼하지 않으면 당시로서는 불명예스러운 일이었나요?

IN: 어머니는 우리에게 그런 식으로 말씀하셨습니다. 다른 한편으로는 아버지와 할아버지도 "꿈을 가져라. 원하는 게 있으면 뭐든지 하고, 학교에서 좋은 성적을 받기만 하려무나. 그래야 너희 엄마가 너희를 좋은 곳에 시집보낼 수 있으니까"라고 하셨습니다. 집안 환경이 그랬습니다.

DR: 인도에서 학위를 받은 후 예일대 경영대학원에서 학위를 취득할 예정이었죠. 부모님께 미국의 코네티컷 주에 있는 예일대에 진학하겠다고 말씀드리니, 뭐라고 하시던가요?

IN: 이 부분이야말로 제 부모님의 가장 불가사의한 면일 겁니다. 어머니와 아버지 덕분에 미국에 올 수 있었으니까요. 정말 깜짝 놀랐습니다. 어머니가 며칠씩 저를 굶기며 노발대발할 줄 알았습니다. 그런데 그렇게 하지 않으셨어요. 오히려 공항까지 나와 저를 배웅해주셨습니다. 왜 그렇게 하셨는지는 잘 모르겠습니다. 아마도 좋은 곳에 시집을 가는 것보다는 '꿈을 펼치는 것'에 더 방점을 두어 저를 키우신 게 아닌가 싶습니다.

DR: 졸업 후 다양한 전략 담당 직책에서 일하셨습니다. 처음에 어디에서 시작했나요?

IN: 예일대 졸업 후 시카고의 BCG에서 6년 반 정도 일했습니다. 지금의 제 인생을 만든 모든 경험 중 하나가 여기서 시작됐죠. 전략 컨설팅 분야에서 일한다는 건, 특히 당시 전략 분야의 선구자였던 BCG에서 일한다는 건 기업의 문제를 총체적으로 파악할 수 있게 된다는 의미였죠. 마케팅이나 경영지원 등과 같은 부분이 아니라 회사의 모든 면을 전체적으로 조망할 수 있었습니다. 6년 만에 10년치의 경험을 쌓은 것입니다. 그 덕분에 더 나은 사람이 되기도 했고요.

DR: 펩시코는 어떻게 당신을 영입하게 된 겁니까?

IN: 헤드헌터가 저에게 어느 날 전화해서 묻더군요. "펩시코가 당신과 얘기해보고 싶다는데요." 그렇게 펩시를 찾아가 면접을 봤고, 나머지는 아시는 대로입니다.

DR: 펩시에서 전략 담당 일자리를 제안했군요.

IN: 네. 기업 전략 책임자였죠.

DR: 모두들 당신에게 와서 펩시콜라 맛을 바꿔달라거나 프리토 레이Frito-Lay 칩을 좀 다르게 만들어달라고 말했을 것 같습니다. 사람들의 조언을 경청하는 편입니까?

IN: 물론입니다. 사람들은 제품에 대한 아이디어를 제공해줍니다. 광고에 대한 피드백을 주기도 하고요. 광고나 포장에 대한 아이디어도 주죠. 모든 의견을 듣습니다.

중요한 건 그냥 듣는 게 아니라 '두 귀를 열어놓고' 듣는 겁니다. 작은 아이디어 하나가 큰 성공으로 이어지는 경우가 비즈니스 세계에서는 얼마든지 존재하니까요. 제가 알게 된 한 가지 깨달음은 '어떤 아이디어도 가볍게 지나치지 말라'는 것입니다. 저는 제가 얻은 모든 아이디어를 분류해 직원들에게 보냅니다. "이런 사람들이 우리 제품에 대한 의견을 냈는데, 이런 내용이야. 여기 참고할 만한 것이 있을까? 어떤 대책이 필요할까?"라고 묻죠. 그렇습니다. 저는 모든 사람의 의견을 경청합니다.

DR: 직접 테스트할 때도 있나요?

IN: 제 일의 정말 좋은 점 중 하나는 제품 개발 초기 단계에 제가 직접 맛을 보고 테스트할 수 있다는 겁니다. 약간만 알려드리자면 저는 펩시코에서 1년에 50개에서 100개에 이르는 시제품을 맛봐야 합니다. 스낵이나 음료, 퀘이커Quaker 제품, 트로피카나Tropicana 등 뭐든지 3~5년 후에 출시를 계획 중인 제품은 다 해당됩니다. 저에게 시제품을 가져오면 피드백을 줍니다. 제 의견만 중요하다는 뜻이 아닙니다. 저도 의견을 낼 수 있다는 겁니다.

제가 하는 또 다른 일은 좀 뻔하게 들릴지 모르겠지만, 어쨌든 얘기하겠습니다. 누군가의 집을 방문할 때면 30분 안에 반드시 주방에 가서 찬장을 열어보고 어떤 제품이 있는지 확인합니다. 저를 초대한 사람이 누구든 간에, 그 집에 펩시 제품이 있을 때 비로소 마음이 놓입니다.

DR: 10년 전보다 지금이 CEO로 일하기가 더 힘듭니까?

IN: 사실 금융 위기로 세상이 엄청나게 변했습니다. 금융 위기에서 완전히 회복됐다고 하긴 어렵습니다. 전 세계적으로 지정학적 격변이 일어났죠. 나아가 와해성 기술disruptive technology이 기업들의 생존 방식을 완전히 바꿔놓고 있습니다. 앞으로 어떤 유형의 일자리가 기업에 남게 될까요? 가치 사슬은 어떻게 디지털 전환을 이룰까요? 전자상거래는 어떻게 기업에 영향을 주게 될까요? 기업의 모든 부분에 강력한 영향을 끼치는 기술들이 생겨나고 있습니다.

특히 지난 7년간 대기업을 운영하기란 정녕 힘든 일이었습니다. 외교 정책 전문가, 기술 전문가가 되어야 할 정도였으니까요. 일선에 나서서 과감하게 발언할 수 있어야 했고 세계 리더들과 마주 앉아 대화할 수 있어야 했습니다. 엄청나게 힘겨운 글로벌 환경에서 기업을 살리는 데 총력을 기울여야 했기에 CEO들은 저뿐 아니라 모두가 힘들었지요.

DR: 최근에 한 액티비스트(activist, 행동주의 펀드 등을 의미함 – 옮긴이)가 나타나 스낵류를 생산하는 프리토 레이 사업을 분사하는 게 좋겠다고 했죠. 어떤 식으로 대응해 그 액티비스트를 만족시킬 수 있었나요?

IN: 제 일은 액티비스트를 만족시키는 게 아니라 이 회사가 다음 세대에도 존속해 아주 아주 좋은 성과를 내도록 하는 것입니다. 그 과정에서 액티비스트가 만족했다면 그걸로 된 거죠. 말하자면 저는 내부의 액티비스트입니다. 저는 제 급여의 33배에 해당하는 펩시코 주식을 보유하고 있으니까요. 제 순자산 전체를 이 회사에 투자하고 있는 셈이니 어떤 외부 인사가 지속가능한 주주가치 제고에 대한 아이디어를 제공하면 저는 기꺼이 경청합니다.

저는 액티비스트의 말에 귀 기울였습니다. 저에게는 나름의 신념이 있고 훌륭한 이사회도 있습니다. 그래서 회사 전략을 그들과 공유하고, 아시다시피 투명하게 진행합니다. 그리고 저는 앞으로 회사의 발전 방향과 액티비스트들이 우리에게 원하는 방향을 얘기합니다. 저를 비롯한 이사회는 액티비스트의 요구가 단기 전략에 가까운 반면, 우리가 지향하는 방향은 장기 전략이라고 판단했습니다. 이사회는 저를 밀어줬고 우리는 대담하게 내부의 판단을 따르기로 했습니다. 우리는 액티비스트가 나타나기 전부터 회사 상황을 정확하게 알고 있었고 실적도 매우 좋았습니다.

DR: 맛은 있지만 많은 사람들은 펩시나 코카콜라가 건강에 좋지 않다고 말합니다. 펩시의 제품들을 더 건강하게 만들기 위해 어떤 사업을 진행 중입니까?

IN: 펩시콜라 같은 제품은 아주 오래전에 개발됐습니다. 당시 사회는 지금과는 완전히 달랐지요. 영양과다보다는 영양실조가 훨씬 많았고 당시 사람들은 그렇게 많은 당분이 포함된 제품을 마시는 게 괜찮다고 생각했습니다. 사회가 변했으니, 우리도 변화를 따라가는 게 당연합니다. 이를 위해 펩시코에서는 뭘 해야 할까요? 우리는 무가당 또는 저당 제품 출시를 늘리고 있습니다. 콜라도 당분 함량을 점점 더 낮추는 쪽으로 제품을 개선하고 있습니다. 소비자가 당분 함량이 낮은 탄산음료에 익숙해지도록 하자는 것이죠.

문제는 하루아침에 소비자가 그런 맛에 익숙해질 수는 없다는 것입니다. 차근차근 단계적으로 진행을 해야 목표 수준에 다다랐을 때, 예를 들어 8온스(약 237밀리리터)당 50~60칼로리라든가 12온스(약 355밀리리터)당 70칼로리 정도가 됐을 때 제품을 별 무리 없이 받아들이게 됩니다. 펩시코의 전략은 이렇습니다.

DR: 스낵은 어떻습니까? 너무 짜지 않냐는 비판을 받아왔습니다만. 이런 제품은 어떻게 더 건강한 제품으로 만들 생각입니까?

IN: 먼저 뉴스 한 토막을 소개해드리죠. 레이즈 감자칩 한 봉지의 나트륨 함량은 빵 한 조각에 들어간 나트륨 양보다 적습니다.

DR: 정말입니까?

IN: 네, 칩 표면에만 소금이 들어가니까요. 빵에는 '팽창제'가 들어갑니다. 수프에는 '보존제'가 들어가고요. 감자칩에는 표면에 소금이 뿌려지고요. 레이즈 한 봉지에는 세 가지 성분이 들어갑니다. 약간의 소금과 감자, 그리고 저지방 오일이죠. 그래서 마음 편히 레이즈 한 봉지를 먹을 수 있습니다. 이게 저의 첫 번째 조언입니다.

DR: 확실히 마음 편히 감자칩을 먹을 수 있겠군요. 그래도 살은 좀 찔 것 같습니다.

IN: 아닙니다.

DR: 살이 안 찐다고요?

IN: 운동하시죠?

DR: 별로 안 합니다.

IN: 여하튼! 괜찮으실 겁니다.

DR: 이렇게 말하는 사람이 있다고 치죠. '나는 건강에는 별 관심 없고 그냥 맛있는 스낵을 원할 뿐이다.' 그럼 가장 만족할 만한 스낵으로는 뭐가 있습니까?

IN: 프리토스죠. 아마 죽어서 천국에 온 느낌일 겁니다.

DR: 펩시코에는 20만 명이 넘는 직원들이 있습니다. 그들과 어떻게 소통합니까? 이메일을 통해서? 그렇게 많은 직원을 거느리고 있으면 어떤 식으로 매번 소식을 전하는지요?

IN: 화상회의도 하고 이메일도 보내고 분기별로 전체 직원회의와 공개 토론회를 열기도 합니다. 출장을 갈 때마다 해당 지역의 지사에서 근무하는 직원들과 만나 회의를 합니다. 때로는 전체 직원에게 개별적으로 편지를 쓰기도 합니다. 예를 들어 제 아이들이 대학에 입학했을 때 직원들에게 '성장한 자식의 빈자리가 참으로 쓸쓸하다. 그러니 여러분도 시간을 내서 부모님께 편지를 써라' 같은 내용의 편지를 보내기도 했습니다. 개인적으로 생각나는 것이면 뭐든지 씁니다. 직원들이 저를 임원이라기보다는 한 명의 '인간'으로 생각해주길 바라기 때문입니다. 저는 직원들이 쉽게 다가올 수 있는 사람이고, 일선 직원부터 고위급 임원까지 모두와 얘기합니다.

DR: 몇 년 전 워싱턴 경제클럽에서 한 연설로 많은 이의 이목을 집중시켰던 걸로 기억합니다. 그 내용 중 하나는 최고위 임원들 어머니에게 편지로 일종의 성적표처럼 자녀들이 얼마나 잘하고 있는지 알려드렸다는 것이었습니다. 여전히 편지를 보냅니까? 그리고 그렇게 한 이유는 뭐였는지요?

IN: 몇 년 전 제가 처음 CEO가 되었을 때의 일입니다. 당시 저는 어머니를 만나러 인도로 돌아갔습니다. 호텔에 머물렀는데, 집이 너무 낡아서 편한 곳에 있고 싶었기 때문이죠.

어머니는 제게 아침 7시에 잘 차려입고 집으로 오라고 하셨습니다. 그 이유가 궁금했지만 어머니가 그렇게 하라고 하면 그냥 따르는 게 신상에 이롭죠. 아침 일찍 집으로 가 거실에 앉아 있는데 갑자기 사람들이 쏟아져 들어오기 시작했습니다. 그들은 저를 쳐다보다가 어머니에게 가서 그러더군요. "정말 따님을 잘 키우셨군요. 축하드립니다. 딸이 사장님이라니!"

아무도 제게는 말을 건네오지 않았습니다. 이 광경을 지켜보고 있다가 문득 깨달았습니다. 제가 부모님의 자랑스러운 작품이라는 것을요. 그 일을 계기로 저는 회사 임원들의 부모님들에게 펩시코를 위해 헌신하는 자녀를 보내주신 것에 한 번도 감사인사를 한 적이 없다는 것을 깨달았습니다. 그래서 돌아와 직접 편지를 쓰기 시작했습니다. 제 고향의 문화적 배경이 어떻고, 인도에 갔을 때 무슨 일이 있었는지 등등의 얘기를 써내려갔습니다. 그런 다음 그들의 자녀가 펩시코에서 무슨 일을 하고 있는지 간단히 적은 다음 "우리 회사에 자녀를 보내주셔서 감사합니다"라고 썼지요.

그러자 감동의 메시지가 날아들기 시작했습니다. 부모님들이 제게 직접 연락을 해오기 시작했습니다. 가슴 벅찬, 놀라운 경험이었죠. 이제 저는 400여 명의 임원 부모님들께 편지를 씁니다.

DR: 임원들의 반응은 어떻습니까?

IN: 그들도 매우 감동을 받았습니다. 자신들에 대한 긍정적인 내용이 가득한 편지를 부모님들이 받아보고 계시니까요. 제 편지가 그들에게 좋은 선물이 되었던 것 같습니다.

DR: 사람들은 당신을 보며 말합니다. '이 사람은 다 가졌군. 엄청난 기업의 CEO인 데다 30년 넘게 함께 산 남편도 있고, 행복하고 건강한 두 딸도 멋진 직장을 다니고 있잖아.' 우리 사회에서 여성이 일과 가정에서 모두 성공한다는 게 가능합니까? 스스로도 다 가졌다고 느낍니까?

IN: 상대적 기준에서 말하자면 그렇습니다. 다 가졌다고 봐야죠. 저는 정말 운 좋게도 훌륭한 남편과 두 딸까지 있고 가족 간 유대도 긴밀한 편입니다. 남부럽지 않은 직장에, 뛰어난 팀을 갖고 있죠. 하지만 이

자리에 오기까지, 이 자리를 지켜내기까지 정말 많은 대가를 치러야 했습니다. 희생할 것도 많았고 상처들도 많았죠. 그래도 어떻게든 그 모든 걸 헤쳐 나갈 힘이 있었던 것 같습니다.

일과 가정에서 모두 성공할 수 있을까요? 답하기 쉽지 않은 질문입니다. 주변의 지원을 제대로 받을 수 있고, 이해심 있는 배우자가 있고, 필요한 대가를 모두 치를 의지가 있다면, 그러면 다 가질 수 있습니다. 그렇지만 그 과정에서 가슴 아픈 일이 생기고 고통스러울 수 있고, 겉으로는 보이지 않는 상처들도 생길 수 있습니다. 그걸 감내하고 살아야 합니다.

DR: 펩시코의 회장이 되고 난 어느 날 집에 왔는데 어머니가 당신에게 우유를 좀 사오라고 하셨죠. 그리고… 여기서부터는 직접 얘기를 들려주시는 게 더 나을 것 같습니다.

IN: 2000년에 있었던 일입니다. 저녁 9시 30분쯤 전화로 제가 회장이 될 거라는 소식을 막 전해 들었습니다. 집으로 가 가족들에게 제가 펩시코 회장이 될 거라고 얘기할 참이었습니다. 엄마가 문을 열어주셨죠. 그때는 저랑 같이 살고 계셨습니다. "엄마, 좋은 소식이 있어요"라고 하자 "얘기하기 전에 가서 우유부터 좀 사오너라"라고 하셨습니다. 저는 "밤 10시인데 왜 우유가 필요한 거예요?"라고 했죠. 남편의 차가 차고에 있는 것을 본 저는 다시 물었죠. "그이한테 사오라고 하지 그러셨어요?" 어머니는 이렇게 답하셨습니다. "8시에 집에 왔는데 너무 피곤해 보여서 그냥 있으라고 했다. 그러니 네가 좀 사와."

이제 눈치채셨겠지만 저희 어머니에겐 대꾸를 하는 게 아닙니다. 저는 우유를 사가지고 돌아왔습니다. 그러고는 주방 조리대 위에 던지듯 우유를 올려놓고는 말했습니다. "깜짝 뉴스가 있어요. 좀 전에 제가 펩시코 회장으로 임명됐거든요. 그런데 엄마는 고작 우유나 신경 쓰시다니"라고 말하자 어머니가 저를 보며 말씀하셨습니다. "무슨 얘기 하는 거냐? 저 문으로 들어올 때는 왕관은 차고에 두고 와야지. 너는 아내이자 딸이고 며느리이자 아이들의 엄마 아니냐. 내가 하고 싶은 말은 그것뿐이다. 그 외에는 차고에 두고 오려무나. 더 이상 이 문제로 나에게 따질 생각은 하지 마라." 그래서 저는 어머니에게는 아무것도 따지지 않게 됐습니다.

DR: 그렇지만 어머니는 당신이 CEO인 것을 무척 자랑스럽게 여기실 것 같습니다.

IN: 사실 그렇긴 하지만 늘 제가 자만하지 않게 해주시죠.

DR: 어떤 것이 더 어렵습니까? 여성인 것과 CEO인 것 중에서요. 아니면 이민자인 것과 CEO인 것, 또는 그 세 가지 조건에 다 해당되는 것과 비교하면요? 어떤 점 때문에 가장 힘드셨습니까? 그리고 많은 어려움을 극복하는 데 특히 어떤 것이 필요했습니까?

IN: 그게 어려움이었는지는 모르겠군요. 여성인 것, 이민자인 것은 나름의 장단점이 있습니다. 장점이라면 '다르기 때문에' 사람들이 주목한다는 점입니다. 회의실에 들어가면 '저 사람은 좀 다른 사람이군. 여성이고 이민자 출신인데 키가 크네' 같은 식의 시선을 받습니다. 이 모든 게 다 함께 작용하는 것이죠.

유일하게 힘들었던 것은 '이 위대한 기업을 저 여자가 경영한다고? 뭘 알기는 아는 거야?'라는 사람들의 편견이었습니다. 하지만 결과적으로는 저의 핸디캡들이 더 많은 장점으로 작용했다고 생각합니다.

DR: 오늘날 여성은 당신이 CEO가 됐을 당시보다 더 수월한 상황에서 일한다고 생각하나요? 아니면 여성 CEO가 되기 위해서는 동급의 회사 CEO인 남성보다 여전히 더 열심히 일해야 한다고 보십니까?

IN: 요즘이 더 낫다고 봅니다만, 그건 단지 힘이 있는 자리에 올라간 여성이 옛날보다 조금 더 많기 때문입니다. 하지만 개인적으로는 이런 위치에 오르는 것과 여성인 것 사이에는 별 상관관계가 없다고 봅니다. 저는 이민자로서의 두려움이 있습니다. 항상 실패하면 원치 않는 상황에 빠지게 될까 봐 두려웠습니다. 그런 두려움이 제게는 동기부여가 되었고 매일같이 제 일에서 더 나은 모습을 보이기 위해 스스로를 채찍질했습니다.

DR: 당신은 많은 여성의 롤모델입니다. 스스로도 그렇게 생각하십니까?

IN: 싫든 좋든 제가 롤모델일 수밖에 없다고 봅니다. 여성 일반에게든 소수자에게든 아니면 인도 여성들에게든, 롤모델이 된다는 건 영광이겠죠. 누구나 제게 배우려 하고 제 조언을 듣고 싶어 합니다. 저 같은 여성은 수가 적기 때문에 롤모델 역할을 해야 합니다. 그리고 그 역할을 제대로 해내야 합니다. 다음 세대 여성들을 위한 기준을 만들어야 하기 때문입니다.

DR: 한 번은 회사 일에만 몰두하느라 배우자를 챙기지 않는다고 남편께서 불평한다는 얘기를 들은 적 있습니다. 그 불평에 어떻게 답했나요?

IN: 남편은 늘 이렇게 말합니다. "당신의 우선순위는 펩시코, 펩시코, 펩시코, 그리고 아이들, 장모님, 그리고 저 아래쪽 어딘가에 내가 있지." 그러면 이렇게 말해주죠. "목록에 있는 것만으로도 만족해!" 그렇지만 남편은 제가 그를 얼마나 사랑하는지 알고 있습니다. 그가 저에게 바위처럼 든든한 존재라는 걸 남편도 압니다. 그는 제 목숨 같은 사람이죠. 그런데도 그는 자꾸 더 위로 올라오고 싶어 하네요.

# 4장
# 통솔자형

조지 W. 부시 / 빌 클린턴
George W. Bush / Bill Clinton

콜린 파월
Colin Powell

데이비드 퍼트레이어스
David Petraeus

콘돌리자 라이스
Condoleezza Rice

제임스 A. 베이커 3세
James A. Baker

# 01 조지 W. 부시 / 빌 클린턴

미국 전 대통령

*George W. Bush*

*Bill Clinton*

빌 클린턴: "시간은 생각보다 빨리 지나갑니다."

조지 W. 부시: "리더에게 가장 필요한 것은 겸손함입니다.

내가 모르는 게 뭔지 아는 것과

내가 모르는 걸 아는 사람들의 말을 경청하는 것이 정말 중요합니다."

현재 세계 최고의 리더는 미국 대통령이라 생각하는 경우가 흔하다. 대통령의 리더십에 관한 수많은 책과 연구서가 쏟아져 나왔지만 '위대한 대통령의 자질'이란 간단하게 답할 수 있는 주제가 아니다. 대통령마다 발휘하는 각각의 능력과 경험이 모두 다르다.

대통령 선거에 나선 후보들은 서로 라이벌이 되는 일은 많지만 서로 가깝게 지내는 일은 흔치 않다. 바로 그런 이유 때문에 1992년 대선에서 빌 클린턴이 현직 대통령인 조지 H. W. 부시를 누르고 당선됐을 때 클린턴과 부시 가족들이 친밀한 관계로 발전하리라고는 예상하기 힘들었다. 하지만 클린턴과 부시는 쓰나미와 허리케인에 따른 재난 구조 활동에 함께 뛰어들면서 좋은 친구가 되었다. 그리고 시간이 흐른 후 클린턴과 조지 W. 부시도 꽤 친분을 쌓으면서 대통령 리더십 장학 프로그램

Presidential Leadership Scholars Program에 함께 힘을 보탰다.

나는 이 프로그램의 후원자였고 클린턴 및 부시 대통령과 수년간 알고 지냈다. 또한 이 두 사람을 따로 인터뷰한 적도 있었다. 이 두 사람의 공동 인터뷰 기회가 찾아온 것은 댈러스에 있는 조지 W. 부시 정책연구소에서 열린 대통령 리더십 장학 프로그램의 2017년 최종 세션 때였다.

두 전직 대통령의 친밀한 관계는 인터뷰에서도 잘 드러났으며 둘 사이에는 수많은 농담이 오고 갔다. 하지만 국정운영을 비롯해 대통령직 수행에 영향을 미쳤던 각각의 개성과 경험에 대해서는 둘 다 진지한 모습이었다.

대통령이란 누구나 도전해볼 만한 훌륭한 직업 중 하나다. 부시와 클린턴은 미국 대통령만큼 미국을 비롯한 전 세계에 긍정적인 영향을 줄 수 있는 힘을 가진 직업이 없다는 데 동의한다.

대통령이 되기까지 두 사람이 걸어온 길은 사뭇 달랐다. 한 명은 유복자로 태어나 홀어머니 밑에서 변변치 않은 환경에서 자랐다. 하지만 로즈 장학금Rhode Scholarship을 받은 뛰어난 학생 리더로서 젊은 나이에 아칸소 주지사에 당선되어 여섯 번이나 재임한 인물이다. 다른 한 명은 미국 대통령의 아들로 여유로운 환경에서 자랐으나 아주 뛰어난 학생은 아니었고 중년이 될 때까지는 정치적 인생 또한 고려해본 적 없는 사람이었다. 그의 부모조차 그가 텍사스 주지사로 당선될 가능성은 크지 않다고 생각할 정도였다.

이처럼 두 사람의 출신 배경은 매우 다르고 리더십 면에서도 서로 다른 능력을 갖고 있다. 클린턴은 공화당이 다수인 적대적 하원을 상대하고 특별 검사 조사와 탄핵이라는 위기를 넘겨야 했다. 부시는 9·11 테러와 아프가니스탄 및 이라크 전쟁을 비롯해 글로벌 금융 위기를 해결해야 했다. 그 어떤 것도 대통령 자신이나 가족, 그리고 지지자들에게 쉬운 일은 아니었다. 하지만 두 사람은 어려운 상황을 헤쳐 가며 리더십에 대해 상당한 식견을 갖추게 되었다.

실제로 가장 어려운 시기에 난관을 극복한 인물들은 위대한 미국 대통령으로 기록되곤 했다. 남북전쟁 당시의 에이브러햄 링컨, 2차 세계대전 당시의 프랭클린 D. 루스벨트 등이 그렇다.

클린턴과 부시 또한 난관을 극복하는 결단력을 발휘해 이를 확실하게 검증받았다. 두 사람은 이제 엄청난 압박에서 벗어나 삶을 즐기게 됐을까? 그럴 수도 있다. 하지만 두 사람은 그런 압박에도 불구하고 대통령이라는 자리 덕분에 많은 사람들을 도울 수 있었다는 걸 생생하게 알게 된 듯하다. 그래서일까, 두 사람은 연단에 서던 그 시절을 몹시 그리워하고 있다.

## interview with titans

**데이비드 루벤스타인(DR):** 이제 두 분 모두 전임 소리를 듣는 대통령이 되셨습니다. 현직 대통령과 전직 대통령의 차이는 무엇인가요? 핵무기 코드를 갖고 핵폭탄을 발사할 권한이 있고, 모두가 나를 위해 일하다가, 어느 날 퇴임하면서 모든 권한이 사라지는 상황이 떠오릅니다만. 그런 변화가 어떠셨습니까?

**빌 클린턴(BC):** 방 안을 돌아다녀도 더 이상 음악을 틀어주는 사람이 없지요. 퇴임 후 3주 동안은 멍했습니다. 음악이 나오길 계속 기다리면서요. 사실은 정말 좋았습니다. '계속 대통령이면 좋겠군. 그러면 이런 걸 할 수 있을 텐데, 그립군' 하는 생각은 17년이 지나서야 처음 들었죠. 우리는 언제나 우리에게 남아 있는 시간에 대해 감사하는 마음을 가져야 할 것입니다. 감사를 하는 과정에서 현재와 미래에 집중해야 한다는 사실을 새삼 깨닫게 되지요. 시간은 해방감을 주는 동시에 추억을 불러일으킵니다.

이제 얼마나 많은 시간이 남아 있는지 모르지만, 이 나라로부터 아주 귀중한 선물을 받았고, 갚아야 할 빚이 있다는 생각이 듭니다. 그 갚아야 할 빚이 무엇인지 알아내기 위해 노력했습니다. 그 빚은 제 인생의 매우 귀중한 부분이었고 진심으로 좋아했습니다.

**조지 W. 부시(GWB):** 대통령직에서 물러난 다음 날 텍사스 크로포드에서 눈을 떴을 때 누군가 제게 커피를 가져다줄 거라 생각했습니다. 로라는 가져다주지 않았지요. 책임질 일이 없다는 느낌이 들자 깜짝 놀랐습니다. 그러니까 말하자면 대통령 임기 중에는 맡은 업무에 익숙해집니다. 처음에는 엄청나게 무겁게 느껴지다가 천천히 삶의 자연스러운 일부로 받아들이게 되죠. 그러다가 갑자기 어느 날 눈을 떠 일어나 보니 그런 책임이 싹 사라진 것이죠. 그게 제게는 무척 낯설게 느껴졌던 것 같습니다.

**DR:** 대통령이 뭔가를 하려고 하면 대체로 야당 의원들은 형편없는 생각이라며 목소리를 높입니다. 그래서 정치적 사안을 처리하기란 어렵습니다. 아마 요즘은 더 어렵지 않을까 합니다만 두 분 모두 현직에 계실 때도 쉽지 않은 일이었습니다. 퇴임한 지금은 훨씬 수월해졌다고 생각하시는지요?

BC: 먼저 내가 가진 것과 갖지 못한 것이 뭔지 파악해야 합니다. 저는 그 일을 정말 좋아했습니다. 그에 따르는 모든 책임조차 즐겁게 받아들 였으니까요. 매일 얼마나 많은 시간을 대통령 업무에 묶여 있어야 하 는지, 그리고 당장의 문제에 얼마나 많은 시간을 할애해야 하는지 생 각하면 지금도 놀라울 정도입니다.

당장의 문제를 해결하지 않으면 다른 일들을 제대로 해낼 수 없게 됩 니다. 당장의 문제에만 골몰해 있으면 후보 시절 내건 공약을 지킬 수 가 없게 되죠. 그래서 많은 문제가 생겨납니다.

대통령에서 물러나면 그 모든 힘이 한 시민으로서의 나의 경험과 인 맥을 통해 할 수 있는 일들로 바뀌게 됩니다. 그리고 어떤 일을 할지 결정해야 하죠.

누구나 의견이 다릅니다. 카터 대통령은 물러난 후 캐나다에서 '사랑 의 집짓기Habitat for Humanity' 봉사 활동에 적극 참여했습니다. 그가 원해 서 한 일이지요. 그런 봉사를 통해 그는 해비타트Habitat를 전 세계 최 대 규모의 집짓기 운동으로 키워냈습니다. 저 또한 이런 결정을 내려 야 합니다.

GWB: 과제를 수행하기가 그리 쉬운 것만은 아닙니다. 예를 들어 저의 퇴임 후 최대 성과 중 하나는 이 건물(부시 프레지던트 센터)을 지은 것 과 변화의 동력이 될 프로그램들을 출범시킨 것입니다. 하지만 여기 까지 오는 데 정말 힘든 과정이 있었습니다. 세출 법안을 통과시키는 일과는 거리가 멀었지만요.

DR: (클린턴에게) 41대 대통령이었던 조지 H. W. 부시를 상대로 대선에 출마하셨습니다. 격렬한 싸움이었죠. 그는 재선에 실패했고요. 어떻게 나중에 가까운 사이가 되셨습니까? 서로 경쟁 상대였는데 곤란하거나 어색한 상황이 생긴 적은 없었나요? 서로 친근하게 이름을 부르는 사이가 되셨습니다만. 어떻게 친해지셨습니까?

BC: 주지사로 제가 일할 때부터 연락을 좀 하고 지냈던 것이 도움이 되었죠. 그가 교육 환경 개선을 위한 목표를 달성할 수 있도록 도와달라고 요청했고, 민주당 주지사들을 대표했던 제가 이를 받아들여 함께 일하기 시작했습니다. 서로 이견이 있으면 대화를 통해 다음 단계로 나갔죠. 사람들 사이란 늘 마음이 맞았다가, 엇나갔다가 하곤 하죠. 그와 나도 그러면서 함께할 수 있는 일을 찾아냈고, 이를 통해 친분이 조금씩 조금씩 두터워졌습니다.

GWB: 저는 미국 정치사에서 아주 독특하다고 평가받는 클린턴과 제 아버지의 관계에 대해 약간 다른 의견을 갖고 있습니다. 클린턴이 아버지를 상대로 거둔 승리에 자만하지 않는 사람이었다는 게 출발점이었다고 생각합니다. 달리 말해 그는 승리를 겸허하게 받아들였는데, 사람들을 대할 때 이는 매우 중요한 요소입니다. 그리고 아버지는 정쟁에 굴하지 않는 분이셨습니다. 이는 개인의 성격에서 비롯된다고 봅니다. 두 사람 모두 강인한 성격을 지니고 있었기에 우정이 싹튼 게 아닌가 싶습니다.

그렇다면 저는 왜 클린턴과 친하게 지낼까요? 어머니가 다른 형제처럼 생각되기 때문일 겁니다. 그는 저보다도 더 자주 메인 주(부시 일가의 해변 저택이 있는 지역-옮긴이)에서 시간을 보내더군요.

DR: 2000년 대통령 선거 유세 중에 클린턴 행정부의 업적을 비판하셨죠?

GWB: 우리는 둘 다 베이비부머 세대였고 남부 지역 주지사 출신이었습니다. 공통점이 많았죠. 그는 집권 시절, 의회와 사이가 좋았습니다.

제가 집권했을 때도 마찬가지였고요. 그래서 서로를 존중하고 또 좋아하는 마음이 자연히 들었습니다. 누군가와 이견이 생긴다 해도 그를 싫어한다는 뜻은 아니니까요.

BC: 게다가 저는 부시가 저보다 44일 먼저 태어났다는 걸 알았습니다. 그래서 그의 생일에 전화를 걸어 "무릎을 꿇고 전화하고 있습니다. 저보다 44일 먼저 태어난 연장자에 대한 존경심에서요"라고 말했습니다.

GWB: 대통령에 당선된 후 빌에게 전화를 했습니다. 그는 많은 도움이 됐습니다. 다양한 사안에 대해 아는 게 많았고 특히 제가 관심 있던 외교에 뛰어났습니다. 그에게서 유용한 조언을 얻을 수 있으리란 걸 알았습니다. 그는 정중하게 제 전화를 받았습니다.

DR: 클린턴 대통령께서는 특별한 경우였을까요? 학교를 다녀본 사람들은 학생회장이나 반장감을 알아봅니다. 마찬가지로 모두가 이 사람은 미국 대통령이 될 수도 있겠다고 생각하죠. 하지만 당신이 대통령이 되리라 기대한 사람은 많지 않았습니다. 그럼에도 리더의 자리를 지속적으로 지킬 수 있었던 비결은 무엇이었나요? 사람들이 알아봐주지 않으면 대부분 지치게 마련일 텐데요.

BC: 저 또한 두 번의 선거에서 진 적이 있습니다. 그러면 누구나 자연스럽게 겸손이 무엇인지 알게 됩니다. 무엇보다 저에 대한 평가가 과장됐다고 생각합니다. 제가 당선된 것은 TV 없는 세상에서 태어난 마지막 세대이기 때문일 거예요. 저는 열 살이 되어서야 집에 TV를 갖게 됐습니다. 그 대신 저는 대화를 많이 하는 분위기에서 자랐습니다. 사람들은 서로 대화하며 상대의 말을 경청했지요.

그랬던 사람들이 요즘은 어떻게 대화하며 지내는지 모르겠습니다. TV 뉴스에는 대통령의 동영상이 평균 8초 정도 나옵니다. 스냅챗은

10초, 트위터는 140자로 표현되지요.

제 삶은 식사 시간을 중심으로 흘러갔습니다. 아버지는 제가 태어나기도 전에 자동차 사고로 돌아가셨고, 조부모님을 비롯한 친척 어른들과 시간을 많이 보냈습니다. 백부께서는 집안에서 가장 똑똑한 분이셨습니다. 늘 대화를 이끌고 아이들을 그 자리에 끼워주셨죠. 그는 하고 싶은 말이 있는데 할 수 없는 건 슬픈 일이라고 가르쳐주셨습니다. 자신의 틀을 깨고 발전해나가는 사람은 본래 흥미로운 법이라는 사실도요. 그래서 저는 경청하고 관찰하는 법을 배웠습니다. 저는 이것이 곧 삶을 살아가는 비결이라고 생각합니다. 다른 사람들의 삶이 나아지도록 도우려면 제 삶부터 개선해야 된다는 것을 깨달았습니다. 그후 저에 대해 다른 사람이 뭐라고 하든 상관하지 않았습니다.

DR: 대통령 집무실에 출근한 첫날 가장 놀랐던 건요? 대통령은 비밀, 그러니까 핵무기 코드를 알게 되고, 미군이 개입할 수도 있는 모든 위기 상황에 대해 보고를 받습니다. 당신이 미국 대통령이라는 사실, 세계에서 가장 영향력 있는 사람이라는 사실을 느꼈던 때가 언제였습니까? 첫 날, 첫 주, 아니면 첫 달이었습니까?

BC: 해리 트루먼Harry Truman은 이렇게 말했습니다. "대통령의 가장 놀라운 점은 처음부터 상대에게 지시하지 않고 그들이 해야 할 일을 하게끔 말로 설득하는 데 상당히 많은 시간을 쓴다는 것이다." 제가 일반적인 삶과는 거리가 있는 삶을 살다 보니, 사람들이 저를 3차원 현실 속 인물로 쉽게 생각하지 못한다는 것을 알고 놀랐습니다. 임시직치고는 정말 좋은 직업을 갖게 돼서 그런지는 모르겠습니다만. 3차원의 인간이 아닌 만화에 나오는 것 같은 평면적인 인간으로 제가 그렇게나 쉽게 그려질 수 있다는 걸 알고는 놀랐죠. 무슨 내용을 어떻게 말할지 제대로 준비해야 한다는 것, 사람과의 소통에서 예전에는 생각지도 못했던 여러 겹의 장벽을 계속 떠올려야 한다는 것 등이 뜻밖이었습니다. 저는 제가 의사소통에 능하다고 생각했는데, 네다섯 번씩 실패하고 나서야 비로소 대화를 어떻게 끌어가야 하는지 알게 됐습니다.

DR: 젊은 나이에 대통령이 되셨습니다. 46세이셨죠. 56세나 66세에 당선됐다면 달랐을 거라 생각하시나요? 그 나이였다면 체력이 부족했을까요? 더 많은 경험이 도움이 되었을까요?

BC: 더 나이가 많았더라면 어떤 면으로는 나았을지도 모르지만 한편으로는 나쁜 점도 있었을 겁니다. 젊었을 때는 바보같이 불가능한 일인 줄도 모르고 엄청나게 많은 일을 하는 경우도 있으니까요. 그저 계속해서 하다 보면 되는 일도 있는 법이고요.

DR: 부시 대통령께 질문드립니다. 아버지를 따라 당연히 백악관에서 사셨겠죠. 아버지의 업적과 더불어 과오로 생각될 수도 있는 것들 또한 지켜보셨을 텐데요. 이를 통해 배운 것이 있으십니까? 어떻게든 아버지와 스스로를 분리해 생각하고자 하셨나요?

GWB: 아닙니다. 저는 아버지에게서 많은 걸 배웠습니다. 아버지와 별개라는 생각은 해본 적 없습니다. 아버지 역시 마찬가지였고요. 우리의 부자관계는 아주 원만했습니다.

정말 깜짝 놀랐던 순간은 제 취임식 퍼레이드 직후였습니다. 저는 집무실이 어떤지 보러 가기로 마음먹었습니다. 제가 모르는 사이에 앤디 카드Andy Card 비서실장이 백악관 관저에 연락해 아버지를 오시게 했습니다. 집무실 책상에 앉아 천천히 방안을 둘러보는데 아버지가 걸어 들어오셨습니다. "대통령님, 잘 오셨습니다"라고 제가 말하자 아버지는 "감사합니다, 대통령님"이라고 대답하셨습니다.

DR: 특별한 순간이었겠군요. 클린턴 대통령께서는 당선된 후 어머니가 처음 집무실에 들어오셨을 때 어땠습니까?

BC: 어머니는 큰 소리로 웃으셨죠. 정말 말도 안 되는 상황이었으니까요. 그러니까 그런 일이 진짜 일어날 줄은 몰랐던 거죠. 한편으로는 제가 출마했을 때 제가 승산이 있다고 생각한 유일한 사람이 어머니이기도 했죠. 기분이 좋았습니다. 어머니는 정말 힘들게 살아오셨으니까요. 세 번이나 남편을 잃으셨습니다. 매일 새벽 5시에 일어나 채비를 하고 직장에 7시까지 출근하셨고, 저를 돌보기 위해 뭐든 하셨습니다. 그래서 어머니에게 그런 모습을 보여드릴 수 있어서 자랑스러웠죠. 당시 어머니는 편찮으셨습니다. 그후 1년도 채 되지 않아 세상을 떠나셨고요.

GWB: 저의 어머니가 뭐라고 말씀하셨는지도 궁금하신가요? "제퍼슨 스타일 탁자에서 발을 치워라"였습니다.

DR: 백악관에 사는 것을 일종의 감옥살이라고 부르는 사람들도 있습니다. 자주 나오기가 어렵기 때문일 텐데요. 백악관 생활은 실제로 어떻습니까? 멋진가요? 시중 들어줄 직원들이 상주해 있고 원하면 캠프 데이비드에서 휴가를 즐길 수도 있잖습니까?

BC: 10여 년간 아칸소의 주지사 관저에서도 살아보긴 했지만, 격식에 얽매이지 않는 삶과는 아주 다릅니다. 저는 열아홉 살 때부터 사실상 독립해서 살았습니다. 그래서 공적인 삶에 익숙해지는 데 시간이 좀 걸렸죠. 그래도 그곳에서 일하는 분들을 정말 존경하고 애정을 갖게 됐습니다. 정보기관과 경호원들이 위험을 감수하는 것에 대해서도 상당한 존경심을 갖게 됐습니다. 그래서 저도 곧 적응하게 됐죠. 백악관 생활은 즐거웠습니다.

마린 원(Marine One, 미 대통령 전용 헬기-옮긴이)에서 마지막으로 내렸을 때가 아직도 생생히 기억납니다. 마지막으로 백악관 안으로 걸어 들어갔습니다. 첫 임기 때보다 미국에 대한 더 낙관적인 전망을 품고 있었다는 게 똑똑히 기억납니다. 이상적인 국가에 좀 더 가까워지고 있다는 느낌이었죠. 지겨웠던 적은 한 번도 없었습니다.

DR: (부시에게) 백악관에서 지내는 게 마음에 드셨습니까?

GWB: 그랬죠, 아주 많이요. 저를 정말 따뜻하게 보살펴 줍니다. 직원들이 아주 많았습니다. 빌이 재임할 당시와 같은 사람들이 일하고 있었습니다. 아버지가 계실 때도 거의 같은 사람들이 일했죠. 그래서 로라와 저는 백악관에서 그들의 환대를 받을 수 있었죠. 백악관은 아주 역사적인 훌륭한 공간입니다. 안락하고요. 그곳에 사는 매 순간이 즐거웠습니다.

DR: 캠프 데이비드에서는 어떠셨습니까? 편안하게 휴식을 취할 수 있는 곳인가요? 아니면 그러기엔 과한 평가인가요?

BC: 멋진 곳입니다. 추수감사절 연휴 때가 가장 좋았어요. 가족 모두를 데리고 갈 수 있었거든요. 그리고 첼시가 친구들을 거기 데리고 갈 수 있다는 것도 좋았습니다. 적어도 그곳에 있는 동안에는 좀 더 자유롭게 움직이고 돌아다닐 수 있다는 기분이라도 느낄 수 있으니까요. 휴가지로서 아주 좋은 곳이죠.

DR: (부시에게) 캠프 데이비드를 좋아하셨습니까?

GWB: 네. 우리는 자주 갔는데, 아마 역대 대통령 중에 제일 많이 갔을 겁니다. 어쩌면 로널드 레이건 대통령이 조금 앞섰을지도 모르지만요. 그곳에 자주 갔던 이유 중 하나는 친구들을 초대할 수 있어서입니다. 대통령이 되면 예를 들어 미들랜드에서 함께 자란 친구들을 초대해 집무실이나 캠프 데이비드를 보여줄 수 있다는 장점이 있죠.

또 다른 이유는 제가 운동을 좋아하는데, 캠프 데이비드는 하이킹이나 달리기, 산악자전거 타기에 아주 적합한 곳이기 때문입니다. 멋진 헬스클럽이 있는 셈이죠. 자유로운 기분이 듭니다.

DR: 두 분은 재선에 성공한 미국 역대 대통령 13명 안에 포함되어 계십니다. 미국 대통령을 연임하는 것과 30~40년간 전임 대통령 신분으로 지내는 것 중 어떤 것이 더 즐거우십니까?

BC: 어떤 것에 중점을 두느냐에 따라 다릅니다. 가능한 많은 이들에게 대통령의 이미지로서 영향을 주려면 전임 대통령으로 오래 살아야 하겠죠. 저는 그렇게 되도록 노력했습니다만, 선택을 하라면 대통령 연임을 택하겠습니다.

GWB: 저도 마찬가지입니다. 대통령의 의사결정이 수많은 이들에게 엄청난 영향을 주기 때문이죠. 그런 환경에 있다는 건 아주 즐거운 일입니다. 정책을 긍정적인 방향으로 끌고 갈 수 있도록 모든 능력과 에너지를 쏟아붓게 됩니다. 대통령이라는 자리가 재미있는 것은 예측할 수 없는 상황에 좌우되는 경우가 많기 때문입니다. 그래서 더더욱 그 자리가 매력적이고요.

BC: 그런데 재미있는 건 가장 빛나는 전임 대통령들의 상당수는 단임 대통령이었다는 사실입니다. 존 퀸시 애덤스John Quincy Adams는 연임에 실패한 후 하원으로 돌아가 16년간 공직생활을 하면서 노예제 폐지에 크게 기여했습니다. 윌리엄 하워드 태프트William Howard Taft는 대법원장이 됐습니다. 허버트 후버Herbert Hoover는 퇴임 후 다시 공직에 복귀해 공무원법Civil Service Act 제정에 참여했습니다. 그들은 대통령에서 물러나고도 가치 있는 일을 많이 했습니다. 조지와 저는 상대적으로 젊으니 축복받은 셈입니다. 버락 오바마 또한 젊은 나이인 만큼 무척 운이 좋은 겁니다. 대통령 임기를 8년이나 채우고도 다른 좋은 일들을 할 수 있으니까요.

DR: 존 F. 케네디는 기자회견에서 대통령이란 자리를 추천하겠냐는 질문을 받은 적이 있습니다. 그는 이렇게 답했죠. "지금은 다른 사람들에게 추천하지 않겠습니다. 제 임기가 끝날 때까지 기다려주십시오." 두 분은 어떻습니까? 모든 걸 감수하고 대통령이 될 가치가 있다고 생각하십니까?

BC: 두말할 필요가 없지요.

GWB: 동감입니다.

DR: 바야흐로 미국 인구는 현재 약 5억 5,000만 명에 달하게 되었습니다. 그중 45명이 대통령으로 선출됐습니다. 백악관에서 8년간 지내면서 가장 자랑스럽게 여기는 성취가 있었다면요?

BC: 저는 퇴임하면서 미국이 50년 만에 최장기 호황을 누리고 있다는 사실에 가장 큰 자부심을 느꼈습니다. 인종, 종교, 지역을 막론하고 성장의 과실이 고루 분배되었습니다. 제가 불평등을 근절했을 리는 없습니다. 시장경제 체제에서 그건 불가능한 일이니까요. 그래도 최소한 성과를 좀 더 고르게 분배할 방법을 찾았습니다. 모두가 괜찮은 일자리를 얻고 앞날에 대한 기대로 아침을 맞이한다면 다른 모든 문제의 90퍼센트 정도는 사라지게 됩니다. 우리가 어떤 문제로 대립하든, 예를 들어 보건 정책이나 다른 사회 정책의 경우에도, 다들 창업하고 일자리를 지키고 아이들을 교육할 수 있다면 그런 것들은 모두 별 문제가 아니게 됩니다. 그러면 가정이 안정되고 지역사회가 안정되며 모든 문제가 줄어듭니다.

DR: (부시에게) 8년 동안 가장 큰 자부심을 느낀 일은 어떤 것입니까?

GWB: 제 딸들이 저를 사랑했다는 겁니다. 빌도 동의하겠지만 대통령으로서 10대 딸들을 키운다는 건 어려운 일입니다. 로라의 도움과 사랑으로, 우리 딸들과 가족은 강해졌습니다. 그것이야말로 크나큰 성취라 봅니다.

BC: 저도 마찬가지입니다. 제 생각을 말씀드릴까요? 많은 이들이 우리 같은 사람들에 대해 믿지 않는 부분입니다. 하지만 잘 생각해보면 자녀가 집을 떠날 때까지 가장 중요한 일은 부모가 되는 겁니다.

DR: (부시에게) 지금 당신이 유명세를 타는 이유 중 하나는 그림을 그리기 시작하셨다는 건데요. 그림 그리기가 그렇게 즐거운 이유는 뭔가요?

GWB: 미국의 참전용사들을 알릴 수 있기 때문입니다. 제가 그림을 그리게 된 것은 지루해서였습니다. 부시 재단과 연구소에 들이는 시간이 많긴 하지만 그걸로 충분하지는 않습니다. 운동 프로그램도 마찬가지죠. 저는 윈스턴 처칠의 《취미로서의 그림 그리기Painting as a Pastime》라는 에세이를 읽다가 '그가 그림을 그릴 수 있다면 나도 할 수 있겠지' 하고 생각하게 됐습니다.

DR: (클린턴에게) 퇴임 후에 채식주의자가 되셨고 여러 활동을 하셨지만 그중 가장 큰 즐거움을 주는 건 무엇인가요? 클린턴 글로벌 이니셔티브Clinton Global Initiative 인가요?

BC: 네. 제 이름을 딴 재단을 만들고 기금을 마련하는 일입니다. 재단이 급격히 성장하면서 제 모든 시간을 쏟아부어야 했습니다. 지금은 좀 더 기업적인 방식으로 운영하려 합니다. 우리 재단의 보건 계획을 통해 현재 전 세계 인구의 절반 이상에게 AIDS 치료제가 제공됩니다. 클린턴 글로벌 이니셔티브는 지금껏 4억 명이 넘는 사람들의 삶을 향상시켰습니다.

**DR:** 미국 대통령이 되고 싶어 하는 사람이 있다면 가장 중요한 자질은 노력, 지성, 낙관주의, 행운 중 어떤 것인가요?

**GWB:** 리더에게 가장 필요한 것은 '겸손함'입니다. 내가 모르는 게 뭔지 아는 것과 내가 모르는 걸 아는 사람들의 말을 경청하는 것이 정말 중요합니다.

**BC:** 저 역시 목표를 염두에 두고 시작해야 한다고 봅니다. 그러니까, 선거에 이겨야겠지만 대체 왜 출마를 하는 것인지 깊이 생각해봐야 한다는 것이죠.

제가 조지에게서 발견한 또 다른 점이 바로 그거였습니다. 그가 앤 리처즈Ann Richards를 상대로 주지사 선거에 나섰을 때 그는 앤 리처즈가 얼뜨기라는 식으로 말하지 않더군요. 그는 이러저러한 것들을 하고 싶기 때문에 주지사가 되려는 거라고 말하더군요. 그중에는 제가 동의하지 않는 것들도 있었습니다만 그는 계획이 있었습니다. 대통령이 되고 싶다면 중요한 건 대통령 자신이 아니라 국민이라는 걸 알아야 합니다. 바로 공직에 있는 상당수의 오만한 사람들이 잊고 있는 사실이죠. 시간은 생각보다 빨리 지나갑니다.

내가 자리에서 물러날 때 더 살기 좋아지고 아이들에게 더 나은 미래가 보장되고 모든 게 제대로 굴러간다고 말할 수 있어야 합니다. 나에게 진 사람들, 내가 혼쭐낸 사람들을 조롱하는 식이 되면 안 됩니다. 가장 중요한 것은 겸손한 태도로 경청하고 누구나 저마다의 사정이 있다는 걸 알아야 합니다. 바로 제가 어릴 때 배운 지혜죠.

# 02  콜린 파월

전 미국 합동참모본부 의장/전 미국 국무장관

*Colin Powell*

"리더란 자신을 따르는 사람들을 이끌어간다는 사실을 명확하게
이해하는 사람이라고 생각합니다. 리더의 존재 이유는
가치와 목적이 있는 일로 사람들을 이끌어가는 것이고,
리더는 그러한 목적을 달성하도록 영감을 불어넣는 사람입니다.
그리고 맡은 일을 다 할 수 있도록 전폭적으로 지원하는 사람입니다."

    콜린 파월은 젊은 시절 자신이 미군 최고위직인 합동참모본부 의장과 연방정부 내 민간인으로서 최고위직에 해당하는 국무장관에까지 오르게 되리라 상상하기란 쉽지 않았을지도 모른다. 자메이카 출신 이민자의 아들로 태어난 그는 공부에 별로 흥미가 없는 학생이었지만 뉴욕 시립대CCNY에서 지질학을 전공했으며 구체적인 진로 계획이나 야심도 없었다.

    그러나 그는 ROTC 훈련을 마친 후 미 육군에 입대했다. 인종 차별을 극복하고 일련의 전투 훈련과 국방부 임무를 거치며 두각을 드러내더니, 조지 H. W. 부시 대통령 임기 중 군 최고 지위에까지 올랐다. 그는 합참의장에 오른 유일한 미국 흑인이다.

    당시 콜린 파월은 처음으로 대중의 관심을 널리 끌게 됐는데, 1990년

이라크군을 쿠웨이트에서 축출하기 위한 군사작전을 담당한 장성이었기 때문이다. 대규모 병력을 결집해 활용하는 '파월 독트린Powell Doctrine' 덕분에 군사작전은 엄청난 성공을 거두었고, 이후 그는 미국에서 가장 유명하고 존경받는 인물 중 한 명이 되었다.

사태가 전개되면서 쿠웨이트에서 비교적 손쉽게 승리를 거둔 것처럼 보였다. 100시간 만에 전투가 끝났기 때문이다. 하지만 이를 위해 콜린 파월은 군사령관으로서 자신의 능력을 활용해 성공적인 전투 방식을 개발·구현하면서 지상군 사령관인 노먼 슈워츠코프Norman Schwarzkopf와 긴밀하게 협력해야 했다. 그는 또한 민간인 지휘관으로서 능력을 발휘하여 상당한 비용과 시간이 수반되는 작전에 대해 대통령을 비롯한 국방장관과 백악관 참모들, 그리고 이 작전을 최종 승인할 의회의 지지를 결집시켰다.

이 작전에 필요했던 군사령관과 민간인 정부 관리로서의 통합된 리더십을 콜린 파월만큼 발휘한 사람도 거의 없었을 것이다.

1993년 퇴역한 후 그는 베스트셀러《콜린 파월 자서전My American Journey》을 집필했다. 책의 성공에 힘입어 1996년 빌 클린턴에 맞서 공화당 후보로 대선에 출마하라는 요구가 뜨거워졌다. 결국 콜린 파월은 공직 출마에 필요한 만큼의 열정이 자신에게는 없다고 하면서 어떤 선거에도 나서지 않겠다고 선언했다. 하지만 그는 조지 W. 부시 대통령의 첫 임기 중에는 국무장관직을 수락했다. 파월 국무장관은 세계무역센터에 대한 9·11 테러 공격과 사담 후세인Saddam Hussein이 보유한 것으로 생각되었던 대량 살상무기를 제거하기 위한 이라크 공격의 여파를 감당해야 했다.

파월은 부시 대통령의 첫 임기가 끝난 후 다시 공직에서 은퇴했고, 원래 마음먹었던 다양한 민간 자선 활동을 계속했다. 그중에는 청소년들의 삶 개선을 목표로 그가 1997년부터 설립을 지원한 '미국의 약속 재단America's Promise Alliance'이 있다. 나아가 모교인 뉴욕 시립대에 차세대 리더 양성을 위한 콜린 파월 글로벌 리더십 스쿨Colin Powell School for Civic and Global Leadership을 세웠다.

나는 지난 몇십 년간 워싱턴과 뉴욕의 다양한 행사를 통해 그를 알게 되었고 깊이 존경하게 되었다. 그리고 여러 기업과 비영리단체의 모임에서 그를 인터뷰할 기회도 얻을 수 있었다.

대담 형식의 이 특별한 인터뷰는 2017년 11월 뉴욕 시립대의 콜린 파월 스쿨에서 열렸다.

인터뷰에서 파월은 그의 뛰어난 리더십이 항상 성공적었던 것은 아니었다고 고백한다. 예를 들어 부시 대통령은 그에게 후세인이 대량 살상 무기를 갖고 있으니 이를 제거하기 위해 이라크를 공격하는 것은 정당하다고 UN에서 주장하도록 지시했다.

물론 그런 무기는 없었다. 파월은 미국 최고의 정보기관을 활용했겠지만, 그건 잘못된 정보였다. 그는 완전히 잘못된 정보를 입수하고는 당혹스러웠다고 털어놓는다. 사실 그는 UN에서 연설하고 싶은 마음도 별로 없었다. 하지만 대통령의 지시사항이었기에, 그리고 국무부 수장으로서의 국제적 신뢰도를 생각할 때 그 일을 맡아야 할 사람이 자신이라고 생각했다.

파월에게 이는 리더십에 따르는 의무였다. 리더란 그를 따르는 사람에게 영감을 주고 당면 과제를 완수하게 이끄는 의지를 부여하는 인물이라고 파월은 생각한다. 그리고 그는 빛나는 공직생활 경력을 통틀어 그 신념을 실천에 옮겼다.

**데이비드 루벤스타인(DR):** 브롱크스에서 유년 시절을 보내셨죠?

**콜린 파월(CP):** 거기서 1마일 정도 떨어진 할렘에서 태어났고 뉴욕의 사우스브롱크스 지역에서 자랐습니다.

**DR:** 부모님의 출신 국가가…?

**CP:** 자메이카입니다.

**DR:** 어렸을 때 뉴욕 생활이 즐거웠나요?

**CP:** 아이들이 정말 좋아할 만한 곳이라고 생각했습니다. 다양성이 존재하는 곳이라 세상이 어떤 곳인지 배울 수 있었죠. 세상에는 서로 다른 배경과 문화와 피부색을 가진 사람들이 정말 많습니다. 물론 뉴욕 시립대 또한 그런 점을 제대로 보여줍니다.

**DR:** 거기서 이디시어를 배우셨습니까?

**CP:** 사우스브롱크스의 작은 가게에서 6년간 일할 때 이디시어를 조금 배웠습니다. 유아용 가구와 유모차, 완구 등을 파는 매장이었습니다. 제이Jay라는 이름의 가게 주인은 러시아계 유대인이었습니다. 종업원으로는 저와 아일랜드계 운전사, 매장 내 이탈리아계 판매원이 있었죠. 제이와 함께 몇 년간 일을 했는데, 언젠가 그가 제 어깨에 팔을 두르고는 유대계/이디시어 식으로 줄여서 "콜리, 콜리" 하고 저를 불렀습니다. "콜리, 콜리, 이 가게에 계속 있을 수는 없어. 내 딸들과 사위들에게 물려줄 거야. 공부를 해. 그런 다음 다른 곳으로 가 일자리를 알아보는 게 좋을 거야."

그 가게에서 계속 일하면서 박스나 끌고 다니는 성가신 존재가 될 생각은 없었습니다. 다만 제이의 말이 크게 와닿았습니다. 평생 기억에 남을 정도로요. 회고록에도 그 얘길 썼죠. 그는 저를 아끼는 사람이었기에, 진심으로 공부해서 출세하라고 말해줬던 겁니다. 저는 그 말대로 했고 CCNY에 입학해 공부를 시작했습니다.

DR: 언젠가는 합참의장이나 국무장관이 될 것 같았나요?

CP: 그럴 리가요. 사람들은 항상 물어보더군요. 보통은 "웨스트포인트 육군사관학교를 몇 년도에 졸업했습니까?"라는 질문으로 시작됩니다. 저는 웨스트포인트를 다닌 적이 없습니다. 다니고 싶다는 마음조차 먹을 수도 없었습니다. 그러면 질문은 이렇게 이어집니다. "그럼 시타델(Citadel, 미국 사우스캐롤라이나 주에 있는 주립 군사학교 – 옮긴이)이나 텍사스 A&M 대학교 학군단 출신인가요? 아니면 버지니아 군사학교?" 제 대답은 한결같습니다. "아니요. 그 학교들은 당시에는 흑인 학생을 받지 않았습니다."

합참의장이나 국무장관은 제가 세울 수 있는 목표 수준을 훨씬 뛰어넘는 것이었습니다만 현실이 되었습니다. 왜 그랬을까요? 양질의 공교육을 받았기 때문입니다. 당시에는 그처럼 높은 수준인 줄은 몰랐습니다. 초등학교와 중학교, 고등학교, 그리고 저를 받아준 CCNY가 있었습니다. 저는 평범한 성적의 보통 학생이었습니다. 하지만 제 삶이 진짜 변하게 된 건 ROTC와 CCNY 덕분이었습니다.

DR: 지질학을 전공하셨죠? 지질학 분야로 진출할 생각이셨습니까?

CP: 아닙니다. 제가 지질학을 선택한 것은 토목공학과를 관뒀기 때문입니다. 이제야 이 사실을 밝히게 됐네요. 굳이 언급할 필요는 없는 얘기였는데, 고맙게도 먼저 꺼내주시다니.

DR: 졸업 후 ROTC에 들어가셨을 때 의무 복무 규정이 있었죠.

CP: 1958년에 졸업한 후 조지아 주 콜럼부스에 있는 포트 베닝Fort Benning 으로 갔습니다. 그곳은 그때까지도 흑백분리 정책이 시행되고 있었 죠. 제가 초소에 있을 때는 남들과 다를 바 없었지만 초소를 떠나는 순간 제가 출입할 수 없는 곳이 나타나기 시작했습니다. 제가 들어갈 수 없는 상점들이 있었고, 햄버거 가게에서 쫓겨난 적도 있습니다.

DR: "당신에게는 음식을 팔지 않는다"고 하던가요?

CP: 훨씬 심했습니다.

DR: 베트남 전쟁에 참전했다가 부상을 입으셨습니다. 그래서 미국으로 돌아왔다가 다시 베트남으로 가셨습니다.

CP: 그렇습니다. 약 5년 후였습니다. 베트남 전선으로 복귀했다가 다시 부상을 당했습니다.

DR: 미국으로 돌아온 후 성공 가도를 달리셨습니다. '백악관 펠로(White House Fellow, 전문직 종사자 중 미래 지도자로 성장할 인재들을 선정해 1년간 미 연방정부와 백악관에서 행정 경험 기회를 제공하는 훈련 프로그램 – 옮긴이)'가 되셨으니까요.

CP: 그랬습니다. 저는 워싱턴의 행정부처들 중 한 곳에서 1년간 교육을 받게 될 15명 가운데 한 사람이었습니다. 그리고 연방예산관리처OMB 에서 일하면서 그해 정부 업무에 대해 많은 것을 배웠습니다.

DR: 백악관 펠로십이 끝난 후에는 뭘 하셨습니까?

CP: 한국으로 가서 보병 대대를 지휘했습니다. 군 복무 경력 중 가장 보 람 있었던 때였다고 기억합니다. 우리는 모병제(미국은 베트남전 직후 징 병제를 폐지하고 모병제로 전환했다 – 옮긴이)를 막 시작한 참이었습니다. 저로서는 군대에 지원한 청년들을 훈련시키고 고등학교 졸업 학력에 준하는 종합교육개발GED 교육을 제공할 기회였습니다.

DR: 그리고 제2의 언어로서의 영어ESL 교육도요. 나중에 유럽에도 가셨습니까?

CP: 유럽에는 젊었을 때 가서 2년간 중위로 근무했습니다. 그러다가 국방부의 부름을 받고 귀국해 캐스퍼 와인버거Caspar Weinberger 밑에서 일하게 됐습니다.

DR: 그가 당시 국방장관이었죠.

CP: 그렇습니다. 그리고 저는 선임 군사보좌관이었죠. 우리는 상당히 가까워졌습니다. 2년 후 저는 다시 육군에 복귀해 독일에 배치됐고 사단장으로 근무했습니다.

DR: 좋은 보직이었습니까?

CP: 아주 좋은 보직이었죠. 넉 달 정도 있었습니다.

DR: 당시 큰 사건 때문이었죠. 이란-콘트라 사건이요.

CP: 네.

DR: 그러다가 신임 국가안보회의 보좌관이었던 프랭크 칼루치Frank Carlucci가 부보좌관으로 당신을 발탁했습니다.

CP: 그렇습니다. 제가 "프랭크, 이게 그렇게나 중요할 리는 없을 텐데"라고 했더니 그는 "그렇게나 중요하지"라고 답했습니다. 그래서 저는 '그렇다면 그가 할 다음 말에 내 경력 전체를 걸어보리라' 결심했습니다. 그러고는 말했죠. "그렇게나 중요한 사안이라면 왜 대통령이 직접 내게 전화를 하지 않는 건가?" 그로부터 30분 후…

DR: 전화를 받으셨군요?

CP: "안녕하시오, 파월 장군. 로널드 레이건이요." "네, 대통령님." "장군이 여기에 돌아와주면 정말 좋겠소만." 레이건 대통령이 프랭크가 적어준 각본을 읽고 있다는 걸 알 수 있었습니다. "장군이 여기로 돌아와서 국가안보회의NSC 부보좌관을 맡아주면 정말 좋겠소." "네, 대통령님. 곧장 가겠습니다." 그렇게 된 겁니다.

DR: 그래서 돌아오셨습니까?

CP: 네. 9개월 후 프랭크는 국방부 장관에 지명됐고 저는 이제 육군으로 복귀할 수 있겠다고 생각했습니다. 그러던 어느 날, 국가안보회의를 주관하고 있는데 갑자기 문이 열리면서 대통령이 걸어 들어와 테이블 상석으로 가는 겁니다. 프랭크가 회의가 진행되는 동안 메모지를 찢어서 뭔가를 적고는 테이블 아래로 제게 건넸습니다. 쪽지를 펴보니 이렇게 적혀 있었습니다. "이제 자네가 NSC의 보좌관이야." 면접도 뭐도 없었죠.

그렇게 해서 백악관에서 보낸 마지막 1년 6개월은 레이건 대통령과 함께 했습니다. 아주 긴밀하고 굳건한 관계가 됐습니다.

DR: 행정부 임기가 끝났을 때 다시 군인 신분으로 돌아가셨죠?

CP: 그렇습니다.

DR: 그렇지만 얼마 후에 조지 H. W. 부시가 레이건의 뒤를 이어 미국 대통령이 되면서 합참의장을 맡아달라고 했습니다.

CP: 조지아 주 애틀랜타에 있었는데, 훌륭한 풍광과 아름다운 집과 멋진 사령부가 있었습니다. 볼티모어에서 육군의 4성 장군들 전원과 회의 중에 전화를 받았습니다. "새로 국방장관이 되신 체니 장관께서 당신을 만나고 싶어 하십니다." 저는 좀 당황했습니다. 치노 바지에 폴로 셔츠를 입고 국방부로 가 그의 집무실로 들어갔습니다. 그가 말했습니다. "대통령께서 당신이 합참의장을 맡았으면 하십니다."

DR: 군 최고위직에 오르셨습니다.

CP: 그렇죠.

DR: 부시 행정부 초기에 사담 후세인이 쿠웨이트를 침공했습니다. 이라크로 진격해 후세인을 몰아내야 한다는 확신이 드셨습니까?

CP: 분명한 것은 그건 용인될 수 없는 끔찍한 침공이라는 사실이었습니다. 첫 번째 과제는 후세인이 사우디아라비아로 남진하지 않도록 막는 것이었습니다. 노먼 슈워츠코프 장군이 그 지역 사령관이었습니다. 그와 저는 매우 가깝게 지냈고 이 모든 문제를 함께 논의했습니다.

DR: '파월 독트린'으로 알려진 원칙을 제시하셨죠.

CP: 그렇지는 않습니다. 그 원칙을 제시한 건 〈워싱턴 포스트〉 기자였습니다. 어느 날 그가 저를 찾아와 파월 독트린에 관한 기사를 쓸 거라고 하더군요. 저는 물었습니다. "훌륭합니다만 그게 무엇입니까?"

그는 "당신이 항상 말하는 것, 미군이 파나마를 공격해 마누엘 노리에가를 축출할 때 당신이 했던 겁니다. 첫째, 모든 외교적·정치적 가능성을 검토한 후에야 전쟁을 시작한다는 원칙이죠. 군사적 목적 외에 확실한 정치적 목적이 있어야 한다는 겁니다"라고 말했습니다.

파월 독트린의 두 번째 원칙으로 저는 '압도적 전력'이라는 표현을 했습니다만 이 의미는 '결정적인 전력decisive force'을 뜻합니다. 엄청난 병력이 아니라 결정적인 결과를 내놓을 정도의 전력을 확보하면 충분하다는 것입니다.

DR: 사담 후세인과 그의 군대를 축출하라는 대통령의 명령을 받으셨습니까?

CP: 외교적 해법을 찾을 수 없다는 결론이 났고, 저는 명령을 받았고, 그 명령을 노먼에게 전달하면서 준비 태세를 갖췄습니다. 제가 참전을 통해, 혹은 역사를 통해 알게 된 전쟁 중 유일하게 "의문의 여지가 없는 결과"라고 제가 대통령에게 보고할 수 있었던 경우였습니다. 이라크군은 몇 가지 끔찍한 실수를 저질렀습니다.

그들은 사우디아라비아와의 국경에 군 병력을 배치했다가 꼼짝 못하는 신세가 됐습니다. 움직일 수가 없었죠. 공군력 때문에 움직이는 게 불가능했던 겁니다. 해안을 따라 4개 사단이 배치돼 있었습니다. 우리는 이들 병력을 제자리에 묶어둔 채 주위를 돌기만 하면 되었습니다. 이를 '레프트훅'이라고 부르기도 했습니다.

그렇게 작전이 실행됐습니다. 공습이 몇 주간 이어지다가 지상 공격이 시작된 날 밤, 저는 이라크군의 바로 맞은편에 있던 해병들에게 명령했습니다. "공격하되 결정적인 교전은 피하라. 나는 그대들을 결코 잃고 싶지 않다. 이라크군을 꼼짝 못하게 묶어두기만 하면 된다. 수륙양용작전이지만 제군들은 육지에 오르지 않는다. 적군을 꼼짝 못하게 만들기만 하면 우리가 적들을 포위할 것이다."

해병들은 명령을 충실하게 따랐습니다. 동시에 참호와 철조망, 지뢰밭 등의 장애물을 뚫고 이라크군을 정면 통과할 몇 가지 방법도 찾아냈습니다. 나는 작전을 바꿔 해병들에게 공격 개시 명령을 내렸고, 우리가 레프트훅을 시작하기도 전에 해병들은 쿠웨이트 시로 향했습니다.

DR: 마침내 전쟁이 끝나고 당신은 회고록을 집필했습니다. 출간 기념 강연을 다닐 때 사람들이 당신에게 대통령이 되어야 한다고 적극적으로 권유했죠.

CP: 그런 생각은 한 번도 안 해봤습니다. 갑작스럽게 책이 나왔고 언론의 관심이 집중되자 많은 사람이 출마를 권한 건 사실입니다. 저는 의지도, 열정도 없었지만 고려는 해봐야겠다는 의무감은 좀 들었죠. 그래서 진지하게 생각해봤습니다. 아시다시피 저는 군인이고 옳다고 생각하는 일은 하려고 노력합니다. 공화당 내 많은 인사들은 제가 후보로 출마하길 원치 않았습니다. 심지어 성명까지 내면서 "공화당은 콜린 파월을 후보로 원치 않는다"고 했죠.

DR: 너무 온건한 성격이시라 그런 건가요?

CP: 그렇습니다. 제가 너무 부드러운 이미지여서 그랬을 수도 있죠.

DR: 출마하지 않은 것을 후회하십니까?

CP: 아뇨. 왜죠?

DR: 멋진 일이라고 생각하는 사람들도 있으니까요.

CP: 어디 보여주시죠.

DR: 불출마를 결정하셨을 때 많은 이들이 실망했습니다. 민간인으로 남아계셨고 조지 W. 부시가 대통령에 당선됐습니다. 그는 당신에게 연락해 국무장관을 맡아달라고 했죠.

CP: 그는 제가 선망하는 공화당 인사 같았습니다. 그래서 다시 정부에 참여해 나라를 위해 봉사할 수 있게 되어 기뻤습니다.

DR: 그렇게 국무장관이 되셨고 또 9·11 테러가 터졌습니다. 정부가 어느 정도의 군사적 대치에는 관여해야 한다는 생각은 언제 하게 됐습니까?

CP: 그런 일에 대해 아무런 대책도 없이 그냥 넘겨버릴 수는 없습니다. 제 일은 군사적인 문제에 즉각 개입하는 것이 아니라 국제 사회의 협력을 끌어내는 것이었습니다. 굉장히 보람 있는 경험이었죠. 나토 NATO 역사상 처음으로 조약 제5조를 발동했습니다. 즉 '동맹의 어느 회원국이 공격을 당하면 전체가 공격당한 것으로 간주한다'는 것입니다. 그래서 모든 회원국이 미국의 편이 됐습니다.

DR: 그후 미국은 이라크로 관심을 돌렸고 부시 대통령이 사담 후세인을 추적하기 위해 이라크 선제공격을 강행해야 한다고 결정했습니다.

CP: 제가 대통령에게 했던 말은 이겁니다. "만약 후세인 정부를 제거한다면 새로운 정부를 책임져야 된다는 걸 아셔야 합니다. 거기서 우리를 바라보는 2,700만 이라크 국민을 책임지게 되는 겁니다. 엄청난 책임을 떠안게 되는데, 정말로 그걸 알고도 하실 생각이십니까?"

우리는 단 둘이서 조용히 이런 대화를 이어갔고, 그가 물었습니다. "대안은 뭔가요?" 제가 답했죠. "먼저 UN을 내세우는 겁니다. UN 결의안을 위반한 건 이라크이니까 외교적 접근법을 취하는 게 좋겠습니다."

DR: 대통령이 UN을 설득하자는 생각에 동의하던가요?

CP: 동의했습니다. 군사적 행동에 들어가기 전에 대통령은 미국의 입장을 UN에 공개적으로 알리고 싶어 했습니다. 그래서 목요일 오후 대통령과 함께 있는데, 그가 저보고 다음 주에 연설을 맡아줄 수 있겠냐고 물었습니다.

DR: UN 연설을요?

CP: 그렇습니다.

DR: 사담 후세인이 대량 살상무기를 갖고 있다고, 혹은 그가 갖고 있다고 판단한다고 주장하셨는데 사실 그렇지 않은 것으로 드러났습니다.

CP: 맞습니다.

DR: 당혹스러웠던 건 당신 자신입니까, 아니면 미국입니까? 후세인이 대량 살상무기를 보유하고 있지 않다는 걸 알았더라도 부시 대통령이 작전을 강행했을 것이라고 생각합니까?

CP: 아닙니다. 대통령은 그러지 않았을 겁니다. 제가 그에게 물었습니다. "사담 후세인이 대량 살상무기가 없다는 걸 입증하면 전쟁을 할 근거가 없습니다. 그 사실을 받아들일 각오가 되어 있습니까? 후세인이 물러나지 않게 된다 하더라도 말입니다." 대통령은 잠시 주저했지만 받아들이겠노라 말했습니다.

그후 저는 CIA에서 정보기관들과 3일간 논의 끝에 제출할 문서를 준비했습니다. 거기 적힌 한마디 한마디는 모두 CIA의 승인을 거친 것이고, CIA가 직접 작성한 것이었습니다. 그렇게 계속 진행됐습니다. 저는 내용을 발표했고 순조롭게 흘러가는 듯했습니다. 저는 잘돼가고 있다고 확신했습니다. 그런데 며칠 후, 아니 몇 주 정도 흐르면서 사태가 엉망이 되기 시작했죠. 그래서 네, 저는 당혹스러움을 넘어 굴욕감마저 느꼈습니다. 대통령도, 의회도, 럼스펠드 국방장관도, 콘돌리자 라이스 국무장관도, 우리 모두는 같은 정보를 갖고 있었지만 그걸로 크게 주목을 끈 것은 저였기 때문입니다. 모든 비난의 화살이 저를 향했죠.

DR: 지금 와서 돌이켜 생각해볼 때 이라크 공격은 실수였습니까?

CP: 공격이 적절하게 수행되지 않았다고 말씀드리는 게 맞을 것 같습니다. 우리는 이라크 군대를 버려둔 것도 모자라, 더 최악인 바트당을 그대로 둔 채 철군한 것입니다. 그러고는 바트당에 부역한 사람은 누구든 새 정부에서 일할 수 없을 것이라고 발표했습니다. 이 두 가지는 정말 끔찍할 정도로 최악의 전략적 결정이었습니다. 이라크를 지원할 만큼의 충분한 미군 병력이 없었기에 이라크 상황이 엉망이 되고 만 겁니다.

지금은 이라크에 민주주의가 들어섰습니다. 까다로운 상황이긴 해도 민주주의가 시작됐지요. 선거를 치르고 국가 질서를 회복하기 위해 노력하고 있습니다. 그처럼 형편없이 미국이 전쟁을 시작한 것은 잘못됐다고 봅니다. 저와 의견이 다른 사람들도 있겠지만 한 말씀 드리자면, 현재 민주주의 국가인 이라크가 대량 살상무기나 사담 후세인 같은 인물 없이도 이처럼 험난한 과정을 성공적으로 헤쳐나간다면, 지금과는 다른 평가가 내려져야 할 것이라 생각합니다.

DR: 공직생활을 훌륭하게 해오셨습니다. 부모님도 생전에 당신의 성공을 보셨는지요?

CP: 두 분 다 제가 대령이 되는 걸 보셨습니다. 그 사실을 몹시 자랑스러워하셨고요. 하지만 아버지는 점점 눈에 띄게 쇠약해지셨고, 1년 6개월 정도 후에 돌아가셨습니다. 제가 장군이 되는 건 못 보셨지요. 어머니는 제가 장군으로 승진할 때 계셨습니다. 줄지어 선 사람들 속에서서 매우 자랑스러워하셨지요. 키가 160센티미터가 될까 말까 했습니다. 그 자리에서 국방장관을 비롯한 모든 장성이 지켜보고 있었습니다. 어머니는 뿌듯함을 감추지 않으셨지요. 어머니와 아내는 제게 별을 달아주었습니다. 그후 어머니는 만나는 사람들마다 "장군이 된 내 아들"이라고 얘기하셨습니다. 마치 어렸을 때로 돌아간 것 같았죠.

DR: 군인으로 살아오면서 정치 지도자든 군 지도자든, 많은 리더를 만나셨을 것 같습니다. 당신 역시 위대한 리더로 꼽혀 왔는데, 훌륭한 리더가 되기 위한 조건은 무엇이라 생각하십니까?

CP: 리더란 자신을 따르는 사람들을 이끌어간다는 사실을 명확하게 이해하는 사람이라고 생각합니다. 리더의 존재 이유는 가치와 목적이 있는 일로 사람들을 이끌어가는 것이고, 리더는 그러한 목적을 달성하도록 영감을 불어넣는 사람입니다. 그리고 맡은 일을 다 할 수 있도록 전폭적으로 지원하는 사람입니다.

그래서 저는 어떤 임무를 맡을 때마다 항상 '내가 하려는 일은 무엇인가? 목적이 무엇인가? 비전은 무엇인가? 왜 우리는 여기 있는가? 우리는 지금 무슨 일을 하고 있는가?'와 같은 질문을 던집니다. 그런 다음 그것을 조직의 말단 직원에게까지 전달하며, 부하들이 외교적 무기든 실제 전쟁 무기든 간에 필요한 것을 갖추고 있는지 확인하고, 부하들을 아끼며 그들이 성공할 수 있는 기회를 마련해주어야 합니다. 리더십이란 자신을 따르는 이들에게 영감을 주는 것이 핵심입니다.

제가 늘 되새겼던 링컨의 일화가 있습니다. 남북전쟁 초기에 그는 워싱턴 북부의 늪지대 주변에 사는 나이 든 군인을 찾아가곤 했습니다. 그곳에는 전신국이 있었는데 어느 날 밤 전보가 들어옵니다. 전신 기사가 전보를 받아 적었습니다. "대통령님, 상황이 좋지 않습니다"라고 말하며 링컨에게 그 전보를 전해줍니다. 내용은 이랬습니다. "남부 연합군이 페어팩스 스테이션Fairfax Station 근처에서 북부 연합군 전초기지를 급습해 100마리의 말과 준장 한 명을 생포했습니다." 링컨은 한숨을 내쉰 후 말합니다. "신이시여. 저는 100마리의 말을 잃고 싶지 않사옵니다." 전신 기사가 그에게 묻습니다. "준장은 어떻게 되는 겁니까?" 그러자 링컨이 대답합니다. "준장은 5분 안에 새로 임명하면 되지만, 100마리의 말은 그 무엇으로도 대신하기가 어렵잖소."

제가 준장이 된 날 이 이야기를 액자에 넣어 제게 준 사람이 있었습니다. 그후 그 액자는 항상 제 책상 위를 지키게 됐습니다. 지금도 여전히요. 그 액자를 볼 때마다 항상 이런 생각이 듭니다. '내 일은 말을 돌보는 것이다. 장군이 되는 것에 신경 쓰지 마라. 말과 군인과 직원과 서기와 학생과 교직원과 성취하려는 목표를 달성하는 데 필요한 것은 무엇이든 책임을 져야 한다.'

# 03　데이비드 퍼트레이어스

CIA 전임 국장/글로벌 투자회사 KKR 파트너/
KKR 글로벌 인스티튜트 회장

*David J. Petraeus*

"저는 특히 시어도어 루스벨트 대통령을 매우 존경합니다.
그의 '경기장의 투사' 연설은 언제나 제 마음을 사로잡습니다.
'진짜 중요한 사람은 온통 먼지와 피땀으로 범벅이 된 얼굴로
실제 경기장에 있는 투사입니다… 설령 실패한다 해도
적어도 대담하게 맞서다가 쓰러지는 것입니다.'"

데이비드 퍼트레이어스 장군은 아마도 베트남 전쟁 이후 가장 유명한 미국의 전투 지휘관일 것이다. 이는 얼마간 이라크에서 '병력 증파Surge'를 통해 그의 리더십이 드러난 덕분이기도 하다. 선제공격 후 거의 4년 만에 미군을 증파함으로써 악화일로에 있던 이라크 상황을 안정시켰기 때문이다. 아울러 아프가니스탄에서 주춤하던 미국 주도의 연합군에 대한 지원을 강화함으로써, 퍼트레이어스는 탁월한 지휘관으로서의 명성을 굳히고 특히 극도로 어려웠던 반군 소탕 작전의 리더로서 그 지위를 공고히 했다.

모든 리더는 위험을 감수하지만, 특히 전투 지휘관이 감수하는 위험은 차원이 다르다. 그들의 의사결정은 곧바로 사상자로 이어질 수 있기 때문에 매우 정확해야 한다. 결단력 있는 명령과 지시를 통해 부대의 기

강을 바로잡고 팀워크와 사기를 불어넣어야 한다. 부대를 통솔하는 군 사령관에게서 우유부단하거나 주저하는 모습을 기대하는 사람은 아무도 없기 때문이다.

웨스트포인트 육군사관학교에서 시작된 데이비드 퍼트레이어스의 군 경력은 두 번이나 죽을 뻔한 고비를 넘기고서야 지속될 수 있었다. 중령 때 격렬한 실탄 사격 연습 중 가슴에 우발적인 총상을 입었고, 준장 시절에는 낙하산이 제대로 펴지지 않아 그대로 땅바닥에 부딪치며 골반뼈가 부러지는 중상을 입었던 것이다. 하지만 두 번 모두 그는 뛰어난 리더가 되겠다는 열망과 강인한 생존 의지로 경이로운 회복력을 나타내며 의학적 난관을 극복할 수 있었다. 투지와 목적의식이 약한 사람이었다면 군 경력이 끝장날 수도 있었던 큰 부상이었다.

그의 불굴의 투지와 불꽃 같은 리더십은 어디에서 비롯된 것일까? 2017년 3월, 그는 방청객이 모인 가운데 뉴욕 시 블룸버그 스튜디오에서 열린 인터뷰에서 이러한 질문에 답한다.

나는 그가 군 생활을 하는 동안은 그를 잘 알지 못했다. 그가 14개월간 CIA 국장으로 근무한 경력을 정점으로 공직에서 물러난 후 사모펀드 운용사인 KKR에 합류한 이후에야 나는 다양한 모임에서 그와 만나 얘기를 나눌 수 있게 되었다.

퍼트레이어스는 최상위 리더십에 해당하는 전략적 리더십에는 다음 4가지 핵심과제 수행이 수반된다고 설명했다. a) 핵심 아이디어(즉 전략)를 제대로 이해하기, b) 조직 전체에 핵심 아이디어를 효과적으로 전달하기, c) 핵심 아이디어 이행을 감독하기, d) 이미 파악한 내용과 상황 변화에 대응해 핵심 아이디어를 어떻게 수정·개선할지 결정하는 과정에 개입하기다. 군 조직에서든 민간 조직에서든 전략적 리더들이 이러한 과제를 훌륭하게 수행해야 성공할 수 있다는 것이다. 물론 아주 대규모 조직의 경우 퍼트레이어스 장군과 같은 추진력과 지성, 배짱, 인품을 가진 사람이라면 그러한 과제를 달성하기가 더 수월할 수 있다. 하지만 이 같은 리더십의 구성 요소들은 장군뿐 아니라 어떤 리더에게든 커다란 도움이 될 것이다.

## i n t e r v i e w   w i t h   t i t a n s

**데이비드 루벤스타인(DR):** 뉴욕 시에서 자라셨나요?

**데이비드 퍼트레이어스(DP):** 아닙니다. 뉴욕에서 북쪽으로 50마일 정도 떨어진 곳에서 자랐습니다. 더 정확히는 웨스트포인트에서 7마일 정도 떨어진 곳이었죠. 웨스트포인트에서 집까지 뛰어올 수 있을 정도였고, 실제로 몇 번 그러기도 했습니다.

**DR:** 어린 시절 별명이 뭐였습니까?

**DP:** 복숭아peaches였습니다. 미국 리틀 리그Little League 야구 경기에서 한 해설위원이 아홉 살이었던 제가 타자로 처음 나섰을 때 제 이름을 제대로 발음하지 못했습니다. 그는 "피-피-피치스"라고 말했습니다. 그러다가 그게 굳어져버렸습니다. 웨스트포인트 시절 내내 그 별명이 따라다녔습니다. 웨스트포인트 세탁실에서 여름마다 인턴으로 일하는 젊은 여성이 있었는데, 알고 보니 제 학창시절 친구였습니다. 그녀가 세탁실에서 제게 쪽지를 보냈습니다. 서로 매주 쪽지를 주고받았죠. 상급생들이 쪽지를 가로채서 읽기도 했습니다. "복숭아에게"로 시작되는 내용을요. 그래서 웨스트포인트까지 이어졌습니다.

DR: 그렇게 굳어졌군요.

DP: 단절됐던 어린 시절이 웨스트포인트와 이어진 것이죠.

DR: 최우수 성적으로 졸업하셨습니다. 졸업 당시 직업 군인이 되겠다고 결심하셨습니까?

DP: 당시에는 아직 마음을 정하지 못한 상태였습니다. 사실 저는 웨스트포인트에서 의대 진학을 준비 중이었습니다. 저는 그런 분야를 학문적으로 탐구하고 싶던 데다가, 가장 성취하기 어려운 분야였기 때문입니다. 가장 힘든 과정으로 알려져 있었죠. 그러다가 갑자기 졸업반 때 한 학년의 1퍼센트, 즉 9명의 사관생도에게만 기회가 주어지는 프로그램에 들어갈 자격을 얻었습니다. 저는 그때 의사가 정말 되고 싶은지, 스스로도 확신이 없다는 것을 깨닫게 됐고요. 그저 엄청 어렵다는 학문에 도전해보고 싶었을 뿐이었던 겁니다. 그래서 의과대학 대신 보병대를 선택했고, 덕분에 37년하고도 3개월 동안 멋진 경험을 할 수 있었습니다.

DR: 졸업 후 몇 주 만에 웨스트포인트 사령관의 딸과 결혼하셨습니다.

DP: 네, 사실 그는 웨스트포인트 교장이었습니다. 사관학교 내 전반적인 사항을 지휘하는 3성 장군이었죠. 그분의 딸과 저는 소개로 만났습니다. 제 소개팅 상대가 누구인지 알고 나서 좀 난처했습니다. 그리고 아내 역시 자신의 어머니도, 소개팅 주선자도 저와 전혀 모르는 사이라는 사실에 곤혹스러워했습니다.

DR: 그래도 교장의 딸과 데이트한다는 사실이 신경 쓰이거나 하지는 않으셨나요? 좀 마음이 복잡하진 않던가요?

DP: 굉장히 복잡했습니다. 한동안 몰래 만나기로 했지만 들키고 말았죠. 그 때문에 상당한 비난에 시달려야 했습니다만 그만한 가치가 있었습니다. 우리는 정말 잘 맞았으니까요.

DR: 졸업 후 결혼을 했고 보병대에 들어가셨죠. 그렇게 차근차근 위로 올라가다가 두 차례 사건으로 인해 거의 목숨을 잃을 뻔하셨습니다. 전투 때문이 아니라요.

DP: 첫 번째 사고는 임관 후 약 14년이 지났을 때였습니다. 저는 보병 대대를 지휘하는 젊은 중령이었습니다. 실제 수류탄을 갖고 기관총과 소총수들이 곳곳에 포진한 아주 맹렬한 기동 훈련 와중에 실탄 사격 연습을 하다가 사고가 터졌습니다. 잭 킨Jack Keane이 저와 함께 있었습니다. 당시 준장이셨는데, 나중에 육군참모차장에까지 오른 그는 훌륭한 멘토가 되어주었습니다.

우리는 훈련 중인 군인들을 뒤따라 걷고 있었습니다. 그중 한 명이 수류탄과 M16 소총으로 벙커를 파괴하고 달려 나오다가 발을 헛디뎌 넘어졌습니다. 그러면서 방아쇠에 갖다 댄 그의 손가락이 격발을 한 것으로 추정됩니다. 탄환이 제 가슴을 관통했습니다. 다행히 탄환은 제 가슴 오른쪽에 새겨진 제 이름 'PETRAEUS'에서 철자 A를 뚫고 지나갔습니다. 왼쪽 가슴의 'ARMY'에 있던 A에 맞았다면 심장 위였기에 즉사했을 겁니다.

DR: 그래서 어떻게 됐습니까?

DP: 가슴을 관통한 탄환이 흉추 부근을 뚫고 나갔습니다. 총을 맞으면 앞쪽보다 뒤쪽에 더 큰 구멍이 나게 되죠. 물론 의료진이 신속히 저를 치료하기 시작했습니다. 당연히 쇼크가 왔습니다. 저는 아마도 이렇게 중얼거렸던 것 같습니다. "제군들, 내 걱정은 하지 마라. 훈련을 계속하고 신속히 사후 검토 회의를 하여 뭐가 잘못됐는지 파악한 다음 훈련을 계속 진행하도록." 훈련병들은 제가 정신이 또렷하지 못하다는 걸 알고는 초조하게 눈을 굴리고 있더군요.

링거를 맞고 의무후송 헬기로 이송됐습니다. 저와 함께 탄 킨 장군은 가는 내내 제 손을 잡아줬습니다. 우리는 초소 병원에 착륙해 응급실로 들어갔습니다.

사실 탄환이 동맥을 손상시키긴 했지만 절단한 건 아니었습니다. 당시에는 상황을 정확히 판단하기가 힘들었습니다만 동맥이 완전히 절단됐더라면 아마 몇 분밖에 살지 못했을 겁니다. 빠르게 진단을 마친 의사가 제 눈을 들여다보며 말했습니다. "정말 아플 겁니다." 그는 메스를 들더니 제 오른쪽 옆구리에서 갈비뼈 쪽으로 X자를 그리며 피부를 절개한 다음 폐에 직접 플라스틱 튜브를 꽂아 석션을 시도했습니다. 그래야 폐에 쌓이는 체액을 빼낼 수 있기 때문이었습니다. 덕분에 저는 목숨을 구할 수 있었습니다.

그런 다음 저는 의무후송 헬기에 다시 실려 테네시 주 내슈빌에 있는 밴더빌트 의료센터로 날아갔습니다. 킨 장군이 여전히 제 곁을 지켰습니다. 하필 그날 당직 외과의사가 빌 프리스트Bill Frist였는데, 나중에 상원의 다수당 원내 대표가 됐죠. 어떤 사람들은 "퍼트레이어스가 죽도록 빌 프리스트를 만나고 싶어 했다"고 농담하기도 했습니다. 프리스트 박사와 그의 팀이 흉부 수술을 집도했습니다. 그들은 손상된 동맥을 찾아 소작한 다음 뼈와 다른 손상 조직을 제거하고 상처를 꿰맸습니다. 며칠 후 군 병원으로 이송됐고 그후 며칠이 지난 다음에 퇴원했습니다.

DR: 의료진은 그렇게 빠른 퇴원을 권하지 않았는데요. 괜찮다는 걸 보여주기 위해 팔굽혀펴기를 50회나 하셨다고요. 맞습니까?

DP: 50회밖에 못 한 건 그때가 처음이자 마지막이었습니다.

DR: 그렇군요. 저는 50회를 해본 적이 없습니다.

DP: 너무나 퇴원하고 싶었습니다. 회복도 순조로웠고요. 거기 더 머무를 이유가 없었습니다. 사실 저는 병원 복도를 몇 바퀴씩 돌며 걸었습니다. 휠체어에 튜브와 모니터링 장치를 놓고 밀고 다녔습니다. 그것 때문에 의료진이 짜증이 났을 겁니다.

DR: 다른 사고는 스카이다이빙 도중에 일어난 것으로 알고 있습니다. 낙하산이 제대로 펴지지 않았죠. 골반뼈가 부러졌고요. 어떤 사고였습니까?

DP: 끔찍했습니다. 당시 준장이었는데, 사실 통증은 총상 때보다 훨씬 심했습니다. 골반이 앞뒤로 골절이 됐으니까요. 말 그대로 몸이 두 쪽 난 겁니다. 구급차에 실려 오는 내내 도로 위의 갈라진 모든 틈을 지날 때마다 극심한 통증을 느꼈죠.

DR: 그후 스카이다이빙을 한 적이 있습니까?

DP: 어느 새 별을 네 개나 단 킨 장군이 제게 그러더군요. 다시는 스카이다이빙을 하지 말라고요. 사단장이 되면 스카이다이빙을 그만두겠다고 했습니다. 그때부터 스카이다이빙은 즐기지 않게 됐고, 다만 완전히 회복된 후 줄을 고정시킨 강하훈련을 더 많이 하게 됐습니다. 사실 첫 강하훈련은 호수 위에서 했기 때문에 낙하산이 펴지면서 의사들이 다시 붙여 놓은 골반이 벌어진다고 해도 착지는 그리 어려울 게 없었습니다.

DR: 그래서 101 공수사단의 지휘권을 얻으셨군요.

DP: 저로서는 굉장한 영광이었습니다. 지휘권뿐 아니라 킨 장군이 거쳐

간 101 공수사단(공중강습부대)을 얻게 됐으니까요. 킨 장군과 함께 복무 중에 제가 총에 맞았던 바로 그 부대도 함께였죠.

DR: 군에서 중요한 임무를 많이 맡으셨죠. 결국 이라크 공격 결정은 최종적으로 부시 대통령이 내렸습니다. 현장 사령관으로서 선발대와 함께 이라크에 가셨습니다. 언제 이 계획이 생각만큼 쉽지 않을 거라는 걸 알게 됐습니까?

DP: 일단 우리는 몇 주 만에 이라크 정권을 무너뜨렸지만 다양한 지점에서 계속해서 맹렬한 전투가 벌어졌습니다. 분명한 것은 이라크를 본격적으로 공격하기 전에 이라크 부대들이 항복해 우리에게 협력할 것이라고 예측한 사람들도 있었지만 현실은 달랐다는 것입니다. 이라크군이 바그다드에서 최후까지 저항할 것이라 예측했던 전망도 마찬가지로 빗나갔습니다.

그렇지만 말씀드렸다시피 힘든 싸움이 펼쳐지고 있었습니다. 사실 저는 아주 초반부터, 아마 거대한 먼지 폭풍이 강타한 첫 주였던 것 같은데, 공격 전에 우리가 했던 예상들이 빗나갈 것이라는 느낌이 계속들었습니다.

퓰리처상을 두 번이나 받은 〈워싱턴 포스트〉의 릭 앳킨슨Rick Atkinson 기자가 저와 동행했습니다. 그에게 한번은 이렇게 물었던 기억이 납니다. "결말이 어떻게 되는지 얘기해주시죠. 저는 이게 각본대로 될지 모르겠군요." 사담 후세인과 그의 아들들을 비롯해 그의 최측근을 끌어내리고 나머지 사람들은 그대로 둔 채 정치적 협상을 벌여 이라크를 이라크인들에게 되돌려주겠다는 생각이 명백히 현실성 없는 것으로 드러났습니다.

DR: 미국이 후세인의 군대를 완전히 궤멸시키지 않고 탈바트당화(후세인을 지지하는 바트당원들의 영향력을 제거하는 과정–옮긴이)에 나섰더라면 상황이 달라졌을까요?

DP: 정말 큰 실책이었습니다. 우리는 사령부의 작전 센터 벽에 질문을 써놓곤 했는데, 바로 이런 거였죠. "이 작전 때문에 생기는 악당들보다 작전 덕분에 제거되는 악당들의 수가 더 많아질 것인가?" 정책도 이와 마찬가지입니다. 이라크군에게 어떤 상황이 닥칠지 미리 알려주지 않은 채 이라크군을 해산시킨 건 참담한 결과를 불러왔습니다. 정권 이양 중 수십만 명의 젊은 군인들의 거취에 대해 전혀 언급도 없이 그들을 군대에서 쫓아낸다는 뜻이었으니까요. 수만 명의 바트당원들을 합의된 화해 절차 없이 축출하는 것 또한 마찬가지 결과를 불러왔습니다. 그런 결정 때문에 수십만 명의 사람들이 새로운 이라크 정부를 지지하기보다는 오히려 이에 반대하는 게 이득이 되도록 한 셈이었습니다. 이러한 결정이 반란의 불씨가 돼준 거죠.

DR: 이라크 북부 도시인 모술Mosul의 통제 활동을 지휘하셨죠?

DP: 그렇습니다. 우리는 바그다드 남서쪽 지역에 있었는데, 바그다드 전투 이후 그곳에 주둔하게 될 것이라는 말을 들었습니다. 그런데 갑자기 모술로 진격하라는 긴급 명령을 받게 된 것이죠. 모술은 통제 불능 상태였습니다. 그곳에는 소규모 미군 부대가 있었고, 그 부대원들은 폭력 시위가 발생하기 전날 17명의 민간인을 살해했더군요. 약 36시간 내에 우리는 역대 최대, 최장 규모의 공습 작전을 실행했습니다. 260마일이 훨씬 넘는 구간이었습니다. 당시 101 공수사단에 250대의 헬리콥터가 있어서 우리는 이를 모두 동원해 군인들을 한 번에 가능한 많이 태운 다음 그들을 지상전에 투입했습니다. 동시에 그들을 하늘에서 헬기 편대로 엄호했습니다. 말 그대로 도시로 밀고 들어갔습니다. 아군이 즉각 도시를 장악한 다음 약탈 등의 사태를 진압하면서 치안을 확립했습니다. 그러다가 임시정부 수립팀과 협업했고, 이라크에 도착한 지 2주가 조금 넘었을 때 마침내 임시정부를 세울 수 있었습니다. 이라크 사람들의 도움과 지원히 절실한 상황이었습니다. 공습 작전으로 모술을 점령하기 전까지는 200만 명이 사는 이 도시 규모를 제대로 파악조차 못하고 있었으니까요. 주정부의 의회 구성원들이 우리보다 해당 지역을 훨씬 잘 알고 있었기 때문에 임시정부 수립에 정말 큰 도움이 됐습니다. 모술이 주도州都인 니느웨 주Nineveh Province의 인구 구성은 다양했습니다. 민족 및 종파에 따라 수많은 집단으로 나뉘고 부족별, 사회적 계층별, 기관별 구성도 다양했습니다. 그들은 모두 임시의회에 보낼 대표가 필요했습니다.

DR: 전쟁 초반에는 '충격과 공포'만으로 해결될 것으로 생각됐습니다. 수많은 미사일이 날아다니는 모습을 보여주면 전쟁이 종식될 것이라는 얘기였습니다만 그런 구상은 사실상 통하지 않았습니다.

DP: 맞습니다. 충분치 않았죠. 여기저기서 산발적인 충격과 공포는 있었지만 여전히 전투에 나선 이라크 주민들이 많았고 로켓과 대포, 탱크, 기타 장갑차량 등 다양한 무기로 무장한 정규군과 특수부대가 우리를 공격해 왔습니다. 아군의 사상자와 함께 중장비 등도 심각하게 파괴됐습니다. 하지만 미군과 연합군은 이에 굴하지 않았고 사담 후세인과 그의 부하들은 모두 도망가거나 생포됐습니다.

DR: 대량 살상무기를 후세인이 보유하고 있다는 정보는 특히 CIA가 입수한 것이었는데요. CIA 국장에 올랐을 때 그 정보의 출처를 캐내셨습니까?

DP: 그리 깊이 파헤쳐보지는 않았습니다. 그 사안을 놓고 다양한 위원회에서 철저하게 검토했었고, 저 역시 상황을 충분히 겪어봤기 때문입니다. 그래도 더 꼼꼼히 살펴본 사안들은 있었습니다. 예를 들면 '강화된 심문기법EIT 사용' 같은 것이 있습니다. 저는 개인적으로 두 가지 이유 때문에 이를 몇 년간 반대하는 입장이었습니다. 첫째, 미국이 추진하고 지지하는 국제법과 제네바 협약 등을 위반하기 때문입니다. 둘째, 그들이 옹호하는 이 같은 심문 방식이 생각만큼 절대 효과적이기 않기 때문입니다. 짐 매티스Jim Mattis는 "맥주와 담배를 주면 물고문으로 얻는 것보다 더 많은 정보를 가져다주겠다"며 색다르게 표현한 적도 있지요.

간단히 말해 가장 효과적인 심문 방법은 수감자와 친해진 다음 소통을 시도하는 겁니다. 저는 사령관으로서 이라크에서 그 어느 때보다도 많이 억류된, 2만 7,000명의 수감자를 감독하면서 이런 방식을 제시했습니다. 나중에 아프가니스탄에 사령관으로 부임했을 때는 병력을 증파할 때마다 감독해야 할 수감자 규모도 최대 규모로 늘어났죠. 그래서 수감자 처리 문제와 관련해 상당한 경험을 쌓았습니다. 그들을 인간적으로 대우하면서 정보를 알아내는 것이 제대로 된 방법입니다. 물론 이른바 시한폭탄을 처리해야 하는 상황이라면 얘기가 달라집니다. 그런 경우에는 위협의 성격에 따라 보다 강력한 방법을 써야 합니다.

DR: 전투에서 병사들이 사망하면 어떻습니까?

DP: 끔찍한 경험입니다. 병사가 사망했다는 무선 호출을 처음으로 들었을 때가 기억납니다. 그런 보고를 들으면 맥이 빠집니다. 피가 식는 기분이죠. 북부에서 교전하던 중에 많은 전투 차량들이 폭파됐다는 소식을 들었을 때도 마찬가지로 끔찍했습니다. 고백하건대 지속적으로 사상자 보고를 받는 것은 너무나 힘겨운 일이었습니다.

DR: 군 복무를 하시면서 정말 훌륭한 반군 대응 야전교범을 출간하기도 했습니다. 이 교범은 국내 대테러 활동과 이라크 및 아프가니스탄에서 전세를 뒤바꾸기 위한 모든 미군 활동의 기반이 되어주었습니다. 그리고 결국 부시 대통령의 부름을 받고 이라크로 가서 이른바 '병력 증파'를 지휘하시게 된 것이고요. 대통령이 병력 증파를 이끌어달라고 했을 때 "이라크에서 이미 두 번이나 복무했기 때문에 더 이상은 갈 필요가 없다"고 말씀하셨습니까?

DP: 그건 아닙니다. 저는 "그런 임무를 맡는다면 영광일 것"이라고 말했습니다. 오바마 대통령이 몇 년 후 제게 "대통령이자 군 최고통수권자로서, 장군이 아프가니스탄에 가서 국제안보지원군ISAF을 지휘해주면 좋겠다"고 말했을 때도 저는 마찬가지 대답을 했습니다. 당시 방에는 사진작가밖에 없었는데 재빨리 사진만 찍고 자리를 떴습니다. 그리고 저는 "그런 요청은 수락할 수밖에 없습니다, 대통령님"이라고 말했습니다.

DR: 추가 병력을 이끌고 이라크에 갔을 당시 군대 규모가 어느 정도였습니까?

DP: 육군, 해군, 공군, 해병대를 다 합쳐 14만 명이 조금 못 됐습니다. 연합국은 추가로 수만 명의 병력을 지원했습니다. 그리고 미국은 병력 증파 기간 동안 2만 5,000~3만 명을 추가로 파병했습니다. 그래서 미군 수는 총 16만 5,000명에 달하게 됐습니다.

여기서 짚고 넘어가고 싶은 게 있는데, 증파에서 가장 중요한 것은 병력 증강이 아니라 '아이디어' 증강이었습니다. 전략 변화가 필요했지요. 대규모 기지를 기반으로 진지를 강화하고 '이라크 주민들을 내버려두는' 방식에서 180도 전환해 그들과 함께 어울려 살아가는 방식으로 가자는 것이었습니다. 그렇게 해야만 사람들을 보호할 수 있고 성급하게 이라크에 통제권을 이양한 수많은 지역을 다시 통제할 수 있게 되기 때문이었습니다. 그뿐 아니라 가능한 많은 반군 내 일반 사병들과 화해해야 한다는 것을 알게 됐습니다. 사살하거나 생포하는 식으로는 아주 강력한 반군 활동을 저지할 수 없다고 판단했죠.

DR: 그래서 14만 명가량의 미군 외에 추가로 2만 5,000~3만 명을 파병한 거군요. 당신이 말한 주민과의 소통 전략으로 이라크를 충분히 안정시킬 수 있었나요?

DP: 그렇습니다. 우리는 새로운 전략과 추가 병력을 통해 극적으로 85퍼센트가량 폭력 수위를 낮출 수 있었고, 18개월의 병력 증파 기간 동안 서서히 사태가 안정됐습니다. 그러면서 우리 군은 전면적인 내전 직전까지 갔던 이라크 상황을 호전시킬 수 있었습니다.

DR: 당시 대통령은 당신에게 중동 내 미군 작전을 책임지는 미 중부사령부를 이끌어달라고 하셨죠.

DP: 그렇습니다. 중부사령부는 서쪽의 이집트를 비롯해 동쪽으로는 파키스탄, 북쪽의 카자흐스탄에서 예멘과 해적이 들끓는 해역인 남쪽의 소말리아까지 21개국을 포함하는 지역을 관할합니다. 우리는 당시 세계적으로 문제가 되는 지역의 90퍼센트를 담당한다는 사실에 자부심을 가졌습니다.

DR: 이러한 곳들의 지휘를 통솔하는 사람은 대개 육군 참모총장이 되고 합참의장까지 승진하는 경우가 있더군요. 당신이 영웅으로 떠오르면서 오바마 대통령이 집무실로 당신을 불러 중부사령부를 떠나 다시 아프가니스탄 총사령관이 되어달라고 얘기한 적이 있죠. 그때 무슨 생각이 드셨습니까?

DP: 확실히 비상 상황이었습니다. 그리고 대통령이 불러서 지시를 내리면 당연히 해야 하는 것이죠.

DR: 생각해볼 테니 조금만 시간을 달라고 하진 않으셨는지요?

DP: 말씀드렸다시피 그런 요청은 수락할 수밖에 없습니다. 그 전에 이라크 병력 증파 때도 저에게 연락한 것은 로버트 게이츠Robert Gates 국방장관이었습니다. 사실 제 아내와 아들과 함께 고속도로를 타고 LA 공항 북쪽에서 발렌시아로 향하던 중 장관의 연락을 받았습니다. 증파직전 아버지를 마지막으로 뵌 셈이 되고 말았죠.

아내가 운전하고 있었고 저는 휴대폰으로 게이츠 장관의 전화를 받았습니다. 저는 알겠다고 짧게 대답하는 대신 좀 더 자세한 얘기를 나누고 싶었습니다. 그래서 저는 "장관님, 지금 사령관으로 어떤 사람을 보내는 건지 확실히 알아두셨으면 합니다. 한 말씀 드리자면, 병력 축소 등의 문제는 현장의 실상과 장관님이 저희에게 부여한 임무에 대한 상호 이해를 바탕으로 접근하시는 게 좋을 것 같습니다. 의회 정치든 국내 정치든 연합 정치든 예산 부족이든 병력 부담이든 뭐든 간에, 장관과 대통령님이 해결해야 할 다른 모든 문제에 대한 인식이 이에 영향을 주기 때문입니다. 그렇지만 결국 저는 현장의 실상에 기반해 의견과 조언을 드릴 것입니다. 그건 중요합니다. 왜냐하면 저는 기본적으로 장관님에게 있는 그대로를 말씀드리고 있으니까요. 저는 장관님이 다루시는 사안에 기반해 제 의견을 바꾸지 않습니다. 그렇다해도 저는 장관님과 대통령님의 최종 결정이 무엇이든 당연히 지지할 겁니다."

DR: 아프가니스탄에 가셔서 어떤 결론을 내렸습니까? 탈레반을 제거하거나 그들의 영향력을 최소화하는 데 성공하셨는지요?

DP: 좋은 질문입니다. 지휘권 문제로 의회에서 저에 대한 인사청문회가 열렸을 때도 얘기했지만, 저는 이라크에서 했던 식으로 아프가니스탄의 상황을 뒤집을 수 있다고 보진 않았습니다. 저는 이라크에서 궁극적으로 목표를 달성할 것이라 굳게 믿었습니다. 그렇지만 아프가니스탄의 상황은 아주 달랐습니다.

물론 이라크에서 초반에 저를 초조하게 만든 건 우리가 안정화 작업을 빨리 해낼 수 있을지, 2007년 9월 의회에 보고할 만큼의 충분한 성과를 낼 수 있을지에 대한 고민이었습니다. 이라크 병력 증파 6개월째에 의회 청문회에 참석해야 하는 상황이었기 때문입니다. 의회 지지가 미미했기 때문에 아주 중요한 자리였습니다.

그래도 첫 6개월간 이라크에서 상당한 성과를 냈습니다. 폭력 사태를 대폭 줄였고 이후로도 계속해서 줄어들었습니다. 정말 그 이후로 꼬박 3년 6개월 동안 폭력 사태는 점진적으로 감소 추세를 보였습니다. 그러나 안타깝게도 이라크 총리는 종파 간 극심한 갈등을 유발하는 일련의 조치를 단행함으로써, 그토록 열심히 싸우며 다 함께 이루어낸 모든 성과를 무효로 만들어버렸습니다. 그 때문에 수니파와 시아파 간 긴장이 악화되면서 새로운 폭력의 악순환이 촉발되는 바람에 알카에다에 대한 관심이 줄어들었습니다. 그 틈을 타 알카에다가 이라크에서 '이슬람 국가IS'를 세우게 된 것이죠.

아프가니스탄의 경우 이라크 상황을 똑같이 재현할 수 있을 것이라는 착각은 처음부터 하지 않았습니다. 폭력 사태의 수위가 그만큼 높지는 않았지만, 상황이 달라도 너무 달랐던 겁니다. 저는 럼스펠드 장관이 저에게 요청한 평가보고서에 아프간 상황을 정리했습니다. 브리핑 때 발표한 맨 첫 번째 슬라이드에는, 아시다시피 요즘은 파워포인트로 장성급 커뮤니케이션이 이루어집니다만, "아프가니스탄은 이라크와는 다르다"라고 쓰여 있었습니다. 그리고 저는 두 국가 간 중대한 차이점을 제시했습니다.

아프가니스탄에서는 이라크에서와 같은 비슷한 수준의 극적인 상황 개선을 기대할 수가 없었습니다. 그래도 우리는 그해 임무를 완수하며 당시 진군하고 있던 탈레반의 기세를 저지할 수 있었습니다. 주요 요충지에서 우리는 탈레반의 기세를 역전시켰습니다. 그리고 더욱 신속히 아프간 보안군 병력을 증강하고 특별히 선정된 아프간 기관들을 개발하는 등 다른 임무를 수행해서 일부 지역의 치안 과제를 아프간 군에 이양할 수 있도록 했습니다. 이 작업도 시작됐습니다.

그해 아프가니스탄에서 이런 임무를 수행하는 동안 핵심 목표를 지속적으로 달성해 나갔습니다. 이건 지금도 여전히 아프가니스탄에 주둔하는 미군의 중요 임무입니다. 즉 아프가니스탄이 다시는 초국적 극단주의자들의 성역이 되는 일이 없도록 하자는 것이었지요. 알카에다가 바로 그곳에서 9·11 테러를 계획하며 초창기 군사 훈련을 하던 것과 같은 상황이 다시 일어나서는 안 되니까요. 여담이지만 초창기 훈련 당시 탈레반은 아프가니스탄의 대부분을 장악하고 있었습니다.

DR: 아프가니스탄에 계시는 동안 오사마 빈라덴 생포 작전이 진행됐습니다.

DP: 생포하거나 사살하는 것이었죠.

DR: 생포 또는 사살 작전에 대한 내용을 전달받으셨지만 직접 관여하지는 않으셨죠. 해당 의사결정의 직접적인 지휘 계통에 있지 않았는데, 어떻게 내용을 전달받으셨습니까?

DP: 저는 아프가니스탄 병력 감축에 대해 논의차 대통령과 회의 일정이 몇 건 잡혀서 워싱턴에 돌아와 있다가 보고를 받았습니다. CIA 국장 자리를 놓고 인사청문회를 앞두고 있을 때였습니다. 그 직후 아프가니스탄으로 돌아왔습니다. 그러다가 일주일쯤 뒤인 작전 당일 밤, 카불로 돌아왔습니다. 저는 사령부에서 그 작전에 대해 아는 유일한 사람이었습니다. 그래서 저는 보좌관이나 다른 수행원들 없이 밤 11시쯤 일어났습니다. 제가 있던 카불의 나토 본부에는 합동특수작전사령부가 있었습니다.

제가 그 안으로 들어가자 사람들이 놀라며 여기서 뭘 하는 거냐고 물었습니다. 저는 아주 가까웠던 장교 한 명만 남기고 나머지는 자리를 비켜 달라고 했습니다. 사실 그는 20년 전 훈련 중 제가 총상을 입었던 소대 소속이었습니다. 우리는 해당 작전을 모니터링하고 상황이 틀어졌을 때를 대비해 다양한 비상 대책을 실행할 수 있도록 다수의 극비 '자료'에 연결했습니다. 작전을 실행한 특수작전부대의 대다수, 특히 나토 본부 소속군은 제 예하부대였습니다. 그러나 그날 밤에는 CIA의 명령에 따라 움직였습니다. 군과는 다른 당국의 지시에 따라 진행된 비밀공작이었으니까요. 다시 말해 대통령에서 리언 파네타Leon Panetta CIA 국장과 맥레이븐McRaven 해군 중장, 그리고 빈 라덴 참수 작전을 펼친 네이비 실 팀식스SEAL Team Six Unit로 이어지는 지휘 계통이었던 겁니다.

그날 밤은 굉장했습니다. 특히 시작이 험난했지요. 선두에 있던 헬기가 어렵게 착륙하는 바람에 빈 라덴의 은신처에서 이륙이 불가능해졌습니다. 성공적으로 끝났지만 자축하는 분위기 같은 것은 없었습니다. 오히려 다른 군인들을 전투사령부로 데리고 가 그날 밤 아프가니스탄에서 진행 중이던 12개 정도의 작전에 다시 집중했습니다. 이러한 작전의 상당수는 적과 지형 면에서 볼 때 더욱 어려웠지만 전략적으로 빈 라덴 작전만큼 중요한 것은 없었습니다. 그럼에도 불구하고 전쟁은 계속됐습니다.

DR: 12개월 정도를 대부분 아프가니스탄에서 지낸 후 대통령이 CIA 국장을 맡아달라고 했습니다. 기본적으로 군 경력이 끝난다는 의미였을 텐데요.

DP: 그럴 필요까지는 없었지만, 저는 그 편을 택했습니다. 대통령이 저를 지명하기 전에 함께 그 문제를 논의했습니다. 저는 군복을 벗는 게 최선이라는 데 동의했습니다. 제가 CIA를 군 사령부로 만들려 한다는 인상을 주지 않는 게 정말 중요하다고 생각했으니까요.

DR: 그 시점에서 군인 신분을 포기한다는 사실에 울컥하지는 않으셨나요?

DP: 막상 군복을 벗는다고 생각하니 감정이 격해지더군요. 훌륭한 은퇴 축하 퍼레이드와 기념식과 연설이 이어졌고 마지막으로 훈장도 받았습니다. 그리고 집으로 가 군복을 벗으며 평생 몸 바쳐 일한 곳을 떠났다는 걸 깨닫는 겁니다. 그래도 CIA 국장이 된다는 새롭고도 멋진 기회가 기다리고 있었으니까요. 그 사실에 기대가 됐습니다. CIA는 굉장한 기관이죠. 조용한 전사들이라고나 할까요. 군대처럼 이들 역시 오른손을 들어 선서합니다. 그렇지만 이들은 임무를 수행하면서 퍼레이드를 즐기거나 공개적으로 인정을 받을 수가 없습니다. 대부분의 사람들이 친구나 이웃과 일상을 나누는 즐거움조차 누릴 수가 없지요. 가족과도 일상을 공유하지 못하는 경우가 많습니다.

DR: CIA 국장이 되고 나니 생각보다 국가 기밀이 많지는 않구나 싶지는 않았나요? 아니면 엄청난 규모란 생각이 드셨나요?

DP: 거의 매일같이 근무하는 내내 '뭐라고? 이게 진짜라고? 정말?' 같은 생각이 들었습니다. 그곳에는 놀라운 기밀 정보들이 있습니다.

DR: 43대 부시 대통령에게 브리핑을 했고 또 오바마 대통령에게도 브리핑을 많이 하셨습니다. 브리핑을 할 때 두 대통령 간 차이는 없었습니까?

DP: 부시 대통령은 이라크 병력 증파 당시 이라크 주재 미 대사와 함께 매주 중대 보고를 많이 했던 대통령입니다. 우리는 동부 표준시 기준으로 매주 월요일 아침 7시 30분에 한 시간 동안 영상회의를 진행했습니다. 대통령과 국가안보팀이 상황실에 둘러앉아 우리와 직접 영상회의에 참여했지요. 그는 병력 증파에 완전히 찬성하는 입장이었습니다. 최전선에 모든 걸 다 걸었지요. 참모 대다수의 조언을 무시한 것과 다름없었습니다. 병력 증파에 적극 찬성한 사람은 거의 없었습니다. 그나저나 킨 장군은 그 무렵 퇴역했는데 부시 대통령과의 면담 중에 병력 증파를 적극 지지한 사람들 중 한 명이었습니다.

부시 대통령은 그 문제에 아주 깊이 관여했습니다. 그렇지만 오바마 대통령이 당선될 때까지 이라크에 더 이상의 병력 파병은 없었습니다. 이라크가 꽤 안정된 상황이었기 때문입니다. 그리고 그토록 많은 희생을 치러가며 얻어낸 성과를 저해하지 않으면서도 얼마나 빨리 병력을 감축할 수 있는지가 관건이었습니다. 오바마 대통령은 다들 알다시피 철저히 사태를 파악해 문제를 살펴보고 이를 신중히 검토했습니다. 오바마 대통령 임기 첫해 후반에 아프간 정책 검토가 철저히 이루어졌습니다. 그 같은 의사결정을 내리기까지 국가안보팀과 직접 9~10회에 걸쳐 전략 논의를 한 대통령은 없었습니다.

DR: 당신은 우리 세대를 비롯해, 어쩌면 전 세대를 통틀어 위대한 군 지도자 중 한 명으로 존경받고 있습니다. 당신에게 리더십이란 어떤 것입니까?

DP: 리더십, 특히 전략적 차원에서 최상위 리더십은 네 가지 핵심 과제를 포괄합니다. 이라크나 아프가니스탄에 주둔하는 사령관이든 칼라일 그룹이나 KKR, 아마존의 CEO든 간에, 리더는 목표를 명확히 파악해야 합니다. 이러한 목표를 조직 전체에 폭넓게 효과적으로 전달해야 합니다. 그리고 그러한 목표를 어떻게 다듬을지 결정해야 합니다. 그리고 그 모든 과정을 반복하는 겁니다. 물론 그러한 네 가지 과제에는 각각 부차적인 작업이 따릅니다. 과제 이행을 감독하려면 측정 기준이 필요한데, 훈련 일정이 여기에 포함됩니다. 개인 시간을 어떻게 보내는지 같은 겁니다. 예를 들어 저는 군 시절에 3개월간 시간을 어떻게 보내고자 했는지를 보여주는 매트릭스를 갖고 있었습니다. 리더는 활력과 본보기, 격려, 결단력 등을 제공해야 합니다. 작전 수행도 주도해야 하고요. 가장 중요한 마지막 작업은 잊어버리기 쉬운데, 목표를 수정하고 다듬고, 때로는 폐기하는 방법을 정하기 위한 공식 절차를 갖춰야 합니다. 그래야 계속 그 과정을 반복할 수 있으니까요. 이런 작업들은 군 조직뿐만 아니라 민간 부문에서도 필수적입니다. 넷플릭스Netflix는 네 번에 걸쳐 이런 목표를 제대로 설정하고 쇄신을 거듭하는 데 성공했습니다. 그들은 일찌감치 '고객에게 CD를 발송해 블록버스터(Blockbuster, 오프라인 비디오 대여점 - 옮긴이)를 몰아내기'로 하고 마침내 그 일을 해냈죠. 그런 다음 '블록버스터가 망한 틈을 타 또다른 대여점들이 블록버스터의 일을 대신하고 있군. 하지만 인터넷 연결 속도가 충분히 빨라졌으니 고객이 콘텐츠를 다운로드하는 방식으로 영화를 제공하면 그들 또한 물리칠 수 있다'는 전략을 세운 것이죠. 그런 전략이 먹히자 그들은 이번에는 다른 업체들이 자신들을 따라한다는 걸 알게 됩니다. 그러자 통 큰 투자를 결심합니다. 1억 달러를 〈하우스 오브 카드House of Cards〉 같은 드라마에 투자를 한 것입니다. 이른바 누구도 생각 못한 '자체 제작 콘텐츠의 시대'를 연 것입니다. CEO 리드 헤이스팅스Reed Hasting가 이 모든 과정을 주도했습니다. 그는 목표를 이루기 위해 끊임없이 노력하는 혁신적이고 전략적인 리더입니다. 넷플릭스는 메이저 영화사를 사들인 후 대규모 콘텐츠 제작을 결정하면서 또 한 번 커다란 성공을 거둡니다.

DR: 지금껏 가장 존경한 군 지휘자는 누구입니까?

DP: 율리시스 S. 그랜트 장군이 상당히 저평가됐다고 생각합니다. 지금에 와서야 재조명되고 있지만요. 그는 정말 영웅이었고 그가 쓴 회고록은 굉장했지만 남부 역사가들은 20세기 전반기 동안 그를 깎아내렸습니다.

그랜트 장군은 미국 역사상 유일하게 사단급 이하 전투에서 뛰어난 전술을 발휘했던 걸출한 인물이었습니다. 작전 수행 능력도 뛰어났는데, 특히 역대 최고의 전투 중 하나였던 빅스버그 전투에서 여러 사단을 이끌었습니다. 게다가 전략적으로도 뛰어났는데, 전체 연방군을 위한 전략을 수립해 북부에 승리를 안겨주었던 것입니다. 결국 전투에서 승리하며 링컨 대통령의 재선이 확실해졌기 때문입니다. 당시 링컨의 상대 후보는 매클레런McClellan 장군이었는데, 그는 당선되면 남부와 평화 협정을 맺겠다는 공약을 걸었습니다. 그랬더라면 우리가 아는 북부 연방은 끝났을 겁니다.

사람들은 흔히 북부의 승리가 당연한 건 아니었다는 사실을 잊습니다. 북군이 결국 남부를 궤멸시킬 것이라는 생각도 그랜트 장군이 이를 실행하기 전까지는 알 수 없었죠. 그가 세운 전반적인 전략과 이후 애틀랜타를 함락시킨 셔먼Sherman 장군과 셰넌도어 계곡을 지켜낸 셰리든Sheridan 장군의 승리가 없었더라면 링컨 대통령은 1864년 선거에서 졌을 수도 있습니다. 그리고 매클레런 장군이 이겼더라면 그는 화평을 청했을 것이고, 그러면 지금의 미합중국은 없었을지도 모르죠.

DR: 어떤 정치 지도자를 가장 존경하십니까?

DP: 수년에 걸쳐 목표한 바를 이루어낸 몇몇 인물이 있습니다. 저는 특히 시어도어 루스벨트Theodore Roosevelt 대통령을 존경합니다. 그의 '경기장의 투사Man in the Arena' 연설은 언제나 제 마음을 사로잡습니다. "진짜 중요한 사람은 온통 먼지와 피땀으로 범벅이 된 얼굴로 실제 경기장에 있는 투사입니다… 설령 실패한다 해도 적어도 '대담하게 맞서다'가 쓰러지는 것입니다."

# 04  콘돌리자 라이스

전 미국 국무장관/스탠퍼드대 경영대학원 교수

*Condoleezza Rice*

"저의 아버지는 이런 말씀을 하신 적이 있습니다.

'누군가 네가 흑인이라는 이유로 옆에 앉고 싶어 하지 않는다 해도,

그가 자리를 옮기는 한은 괜찮단다.'

다른 말로 하면 자신에 대한 타인의 편견을 수용하지 말라는 뜻입니다.

그건 그들의 잘못이고 그들의 문제이지, 내 문제가 아닌 것이죠.

편견을 가진 사람들 때문에 무력해지면 안 됩니다."

콘돌리자 라이스는 1960년대에 인종차별이 극심했던 앨라배마 주 버밍햄에서 흑인 소녀로 자랐다. 당시 라이스와 부모는 그녀가 국가안보회의NSC 보좌관이나 국무장관이 될 줄은 꿈에도 몰랐을 것이다. 라이스가 클래식 피아니스트가 되기를 바라고 있었기 때문이다. 그녀에게는 상당한 연주자로서의 재능이 있었다.

그러나 운명은 때때로 최선의 길을 틀어버린다. 라이스는 덴버 대학교에서 음악 공부에 매진했지만, 특히 매들린 올브라이트Madeline Albright의 아버지인 체코 출신 학자 조셉 코벨Josef Korbel의 지도로 공공정책 분야에도 심취하게 된다.

결국 라이스는 조지 H. W. 부시 행정부에서 NSC의 소련 전문가로 활동한 이후, 정치학 박사학위를 받아 스탠퍼드대 교수가 되었다. 그리고

2000년 전임 국무장관인 조지 슐츠George Shultz의 제안으로 당시 주지사였던 조지 W. 부시의 대선 캠프에서 외교정책 보좌관을 맡아 활약했다.

나머지는 모두가 아는 내용이다. 콘돌리자 라이스(친구들 사이에서는 콘디라는 이름으로 통했다)는 부시 행정부에서 두 직책에 임명된 최초의 흑인 여성이 되었다. 백인 남성 일색인 분야에서 맞닥뜨렸던 편견을 극복하고 그토록 높은 자리에까지 오를 수 있었던 비결은 무엇일까?

2018년 5월 라이스는 워싱턴 블룸버그 스튜디오에 모인 청중 앞에서 진행된 인터뷰를 통해 이에 대해 통찰 있는 이야기를 전한다.

콘돌리자 라이스는 훌륭한 리더란 넬슨 만델라Nelson Mandela와 같이 세상에 대한 비전과 함께 그에 필요한 지성과 겸손을 갖춘 인물이라고 설명한다. 비전과 지성, 겸손을 통해 따르는 사람들에게 영감을 불어넣는 사람만이 탁월한 리더가 될 수 있다고 강조한다. 그녀에 따르면, 사람의 마음을 얻는 데 실패하는 이유는 간단하다. '오만과 자만' 때문이다.

라이스의 아버지는 '차별'에 대해 가르치며 "스스로를 피해자로 생각하지 말라, 타인의 인생에 휘둘리지 말라"는 지혜를 그녀에게 자연스럽게 심어주었다. 아버지가 일깨워준 대로 그녀는 자신이 처한 상황을 통제하려 애쓰기보다는 그런 상황에 대한 자신의 반응을 통제하는 삶을 선택함으로써 차별과 편견을 성공적으로 극복해왔다.

최고의 글로벌 정책결정자로서 콘돌리자 라이스는 그녀 특유의 리더십의 바탕에 아버지의 지혜로운 가르침을 놓고 살아온 것이 분명해 보인다.

**데이비드 루벤스타인(DR):** 트럼프 대통령이 당신을 불러 "정부에 참여해 국가에 도움이 되어 달라"고 한다면 뭐라고 답하겠습니까?

**콘돌리자 라이스(CR):** "대통령님, 미국에 도움이 될 만한 뛰어난 인재들은 굉장히 많습니다. 여기 저의 팔로알토 연락처가 있으니 언제든 필요한 것이 있으면 연락주시기 바랍니다." 이렇게 말하고는 정말 기뻐하겠죠.

**DR:** 종종 부통령이나 대통령 후보로 당신의 이름이 거론되곤 했습니다. 부통령이든 대통령이든, 출마 가능성은 전혀 없는 건가요?

**CR:** 그 어느 때보다 확실히 말씀드릴 수 있습니다. 자신의 능력을 제대로 알아야 하니까요. 저는 정치인 감이 아닙니다. 정책은 사랑하지만 정치는 맞지 않습니다. 정치는 저를 무력하게 만들 뿐입니다.

**DR:** 인종차별이 심한 앨라배마 주 버밍햄에서 자라셨죠. 끔찍했던 버밍햄 교회 폭탄 테러로 사망한 친구분들도 있고요. 언젠가 국무장관이 될 거라고 생각해본 적 있습니까?

**CR:** 피아니스트가 꿈이었기에 그런 생각은 전혀 안 해봤습니다. 부모님은 제가 인종차별 때문에 간이식당에서 햄버거를 사 먹을 수 없더라도, 제가 원하기만 하면 무엇이든 될 수 있을 거라고 늘 확신을 심어주셨습니다. 그런 가족과 함께라면 무엇이든 이룰 수 있죠. 대학에도 가고요. 집안에서 박사학위를 받은 게 제가 처음이 아닙니다.

**DR:** 부친께서도 박사이십니다.

**CR:** 아버지와 테레사 고모가 박사학위를 받으셨습니다. 저 같은 흑인이 이런 일을 하는 게 이상하다면, 찰스 디킨스Charles Dickens에 관한 평론집을 쓴 우리 고모 같은 사람도 있는데 뭐가 문제냐고 저는 늘 말합니다.

DR: 외동이시죠?

CR: 외동입니다.

DR: 부모님이 확실히 당신에게 모든 걸 쏟아부으신 것 같습니다. 덕분에 배울 수 있는 건 모두 다 배우신 것 같습니다. 발레도 하셨죠.

CR: 수업이란 수업은 죄다 들어봤습니다. 그중에는 정말 잘했던 것도 있고 그렇지 못한 것도 있었죠. 그래도 부모님은 계속 시켰습니다. 프랑스어 수업도 들었고요. 어머니는 교육을 잘 받은 여자아이라면 프랑스어를 할 줄 알아야 한다고 생각하는 분이셨죠. 그래서 아홉 살 때 토요일마다 프랑스어 수업에 끌려갔습니다. 네, 발레도 배웠죠. 예절 수업이라는 것도 있었습니다. 물론 저는 피아노를 제일 좋아했습니다. 아무튼 부모님은 제게 쉴 틈을 주지 않으셨죠.

DR: 어머니는 교사이셨나요?

CR: 교사이자 음악가이셨습니다.

DR: 제가 알기로 어머니의 학생 중에 윌리 메이스Willie Mays가 있었는데요.

CR: 어머니는 윌리 메이스가 다니는 고등학교의 선생님이셨습니다. 윌리 메이스가 9학년 때 어머니가 영어를 가르치셨는데, 저는 그에게 제 어머니를 기억하는지 물었습니다. 그러자 그가 이렇게 말했죠. "기억하지. 네 어머니가 그러시더군. 너는 야구선수가 될 거니까 조금 일찍 교실에서 나가야 하면 언제든 지체 말고 나가보거라." 전혀 제 어머니답지 않은 말이었지만 뭔가 감동적인 데가 있어서, 살아가면서 그 말을 잊지 않고 있습니다.

DR: 덴버 대학교에 진학하셨습니다. 국제정치학자로 명성 높은 매들린 올브라이트 전 국무장관의 부친이 그곳의 교수였죠.

CR: 조셉 코벨 교수는 저를 국제정치학계로 이끌어준 분입니다. 사실 덴버에 피아노 전공으로 입학했었죠. 하지만 정치학 전공으로도 충분한 학점을 이수하고 졸업했습니다. 제 성적증명서를 열람하면 음악은 100학점, 정치학은 45학점을 이수한 것으로 나와 있습니다.

DR: 그후 노터데임 대학교 석사과정을 거쳐 나중에 스탠퍼드로 가셨죠?

CR: 스탠퍼드에는 1년간 군비통제 및 군비축소 프로그램 연구원으로 갔습니다. 핵무기 물리학에 대해 배우고 SS-18에 얼마나 많은 탄두를 탑재할 수 있는지에 대해 알게 됐습니다. 그 경험 덕분에 아주 중요한 사실을 배울 수 있었습니다. 스탠퍼드대는 다양성을 추구했습니다. 다양성 추구는 새로운 방식으로 인재를 찾는 데 탁월한 방법들을 실행시킵니다. 스탠퍼드는 소련 전문가인 젊은 흑인 여성에게 일자리를 제안했고, 그게 바로 저였습니다. 학장이 단호한 목소리로 말했습니다. "3년 후에 재임용 평가가 있습니다. 이번에 임용됐다는 사실이 재임용에 별로 영향을 주지는 않을 겁니다." 저는 이렇게 답했습니다. "그렇군요. 제가 스탠퍼드를 좋아하는지, 스탠퍼드가 저를 좋아하는지 알아볼 시간이 생겼군요." 학장이 예비 조교수에게 들을 법한 말은 아니었습니다.

DR: 종신교수의 권리를 얻으셨습니다. 그리고 조지 H. W. 부시 대통령의 백악관 보좌관으로 영입되셨고요.

CR: 백악관의 소련 전문가로 발탁되었습니다. 냉전이 끝나갈 무렵에 소련 전문가가 백악관에서 일하게 된 건 행운이었죠.

DR: 베를린 장벽이 무너졌을 때도 백악관에서 근무하셨습니다. 대통령이 "기쁜 마음으로 이 사건을 우리의 업적으로 삼자"고 하진 않던가 요?

CR: 베를린 장벽이 붕괴된 직후 우리는 집무실로 달려갔습니다. "대통령 님, 베를린으로 가셔야 합니다. 케네디와 트루먼, 레이건이 그랬던 것 처럼요." 그는 우릴 보더니 말했어요. "내가 왜 그래야 합니까? 베를린 장벽 앞에서 춤이라도 추라는 겁니까? 독일에게는 역사적 순간일지 몰라도 미국과는 상관없는 일이오."

저는 그 말을 잊을 수가 없습니다. 너무나 조지 H. W. 부시 대통령다 운 말이었으니까요. 자신을 내세우지 않는, 겸손의 미덕을 갖춘 인물 이었습니다. 그의 말이 옳았습니다.

DR: 빌 클린턴이 1992년 선거에서 부시를 누르고 대통령에 당선됐습니 다. 결과가 충격적이었습니까?

CR: 그랬습니다. 저는 이미 스탠퍼드로 돌아가 교무처장이 된 상황이었 습니다. 그 소식에 놀랐죠. 그러나 부시 대통령은 할 일을 했다고 생 각합니다. 냉전 종식 당시 부시 대통령의 외교 정책을 자세히 설명할 일은 없으리라 생각합니다. 미하일 고르바초프Mikhail Gorbachev를 존중 하는 의미에서 소비에트 연방의 자존심을 굳이 건드릴 필요는 없으니 까요. 베를린 장벽 앞에서 춤을 출 필요는 없는 겁니다. 고르바초프가 소비에트 연방 해체와 보리스 옐친Boris Yeltsin의 러시아 연방 대통령 취 임을 명시한 문서에 서명하기 전에 마지막으로 했던 일 중 하나는 조 지 H. W. 부시에게 전화한 것입니다. 그는 "우리는 좋은 일을 했고, 역사가 우리를 제대로 평가할 것"이라고 자축했습니다. 저는 부시 대 통령에게 정말 멋진 일 아니냐고 말했죠.

그는 역시 조지 H. W. 부시였습니다. "호들갑 떨 일은 아니라고 생각하네"라고 하더군요. "소비에트 연방의 최고 권력자가 연방 해체 직전에 마지막으로 한 행동이 미국 대통령에게 전화한 것입니다. 대통령님의 동의를 구하기 위해 자세를 낮춘 게 아닙니까?"라고 제가 말했죠. 정말 대단한 일이었고, 부시 대통령은 부시 대통령다웠습니다.

DR: 부시 가문의 또 다른 사람도 대통령 선거에 출마하기로 했죠. 조지 W. 부시 말입니다. 당신은 여성 최초로 NSC 보좌관이 되었습니다. 그러다 9·11 테러가 일어났습니다. 테러 당시, 어디에 계셨습니까?

CR: 제 사무실에 있었습니다. 모두가 알다시피 부시 대통령은 플로리다의 교육 행사에 참석하고 있었고요. 저는 그날 대통령과 동행하지 않았습니다. 제 비서가 와서 비행기가 세계무역센터에 충돌했다고 말해줬습니다. 먼저 우리는 그게 사고라고 생각했습니다. 부시 대통령에게 전화를 걸었습니다. 그러다가 몇 분 후 우리는 두 번째 비행기가 세계무역센터에 충돌했다는 걸 알게 됐습니다. 그제야 비로소 테러 공격이라는 걸 깨달았습니다.

그다음부터는 그날 하루 동안, 그리고 이후 몇 개월간 미국 대통령으로서는 선택의 여지가 없는 상황이 이어졌습니다. 미국은 1812년 전쟁(영국과의 전쟁으로, 당시 영국 식민지였던 캐나다가 백악관을 불태웠다 – 옮긴이) 이후 자국 영토를 공격받은 적이 없었습니다. 즉 우리는 미국의 국내 안보를 위한 조직도 기관도 없었던 것이죠. 나침반이 없는 비행이나 마찬가지였던 겁니다.

DR: 그후 부시 대통령은 이라크를 공격해 사담 후세인을 축출하기로 했습니다. 돌이켜 생각할 때 잘못이었다고 생각하십니까? 대량 살상무기가 없다는 걸 알았더라도 계속 공격 계획을 밀고 나갔을 거라 보십니까?

CR: 오늘 알고 있는 것이 내일의 결정에 영향을 줄 수는 있지만, 과거를 바꿀 수는 없습니다. 우리는 전 세계 정보기관과 마찬가지로 후세인에게 대량 살상무기가 있고, 그가 이를 빠르게 개발하고 있다고 믿었을 뿐입니다.

이런 말씀을 드리고 싶군요. 저는 사담 후세인이 없는 세상이 더 좋은 세상이라고 생각합니다. 그는 중동 지역의 암적인 존재였습니다. 그리고 이라크 상황이 극도로 심각했을 때, 지금이라면 그때와는 다른 방식으로 이라크를 재건할 수 있었을 겁니다. 인정합니다. 우리는 전후 처리 과정에서 실수가 많았습니다. 하지만 저라면 지금 시리아보다 이라크에서 살겠습니다. 이제 이라크는 새로운 중동의 안정화 요소가 될 가능성이 있습니다. 책임 있는 정부가 들어섰으니까요. 이라크의 쿠르드족과 중앙 정부는 마침내 서로 타협점을 찾아가고 있습니다. 아주 달라졌지요. 역사의 큰 틀에서 볼 때 이라크는 결국 괜찮아질 것입니다.

DR: 부시 대통령은 재선에 성공했습니다. 당신은 최초의 흑인 여성 국무장관이 됐고요. 국가를 대표하게 된 기분은 어떤 것이었나요?

CR: 너무 좋았습니다. 미합중국이라고 새겨진 비행기(에어포스원을 가리킴-옮긴이)에서 내릴 때마다 소름이 돋았습니다. 저는 흑인 한 명을 백인 한 명의 5분의 3으로 계산했던 헌법 앞에서, 벤저민 프랭클린Benjamin Franklin 초상화를 바라보며, 워터게이트 빌딩에 사는 제 이웃이었던, 유대인 여성 루스 베이더 긴즈버그Ruth Bader Ginsburg 연방 대법관 앞에서 취임 선서를 했습니다. 벤저민 프랭클린이 이 광경을 보면 뭐라고 생각할까 싶었습니다. 어떤 면으로는 미국이란 나라가 얼마나 많은 성과를 이루어 왔는지를 보여주는 일이었기 때문입니다. 만일 제가 그 자리에 서게 되면 민주주의의 험난한 행로와 시간이 지날수록 헌법이 더 많은 사회적 약자를 포용하는 게 왜 중요한지에 대해 얘기하겠노라 늘 다짐했었습니다. 제 자신이 그런 약자의 어려움 그 자체였으니까요.

DR: 공직을 떠난 후 네 권의 책을 쓰셨습니다. 비즈니스에 관한 의사결정을 내릴 때 기업인이 고려해야 할 정치적 위험에 대해 다룬 내용도 있습니다. 기업인들이 왜 이런 위험을 고려해야 하는 건가요?

CR: 정치적 위험이라고 하면 대개는 사회주의 독재자의 사유재산 몰수나 산업 국유화 등을 떠올리곤 했습니다. 하지만 지금은 정치적 위험의 원천이 매우 다양하며 때로는 놀라울 정도입니다. 기내에서 승무원에게 짜증을 내는 것을 누군가 휴대폰으로 촬영한다고 생각해보세요. 실제로 유나이티드 에어라인에서 있었던 일입니다. 공급망이 중국과 긴밀히 연결된 상황에서 중국과 무역 전쟁을 벌이는 경우를 생각해보세요. 이런 것이 바로 CEO들이 고려해야 할 정치적 위험입니다.

정치적 위험은 다양한 곳에서 비롯됩니다. 구석구석 꼼꼼하게 돌아봐야 합니다. 자신이 속한 업계를 들여다보고 자신이 안게 될 정치적 위험은 무엇인지, 위험 수용범위는 어떤지 등등을 숙고할 수 있어야 합니다. '위험하니까 처음부터 하지 않거나 피하면 된다'고 생각하는 태도는 절대 답이 될 수 없는 시대입니다. 경영하는 회사에 대한 사이버 위협도 반드시 통찰해야 할 대표적인 정치적 리스크입니다.

DR: 화려했던 공직 생활을 돌아볼 때 중요한 성취로 인정받고 싶은 것이 있다면요?

CR: 제가 미국을 대표하는 공직자였다는 사실을 기억해주면 좋겠군요. 특히 자기 목소리를 낼 수 없는 이들을 위해 싸우며 미국의 가치를 대변한 인물로 기억되었으면 합니다. 감옥에서 죽음을 무릅쓰고 인권을 지키는 사람들을 우리는 기억해야 합니다. 사상과 종교의 자유, 한밤 중 비밀경찰의 방문을 받지 않을 자유 등을 위해 싸우는 사람들을 우리는 잊지 않아야 합니다. 지구상의 그 어떤 곳도 폭정으로부터 자유로워야 한다는 신념으로 일했습니다.

저를 새로운 세대의 아이들, 수많은 세대의 아이들이 자신의 재능을 발견하게끔 도와준 사람으로 기억하면 좋겠습니다. 무엇을 생각할지를 알려준 사람이 아니라 체계적으로 사고할 수 있게 이끌어준 사람이었다고 말이죠. 저에게 배운 리더들이 체계적 사고방식을 기반으로 한 리더십을 발휘하게 될 수도 있겠죠.

DR: 전 세계 리더들을 많이 만나보셨으리라 생각합니다. 실제로 훌륭한 리더가 가진 자질은 무엇이라 생각하십니까? 그리고 그렇지 못한 리더가 가진 자질에는 어떤 것이 있을까요?

CR: 훌륭한 리더가 되기 위한 핵심 자질은 '청렴함'입니다. 사람들의 신뢰를 잃으면 아무것도 할 수 없죠. 훌륭한 리더들은 비전을 제시하는 사람들입니다. 즉 현실 세계가 아닌 이상적인 세계를 바라보는 사람들이죠. 넬슨 만델라는 그토록 오랫동안 감옥에 갇혀 있었지만 권력을 잡은 후 복수를 꿈꾸지 않았습니다. 모두가 하나가 될 수 있는 남아프리카공화국을 구상했습니다. 무엇보다도 위대한 리더란 달성 가능한 목표 앞에서 겸허한 태도를 지니는 사람이라고 생각합니다.

DR: 겸허함이라…

CR: 반면에 오만과 자만은 재앙을 불러오는 지름길입니다. 제 부모님은 훌륭한 분들이셨습니다. 두 분은 언제나 다음 세 가지를 강조하셨습니다. 첫째, 무슨 일을 하든 두 배로 잘해야 한다는 것입니다. 무슨 일이든 두 배로 잘한다고 자부할 만큼 열심히 노력하라는 뜻입니다. 인종차별이 심한 버밍햄에서 자랐기 때문에 부모님이 어떤 면으로는 저를 단단히 무장시키려고 하셨다는 걸 감안해주시면 좋겠습니다. 둘째, 스스로를 피해자로 생각하면 안 된다는 것입니다. 스스로를 피해자라 생각하는 순간 삶의 주도권을 타인에게 넘겨주는 것이니까요. 상황은 통제할 수 없더라도 상황에 대한 반응은 통제할 수 있습니다. 셋째, 제가 미성년자와 여성, 그리고 어떤 식으로든 소외된 환경에 있었던 집단의 구성원들에게 특히 해주는 얘기이기도 합니다만, 저의 아버지는 이런 말씀을 하신 적이 있습니다. "누군가 네가 흑인이라는 이유로 옆에 앉고 싶어 하지 않는다 해도, 그가 자리를 옮기는 한은 괜찮단다." 다른 말로 하면 자신에 대한 타인의 편견을 수용하지 말라는 뜻입니다. 그건 그들의 잘못이고 그들의 문제이지, 내 문제가 아닌 것이죠. 편견을 가진 사람들 때문에 무력해지면 안 됩니다.

# 05 　제임스 A. 베이커 3세

전 미국 국무장관, 재무장관, 대통령 수석보좌관

"저는 늘 '사전에 준비하면 나쁜 결과를 방지할 수 있다'는 신념을 갖고
살아왔습니다. 이런 것들이 중요하지 않았나 생각합니다.
뭔가를 시작하면 끝을 봐야 하고, 끝을 보기 위해 할 수 있는 건
뭐든 해야 한다고 믿으며 자랐습니다.
성공 인생의 비결이 있다면 바로 이런 것들입니다."

　　지난 반세기 동안 미국 정부에는 보기 드물 정도로 탁월한 성
과를 거두며 공직에 복무한 고위급 인사들이 꽤 많았다. 하지만 제임스
A. 베이커 3세만큼 뛰어난 성과를 거두고 초당적인 존경을 받으며 수많
은 직책을 역임한 비선출직 공무원은 찾아보기 어렵다.

　12년간 여러 차례 대통령 선거를 성공으로 이끌면서 제임스(짐) 베이
커는 레이건 대통령의 수석보좌관(당시 그의 업무 수행은 황금률로 널리 알려
졌다), 레이건의 집권 2기 때 재무장관(25년 이상 끌어온 미국 최초의 주요 세
제 개혁을 단행했다), 조지 H. W. 부시 대통령 때 국무장관(사담 후세인의 쿠
웨이트 침공을 종식시킨 연합군 결성을 이끌었다)을 지냈다.

　정치를 멀리하라고 했던 집안 출신이 어떻게 이런 일들을 하게 된 것
일까? 그는 평생 민주당원이었고 미래에 자신의 보스가 될 레이건을 낙

선시키려 두 차례 선거운동을 지휘한 인물이기도 했던 것이다.

이 책에 실린 인터뷰에서 짐 베이커는 뜻밖에도 휴스턴의 기업 변호사에서 국제 외교의 최고봉에 오르게 된 과정을 설명한다. 인터뷰는 2018년 5월, 라이스 대학교의 베이커 공공정책 연구소에서 진행됐다. 연구소는 공공정책 관련 교육과 담론을 육성하기 위해 그가 공직을 그만둔 후 설립되었다.

영광스럽게도 나는 수 차례 베이커 장관을 인터뷰할 수 있었다. 그가 공직을 그만둔 후 12년간 칼라일 그룹의 수석 고문을 지냈기 때문이다. 그 기간 중 나는 그와 함께 여행을 하면서 전 세계 각 지역에서 그가 엄청나게 존경받는다는 사실을 직접 느낄 수 있었다.

뛰어난 사람이나 유명인과 함께 시간을 보내다 보면 가까이에서 단점을 발견하게 되어 존경심이 다소 줄어든다고들 한다. 그에게는 해당되지 않는 얘기였다. 멀리서 나는 베이커 장관의 전설적인 공무 수행 능력에 감탄해왔다. 그는 늘 계획적이고 능력 있는 보좌관들과 함께 핵심 목표를 달성하고, 보기 드문 인내심을 발휘해 협상에 임하고, 최종적인 성과는 그가 모시는 대통령의 업적으로 돌려야 한다고 생각하는 것 같았다.

원래부터도 짐을 매우 존경해왔지만, 그를 더 잘 알게 되면서 존중심이 더더욱 높아졌다. 지성과 집중력, 지식, 사고방식, 매력, 그리고 잘 다듬어진 유머 감각 등등 그가 가진 인간적인 면모와 그의 뛰어난 업무 능력은 감탄을 불러일으키기에 충분했다.

인터뷰에서 그는 다양한 분야에서 리더로 활동해오며 성공할 수 있었던 이유는 어렸을 때 아버지가 그에게 심어준 가르침 덕분이었다고 말한다. 즉 '사전에 준비하면 나쁜 결과를 방지할 수 있다'는 것이었다.

짐 베이커는 언제나 준비된 사람이었다.

**데이비드 루벤스타인(DR):** 당신의 모든 행보가 신문 1면을 장식하던 시절이 그립습니까?

**제임스 A. 베이커 3세(JB):** 유일하게 아쉬운 게 있다면 1992년 재선에 실패한 겁니다. 성과도 많이 내고 진행 중이던 일도 많았습니다만, 솔직히 말해 정치를 떠나니 그렇게 좋을 수가 없더군요. 내 일만 잘하면 되니까요. 알아서 일정도 잡고 하고 싶은 건 다 할 수 있죠.

**DR:** 공직 생활과 그간 역임했던 직위에 어떻게 오르게 되셨는지 얘기해보죠. 휴스턴 토박이십니다. 집안 대대로 그곳에서 살아오셨고요.

**JB:** 1872년부터입니다.

**DR:** 어렸을 때부터 국무장관이나 재무장관, 대통령 수석보좌관을 꿈꿨습니까?

**JB:** 아닙니다. 정치와는 거리가 먼 집안에서 자랐죠. 정치란 더러운 일처럼 치부됐죠. 제 할아버지는 가족 로펌인 베이커 보츠(Baker Botts, 텍사스 주에 위치한 법무법인-옮긴이)에 출근하는 젊은 변호사들에게 "열심히 일하고 공부하고 정치를 멀리하라"는 말씀을 자주 하셨습니다. 제가 그 말을 최근 출간한 책 제목으로 정한 것도 그런 이유입니다. 저는 정치와는 굉장히 거리가 멀었습니다.

**DR:** 스포츠 스타였나요? 아니면 학생회장? 최대 관심사는 무엇이었나요?

**JB:** 꽤 괜찮은 운동선수였습니다. 학생회장은 아니었고요. 사실 저는 프린스턴대 1학년 때 거의 낙제할 뻔했습니다. 펜실베이니아의 사립 기숙학교인 힐 스쿨Hill School에 다녔었는데, 굉장히 엄격한 학교였습니다. 데이트를 할 수도, 여학생을 불러들일 수도 없었죠. 그러다가 프린스턴에 진학하면서 그 모든 자유를 누리게 된 겁니다. 뉴욕에 갈 수도 있었고요. 공부에 그리 열중하지 않았던 것이죠.

DR: 그런데 해병대 복무를 마친 후 로스쿨에 가셨죠.

JB: 내적으로 굉장히 성장할 수 있는 기회였습니다. 해병대를 좋아했고 지금도 좋아합니다. 아시다시피 전직 해병이란 말은 없지 않습니까. 한 번 해병은 영원한 해병이니까요.

DR: 제 아버지도 해병이었기에 잘 압니다. 복무기간이 끝나고 텍사스 로스쿨에 진학하셨죠. 우수한 성적이었고요. 가족 회사인 베이커 보츠에 입사 가능한 수준이었는데요. 어떻게 된 겁니까?

JB: '친족 등용 금지' 원칙이 있었습니다. 그래도 저는 은근히 기대하고 있었죠. 하루는 퇴근해 돌아온 아버지가 말씀하셨죠. "네가 기준에 적합한 성적을 받았기 때문에 내일 회사에서 친족 등용 금지 원칙을 유보할지와 관련해 법률 검토에 들어갈 거다. 거기서 일하게 된다면 너는 베이커 보츠에서 일하는 네 번째 제임스 A. 베이커가 될 거야." 다음 날 저녁 아버지가 다시 말씀하셨습니다. "회사에서 친족 등용 금지 원칙을 유보하지 않기로 했다." 저는 꽤 낙담했죠.

하지만 돌이켜 생각하면 그게 제 삶의 최고의 행운이었던 것 같습니다. 제가 거기서 잘나갔으면 아마도 저희 아버지를 등에 업었기 때문이라는 소리를 들었을 테니까요. 신통치 않았다면 이번에는 낙하산에게 뭘 기대하냐고 비웃었을 것이고요. 입사하지 않게 된 게 잘된 일이었습니다.

DR: 어릴 때 부친께서 '준비'에 대한 확고한 원칙을 갖고 있었다고 들었습니다.

JB: 아버지가 늘 하시던 말씀이 있습니다. "사전에 준비하면 나쁜 결과를 방지할 수 있다. Prior Preparation Prevent Poor Performance." 이 문장 각 단어의 앞글자를 따서 '5P 원칙'이라고 부르셨죠. 어쩌다 보니 5P 원칙이 제 삶의 신조가 됐죠. 현재 베이커 연구소에 있는 김에 말씀드리자면, '6P 원칙'으로 고쳐 불러야겠다는 생각이 듭니다. "사전에 준비하면 형편없이 나쁜 결과를 방지할 수 있다. Prior Preparation Prevents Piss-Poor Performance." 로요.

DR: 처음에는 변호사 일에만 몰두하셨죠. 조지 H. W. 부시와 테니스 친구로 지내면서요. 그러다 갑자기 그가 선거운동을 도와달라고 요청했습니다. 유방암으로 아내분을 잃고 난 후였죠?

JB: 맞습니다. 아내는 서른여덟에 유방암으로 세상을 떠났습니다. 가족을 제외하고 바버라와 조지는 제 아내를 임종 직전에 만난 유일한 사람들입니다. 우리는 그때도 가깝게 지냈습니다. 조지가 제게 오더니 "슬픔을 내려놓고 상원의원 출마를 도와달라"고 부탁했습니다. 제가 그에게 말했죠. "조지, 좋은 생각이지만 두 가지가 걸리는군. 하나는 내가 정치에 문외한이라는 점이고, 두 번째는 내가 민주당원이라는 사실이지." 그러자 그는 두 번째 문제는 해결할 수 있다고 말했습니다. 그리고 저는 당적을 바꿨습니다. 공화당원들이 잔뜩 모인 자리에서는 "종교를 갖게 되어 그랬다"고 말합니다. 다양한 사람들이 모인 자리에서는 그냥 당적을 바꿨다고 말하고요.

DR: 당적을 바꾸고 1970년 의회선거에서 부시의 상원의원 출마를 도왔습니다.

JB: 당시 제가 정치에 조금은 매력을 느낀 상태였습니다. 완전히 빠진 건 아니었지만 텍사스 주 공화당의 재무위원장 자리를 제안받아 수락할 정도였습니다.

DR: 그러다가 제럴드 포드 대통령 재임 당시 정부에서 일자리를 제안했습니다. 상무차관직이었죠. 1976년 공화당 경선에서 레이건의 상대 후보로 나온 포드 대통령을 위해 전당대회 대의원을 확보하는 중책을 맡기까지 숨 가쁘게 달려오셨는데, 자세히 들려주시죠.

JB: 먼저 상무차관 자리를 놓고 공화당은 기업 변호사 같은 인물을 찾으려 했습니다. 제가 바로 적임자였죠. 조지 부시가 저를 적극 추천했습니다. 그러나 상무차관이 된 지 6개월 만에 두 번째 비극이 닥쳐 제 인생을 완전히 바꿔놓았죠. 레이건과의 경선에서 포드의 대선 후보 지명에 필요한 대의원 확보에 나섰던 선거 전문가가 자동차 사고로 사망하면서 새로운 전문가를 구해야 했습니다. 저는 대의원 확보 경쟁에 대해서는 아는 바가 전혀 없다가 그 사실을 알게 됐습니다.

DR: 1976년 포드는 대통령이었지만 당선된 적은 없었습니다. 선거에 출마할 계획이었고, 상대 후보는 레이건이었죠. 치열한 접전을 벌이고 있었기 때문에 당신은 포드 대통령을 지지할 대의원이 더 필요했습니다. 결과가 어떻게 됐죠?

JB: 미국 내 두 정당이 진정한 경쟁 방식으로 치른 마지막 전당대회였습니다. 한 표가 아쉬운 초박빙이었죠. 우리는 적은 수이긴 하지만 부동층 대의원의 표심을 잡아야 했습니다. 레이건은 아주 강력한 상대였으니까요. 그는 현직 대통령을 거의 쓰러뜨릴 뻔했지만 결국 우리가 이겼습니다. 이기기 위해 모든 백악관의 자원을 동원했습니다. 저는 "전 세계 그 어떤 사람보다도 국빈 만찬에 가장 많이 초대된 사람이었다"고 말하곤 합니다. 포드 대통령을 위해 대의원 확보에 나선 선거 담당자로서 부동층 대의원들을 국빈 만찬에 초청하기도 했습니다. 그러고 나서 국무장관이 됐고 다시 온갖 만찬에 나가야 했습니다.

DR: 민주당에서는 지미 카터를 내세웠는데, 한참 앞서 있었죠. 포드 대통령이 다시 맞수로 나서 토론을 벌였지만 결국 카터에게 근소한 차로 졌습니다.

JB: 당신도 백악관에서 포드의 보좌관으로 일했죠?

DR: 제가 백악관에 입성한 건 포드 대통령이 패한 이후의 일입니다. 선거 운동을 지휘하다가 대통령이 선거에서 지면서 텍사스로 돌아가기로 하셨죠?

JB: 그렇습니다. 저는 선거에서 질 때마다 여기로 돌아옵니다. 워싱턴에 계속 남아있는 사람들이 많던데, 저는 그러지 않았습니다.

DR: 텍사스 주 법무장관에 출마할 예정이셨습니다.

JB: 바야흐로 한창 정치에 빠져들었던 시기죠. 박빙의 전당대회 때문이었습니다. 진짜 흥미진진했었어요. 어쨌든 총 8,100만 명이 투표에 참여했고, 1만 표 차이로 졌습니다. 아이오와와 하와이에서 1만 표가 뒤집혔더라면 포드가 대통령이 되고 카터는 떨어졌을 겁니다. 저는 정치에 매료됐지만 18년간 변호사로 일했기 때문에 텍사스로 돌아오게 됐지요. 그러고는 정치 게임에 한번 뛰어들어봐야겠다고 생각했습니다.

DR: 선거 운동 때 당신에게 짐 베이커를 닮았다고 한 사람이 있었다면서요.

JB: 포드 대통령 밑에서 일하며 언론에 많이 노출됐습니다. TV에도 빈번히 나왔지요. 알아보는 사람들은 있었지만 제 이름은 잘 몰랐던 겁니다. 제 이름을 알았던 사람은 그 남자가 유일했습니다. "당신에게 짐 베이커를 닮았다고 하는 사람들은 없었습니까?" 하고 묻더군요. 저는 "네, 자주 있었습니다"라고 말했죠. 속으로 큰일이라는 생각이 들었습니다. 그런데 그 남자가 다시 묻더군요. "화나지 않으셨나요?" 그 말을 듣고는 선거에서 지겠다 싶었습니다.

DR: 1978년에 친구 조지 부시의 전화를 받습니다. 대선에 출마할 테니 선거 운동을 도와달라는 요청이었고요.

JB: 맞습니다. 제 절친이었기에 도왔습니다.

DR: 결국 경선에서는 졌습니다.

JB: 네, 레이건이 이겼죠.

DR: 조지 부시가 부통령으로 뽑힐 줄은 예상 못했을 것 같습니다만.

JB: 저는 선거 운동 참모들 몇 명과 함께 바버라와 조지를 수행하고 있었습니다. 월터 크롱카이트Walter Cronkite가 나와서 "포드가 레이건의 러닝메이트로 출마하는 걸 진지하게 고려 중이다"라고 말했을 때 우리는 다 끝났다고 생각했습니다.

DR: 월터 크롱카이트가 "포드가 부통령으로 나서면 사실상 대통령이 두 명인 셈이 될 것"이라고 말하자 레이건은 크게 화를 냈습니다. 레이건은 결국 조지 부시에게 전화를 걸었죠.

JB: 맞습니다. 제가 그 전화를 받았습니다. 전화를 건 사람은 레이건의 참모 드류 루이스Drew Lewis였습니다. 그가 "레이건 주지사님이 부시 대사님과 통화하고 싶어 하십니다"라고 말했고 저는 부시에게 수화기를 건넸습니다. 그는 "네, 주지사님? 네, 잘 지내십니까? 네, 알겠습니다"라고 말하더군요. 레이건이 할 법한 유일한 질문은 아마 "낙태에 대한 내 입장을 지지할 의향이 있습니까?" 정도였을 겁니다. 그리고 부시 대사는 "네, 알겠습니다. 그렇게 하겠습니다"라고 말했을 것이고요.

DR: 레이건의 대선 토론 돕는 일을 맡으셨죠.

JB: 토론을 무사히 마치도록 도와달라고 했습니다.

DR: 레이건의 토론 준비는 어려웠습니까? 그는 분명 토론의 달인은 아니었습니다만.

JB: 레이건의 측근들은 대부분 그가 토론하는 걸 원치 않았죠. 하지만 저는 그가 토론에 나서길 바랐고요. 담당 여론조사 전문가도 토론을 지지했고 낸시도 원했을 겁니다. 카메라 앞에 선 그는 언제나 멋졌으니까요. 빨간 불이 켜지면 그는 더없이 완벽했습니다.

DR: 레이건이 이겼습니다. 어떤 공직을 제안받을 것이라고 생각하셨습니까?

JB: 별로 생각해보지 않았습니다. 대통령 수석보좌관으로 제 이름이 거론됐다는 얘기를 듣긴 했습니다. 말도 안 된다고 했지요. 선거에서 두 번이나 자신을 낙선시키려고 한 사람에게 수석보좌관을 맡기다니요. 그런데 믿기 힘든 일이 일어났습니다. 요즘 정치판에선 정말 보기 힘든 일이 말이죠.

DR: 맞습니다. 레이건의 요청으로 당신은 수석보좌관이 됐죠. 보좌관으로 일하던 시절은 즐거웠나요?

JB: 공직 생활 중 최악의 경험이었습니다. 수석보좌관에 막 지명되거나 임명된 사람들에게 이렇게 말해줍니다. "최악의 직무를 얻었군요. 정치와 정책이 만나는 교차점 한가운데 서 있게 됐으니까요." 저에겐 더 최악이었죠. 저에 대한 거부감이 상당했으니까요. 제가 레이건처럼 캘리포니아 출신도 아니었고요.

저는 보수적인 성향이 강하지도 않았고, 레이건주의자도 아니었습니다. 게다가 저를 몰아내려는 사람들도 많았고요. 그래도 기퍼(Gipper, 레이건의 별명-옮긴이)는 늘 저를 응원해주었습니다. 낸시 여사도요. 마이클 디버Michael Deaver와 스튜어트 스펜서Stuart Spencer 등 그 외 많은 이들도 제게 힘이 되어주었습니다.

319

DR: 레이건은 호감형 인물이어서, 그가 일하기 편한 사람이라 생각하셨겠죠. 들리는 말로는 당신이 매일 그에게 농담을 해줘야 했다더군요. 그가 매일 농담 듣는 걸 즐겼다고요.

JB: 정말 좋아했죠.

DR: 그는 매일 당신에게 농담하는 걸로 하루를 시작했다면서요.

JB: 그는 최고의 농담꾼이었지요. 따라 할 수 없어서 아쉬울 뿐입니다.

DR: 재무장관으로 재직하는 동안 50년 이상 시행돼온 세법이 대대적으로 개정됐습니다.

JB: 세입 총액은 변하지 않는 방식이었습니다. 그 때문에 세입 적자액이 늘어나지는 않았다는 뜻입니다.

DR: 1986년 세제개혁법Tax Reform Act이었죠. 그 법안을 어떻게 통과시켰습니까? 당시 의회 다수당은 민주당이었을 텐데요.

JB: 레이건은 초당적 합의를 끌어내는 데 매우 뛰어났습니다. 결코 쉽지는 않았죠.

DR: 그렇게 마무리가 됐군요. 그리고 친구인 조지 H. W. 부시가 대선에 출마하고 싶다고 알려옵니다. 레이건의 두 번째 임기가 막 끝나가던 시점이죠. 당시 그는 부통령이었죠. 어땠습니까, 재무장관에서 물러나 선거 운동에 합류하기를 주저하셨나요?

JB: 저는 그가 부탁하면 할 생각이었습니다. 정치의 추잡한 실상을 다시 마주해야 한다고 생각하니 싫었을 뿐입니다.

DR: 부시는 선거전에서 한동안 뒤처져 있었습니다. 그러다가 지지율을 따라잡아 마침내 승리했죠. 그래서 다시 텍사스로 돌아갈 때가 왔다고 생각하셨나요?

JB: 아닙니다. 그는 제가 국무장관 자리를 원한다는 걸 알았거든요.

DR: 그가 곧바로 그 자리를 제안하던가요?

JB: 다음 날 바로요.

DR: 국무장관이 되자 해결해야 할 문제가 많았습니다. 그중 하나가 후세인의 쿠웨이트 침공이었고요. 당신이 나서서 연합군을 편성하고 지원 경비를 확보해야 했는데요. 힘드셨습니까?

JB: 그런 식으로 처리가 된 건 처음이자 마지막이었습니다. 당시 상황을 가리켜 저는 전쟁 수행의 교과서 같은 모범사례라고 얘기합니다. 전 세계에 우리가 앞으로 어떻게 할지 알려주는 것이죠. 전 세계가 나서서 다 함께 문제를 해결하는 겁니다. 그 이상도 그 이하도 아닌, 정확히 계획한 일만 하는 것이죠. 그리고 미군을 귀환시킵니다. 그런 다음 그 비용을 다른 이들이 치르게 합니다. 예전에는 그런 식으로 진행된 적이 없었습니다. 언제 다시 그런 상황이 생길지는 모르겠습니다만 전쟁은 그렇게 하는 것이죠.

DR: 조지 부시의 대통령 임기 동안 사실상 냉전 시대가 막을 내렸습니다. 베를린 장벽도 무너졌고요. 부시에게 베를린으로 날아가 우리가 냉전에서 이겼다는 걸 전 세계에 알리라고 권하지 않은 이유는 무엇입니까?

JB: '장벽 앞에서의 춤'을 말씀하시는군요.

DR: 그렇습니다. 왜입니까?

JB: 그건 부시 대통령의 결정이었습니다. 절대적으로 옳은 판단이었다고 생각합니다. 사실 그는 그 문제를 놓고 상당히 고민했습니다. 만일 그때 부시 대통령이 기뻐하며 의기양양한 모습을 보였더라면, 훗날 미국은 고르바초프 및 셰바르드나제와의 협상(1991년 미국과 소련은 핵무기 감축을 골자로 하는 '전략무기감축조약START I'에 서명함 – 옮긴이) 체결

321

에 실패했을지도 모릅니다. 핵무기 감축이라는 인류 역사에 길이 남을 업적이 무산됐을 수도 있었습니다.

DR: 이처럼 성공적인 인생을 산 비결은 무엇입니까?

JB: 운이 좋았죠.

DR: 그 외에 다른 이유도 있을 것 같은데요.

JB: 제게 확고한 직업의식을 불어넣어준 훌륭한 부모님이 계셨지요. 그래서 저는 대충 넘기는 법이 없었습니다. 저는 늘 '사전에 준비하면 나쁜 결과를 방지할 수 있다'는 신념을 갖고 살아왔습니다. 이런 것들이 중요하지 않았나 생각합니다. 뭔가를 시작하면 끝을 봐야 하고, 끝을 보기 위해 할 수 있는 건 뭐든 해야 한다고 믿으며 자랐습니다. 성공 인생의 비결이 있다면 바로 이런 것들입니다. 시기적으로도 운이 좋았습니다. 무엇보다 뛰어난 동료와 조력자들이 있었다는 게 가장 도움이 됐습니다. 정말 탁월한 실력자들이었죠. 그 혜택을 많이 누렸습니다.

DR: 국무장관 시절 만나본 리더들 중 가장 기억에 남는 인물을 한두 명 꼽으신다면요?

JB: 뛰어난 리더들이 몇몇 있었습니다. 고르바초프도 그중 하나이고, 마거릿 대처Margaret Thatcher 영국 수상도 기억에 남아 있습니다. 소련의 외교장관을 지낸 예두아르트 셰바르드나제Eduard Amvrosiyevich Shevardnadze도 전면적인 변화를 이끌어낸 탁월한 인물이었습니다.

DR: 고르바초프는 여러 번 만나셨죠. 그의 지성과 능력에 깊은 인상을 받으셨다고요.

JB: 그랬습니다.

DR: 그는 세계 역사의 흐름을 바꾼 대단한 일을 한 사람입니다. 어느 정도는 의도치 않은 결과를 얻었을 수도 있고요.

JB: 많은 부분이 그랬을 겁니다.

DR: 트럼프 대통령이 당신에게 자주 연락해 조언을 구한다고 들었습니다.

JB: 전혀 아닙니다.

DR: 인터뷰를 지켜보고 있는 청중 가운데 '국무장관, 재무장관, 대통령 수석보좌관을 지낸 짐 베이커가 의회나 행정부에 해줄 수 있는 조언에는 뭐가 있을까?'라고 궁금해하는 분들도 계실 것 같습니다.

JB: 미국과 미국의 민주주의가 처한 최대 위협 중 하나는 바로 '정치적 기능'의 상실입니다. 25년 전 제가 레이건과 부시, 포드 정부와 일할 때는 초당적 합의를 통해 문제를 해결했습니다. 카터와 클린턴 정부 때도 마찬가지였죠. 이제는 더 이상 그런 식으로 정치가 흘러가지 않습니다. 정말 비극이 아닐 수 없습니다. 여기에는 수많은 이유가 있습니다만 어떻게든 해결을 해야 합니다.

DR: 여전히 사냥과 낚시를 무척 즐기신다고 들었습니다.

JB: 네. 그리고 골프도 좋아합니다. 베이커 보츠의 대표 변호사로 일하며 여전히 사무실에도 출근합니다. 우리 회사에서는 65세가 정년이지만 예외도 있지요.

DR: 베이커 가문 사람들의 경우에는 그렇군요.

JB: 대통령 수석보좌관이나 재무장관, 국무장관을 지낸 경우가 그렇죠.

DR: 그렇다면 충분히 예외가 될 만합니다. 하나만 짚고 넘어가겠습니다. 당신이 공직을 떠난 후 저는 운 좋게도 비즈니스를 비롯한 다양한 분야에서 15년 동안 당신과 일할 수 있었습니다. 지면에서나 접할 수 있는 사람을 가까이에서 볼 수 있었기에 더 없이 즐거운 시간이었습니다. 모두가 당신의 리더십을 본받아 자신의 역할에 충실했으면 좋겠습니다. 그간의 노고에 정말 감사드립니다.

# 5장
# 의사결정자형

낸시 펠로시
Nancy Pelosi

애덤 실버
Adam Silver

크리스틴 라가르드
Christine Lagarde

앤서니 S. 파우치
Anthony S. Fauci

루스 베이더 긴즈버그
Ruth Bader Ginsburg

# 01  낸시 펠로시

미국 하원 의장

*Nancy Pelosi*

"우리는 여성들의 롤모델이 되어야 합니다.

어떤 것도 두려워하지 말고 겁먹지 마세요.

내 안의 힘을 깨달아야 합니다. 나다워지세요. 나가서 싸우십시오.

그 이유는 나만이 알고 있으니까요.

경기장에 들어서기로 한 이유는 스스로 알고 있습니다.

소중한 게 뭔지 알아야 합니다.

많은 일을 해내는 법을 알면 다른 사람들의 지지를 얻을 수 있습니다."

낸시 펠로시는 볼티모어의 유명한 정치 명문가 출신이지만 집 안의 유일한 딸이었기 때문에 정치 지도자로 선출될 것이라는 기대를 받지는 못했다. 1950년대와 1960년대에는 여성들이 전국적인 정치 지도자는 고사하고 어떤 공직에도 출마할 수 있는 분위기가 아니었다.

하지만 펠로시는 좀 생각이 달랐다. 다섯 자녀가 어느 정도 성장하자 그녀는 의회에 진출했다. 20년 가까이 의원 생활을 한 끝에 마침내 그녀는 최초의 여성 하원 의장이 되었다.

그녀는 2010년 중간 선거에서 민주당이 하원에서 다수당 자리를 잃었을 때 원내 대표를 맡았고, 2018년 민주당이 하원에서 다수당 지위를 회복하면서 하원 의장에 올랐다. 미국 정치 역사상 그 어떤 여성도 낸시 펠로시만큼 오랫동안 권력의 정점에 있지 못했다.

그 비결은 무엇일까? 다른 의원들을 위해 막대한 수준의 선거 자금을 모을 수 있는 능력 덕분이었다고 그녀는 인정했다. 나아가 표를 결집시키고 군 기강을 바로잡는 데 필요한 놀라운 역량을 발휘했다. 이를 발판으로 그녀는 그토록 어려웠던 '건강보험개혁법Affordable Care Act'을 통과시키는 데 성공했다.

나는 그녀와 수년간 알고 지냈다. 우리는 같은 고향(볼티모어) 출신이라는 지역적 배경을 공유했고, 스미소니언 협회와 의회도서관 행사 등에서 친분을 쌓았다. 다섯 아이의 엄마이자 주부에서 가장 강력한 영향력을 가진 여성으로 떠오른 그녀를 2019년 3월 워싱턴 경제클럽에서 대규모 청중과 함께 만났다.

펠로시 의장은 미국의 아동 다섯 명 중 한 명이 빈곤에 시달리는 것과 같은 사회 문제 해결을 위해 정치에 뛰어들었노라 털어놓는다. 그리고 계속 정계에 남아있는 이유는 여성들을 위한 롤모델 제시를 위해서라는 사실 또한 빼놓을 수 없다. 그녀는 다른 여성들이 자신을 지켜보고 있으며, 그렇기 때문에 자신이 믿는 대의를 위해 치열하게 싸운다는 사실도 분명히 했다.

2019년 낸시 펠로시 의장은 하원의 역사적인 도널드 트럼프 대통령 탄핵을 주도했고, 2020년에는 코로나 펜데믹에 대응하기 위한 전례 없는 조치를 단행하면서 빛나는 리더십을 보여주었다.

**데이비드 루벤스타인(DR):** 다섯 아이의 엄마이자 아홉 명의 손주를 둔 할머니가 되면서 쌓인 경험이 공직 생활에 도움이 된다고 말씀하신 적 있습니다. 전당대회에 더 도움이 됩니까, 아니면 행정부를 상대하는 데 도움이 됩니까?

**낸시 펠로시(NP):** 세상의 모든 엄마에게 자신의 경험을 자랑스럽게 여기라고 말해주고 싶습니다. 세상에서 어떤 기회를 맞게 되든 결국은 시간과 다양한 사람과의 대인관계 기술과 식사 준비와 그 밖의 세부적인 모든 계획을 관리하게 됩니다. 기적에 가까울 정도로 멀티태스킹을 하게 되죠. 엄마들은 이 멀티태스킹의 달인들이고요. 부모 노릇 하느라 고생하는 모든 사람을 격려하고 싶은 마음뿐입니다. 사람보다는 시간 관리가 관건이죠.

**DR:** 최초의 여성 하원 의장이십니다.

**NP:** 하원 의장에 출마하면서 가장 하고 싶지 않았던 얘기가 바로 지금 여성 의장이 필요하니까 저를 뽑아야 한다는 것이었습니다. 그 일에 적임자임을 어필하는 게 무엇보다 먼저였죠. 그럼에도 하원 의장이 되고 나니 유리가 아니라 대리석 천장을 깨고 올라갔다는 사실에 감정이 북받쳤습니다. 저는 미국에서 여성 대통령보다 여성 하원 의장이 나오는 게 더 어려울 거라고 늘 생각했습니다.

아직 의장이 아니었을 때, 부시 대통령과 함께 원내대표로 참석했던 최초의 회의가 바로 백악관에서 열린 회의였습니다. 당시 저는 민주당 전당대회 대표로 갔습니다. 백악관에는 세출위원회 위원과 하원 정보위원회 민주당 간사 자격으로 이전에 수없이 가봤기 때문에 별로 불안하지 않았습니다. 제가 의회 감각을 익혀나간 게 바로 그 두 곳이 었으니까요. 별 생각 없이 갔다가, 제 등 뒤에서 문이 닫히자 제가 지금까지 와봤던 회의와는 전혀 다르다는 걸 알게 됐습니다.

백악관에서 그 어떤 여성이 참석했던 회의와도 달랐습니다. 대통령과 상·하원의 양당 대표만 참석한 소규모 회의였으니까요. 자리에 앉자 부시 대통령이 정중한 태도로 반갑게 맞아 주었습니다. 그런데 갑자기 제 의자가 비좁게 느껴졌고 저는 그가 무슨 말을 하는지 거의 알아들을 수 없었습니다. 그래서 회의에 집중할 수가 없었습니다. 그 자리에 저와 함께 앉아 있던 사람들이 보였습니다. 수전 A. 앤서니Susan B. Anthony, 엘리자베스 케이디 스탠튼Elizabeth Cady Stanton, 루크리셔 모트 Lucretia Mott, 소저너 트루스Sojourner Truth, 앨리스 폴Alice Paul 등이었습니다(낸시 펠로시는 지금 19세기 말에서 20세기 초반에 여성 참정권 확대에 앞장섰던 여성 사회운동가들이 자신과 회의장에 함께 있는 것처럼 느꼈다고 말하고 있는 것이다 – 옮긴이). 그들의 목소리가 들렸습니다. "드디어 우리도 발언권이 있는 자리를 차지하게 됐군요." 그 순간 그들의 환영이 온데간데 없이 사라졌습니다. 그때 처음으로 '더 많이 요구해야겠다'는 생각이 들었습니다.

DR: 세 명의 대통령과 일해오셨겠군요. 부시, 오바마, 그리고 트럼프 대통령이죠. 그들의 상대적인 차이를 좀 비교해주실 수 있는지요?

NP: 글쎄요, 상대적이지는 않습니다만, 그 질문을 해주셔서 감사합니다. 역사적 관점에서 볼 때 중요한 질문이라서요. 일단 저는 미국 대통령이라는 직무를 전적으로 존중합니다. 그리고 미국 대통령을 선출한 유권자들도 존중합니다. 누가 대통령이든지 저는 완전히 존중하는 마음으로 대합니다. 당적에 상관없이 저는 대통령의 관심사에서 벗어난 사안을 제시하지 않습니다. 제가 염두에 둔 의제를 들고 가서 밀어붙이는 일 같은 건 하지 않죠. 그보다는 "공공의 이익을 위한 일이고 국익을 위한 일이다"라고 말합니다.

부시 대통령은 텍사스 주지사였습니다. 오바마 대통령은 주 의회 상원의원과 연방 상원의원을 지냈고요. 즉 그들은 일정 수준 이상의 공직 경험과 현안에 대한 지식을 갖추고 대통령이 됐습니다. 다시 말해 말이 통하는 사람들이었습니다.

이라크 전쟁과 관련해서는 부시 대통령과 상당히 대립각을 세우기도 했죠. 하지만 아주 긴밀한 협력을 통해 미국 역사상 최대 규모의 에너지 법안을 통과시켰고, 저소득층 가구를 지원하는 세제 관련 법안도 문제없이 통과시켰습니다. 다 같이 고민해온 사안들이었으니까요. 부시 대통령과 좋은 협력관계를 유지했습니다. 민주당 출신인 오바마 대통령과는 물론 아주 특별한 관계였지요. 그러나 같은 소속 정당의 대통령이라 해도 접근 방식이나 정도나 시기 같은 것에서는 의견이 다를 수 있습니다.

DR: 트럼프 대통령은요?

NP: 저는 매일 미국을 위해 기도합니다. 항상요. 그렇지만 경험이나 지식, 판단력을 갖추고 전문가의 의견을 경청하는 것이 좋다고 생각합니다. 저는 공직에 출마하려는 사람들에게 늘 질문합니다. "우리나라에 대해 어떤 비전을 갖고 있습니까? 당신의 동기는 무엇입니까? 왜 당신의 주장에 관심을 가져야 합니까? 당신이 제기한 현안들에 대해 얼마나 알고 있습니까?"

대통령과 같은 공직에 출마하는 사람이라면 다음의 질문을 통과할 수 있어야 합니다. 기후 변화, 경제 활성화, 교육 환경 개선 등등에 얼마나 해박한 지식을 갖고 있는가? 갖고 있는 판단력이 자신의 전문 분야를 넘어 여러 분야에 두루 통용될 수 있는가? 당면 현안에 대해 어떤 전략적 사고를 하며 어떤 식으로 일을 처리하는가? 어떤 방식으로 사람들을 끌어당겨 리더로서 발전을 모색하는가? 이런 면에서 트럼프는 문제가 되는 것들이 좀 있었죠.

DR: 예전에는, 20년이나 30년 전에는 의회에 갓 입성한 의원들이 별로 튀지 않는 편이었죠. 신입은 발언을 많이 하지 않는다는 관행 같은 게 있었는데요. 그런 분위기도 많이 바뀐 것 같습니다. 초선 의원들의 발언 기회가 많아지면 당을 끌어가기가 더 어렵습니까?

NP: 아니요. 오히려 즐겁습니다. 활력이 넘치거든요. 건국의 아버지들이 2년마다 선거하도록 만든 데에는 이런 이유가 있는 것이죠. 2년마다요. 저는 미국 의회에, 이런 의회에 직무 수행중인 여성 의원이 100명이 넘는다는 사실이 매우 자랑스럽습니다. 100명 이상이요. 전직 의원들에겐 죄송한 말씀이지만, 우리의 전당대회는 60퍼센트 이상이 여성과 유색인종, 성소수자로 구성되어 있습니다. 무려 60퍼센트요. 굉장하지 않나요? 그런 다양성이 바로 우리의 강점입니다. 저는 당원들에게 말합니다. "활력을 불어넣으세요. 우리의 다양성이 우리의 강점이며, 우리의 결속력이 우리의 원동력입니다." 특히 여성 의원과 신진 의원 들이 정치를 제로섬 게임으로 여기지 않도록 해야 합니다. 공공 영역에서 다른 사람의 발전이나 성공은 우리 모두에게 도움이 되는 것이죠. 결코 이것을 취하면 저것을 내줘야 하는 제로섬 게임이 아닙니다. 다시 말씀드리지만 저는 다양성을 좋아합니다.

DR: 최근 공화당과 우파의 비난에 시달리셨죠. 가장 최근의 선거 운동에서 13만 2,000개의 광고가 당신에게 불리한 내용을 담고 있었습니다. 당신의 이름만 사용해서요.

NP: 13만 3,000개였습니다.

DR: 비방을 당하는 게 개인적으로 힘드셨습니까? 아니면 당신이 유력한 정치인임을 인정하는 것인 만큼 좀 뿌듯하셨나요?

NP: 제 대녀代女인 케이티가 선거 후 휴대폰으로 문자를 보내왔습니다. "정적들이 대모를 괴롭히는 건 대모에게 탐나는 권력이 있기 때문이에요."

제 말이 이겁니다. 이제 저는 다른 여성들에게 본보기가 된 것이죠. 지나치게 조심스러워할 필요가 없습니다. 단호하게 자기주장을 펴고 그에 대한 공과를 인정받으면 됩니다. 여기서 짚고 넘어갈 게 있습니다. 제가 유능하지 못했더라면 그런 광고도 없었을 겁니다. 저는 중진 의원이기 때문에 두려움의 대상인 것이죠. 제 일이기 때문에 어떻게 해야 할지 잘 아는 것뿐입니다. 저는 대표에 출마할 생각도 없었고 그저 입법 활동에 충실했습니다. 일반 대중을 비롯한 폭넓은 지지층을 갖고 있기에 그토록 저를 끌어내리려고 혈안이 된 것이죠.

저는 다른 여성들에게 보여줘야 합니다. 우리가 경기장에서 싸우고 있는 것처럼 그대들도 경기장에서 싸우고 있는 거라고요. 경기장에 들어서는 순간 주먹이 날아올 것을 대비해야 한다고요. 그와 동시에 주먹을 날릴 준비를 해야 한다고 말이죠.

우리는 여성들의 롤모델이 되어야 합니다. 어떤 것도 두려워하지 말고 겁먹지 마세요. 내 안의 힘을 깨달아야 합니다. 나다워지세요. 나가서 싸우십시오. 그 이유는 나만이 알고 있으니까요. 경기장에 들어서기로 한 이유는 스스로 알고 있습니다. 소중한 게 뭔지 알아야 합니다. 맡은 일을 해내는 법을 알면 다른 사람들의 지지를 얻을 수 있습니다.

저를 공격하는 이유는 그 때문입니다. 제가 무능했다면 선거 운동 중에 저를 비방하는 13만 3,000개의 광고를 내보내지 않았겠죠. 그럼에도 우리는 압승을 거뒀습니다.

DR: 대통령 출마는 생각해본 적 없습니까?

NP: 없습니다. 의원 출마도 생각해보지 않았었는데요. 그렇긴 해도 대선 출마를 권유하는 사람들은 있었습니다.

DR: 자녀들과 남편은 당신이 의원에 출마하겠다고 하자 뭐라고 하던가요?

NP: 말씀드린 것처럼 저는 출마에 관심이 없었습니다. 제가 태어났을 때 아버지는 볼티모어 지역구 하원의원이셨습니다. 제가 1학년 때 볼티모어 시장이 되셨고요. 제가 트리니티 칼리지Trinity College에 다닐 때도 여전히 시장이셨습니다. 우리가 아는 삶이란 그게 전부였습니다.

저는 독실한 가톨릭 가정에서 태어났습니다. 미국을 사랑하는 애국심이 넘치는 분위기에다가 이탈리아 이민자 가정의 자랑스러운 전통을 이어받은 골수 민주당 집안이었습니다. "내가 굶주렸을 때"로 시작하는 마태복음의 구절에 나온 것처럼 신앙을 어떻게 실천해야 하는지, 저마다 존중받을 가치가 있는 사람들과 조금이라도 신성을 간직한 사람들을 어떻게 대접해야 하는지, 그리고 우리는 모두 하느님의 자녀라는 이야기 등을 들으며, 타인에 대한 책임감을 갖도록 배우며 자랐습니다. 부모님은 그런 생각을 자식들에게 불어넣으셨죠.

그렇긴 하지만 제 자신도, 주변의 그 누구도 제가 공직에 출마하게 될 거라고는 생각하지 못했습니다. 대신 저는 민주당에서 자원봉사자로 활동하며 다른 후보자들을 도왔습니다. 캘리포니아로 이사 온 다음 아이들과 함께 도서관에 가 책을 분류하는 등 자원봉사자로 일했습니다. 하루는 시장이 저를 부르더니 저를 도서관위원회 위원으로 임명하고 싶다고 했습니다. 저는 그럴 필요 없다고 사양하며 다른 사람을 위해 그 자리를 남겨놓으라고 했죠. 저는 자원봉사나 하면서 도서관에 대한 애정을 계속 유지해나가겠다고 하면서 말이죠.

그러자 별로 페미니스트도 아니었던 알리오토Alioto 시장이 이렇게 말했습니다. "낸시, 그 일을 계속할 거라면 공식적으로 인정을 받는 게 좋습니다. 위원회 위원이 되어서 의사결정권을 얻는 겁니다. 사람들은 당신 생각을 귀 기울여 들을 겁니다."

저는 그 말을 따랐습니다. 그리고 지금도 그 도서관에 자주 다닙니다. 내가 하는 일을 인정받는 것이 다른 여성을 위하는 일이기도 하다는 것을 깨달았죠. 그래서 공직 출마를 결정했습니다. 그것이 제가 원하는 일인지는 몰라도, 그것이 제가 해야만 하는 일인 것은 알았습니다. 여성들은 자기 안의 힘을 스스로 깨달아야 합니다. 자기 안의 힘을 깨닫고 자기다워져야 합니다. 진실함이 가장 중요합니다. 진실함과 진정성이 생명입니다. 그 누구도 아닌 가장 나다운 모습으로 맞서야 합니다.

DR: 의정활동을 정말 열정적으로 좋아하시는 것 같습니다. 얼마나 더 오래 이 일을 하실 것 같습니까? 10년? 15년? 아니면 20년?

NP: 캘리포니아 주지사였던 제리 브라운Jerry Brown이 최근에 제게 이런 말을 하더군요. "임기가 정해진 것만큼 자유로움을 주는 건 없다." 저는 제 할 일을 할 뿐입니다. 정해진 일정이 있는 것도 아니고요. 살면서 해보고 싶은 몇 가지가 있긴 합니다.

DR: 남편분 얘기 좀 나눠볼까요? 하원 의장과 부부라는 건 어떤 건가요?

NP: 그건 제 남편에게 직접 물어보셔야 할 것 같습니다. 남편은 가끔씩 "내가 원했던 건 이런 삶이 아니었어"라거나 "어쩌다 이렇게 된 거지" 같은 말을 합니다. 결혼해 아이들을 낳고 행복하게 살고 있었는데 갑자기 '펑' 하고 이런저런 일들이 생겨버린 거니까요.

DR: 미국인들이 낸시 펠로시를 어떤 사람으로 기억하길 바라십니까?

NP: 주방에서 의회로, 평범한 주부에서 하원 의장이 된 이유란 점에서 생각할 때, 제가 정치에 뛰어들게 된 것은 미국의 아동 다섯 명 중 한 명이 빈곤 속에 살고 있다는 사실 때문이었습니다. 모든 미국 아동이 기회를 누리지 못한다는 건 아이들 모두에게 불행한 일이라고 생각합니다. 위대한 미국에서 다섯 명 중 한 명의 아이가 매일 굶주린 채 잠들고 있으니까요.

이것이 저의 소명입니다. 부모님에게서 미국에서는 뭐든 이룰 수 있다는 말을 들으며 나라를 사랑하는 마음을 갖게 됐습니다. 거기에 이런 소명의식이 더해진 것이죠. 뭐든지 할 수 있다는 말은 열심히 노력하고 또 열심히 기도하면 어떤 목표든 성취할 수 있을 거라는 희망을 줍니다. 마지막으로, 이 나라는 역사상 가장 위대한 나라라는 사실만 덧붙이겠습니다. 어떤 시련도 견뎌낼 겁니다. 그렇지만 우리는 모두 책임감을 가져야 합니다.

토머스 페인Thomas Paine은 "시대가 우리를 발견했다"고 했습니다. 지금도 마찬가지로 시대가 우리를 발견해 에너지를 불어넣고 다양성과 의견의 차이를 존중하면서도 항상 미국을 하나로 만들어줍니다. 즉 '다수로 이루어진 하나E pluribus unum'인 것이죠.

제가 집을 떠난 이유, 아침에 일어나 싸움터로 가는 이유가 다섯 명

중 한 명의 아이가 빈곤 속에 사는 현실 때문이라는 걸 사람들이 저를 보며 떠올렸으면 합니다.

# 02 애덤 실버

NBA 총재

"저만의 독보적 능력 같은 건 없습니다.
무엇보다 열심히 하려는 의지가 있었고 실제로도 아주 열심히 일했습니다.
농구라는 스포츠를 정말 좋아하기 때문입니다.
좋아하는 일을 직업으로 갖는 것이 인생의 가장 큰 성공일 것입니다."

애덤 실버는 프로 농구를 좋아하는 사람에게 완벽해 보이는 직업을 갖고 있다. 바로 NBA 총재이기 때문이다. NBA는 40년 전에는 고전을 면치 못했지만 요즘은 진정 독보적인 성공 사례로 꼽힌다. 게다가 소속 선수들과 구단주들을 돈방석에 올려놓으며 팬들에게도 즐거움을 선사하고 있다. 한때 미국 중심이었던 리그는 이제 명실공히 글로벌 멀티미디어 비즈니스로 거듭났다.

프로 농구는 미국 사회의 일부를 이루는 멋진 스포츠다. 마이클 조던Michael Jordan, 매직 존슨Magic Johnson, 래리 버드Larry Bird, 르브론 제임스Lebron James, 스테판 커리Stephen Curry, 고인이 된 코비 브라이언트Kobe Bryant 등의 전설 같은 선수들은 미국의 젊은이들에게 롤모델이 되어주고 있다. 그들은 더 이상 시대를 풍미하는 유명 농구 선수가 아니다. 글로벌 스타이자 '인플루언서'다.

이 같은 극적인 전환과 오늘날의 성공은 어떻게 가능했을까?

애덤 실버는 30년간 총재를 역임한 데이비드 스턴David Stern에게 주저 없이 그 공을 돌릴 것이다. 별세한 스턴은 애덤을 특별 보좌역으로 처음 채용했다. 애덤은 곧 NBA의 수익성을 대폭 높이고 인기를 정상에 올려 놓으며 데이비드 스턴의 기대를 뛰어넘었다.

총재의 업무는 다양하다. 스포츠의 정직성을 보장하고, 선수들과 단체협약을 교섭하고, 미디어들과의 중계 계약을 협의하고, 공개 석상에서 정부 기관과 함께 리그를 대표하고, 높은 수익성과 인기를 지원하는 등등 다양한 일을 한다.

애덤은 특별 보좌역으로 시작해 2014년 2월 총재가 되기 전까지, 22년 이상 우직하게 NBA에서 일했다. 애덤은 변호사로 일하다가 스포츠에 빠지게 됐고, 그래서 관련 일을 하고 싶어 조언을 구한다는 편지를 써 스턴에게 보냈다. 흥미를 느낀 스턴이 애덤을 만났고, 감탄을 금치 못하며 곧장 그를 채용했다.

나는 애덤과 몇 년간 알고 지냈다. 내가 듀크대 이사회 의장으로 있는 동안 그가 이사회에 합류했고, 듀크대 농구팀이라는 공통된 관심사 덕분에 빠르게 가까워졌다. 나아가 둘 다 시카고 로스쿨을 다녔다는 공통점도 있었다. 하지만 나는 2019년 5월, 워싱턴 경제클럽에서 인터뷰를 진행하기 전까지는 그를 공식 인터뷰한 적이 없었다.

대화를 나누는 동안 그는 무척 겸손한 태도를 보였다. 이처럼 큰 성공을 하는 데 발판이 되어준 자신의 능력에 대해 얘기하기를 몹시 주저할 정도였다. 하지만 그는 아주 명석하고 자기 일에 열정을 가진 사람이었다. 막강한 구단주들과 곧잘 어울리며 그들을 만족시키는 재주가 뛰어났다. 선수들, 그리고 선수 노조와 끈끈한 관계를 유지했다. 누가 봐도 결코 쉬운 일은 아니었다.

그가 총재 취임 초기에 보여준 리더십 덕분에, 대중은 구단주들이 확실히 전설적인 전임자의 뒤를 이을 만한 역량 있는 인물을 선택했다고 믿게 되었다. 애덤은 인종차별 발언을 한 구단주의 팀 운영 자격을 박탈하는 등 스포츠 총재로서는 아주 파격적인 행보 또한 보여줄 줄 아는 인물이었다.

인터뷰가 끝난 후 애덤과 NBA는 미지의 영역 개척에 나섰다. 그는 스포츠 외교를 국제관계의 핵심 도구로 시험해온 중국과의 긴장 관계 해결을 모색했고, NBA는 2020년 3월 코로나 펜데믹을 효과적으로 억제할 수 있도록 시즌 중단 조치를 취함으로써 공중 보건에 중요한 역할을 했다. 많은 스포츠와 엔터테인먼트 및 문화기구들이 그 뒤를 이었다.

열렬한 농구팬이었다가 마침내 NBA 총재에 올라 누구에게나 일 잘한다는 평가를 듣는 것보다 더 좋은 일이 있을까? 자만만 하지 않는다면 이보다 신나는 일은 없을 것이다. 애덤 실버에게 자만심이란 존재하지 않았다.

**데이비드 루벤스타인(DR):** NBA 총재가 되신 후 매출이 늘었습니다. 티켓 판매도 늘었고요. TV 시청자 수도 늘어났죠. 구단주들의 가치도 3배가량 올랐습니다. NBA가 전성기를 구가하는 것 같습니다만. 전 세계적으로 인기가 아주 높습니다. 메이저리그 야구와 프로 미식축구는 해외 진출이 별로 활발하지 않은데 NBA 농구는 왜 그토록 인기가 많은 건가요?

**애덤 실버(AS):** 1930년대부터 올림픽 종목이었다는 게 이유 중 하나이겠죠. 그로 인해 크게 달라졌습니다. 그리고 전 세계 어디서나 즐기는 스포츠이기도 하고요. 농구는 원래 기독교 선교사들의 발명품이었습니다. 선교사 제임스 네이스미스James Naismith가 매사추세츠 주 스프링필드에서 농구를 만들어낸 후 삽시간에 중국에까지 전파되었죠. 그러니 초창기부터 글로벌 무대를 향한 셈입니다. 여기에는 경기가 매우 단순하다는 점도 한몫했습니다. 각급 학교의 체육시간에 농구가 포함되어 있는 것에는 이유가 있습니다. 모든 아이가 금방 참여할 수 있거든요. 물론 농구 기술을 연마하기란 실로 어렵습니다만 그 개념 자체는 쉽습니다. 공을 몰고 가 바스켓 안에 던져 넣으면 되니까요. 넓은 공간이 필요한 것도 아니죠. 혼자서도 쉽게 연습할 수 있고요. 그와 동시에 팀 스포츠란 점도 있습니다. 협력의 중요성을 배울 수 있다는 점에서 사회적으로 장려할 만한 스포츠입니다.

**DR:** 구단 소유권을 사들인 사람들 중에는 운영을 굉장히 잘한 경우가 있습니다. 필라델피아 세븐티식서스는 몇 년 전에 3~4억 달러에 인수됐고 밀워키 벅스는 4~5억 달러 정도였을 겁니다. 스티브 발머가 뛰어들어 LA 클리퍼스를 20억 달러에 인수하자 다른 구단주들이 모두 즐거워했는데, 그게 다른 팀의 가치도 높이는 효과가 있었기 때문이라고 들었습니다.

AS: 네, 정말 즐거워했죠. 스티브가 클리퍼스 구단주가 된 후 휴스턴 로키츠와 브루클린 네츠는 그보다 더 높은 가격에 팔렸습니다.

DR: 총재가 된 후 가장 힘들었던 과제 중 하나가 바로 인종차별 발언을 한 클리퍼스 구단주를 제명한 것이었나요?

AS: 그렇습니다. 사람들은 잘 모를 수도 있지만, 그는 스포츠에서 영구 제명을 당한 유일한 구단주입니다. 저는 구단주 전체를 위해 일합니다. 30명의 상사가 있는 셈이죠. 어느 특정 구단주에게 특혜를 주는 일은 없습니다. 리그에 가장 이익이 되는 결정을 하는 게 제 일입니다.

저는 총재가 되기 전에 22년간 NBA 리그를 위해 일했습니다. 그리고 당시 클리퍼스 구단주는 제가 NBA에서 일하기 전부터 구단주였죠. 오랫동안 알고 지낸 사이였기 때문에 몹시 힘든 결정이긴 했습니다. 그래도 그게 옳은 일이었다는 생각에는 변함없습니다.

DR: 노스캐롤라이나가 이른바 '화장실법(트렌스젠더는 주 정부 건물과 고속도로 휴게소, 학교 등의 공공장소에서 출생증명서에 명시된 성별에 따라 화장실을 이용해야 한다고 제한한 법안)'을 통과시켰을 때 노스캐롤라이나에서 그해 올스타전을 열지 않겠다고 선언하셨죠. 이 또한 힘든 결정이었나요?

AS: NBA 리그는 그 화장실법이 유효한 이상 노스캐롤라이나에서는 올스타전을 치르지 않겠다고 결정했습니다. 각 주의 운영 방식을 우리가 좌지우지할 권한은 없습니다만 해당 법안은 리그의 핵심 가치와는 맞지 않는다고 판단했습니다. 노스캐롤라이나를 보이콧한 게 아닙니다. NBA에는 마이클 조던, 샬럿 호니츠를 비롯해 여전히 노스캐롤라이나에서 경기하는 마이너리그 팀들도 소속되어 있습니다. 그렇지만 그런 법안을 용인하면 올스타전 같은 축하 행사가 환영받지 못할 것이라고 판단했습니다. 그래서 개최지를 옮겼고 아시다시피 로이 쿠퍼Roy Cooper 주지사가 새로 취임한 후 법이 바뀌었습니다. 그리고 우리는 다시 노스캐롤라이나로 돌아갔죠.

DR: 직접 그런 결정을 내렸나요, 아니면 구단주들의 의견을 청취한 겁니까?

AS: 여러 구단주에게 연락해 의견을 구했습니다. 투표에 부치는 건 아닙니다. 제가 연락하는 건 구단주뿐만이 아닙니다. 마이클 조던에게도 연락을 자주 합니다. 그는 노스캐롤라이나 구단주이기도 하지만 노스캐롤라이나 출신이기 때문입니다. 결정을 내리기 전에 듀크대 친구들에게 연락하기도 합니다. 선수협회뿐 아니라 노스캐롤라이나 출신 선수들 여러 명과도 얘기했습니다. 우리가 왜 그런 결정을 내리는지 납득시키고 싶었으니까요. 저는 많은 NBA 기업 파트너사와도 논의했습니다. 하지만 일단 정보를 취합하고 나면 결정을 내리는 건 제 몫이고 논쟁의 여지가 있는 결정에 대해 책임을 회피하는 식의 발언은 하지 않습니다.

DR: 대학 농구에서는 이른바 '원&던One and Done' 현상이 논란거리 중 하나였습니다. 고등학교 선수들이 대학에 1년 다닌 후에야 NBA 드래프트에 참가할 수 있는 규정인데요. 이런 정책이 계속되어야 한다고 생각합니까? 바꾼다면 어떤 부분을 개정하겠습니까?

AS: 처음 총재가 됐을 때 NBA 입단 최소 연령이 19세가 아닌 20세가 되어야 한다는 입장을 발표한 적 있습니다. 11년쯤 전에 우리는 최소 연령을 18세에서 19세로 바꿨는데, 선수협회와 단체교섭을 거쳐야 하는 부분이었죠. 총재로서 저는 원&던 규정이 실제 어떻게 활용되는지 잘 알게 됐습니다. 대학 스포츠를 둘러싼 비리 사건으로 형사소송이 진행된 경우가 몇 번 있었습니다. 그 중심에는 마크 에머트Mark Emmert가 있었습니다. 미 대학체육협회NCAA 회장이었던 그는 콘돌리자 라이스를 의장으로 한 위원회를 임명해 대학 스포츠 관련 문제, 특히 원&던 규정과 관련된 문제를 조사하도록 했습니다. 결국 라이스와 위원회는 NBA가 엔트리 연령을 18세로 다시 낮추는 게 좋겠다는 권고안을 냈죠. 이를 통해 많은 걸 깨닫게 됐습니다. 우수한 선수들이 겪는 상황을 더 잘 이해하게 됐고요. 대학 1학년조차 다 마치지 못하는 경우도 많았습니다. 대부분은 토너먼트가 끝나면 대학을 그만둡니다. 그래서 저는 입장을 바꿨습니다. 힘든 결정이었습니다. 모든 팀이 이 문제에 대해 저와 같은 입장인 건 아니었으니까요.

DR: 드래프트 로터리, 즉 추첨을 통해 드래프트 지명권을 얻은 선수라면 3년간 받을 수 있는 최대 연봉이 어떻게 됩니까?

AS: 우리는 선수협회와 루키 스케일rookie scale, 즉 신인 연봉 규모에 대해 협상을 벌였습니다. 1순위에 뽑힌 선수는 다소 차이가 있을 수 있습니다만 3년 계약을 맺게 되고 연봉이 대략 1,000만 달러 정도 됩니다.

DR: 3년 계약이 끝나면 3,000만 달러를 벌게 되는군요. 그리고 나면 운동화 계약뿐 아니라 시장이 허락하는 한 어떤 계약이든 맺을 수 있다는 건데요. 계약 상한선이란 게 있죠. 그게 뭡니까?

AS: NBA에는 '샐러리 캡' 제도가 있습니다. 구단은 최대 연봉 상한선 내에서 팀을 운영합니다. 그리고 개별 선수들의 연봉 상한도 있고요. 쓸 수 있는 자금이 한정되어 있는 만큼 결국 선수들 간 협의를 통해 스타 선수는 해당 제도 내에서 최대 상한선만큼만 가져갈 수 있게 되어 있습니다. 지금은 연간 3,500만 달러 정도입니다. 자기 팀과 5년짜리 계약을 맺을 수 있지만, 매년 금액이 올라가는 추세이긴 합니다.

DR: 대학팀 소속인 자이언 윌리엄슨Zion Williamson 선수를 예로 들어 보죠. 자이언 같은 선수는 대학에서 연봉을 받아야 한다고 생각하십니까, 아니면 대학에는 공부하러, 또는 프로가 되기 위해 왔으니 연봉을 받지 않아야 한다고 생각하십니까? 그가 작년에 부상을 당했을 때 이 문제가 논란이 됐었죠.

AS: 복잡한 문제입니다. 기본적으로 대학 선수들은 연봉을 지급받습니다. 장학금을 받죠. 그리고 재학 중이라는 이유로 온갖 혜택을 받습니다. 분명 그런 선수들과 관련해 수입이 발생합니다. 아시다시피 그 돈은 다른 운동 프로그램에 재투자되는데, 그 투자금을 회수할 만큼의 수익성은 없습니다. 그 사실에 놀라는 분들이 있을지도 모르겠군요.

DR: 두세 곳 정도의 학교를 제외하면 대학 운동 프로그램은 사실상 수익성이 없습니다. 대학에 보조금을 받아야 하는 형편이죠.

AS: 그런 식으로 항상 선수들의 시장 가치를 매길 수는 없다는 데 동의하실 겁니다. 경제학자라면 어느 정도는 대학 스포츠를 둘러싼 비리가 그토록 많은 이유가 장학금을 지급하더라도 선수가 학교에 더 많은 가치를 가져다주기 때문이라 말할 겁니다. 시장 논리가 먹히지 않는 이유는 그래서죠.

DR: NBA 선수들에 대해 얘기해보겠습니다. 팀 소속 선수는 15명, 팀 수는 30개로 제한하고 있습니다. 그렇다면 NBA 소속 선수들은 대략 450명쯤 되겠군요. 450명 가운데 5년 넘게 경기에서 뛰는 선수들은 몇 명이나 됩니까?

AS: 평균 7년간 뜁니다. 하지만 올스타전에서는 13년이나 14년쯤 뛴 선수들도 있습니다.

DR: 선수 생활이 끝나면 그게 언제든 간에 경제적 어려움을 겪게 됩니까? 아니면 이미 벌어둔 돈이 많아서 남은 평생 돈 걱정 없이 살 수 있나요? 선수들의 연봉액과 지출 방식을 어떻게 관리하십니까?

AS: 올해 리그 소속 선수 평균 연봉은 800만 달러입니다. 어떻게 계산하든 리그에서 평균 7년을 뛰면 평생 소득은 보장된 거라고 봐야죠. 사모펀드 방식은 아니지만 평생 살 돈은 있는 것이죠.

DR: 사모펀드로는 평생 살 돈을 벌지 못합니다. 제가 잘 알죠.

AS: "선수들에게 경제적 문제가 있는가?"라는 질문에 답하자면, 일부 경우에는 있습니다. 경제적 문제가 있는 선수들은 지금 버는 정도의 돈을 벌지 못했거나, 많은 돈을 벌었지만 사기를 당했다거나 현명하게 투자하지 못한 경우죠. 우리는 선수들과 직접 이런 문제를 해결하려고 노력합니다. 물론 선수들의 자산을 우리가 마음대로 할 수는 없습니다. 말하자면 선수들은 우리의 직원들입니다. 우리는 상담을 해주고 연금제도를 운영할 뿐입니다.

DR: 450명의 선수가 있는데, 그중 얼마나 많은 선수가 대학 졸업장을 갖고 있나요?

AS: 아주 적죠. 원&던 방식이 아니더라도, 입학 2~3년 후에는 많은 수가 학교를 그만둡니다. 그리고 리그에는 25퍼센트 정도의 외국 선수들이 뜁니다. 최고 수준의 외국 선수들은 거의 대부분 14~16세 정도에 프로가 됐습니다. 그래서 아무도 대학 졸업장이 없죠.

DR: NBA 경기 중 몇 퍼센트나 매진됩니까?

**AS:** 지난 시즌 경기장의 약 94퍼센트 정도가 만석이었습니다. 아주 많은 경기가 매진을 기록하죠.

**DR:** 영화배우 잭 니컬슨Jack Nicholson이 LA 레이커스의 코트 사이드 좌석을 몇 자리 구매했던데 어떻게 된 겁니까? 팀에서 편의를 봐준 건가요, 아니면 그저 운이 좋아서?

**AS:** 타계한 레이커스 구단주 제리 버스Jerry Buss 덕분이었죠. 그는 뛰어난 구단 운영을 통해 열 번이나 팀을 최정상에 올려놓았습니다. 뛰어난 선수들을 경기에 내보냈을 뿐 아니라 지금 리그에서 '잭 니컬슨 좌석'이라고 부르는, 유명 셀럽들을 위한 코트 사이드 좌석 티켓 판매 아이디어도 고안해냈지요.

**DR:** 제대로 다루지 못해온 심각한 문제 하나를 얘기해보죠. 선수들이 때로는 우울증을 앓고 소외감을 느낀다고 말씀하신 적 있습니다. 연봉 5,000만 달러를 받는 명성 높은 선수가 그렇게 우울증과 소외감에 시달릴 수가 있습니까?

**AS:** 우리 사회에서 정신질환으로부터 자유로운 곳은 없습니다. 얼마나 많은 돈을 벌든, 혹은 사회적 지위나 가족 내 지위가 어떻든 간에, 약물이 문제인 경우도 있고 환경이 문제가 되는 경우도 있지만 우울증은 모든 사회경제 집단에 걸쳐 있는 문제입니다. 다만 NBA 리그에서는 선수들이 이런 문제를 공개적으로 터놓고 얘기하는 방향으로 바뀌고 있습니다. 좋은 현상이죠. 선수들이 우울증 경험을 공개하면서 다른 선수들에게도 긍정적인 영향을 주고 있습니다.

**DR:** 티켓 판매는 어떻게 되는 건가요? 골든 스테이트 워리어스Golden State Warriors 팀은 홈경기로 350만 달러를 법니다. 홈경기 티켓 판매로 얻은 수익을 전부 가져가는 겁니까?

**AS:** '유료 관중 수 평가'라는 것이 있는데, 홈티켓 판매 수익의 6퍼센트를 리그 사무국의 비용으로 지원합니다. 그걸 제외한 정규 시즌 경기의 수익은 구단이 가져가죠. 플레이오프에서는 다른 방식으로 산정됩니다. 약간 미묘한 차이가 있긴 하지만, 기본적으로 플레이오프 때는 6퍼센트가 아닌 25퍼센트가 리그 사무국의 적립금으로 갑니다.

**DR:** 유니폼이 불티나게 팔리는 최고 인기 선수는 누구입니까?

**AS:** 르브론 제임스이지 않을까 싶습니다. 스테판 커리도 최고 인기 선수입니다.

**DR:** 팀에 스타 선수가 3~4명 정도 있으면 아무래도 리그 운영에 좋은가요?

**AS:** 팀이 어떻게 발전하느냐에 따라 다릅니다. 사람들은 대부분 이런 선수들을 선발해 슈퍼스타로 키우면 좋은 일이라고 생각합니다. 하지만 슈퍼스타가, 이미 우수한 선수가 많은 훌륭한 팀에 합류하는 경우 리그 소속 팀들의 동등한 수준을 보장하기 어렵다는 점에서 완벽하다고 할 수는 없습니다. 단체협약이 필요한 게 바로 이 때문입니다. 단체협약은 선수의 연봉을 결정할 뿐 아니라 경쟁을 유도하기 위한 것이기 때문입니다. NBA 드래프트에 뽑힌 선수라면 우승 가능성이 없는 팀에 가고 싶지는 않을 겁니다.

**DR:** 어떻게 NBA 총재가 된 겁니까? 어릴 적 꿈이었나요?

**AS:** 총재를 꿈꾸며 자란 건 아닙니다. 그게 뭔지도 몰랐습니다. 로스쿨에 입학했을 때 누군가 NBA 총재가 뭐 하는 사람이냐고 물었다면 우승 반지를 나눠주고 경기 일정을 짜는 사람이라고 답했을 겁니다.

**DR:** 시카고 로스쿨을 졸업하셨습니다. 연방판사 서기로 근무하다가 월스트리트의 유명 로펌인 크라배스, 스와인&무어Cravath, Swaine & Moore

LLP에 입사하셨죠. 그런데 어쩌다가 NBA로 이직하게 됐습니까?

AS: 운이 좋았습니다. 로펌에서 2년쯤 일했습니다. 회사 최대 고객 중 하나가 타임 워너Time Warner였습니다. 그래서 HBO 같은 미디어 소송 일을 많이 맡았죠. 그러다가 점점 미디어 비즈니스에 빠져들었습니다. 소송 업무를 하면서 스포츠 미디어 동향도 자연스럽게 살피게 됐죠. 바야흐로 스포츠가 케이블 TV로 옮겨가고 있었죠. 그런 새로운 변화를 주도하던 사람이 바로 TBS와 TNT를 통해 스포츠를 중계하던 테드 터너Ted Turner였습니다. 아울러 당시 NBA 총재였던 데이비드 스턴(스턴은 2020년 1월 타계했다) 또한 그런 움직임의 선두에 있었습니다. 데이비드와 친분이 없었지만 그에게 편지를 썼죠. 법조계에서 미디어 업계로 이직하고 싶은데 도움이 될 만한 조언을 해줄 수 있겠냐고 말이죠.

그때는 이메일이란 게 없었습니다. 손으로 편지를 써서 보냈죠. 그의 비서가 몇 주 후 전화를 걸어왔습니다. "그가 언제든 당신을 만나고 싶어합니다."

그래서 그를 찾아갔습니다. 30분 정도 면담을 했습니다. 그는 조언을 해주었지만 그걸 제가 따르지는 않았습니다. 그런 다음 한 달 정도 지났을 무렵 그가 전화를 걸어와 안부를 물으며 자기한테 아이디어가 있다고 했습니다. 몇 차례 그와 면담한 후 그는 저를 비서로 채용했습니다. 그렇게 NBA에 첫 발을 내딛었습니다.

DR: 지금 당신이 젊은 변호사에게 그런 조언을 구하는 편지를 받는다면…

AS: HR 부서에 전달하겠죠. 총재는 NBA에서 제가 여섯 번째로 맡았던 직무입니다. 그전까지는 데이비드 스턴 직속으로 일했습니다. 그는 제게 엄청난 기회들을 선물했죠. TV와 미디어, 그리고 나중에는 NBA의 인터넷 부문을 담당하게 된 NBA 엔터테인먼트를 운영하게 됐습니다. 그러다가 몇 년이 지난 후 부총재에 올랐습니다. 그리고 결국 아시는 것처럼 데이비드가 후임자로 저를 추천했습니다. 하지만 구단주들이 투표로 저를 선출하는 절차가 필요했습니다. 이런 과정을 거쳐 총재가 된 겁니다.

DR: 리더로서 어떤 자질을 발휘했기에 데이비드가 당신을 차기 총재 감으로 점찍게 된 건가요?

AS: 저만의 독보적 능력 같은 건 없습니다. 무엇보다 열심히 하려는 의지가 있었고 실제로도 아주 열심히 일했습니다. 농구라는 스포츠를 정말 좋아하기 때문입니다. 좋아하는 일을 직업으로 갖는 것이 인생의 가장 큰 성공일 것입니다. 현재 제 업무는 상당 부분 미디어에 집중되어 있습니다. NBA의 주요 수입원이기 때문입니다. 오랫동안 미디어 전문성을 길러온 게 제 커리어에 큰 영향을 미쳤죠. 로스쿨에 들어가 이런 기술을 배운 게 정말 유용했습니다. 제 업무의 대부분은 전문 협상가들의 일과 비슷합니다. 단체 교섭이나 계약 체결 등의 문제를 다루니까요. 결국 로스쿨에서 배운 것들을 써먹게 되더군요.

DR: 다른 리그들과는 대조적으로 요즘 당신이 주력하는 미디어는 대부분 소셜 미디어인데요. 선수들에게 소셜 미디어에 참여하도록 독려하는 것 같습니다. 르브론 제임스를 비롯한 유명 선수들에게 논란거리까지는 아니더라도 대중 노출을 권장하시는데, 그 이유가 뭔가요? 그리고 그런 방식이 NBA에 도움이 되었습니까?

AS: 당연히 논란을 자초하라고 부추기지는 않습니다. 진실하고 진정성 있는 모습을 보이라고 하죠. 저는 선수들이 어느 정도 선을 지키면서 걱정 없이 NBA 선수 생활을 할 수 있도록 지원합니다. 정치적 발언보다는 품위 유지에 더 신경 쓰면서요.

결국 팬들에게 선수들의 다양한 모습을 보여주는 것이 NBA에도 사업적으로 이익이 됩니다. 소셜 미디어는 기존 미디어를 보완하는 수단으로서 매우 유용합니다. 그리고 선수들이 실제로 어떤 면모를 가진 사람인지를 잘 보여주죠. 우리 경기에 팬들을 끌어들이는 데 도움이 됩니다.

DR: 당분간은 계속 총재직에 계실 텐데요. 구단을 사들인다거나 사모펀드에 진출한다든가 하는 일은 없겠죠?

AS: 잘 보셨습니다. 다른 데로 갈 일은 없습니다.

# 03 크리스틴 라가르드

유럽중앙은행 총재, 전 국제통화기금 총재

*Christine Lagarde*

> "인생의 어떤 일들은 제대로 된 때에 제대로 된 사람들을 만나서 한번 해봐야겠다는 결심이 제대로 설 때 일어나더군요."

크리스틴 라가르드는 8년간 국제통화기금IMF 총재로 일했다. 워싱턴에 본부를 둔 이 국제기구는 국제 금융 안정성과 경제 성장을 보장하기 위해 2차 세계대전 후 창설되었다. 라가르드 총재는 당시 아르헨티나와 그리스의 채무 불이행 사태, 브렉시트가 유럽에 미친 영향, 수많은 신흥 시장과 프런티어 시장의 성장률 하락 등 여러 차례 세계 금융 위기 해결이라는 과제를 안아야 했다.

이 같은 문제들을 해결하고 나날이 비대해지는 IMF 체제를 운영하면서, 라가르드 총재는 언제나 서로 다른 수많은 이해당사자들과 합의를 이루어왔다. 이는 그녀의 뛰어난 지성과 강한 개성, 그리고 넘치는 매력에 힘입은 것이다. 2019년 말 그녀는 IMF에서 물러나 유럽중앙은행ECB 총재가 되었다. 이 역시 IMF만큼은 아니더라도 유럽 경제를 이끌어가는 막중한 역할을 담당하는 국제기구다. IMF 총재 이전에는 프랑스 재무장관과 세계 최대의 글로벌 로펌인 베이커 맥킨지Baker McKenzie에서 회장으로 일했다.

라가르드는 이 모든 직책에 '여성 최초'라는 타이틀을 달았다. 글자 그대로 그녀는 전 세계 여성을 위한 개척자이자 롤모델이었다. 그녀는 맡은 직책에서 뛰어난 업무 수행 능력을 보여주었을 뿐 아니라 남성보다 더 강인하고 단호한 리더십 스타일을 발휘했다.

프랑스 싱크로나이즈드 수영 국가 대표팀이라는 전혀 다른 환경에서 리더십을 보여준 10대 소녀에서 변호사로 성장해 성공적인 리더십을 지속적으로 보여줄 수 있었던 비결은 무엇이었을까? 라가르드는 어떻게 끊임없는 차별과 맞닥뜨리면서도 이를 딛고 전진했을까? 남성들의 전유물과도 같던 국제금융기구 수장이라는 직책을 수행하면서 그녀는 뛰어난 여성 동료들을 발굴해내는 데도 주저함이 없었다.

2018년 9월 워싱턴의 IMF 본부에서 진행된 인터뷰에서 나는 다양한 질문들을 던졌다. 라가르드는 자신의 성공이 어느 하나의 요인 때문이라고 생각하지 않는다고 밝혔다. 물론일 것이다. 탁월한 지성과 자신감, 성실한 태도가 그녀에게는 편안한 옷과 같았다. 그녀는 처음에는 저평가된 인물이었다. 하지만 곧바로 자신의 뛰어난 능력을 입증하는 기회를 잡아 모두의 예상을 깨고 경이로운 성공을 거둘 수 있었다.

라가르드는 전임자가 스캔들로 사임하면서 갑작스럽게 IMF를 이끌게 되었다. 전임자의 추문은 IMF에 대한 신뢰를 바닥으로 추락시켰다. 하지만 곧 라가르드는 IMF를 2차 세계대전 후 그것을 만든 창설자들이 상상조차 하지 못할 수준으로 높여놓았다.

IMF 총재 퇴임 만찬에서 나는 그녀의 성공이 싱크로나이즈드 수영

선수 시절 몸에 익힌 기술 덕분일 것이라고 농담을 던진 기억이 있다. 그러므로 대규모 조직을 이끌고자 하는 워싱턴의 모든 사람은 싱크로나이즈드 수영을 배우는 것에서 시작해야 할 것이라고도 했다. 농담이 아니었을까? 싱크로나이즈드에서 배운 것이 정말 훗날 그녀의 인생에서 매우 귀중한 경험으로 남았을까?

## interview with titans

데이비드 루벤스타인(DR): IMF가 실제로 어떤 조직인지 모르는 사람들이 많습니다.

크리스틴 라가르드(CL): IMF는 75년 전 44명의 남성이 설립했습니다.

DR: 여성은 한 명도 없어요?

CL: 그 시절에는 없었습니다. 그래서 전쟁 발발의 원인이 될 수 있다고 생각한 전 세계의 주요 경제 위기와 불안정한 사태를 막자는 취지로 1944년 44명의 남성이 2차 세계대전 종식 전날 밤 IMF를 창설하게 됩니다. 설립 의도는 그렇습니다.

DR: 어떻게 총재에 오르게 됐는지부터 얘기해보죠. 프랑스에서 자라셨습니다. 부모님은 어떤 일을 하셨나요?

CL: 두 분 다 대학 교수이셨습니다. 아버지는 영문학 교수였고 어머니는 프랑스어 문법과 라틴어, 고대 그리스어를 가르치셨습니다. 제 어린 시절을 가득 채운 건 문학이라는 우주였습니다.

DR: 그런 부모님 밑에서 자랐으니, 언어에는 정말 능숙했겠군요.

CL: 형편없었습니다. 재능이 없었죠.

DR: 아닐 것 같은데요. 진짜 모범생이셨을 것 같은데. 싱크로나이즈드 수영에도 관심이 많으셨죠. 그게 어떤 건지, 그리고 어떻게 국가대표 팀에 들어가게 됐는지 설명해주실 수 있는지요?

CL: 운동을 하게 된 건 1968년에 있었던 '68혁명'과 관계가 있습니다. 학생들이 거리로 뛰쳐나와 시위를 벌였죠. 부모님은 저도 그렇게 될까 봐 겁이 나서 제가 클럽 수영장에 다닐 수 있게 해주셨습니다. 저는 학교 수업을 빼먹고 수영장에만 있을 수 있었습니다. 수영하는 게 좋기는 했죠. 그러다가 여자애들끼리 모여서 하는 싱크로나이즈드 수영에 점점 관심이 생기더군요. 음악과, 음악을 좋아하는 마음이 있어야 할 수 있는 팀워크 운동이었습니다. 평소에 음악 과목과 음악으로 뭔가 하는 걸 퍽이나 좋아했습니다. 그래서 팀에 들어갔죠. 유럽선수권 대회를 비롯해 다양한 국제대회에 참가했습니다.

DR: 아직도 수영을 합니까?

CL: 아직도 합니다. 오늘 아침에도 했고요.

DR: 그렇군요. 수영할 시간은 어떻게 냅니까?

CL: 새벽 5시에 일어납니다.

DR: 그럼 충분하겠군요.

CL: 수영장은 6시나 돼야 열기 때문에 그 전에 운동을 좀 해야 합니다.

DR: 대학 때는 어떤 걸 공부하셨습니까?

CL: 고전 교육을 받았습니다. 기초 학문들도 공부했고요. 프랑스어와 수학, 영어, 지리학, 역사, 화학, 물리학을 공부했습니다. 스포츠 과목도 좀 수강했는데 당시 프랑스에서는 그리 중요하게 생각되는 과목은 아니었습니다.

DR: 많은 경우 프랑스 지도자들은 특정 명문 학교 출신이더군요. 그런 학교를 나오셨나요?

CL: 아닙니다. 보기 좋게 실패했죠. 첫사랑이었던 남편과 열렬하게 연애하는 바람에 공부는 열심히 하지 못했습니다. 2학년 때는 모범생 그룹에 들어가 진짜 열심히 공부했지만, 지원일을 놓치는 바람에 시험에 응시하지 못했습니다.

DR: 그래도 변호사가 되셨네요. 변호사가 되기로 마음먹은 계기 같은 게 있었나요?

CL: 사형제도 폐지에 동참하고 싶었습니다. 로스쿨을 다니기 시작했을 때 사형제도는 형법에서 허용하고 있었습니다. 종교적인 이유와 기타 개인적인 이유로 저는 프랑스 사법제도 내에서 이런 처벌을 없애는 데 뜻을 같이하고 싶었죠. 안타깝게도 졸업한 다음 활동 그룹에 들어가려고 보니 이미 사형제가 폐지됐더군요.

DR: 그래도 계속 변호사로 일하셨죠. 프랑스에서 활동하셨나요?

CL: 몇 년간은요. 당시 많은 젊은 변호사들이 그랬던 것처럼 세법도 다뤄야 했고 기업법이며 반독점법, 노동법도 알아야 했습니다. 다행히 당시 대통령 당선자가 프랑수아 미테랑François Mitterrand이었습니다. 그는 사회주의자였죠. 그래서 미테랑 정부 내내 아주 강력한 노동법이 쏟아져 나오면서 노조와 노동자들에게 상당한 혜택이 돌아가게 됐습니다. 베이커 맥킨지에서는 고객 대부분이 프랑스에 투자한 국제 기업이거나 미국 기업이었습니다. 그래서 아주 바빴죠.

DR: 당시 프랑스에 여성 변호사가 많았습니까?

CL: 아뇨. 절대 아닙니다. 제가 베이커 맥킨지에 입사했던 이유 중 하나는 파리 지사의 대표가 여성이었기 때문입니다. 그녀가 제 롤모델이 됐죠.

DR: 베이커 맥킨지는 수년간 전 세계 최대 로펌 중 하나였습니다.

CL: 최대 규모였죠.

DR: 그리고 시카고가 본사였습니다. 어떻게 회사 전체를 총괄하는 최고의 자리에까지 오를 수 있었나요? 맥킨지는 남성 중심적인 회사이고, 프랑스 출신인데 시카고가 본사인 미국 회사를 다니셨단 말이죠. 그럼에도 어떻게 회사 전체를 이끄는 회장에 선출되어 시카고로 가게 됐냐는 말입니다.

CL: 오히려 그런 불리한 상황이 제 가치를 부각시켜주는 장점으로 작용했죠. 흥미로운 일이었어요. 사실 파리 지사의 대표가 될 만큼 꽤 실적이 좋았습니다. 지명위원회가 저를 뽑아 회사의 핵심기구인 집행위원회에 합류시켰습니다. 저는 집행위원회에 들어간 최초의 여성이었고, 그러다가 다시 실무를 보게 됐고, 만족했습니다. 그런데 또다시 저를 부르더군요. 이번에는 상황이 엉망이었습니다. 예산은 제대로 편성조차 되지 못했고 관리 시스템은 완전히 엉망이었고 경영진은 믿을 수가 없었죠. 지명위원회는 사람을 발탁하는 데 정말 애를 먹었습니다. 그럴 때일수록 '여성의 존재'가 두드러지더군요. 그래서 저는 회장에 선임되었습니다.

DR: 그렇게 베이커 맥킨지 회장으로 시카고에서 살게 되셨군요. 미국 중서부에 사는 게 낯설지는 않았나요?

CL: 시카고는 멋진 도시입니다. 아직도 거기에 연락을 주고받는 친구들이 많습니다. 시카고에서 보낸 6년은 인생에서 멋진 시간이었습니다.

DR: 그러다가 갑자기 니콜라 사르코지Nicolas Sarkozy가 프랑스 대통령에 당선됐습니다. 그를 원래 아셨습니까?

CL: 자크 시라크Jacques Chirac가 대통령이고 도미니크 드 빌팽Dominique de Villepin이 총리였을 때 사르코지가 제게 연락을 해 상무부 장관을 맡아 달라고 했습니다.

DR: 프랑스로 돌아가 그렇게 몇 년간 상무부 장관을 지내셨습니다. 장관직 수행은 어떠셨습니까?

CL: 즐거웠습니다. 정말로요. 지리적으로, 사회적으로, 경제적으로 제 삶에 엄청난 변화였지요.

DR: 수입은 예전 같지는 않으셨을 것 같은데요.

CL: 10분의 1로 줄어들었죠. 그래도 정부 부처 중에서 제일 좋아하는 일이었습니다. 프랑스라는 나라를 전 세계에 세일즈하는 일이었으니까요. 시라크 대통령은 제가 민간분야에서 기업인으로 활동하던 특이한 사람이라는 걸 알았죠. 그래도 저를 상당히 존중해줬다고 생각합니다. 저도 시라크 대통령을 상당히 존경합니다.

DR: 그후 사르코지가 프랑스 대통령에 당선됩니다.

CL: 네. 그가 제게 농무부 장관을 맡아달라고 했습니다. 전혀 그 분야에 경험이 없었지만 배울 각오는 돼 있었습니다.

DR: 그런데 몇 달 만에 물러나셨죠.

CL: 두 달이었습니다. 그 대신 재무부 장관 일을 부탁받았거든요. 저는 그가 제게 농무부 장관직을 제안한 이유가 농업이 세계무역기구WTO의 쟁점이 될 거라는 걸 알고 즉시 투입할 수 있는 어려운 국제 사안에 정통한 사람을 원했기 때문이라고 생각합니다.

DR: 서유럽의 주요 국가에서 재무부 장관이 된 최초의 여성이셨죠?

CL: 그렇습니다. G7 국가를 비롯한 많은 나라를 통틀어 최초의 여성 재무부 장관이었습니다.

DR: 법조인이었는데 갑자기 프랑스 재무부 책임자가 됐습니다. 관련 경력이 없다는 사실이 우려되지는 않았나요? 아니면 상무부 장관직 경험이 도움이 됐나요?

CL: 상무부 경험은 도움이 됐지만, 재무부에서 배울 게 어마어마하게 많다는 걸 곧장 깨달았습니다. 아주 열심히 일해야 했죠.

DR: 다들 당신이 일을 굉장히 잘했다고 하더군요. 그러다가 IMF 총재직이 갑작스럽게 공석이 됐습니다. 정말 원했던 자리였습니까, 아니면 주변의 설득으로 다시 미국에 오게 된 겁니까?

CL: 인생의 어떤 일들은 제대로 된 때에 제대로 된 사람들을 만나서 한번 해봐야겠다는 결심이 제대로 설 때 일어나더군요. 장관에 임명돼 프랑스로 돌아갔을 때 저는 제 연금이나 보수나 보고체계나 그 일이 어떻게 풀릴지 같은 건 한번도 생각해보지 않았습니다. 그저 해보고 싶다는 생각과 나라에 도움이 되어야겠다는 생각뿐이었죠.

재무부 장관이 된 지 두 달 만에 BNP 파리바 은행이 2개 펀드의 인출을 동결하면서 금융 위기가 시작될 줄은 꿈에도 몰랐습니다. 그래도 팔을 걷어붙이고 윤리 기준을 갖춘 분야별 전문가와 팀을 꾸려 일했습니다. 이 모든 것이 사실상 사태의 시발점이 되었습니다.

DR: IMF 수장으로서, 경제 상황이 열악하거나 자금이 부족한 국가뿐 아니라 전 세계 경제를 이끌어가고 계시는데요. 안정 및 발전과 고용 촉진을 지원하는 일을 맡고 계시죠. 전 세계가 10년 전보다 또 다른 금융 위기에 더 잘 대처할 수 있게 됐다고 보시는지요?

CL: 그렇습니다. 과거의 경험이 바탕이 되어 대응 능력이 개선된 분야들도 있으니까요. 금융 시스템과 감독기관을 봐도 그렇고 금융 부문에 적용되는 일련의 규제들을 보면 훨씬 나아졌다는 걸 알 수 있습니다. 전 세계 은행들은 자본 비율과 유동성 비율, 레버리지 등에서 견실한 수준을 유지하고 있습니다. 이 모든 분야에서 저는 상당한 발전이 있었다고 봅니다.

리스크는 주변으로 확산되게 마련입니다. 자산관리나 연기금, 핀테크 개발 등과 같은 영역에도 금융 부문 강화를 위해 마련한 보안 조치가 적용됐는지는 확실하지 않습니다.

지금은 더 우려스러운 다른 지표들이 나오고 있습니다. 위기 대응을 위해 쏟아부은 경기부양책과 부채로 인해 기업과 가계 채무 비율이 상승했습니다.

DR: 아주 어려운 문제가 생겼을 때 남성이 이를 회피하는 바람에 여성에게 그 해결 과제가 돌아가는 경우가 많다는 걸 알고 계셨습니까?

CL: 당신 입으로 한 말이에요, 제가 아니고.

DR: 그 일을 맡으려는 남성은 없었습니다. 승산이 없는 상황이라는 걸 알았으니까요.

CL: 아닙니다. 아마 나중에야 각오가 됐다는 의사를 내비쳤을 겁니다.

DR: 더 많은 여성이 기업 이사회에 진출해야 한다는 발언을 하신 적 있습니다. 여성이 임원과 CEO가 되어야 한다는 것이었죠. 여기에 큰 진전이 있었다고 생각합니까? 그리고 왜 여성들이 이사회에 더 적극적으로 진출해야 한다고 생각하나요?

CL: 더 많은 여성이 임원이 되고 경영진에 여성 비율이 늘어날수록 더 많은 수익과 성과가 창출된다는 명백한 사례들이 있습니다. 따라서 피도 눈물도 없고, 여성은커녕 그 누구도 포용하지 못하는 사람이라 할지라도 다양한 분야에 더 많은 여성의 참여를 끌어내는 방안을 고민해봐야 합니다. 그게 그 사람에게 이득이 되니까요.

큰 진전이 있었냐고요? 어느 정도는 그렇습니다. 각종 수치와 지표들을 보면 알 수 있죠. 그래도 여전히 갈 길이 머냐고요? 역시 그렇다고 말씀드려야겠군요.

DR: 여성이라는 이유로 직장에서 많은 차별을 경험하셨습니까? 지금도 여전히 차별을 겪고 있나요?

CL: 그렇습니다. 로펌에서 면접을 보던 첫날부터 차별을 경험했습니다. 여자이기 때문에 절대 파트너 변호사가 되지 못할 거라는 말들을 들었습니다. 남성이 가득한 방에 들어가면 여전히 그들의 얼굴에 엷은 미소가 떠오르는 게 보입니다. '또 시작이군. 페미니스트 납시셨네.' '오늘은 또 저 여자가 무슨 말을 늘어놓을지 궁금하군.' 이런 분위기가 생생하게 느껴지죠. 물론 지금은 좀 덜해졌지만 소수집단에 속하면 언제든 그런 경험을 하게 됩니다.

DR: IMF 총재로 일할 때 어떤 점이 가장 즐거웠습니까?

CL: 여러 팀과 일하는 게 좋았습니다.

DR: 최악이었던 거는요?

CL: 같은 얘기만 끝없이 반복하다가 아무런 결과도 얻지 못한 채 회의 내내 앉아 있어야 하는 것이었죠.

DR: IMF 총재로서, 예를 들어 워싱턴이나 다른 유명 도시에서 점심이나 아침을 먹으러 나갔을 때 사람들이 다가와 함께 셀카를 찍자고 청하지는 않나요? 아니면 방해받지 않고 어디든 갈 수 있습니까? 사람들이 알아보고 그러나요?

CL: 저를 알아보고 함께 셀카를 찍자고 합니다. 대부분은 아주 친절하고 칭찬을 해줍니다. 자존감 향상에 도움이 많이 되죠. 쉬는 날에 먹으려고 보관해두는 음식처럼요.

DR: 후회 같은 건 없으신가요?

CL: 아니요. 아무것도 후회하지 않아요. 에디트 피아프Edith Piaf가 "난 아무것도 후회하지 않아Je ne regrette rien"라고 노래한 것처럼요.

# 04 앤서니 S. 파우치

미국 국립보건원 산하 국립알레르기및전염병연구소장

*Anthony S. Fauch*

> "사람들에게 지시하기보다는, 내 비전이 무엇인지 알리기 위해
>
> 우수한 인재를 선발하고 그들이 알아서 자기 할 일을 하게 두면 됩니다.
>
> 좋은 리더의 자질이란 그런 것이죠."

COVID-19 위기 상황에서 미 국립알레르기및전염병연구소 NIAID의 소장 앤서니 파우치 박사는 미국을 비롯한 전 세계에서 매우 존경받는 유명인이 되었다.

나는 그와 수년간 알고 지냈으며 여러 번 인터뷰하기도 했다. 이 인터뷰의 1부는 2019년 4월 15일 워싱턴에서 진행됐으며, 2부는 2020년 4월 28일, 워싱턴 경제클럽에서 진행됐다.

2부 인터뷰를 시작하기 직전에 나는 〈USA 투데이USA Today〉에 그에 관한 글을 기고했다. 그 칼럼에는 이 뛰어난 공직자에 대한 내 견해가 간결하게 요약되어 있다. 신문사의 승인을 받아 이곳에 전재한다.

백악관의 코로나 팬데믹 일일 브리핑을 지켜보는 이들 중에는 왜 모두가

브루클린 억양에 체구가 왜소한 앤서니 파우치 박사(79세)의 말을 따르는지 궁금해하는 사람이 존재할지도 모른다. 수년에 걸쳐 그와 이야기를 나누고 최근에는 인터뷰까지 해본 결과, 모두가 그의 말을 충실히 따르는 것은, 그가 자타가 공인하는 감염병 분야의 세계적 권위자이기 때문이다. 인간의 어떠한 활동이나 지식 분야에서든 국제적인 황금률이 되는 사람이 한 명쯤은 늘 있게 마련이다. 감염병 분야에서는 그 사람이 바로 앤서니 파우치다. 그가 이 위기를 해결하기 위해 밤낮없이 일에 매달리고 있다는 것에, 그리고 6명의 대통령 밑에서 일하며 정확한 사실만을 전달하는 그의 소신 있는 태도에 미국을 비롯한 전 세계인은 감사해야 할 것이다.

그는 그 누구보다도 정치와 거리를 두는 사람이다. 그가 정당에 등록을 했는지는 모른다. 하지만 그는 철저히 독립성을 추구하지 않을까 싶다. 그의 유일한 관심은 사실을 밝히고, 가능한 최고의 치료와 정보를 제공하고, 생명을 구하는 것이다.

앤서니 파우치는 웨일 코넬 메디컬 센터Weill Cornell Medical Center에서 수련의 과정을 마친 후 1968년 미 국립보건원NIH에 들어갔고, 1984년부터 36년간 NIAID 소장을 맡고 있다. 오랜 기간 한 조직의 수장으로 있으면서도 여전히 최고의 실력을 갖춘 사람을 찾기란 어렵다. 하지만 파우치 박사는 바로 그런 사람이다. 소장으로 근무하면서 그는 온갖 심각한 감염병 문제를 다뤄왔다. 말라리아, 결핵, HIV/에이즈, 중동호흡기증후군 MERS, 중증급성호흡기증후군SARS, 뎅기열, 에볼라 등을 비롯해 1918년 이후 가장 심각한 팬데믹인 COVID-19에 이르기까지 다양한 감염병을 연구했다.

파우치 박사는 NIAID 운영과 세계 최고의 감염병 전문의 수십 명을 길러낸 것으로도 잘 알려져 있다. 하지만 그 외에도 HIV 바이러스가 에이즈로 진행되는 방식을 알아내고 (조지 W. 부시 대통령의 지시로) '에이즈 퇴치를 위한 대통령 비상 계획'이라는 프로그램을 만드는 데 앞장서서 아프리카를 비롯한 전 세계 개발도상국의 여러 지역에서 HIV/에이즈 치료를 혁신적으로 발전시켰다. 이 프로그램 덕분에 목숨을 건진 사람만 수백만 명에 이른다.

게다가 파우치 박사는 최근에 에이즈 유행 지역을 대상으로 한 HIV 항레트로바이러스 치료를 통해 미국 내 에이즈 유행을 종식시키겠다는 도널드 트럼프 대통령의 계획을 강력 지지하며 이를 총괄해왔다. 나아가 1,100편이 넘는 학술 논문과 몇 권의 교과서를 집필·편집해 의료계 전체에서 가장 많이 인용되는 권위자 중 한 사람이 되었다.

이처럼 반세기 넘게 정부 기관에 재직하며(그는 소장직을 맡기 전 16년간 NIH에서 근무했다) 혁신적인 활동과 헌신적인 공로를 인정받아, 대통령 자유훈장과 래스커상(Lasker Award, 흔히 미국판 노벨상으로 불린다)을 받았다. 그는 받을 자격이 충분했다.

오랜 공직 생활을 해오며 전 세계인의 찬사를 받은 파우치 박사가 아주 조금은 우쭐해하지 않았을까 생각하는 사람이 있을지도 모르겠다. 그는 그런 태도와는 전혀 거리가 멀었다.

그는 여전히 NIH 연구실을 운영하고 있고, 그 덕분에 치료를 받아야 하거나 정보가 필요한 사람들이 쉽게 만날 수 있는 사람이다. 워싱턴에 처음 이사 왔을 때 구입한 집에 여전히 살고 있으며 아내인 크리스틴 그레이디Christine Grady 박사와 함께 재능 있는 세 딸을 길러낸 곳도 바로 그 집이다(하지만 아무도 의대에 진학하지 않았다).

최근의 위기 사태가 닥칠 때까지 파우치 박사는 매일 몇 마일씩 달리거나 파워 워킹을 한 후 지하철로 NIH에 출퇴근했다. 그리고 워싱턴 지역이나 의회 의사당에서 연사로 초청을 받으면 전용 차량과 기사 제공을 거절한 채 변함없이 지하철을 탔다(최근 코로나가 대유행하면서 어쩔 수 없이 그는 이런 원칙을 굽혀야 했다).

물론 경제적인 보상보다 나라와 국민에 대한 책임감을 중시하는 다른 헌신적인 연방 공무원들도 많다. 그러나 그 어떤 분야의 연방 공무원도 앤서니 파우치만큼 미국과 미국민의 건강을 위해 오랜 기간 대가를 바라지 않고 헌신해온 사람은 없다는 것만큼은 확실하다.

평균적인 은퇴 연령에 가까워질 때쯤 연방 공무원으로 재직 연한을 다 채운 다음 민간 분야에서 역량과 지식을 활용해 볼 생각은 없는지 몇 년 전 그에게 의사를 타진한 적이 있었다. 그는 곧바로 아니라고 대답했다. 그를 움직이는 것은 돈이 아니라 국가에 대한 봉사였던 것이다. 그리고 그는 NIH에 남았다. 미국으로서는 정말 다행한 일이 아닐 수 없었다.

앤서니 파우치는 기적을 행하는 사람이 아니다. 그런 사람은 없다. 그렇긴 하지만 파우치 박사는 감염병 문제를 이해하고 치료제를 처방하는 데 필요한 수십 년간의 경험을 갖추고 있다. 당장은 치료가 고통스럽고 불편하더라도 시간이 지날수록 그 치료가 환자를 편안하게 해줄 것이라고 굳게 믿는다.

## 1부

**데이비드 루벤스타인(DR):** 1984년부터 NIH 산하 NIAID 소장으로 일하셨습니다. 36년이면 상당히 오랜 기간입니다. 최장 기록인가요?

**앤서니 파우치(AF):** 그렇습니다.

**DR:** 36년 동안 일하는 게 지겹지는 않으셨는지요?

**AF:** 지겨울 새가 없죠. 계속 상황이 바뀌거든요. 새로운 감염병이 생기고 새로운 환자가 발생하고 새로운 문제가 생깁니다. 1~2년마다 전혀 다른 일을 하는 것 같은 기분이 들 정도입니다.

**DR:** 100년 전, 1918~19년경에는 전 세계 인구 중 약 1억 명이 독감으로 사망했습니다. 그 당시 독감에 그토록 취약했던 이유는 뭔가요?

**AF:** 일단, 당시 독감은 팬데믹이었는데, 이전에 경험해본 적 없는 바이러스가 원인이었다는 뜻입니다. 완전히 새로운 독감이었죠. 두 번째로, 아주 빠르게 확산되는 독감 종류였던 겁니다. 치명적이었습니다. 대참사 수준이었죠.

**DR:** 세계적으로 인정받는 감염병 분야의 권위자이십니다. 하루에 손은 몇 번이나 씻으십니까?

**AF:** 몇 번씩 씻습니다. 여러 가지 이유로요. 아직 환자를 직접 진찰하기 때문에 진료실에 들어갔다 나올 때면 손을 씻어야 합니다. 사무실에 있을 때도 많은 사람들이 찾아와 항상 악수를 하게 됩니다. 그래서 손을 씻을 수 있도록 책상에서 그리 멀지 않은 곳에 싱크대를 배치해놓았습니다. 하루에 적어도 7~9회는 씻는 것 같군요.

DR: 악수를 하고 난 다음 바로 손을 씻으러 가면 무례하게 보일까요?

AF: 상대방이 뻔히 보는 데서 그런다면요.

DR: 인간과 감염병에 대해 얘기해보죠. 호모 사피엔스는 30만 년도 더 전에는 평균 수명이 약 20년이었습니다. 오늘날 미국인의 평균 수명은 80세쯤 될 겁니다. 30만 년 전에 비하면 거의 4배가 늘어난 셈인데요. 그때는 왜 그렇게 평균 수명이 짧았습니까? 감염병이 주로 문제였나요?

AF: 그렇습니다. 그리고 점점 더 현대로 올수록 다양한 문제가 생겼습니다. 예전에는 감염병만 문제가 됐던 게 아니라 극도로 혹독한 환경에서 살아남아야 했던 겁니다. 그러나 17세기, 18세기, 19세기로 오면서, 아직 백신과 항생제가 나오기 전이라 감염병이 출현하면 정말 많은 아이들이 죽었습니다. 아이들이 죽으면 평균 수명이 내려가지요. 지금은 평균 수명이 늘어난 게 수많은 감염병을 정복해서이기도 하지만 전염병을 더 잘 관리하고 있기 때문이기도 합니다. 고혈압은 더욱 관리가 쉽죠. 심장병과 높은 콜레스테롤 수치도 관리가 잘되고 있습니다. 흡연율은 줄고 있고요. 이 모든 것이 평균 수명을 높이는 데 일조합니다.

DR: 선페스트bubonic plague가 수백 년 전 유럽을 휩쓸었습니다. 그건 뭐였습니까?

AF: 예르시니아 페스티스Yersinia pestis 또는 파스테우렐라 페스티스Pasteurella pestis라는 박테리아가 원인이었습니다. 흥미롭게도 박테리아는 위생 상태가 좋지 못한 상황에서 벼룩을 통해 퍼집니다. 벼룩에 물리면 감염되는 겁니다.

두 종류의 페스트가 있었습니다. 선페스트는 림프절이 부풀어 올라 사망에 이르는 감염병이었습니다. 보통은 사람 사이에 직접 전염되지는 않았습니다. 그리고 폐페스트pneumonic plague는 신체를 통해 전파됐는데, 기침에 의해 전염되는 식이었습니다. 14세기에 유럽 인구의 3분의 1이 페스트로 사망했습니다. 쑥대밭이 됐죠.

DR: 페스트가 다시 출현할 가능성은 아주 적다고요?

AF: 그 미생물 때문에 발병하긴 어려울 겁니다. 항생제로 충분히 치료할 수 있으니까요.

DR: 백신 접종은 언제 처음 시작됐습니까? 18세기 후반에 천연두 예방 접종이 있었다는 글을 읽은 기억이 있습니다. 당시에는 어떻게 백신 접종을 했습니까? 백신을 접종하면 질병에 걸리지 않을 수 있다는 걸 처음 어떻게 알게 된 거죠?

AF: 맞습니다. 1796년이었습니다. 당시에는 천연두가 맹위를 떨치고 있었습니다. 그런데 에드워드 제너Edward Jenner라는 사람이 아주 흥미로운 현상을 발견했습니다. 소젖을 짜는 여성들은 '우두牛痘'라 불리는 상대적으로 가벼운 병을 앓더라는 거죠. 우두는 천연두와 아주 밀접한 관련이 있었습니다. 제너는 그들이 우두에 걸렸다가 회복되고 나면 천연두에 면역이 생긴다는 것을 알았습니다. 그래서 그는 생각 끝에 "천연두의 일종, 즉 우두를 일부러 사람에게 감염시킬 수 있다면 천연두를 예방할 수 있을 것"이라는 결론을 내렸습니다.

그는 실제로 어린 소년에게 실험을 했는데, 돌이켜 생각해보면 솔직히 비윤리적인 행위였습니다. 그는 이 우두를 소년에게 접종한 후 천연두에 노출시켰습니다. 그리고 면역이 됐다는 걸 알게 됐죠. 이렇게 백신 접종은 18세기 말에 시작됐습니다.

DR: 실제로 천연두에 걸리면 어떻게 됩니까?

AF: 바이러스는 상당히 치명적이었습니다. 감염자의 25~30퍼센트 정도가 사망했습니다. 천연두는 고열과 끔찍한 수포성 발진이 생기는 것이 특징이고, 여러 장기에 침범할 수 있습니다. 사망률이 높은 것도 그 때문이죠.

DR: 당시에는 백신 접종을 하면 피부에 작은 구멍을 내서 그 안에 병균을 집어넣는 식이었습니까?

AF: 아닙니다. 바이러스가 들어 있는 농포를 긁어내 다른 사람 피부에 묻힌 다음 긁으면 면역 반응이 일어납니다. 다소 위험한 일이었는데, 희석된 천연두 바이러스였기 때문입니다. 바이러스를 훨씬 약화된 형태로 만든 것인데, 지금도 백신을 만드는 데 사용되고 있지요. 백신 접종 때문에 실제로 사람이 죽을 수도 있었기 때문에 위험했습니다.

DR: HIV에 대해 얘기해보죠. 나중에 에이즈로 진행되는 HIV의 문제를 처음 발견한 게 언제였습니까?

AF: 1981년에 처음 HIV가 확인됐습니다. 질병통제예방센터CDC에서 5명의 남성에 대한 보고서를 냈는데, 흥미롭게도 모두 LA 출신의 동성애자였습니다. 그들은 처음 보는 신종 괴질병을 앓고 있었죠. 딱히 이상이 없어 보였던 그 남성들은 면역체계가 심각하게 손상된 사람만 걸리는 병에 감염되어 있었습니다. 모두들 우연이라고 생각했습니다. 한 달 뒤인 1981년 7월에 다시 전원이 동성애자인 뉴욕, 샌프란시스코, LA 출신의 남성 26명의 사례가 보고됐습니다. 그렇게 우리는 새로운 질병이 나타났다는 사실을 알게 됐습니다. 1983년이 되어서야 HIV 바이러스가 발견됐고, 1984년에는 그 바이러스가 에이즈의 원인이라는 사실이 입증됐습니다. 미국에서 처음 확인되긴 했지만, HIV는 전 세계로 퍼지고 있었습니다. 사하라 이남 아프리카 지역에서 시작됐지만, 그곳에 직접 가서 개별 테스트를 시작하기 전까지는 아프리카 상황이 얼마나 심각한지 몰랐습니다.

DR: 인간에게서 처음 시작됐습니까?

AF: 한 세기 전에 인간이 아닌 영장류, 즉 침팬지로부터 시작됐습니다. 그러다가 종種 사이의 장벽을 넘어 침팬지에서 인간으로 전파됐고요.

DR: 바이러스가 종간 전파되는 게 흔한 일인가요?

AF: 인간이 감염되는 모든 신종 감염병의 70~75퍼센트는 동물에서 유래합니다. 이걸 '인수공통人獸共通'이라고 하는데, 대부분 동물 바이러스지만 어떤 이유에서인지 인간에게 전파된다는 의미입니다. 우리 인간이 동물의 서식지를 침해하거나 바이러스가 약간씩 변이를 일으키기 때문이죠. 독감은 기본적으로 조류 감염입니다. HIV는 앞서 얘기했듯이 침팬지에서 비롯됐습니다. 지카 바이러스와 다양한 기타 감염병의 감염원은 동물이죠.

DR: 에이즈로 진행되는 HIV 바이러스의 영향을 완화하는 방법을 발견한 것은 언제였습니까?

AF: HIV 바이러스 치료제를 얻게 됐을 때였습니다. 1987년에 처음 승인된 치료제 AZT가 나오면서 시작됐습니다. 1996년에는 세 가지 약제를 혼합해 투여하면 바이러스 양이 검출 수준 이하로 떨어진다는 사실을 발견했습니다. 그러면서 거의 사형선고나 다름없는 인생을 살게 됐을 사람들이 기본적으로 정상 생활을 할 수 있게 됐습니다. 그래서 지금은 HIV에 감염되면 세 가지 치료 약제를 혼합해 투여하고, 약을 철저히 복용하면 거의 정상 수명을 기대할 수 있습니다.

DR: 박사님의 배경에 대해 좀 얘기해보죠. 브루클린 태생이시죠. 그리고 가톨릭계 학교를 다니셨고요?

AF: 그렇습니다. 저는 가톨릭계 초등학교를 다녔고 맨해튼에 있는 레지스Regis 고등학교를 졸업하고 매사추세츠 주 우스터에서 홀리 크로스 칼리지Holy Cross College에 다녔습니다.

DR: 언제나 의사가 되고 싶어 하셨나요? 아니면 좀 더 중요한 일, 그러니까 변호사라든가 사모펀드 투자자 같은 다른 직업을 꿈꾸셨는지요?

AF: 언제나 의사가 되고 싶어 했던 것 같지는 않습니다. 저는 인문학에 굉장히 관심이 많았습니다. 예수회에서 운영하는 학교를 다녔기 때문일 것 같습니다만 그리스어, 라틴어, 심리철학을 비롯한 모든 철학 관련 고전 강의를 들었습니다. 그러다가 과학에도 적성과 흥미가 있었습니다. 그래서 인류학에 대한 관심과 과학에 대한 관심을 같이 안고 갈 가장 좋은 방법이 무엇일지 궁리했습니다. 답은 의사가 되는 것이었습니다.

DR: 어느 의대를 가셨죠?

AF: 뉴욕에 있는 코넬 의과대학원에 갔습니다.

DR: 졸업 후 심장외과나 뇌외과로 가고 싶지는 않으셨나요? 아니면 감염병 전문가가 되겠다고 생각하신 건가요?

AF: 저는 감염병과 면역학을 둘 다 공부하고 싶었습니다. 면역학은 인체의 감염병 퇴치 기전을 공부하는 학문입니다. 그래서 저는 내과 수련이 끝난 다음에 감염병과 면역학 펠로십(전임의 과정 - 옮긴이)을 둘 다 했습니다. 아주 흥미진진한 분야여서 좋아했지요.

DR: 펠로십은 어디에서 하셨습니까?

AF: 여기 NIH에서 했습니다.

DR: 그러면 1968년에 처음 NIH에 오신 거군요. 여기 계실 때 함께 수업을 들었던 사람들도 많았습니다. 그중 상당수는 노벨상을 수상하기도 했고요. 특히 해럴드 바머스Harold Varmus 같은 분이 그렇죠.

DR: 마이크 브라운Mike Brown, 조지프 골드스타인Joseph Goldstein, 로버트 레
프코비츠Robert Lefkowitz도 모두 노벨상을 받았습니다.

DR: 왜 노벨상을 아직 못 받으셨죠?

AF: 저는 그들에 비하면 능력이 모자랍니다. 노벨상 후보에도 오르기 어
려울 겁니다. 그래도 제 일은 노벨상 수상자들보다 전 세계 보건 문제
를 더 폭넓게 아우릅니다. 노벨상 수상자들의 연구 분야는 아주 구체
적이죠.

DR: 대통령 자유 훈장과 래스커상, 과학기술 훈장도 받으셨죠. 아직 못
받은 의학상 같은 게 있습니까?

AF: 노벨상입니다.

DR: 할 수만 있다면 저는 당신을 지명할 겁니다. 1,200편이 넘는 논문을
내셨습니다. 그렇게 많은 논문을 쓰는 동시에 환자도 치료하고 기관
도 운영하셨습니다. 대체 어떻게 다 시간을 내신 겁니까?

AF: 오래 일해왔기에 풍부한 경험이 쌓였고, 그것이 많은 논문 작업을
가능케 했습니다. 아울러 환자를 치료하고 큰 기관의 수장으로서 국
제 보건 정책에 관여하는 일에도 많은 시간을 투자합니다. 어쩔 수 없
는 워커홀릭입니다, 제가. 제 일을 정말 사랑합니다.

DR: 한결같은 건강 유지 비결은요?

AF: 매일 아침 6마일을 뛰었죠. 그러다가 2~3년 전쯤 관뒀습니다. 지금
은 하루에 3~4마일 정도 파워 워킹을 합니다.

DR: 원래 잔병치레가 없으신 편인가요?

AF: 네, 대체로 꽤 건강한 편입니다. 감사하게도요.

DR: 자녀들이 의학 공부에 흥미를 갖지는 않던가요?

AF: 전혀요. 맏딸아이는 최근에 박사학위를 받아 임상심리학자가 될 것 같고, 둘째는 교사이고, 막내는 IT 분야에서 일합니다. 샌프란시스코에 있는 트위터Twitter 본사에 다닙니다.

DR: 감염병 분야의 중요한 전문가이신데요. 공직을 떠나 더 돈 잘 버는 분야로 진출해보라고 권유하는 사람은 없었습니까? 사실 저는 당신에게 사모펀드 분야로 진출할 생각이 없냐고 물은 적이 있었습니다. 보건 분야에서 어떻게 투자하면 되는지 아주 잘 아실 것 같아서요. 그런데 제 간청을 모두 물리치셨죠. 이유를 여쭤도 될까요?

AF: 당신과 일하면 즐거웠을 겁니다. 하지만 저는 지금 제 일이 좋고 아주 재미있습니다. 그게 제 삶의 원동력입니다. 다른 직업들이 무가치하다거나 그런 얘기는 아닙니다. 저는 제 일을 정말 좋아할 뿐입니다.

DR: 36년간 NIH를 이끌어오셨는데요. 돌아볼 때 가장 뿌듯하게 느끼는 성취가 있다면요?

AF: 기회를 얻은 것만으로도 굉장히 좋았던 게 두 가지 있습니다. 하나는 NIH를 이끌어가면서 HIV 감염을 치료해 생명을 살리는 약을 개발할 수 있었던 것입니다. HIV에 감염된 사람들을 정말 많이 만났는데, 약제가 개발되기 전에는 대부분 사망했습니다. 이제는 우리 기관의 연구 덕분에 환자들이 정상적인 삶을 살 수 있게 됐습니다.

다른 하나는 조지 W. 부시 전 대통령의 '에이즈 퇴치를 위한 대통령 비상 계획PEPFAR' 프로그램을 개발해 총괄한 것입니다. 이 프로그램으로 말미암아 현재 1,400만~1,600만 명을 살릴 수 있게 됐습니다. 그런 기회를 얻을 수 있어서 뿌듯하지만 송구스럽기도 하군요.

DR: 지금까지 일하면서 후회 같은 건 없으셨습니까?

AF: 전혀요. 어떤 후회도 없습니다.

DR: 부모님이 생전에 성공을 지켜보셨습니까?

AF: 아버지는 오래 사셨습니다. 97세까지 살아 계시다가 12년 전쯤 돌아
가셨습니다. 어느 정도 직업적으로 성공한 건 보셨죠. 어머니는 아주
어릴 때 돌아가셔서 제가 의대 졸업하는 것도 못 보셨습니다.

DR: 아버지는 당신이 이룬 것을 자랑스러워한다고 하시던가요?

AF: 네. 아주 자랑스러워 하셨습니다.

DR: 지금까지 걸어온 길을 돌아볼 때, NIH에서 성공적인 리더가 될 수
있었던 비결은 무엇이었다고 생각하십니까? 리더의 자질은 어떤 것
이라고 생각하십니까?

AF: 제 자신의 리더십에서 뭐가 중요한지 곰곰이 생각해봤더니 다른 사
람들도 가지고 있는 자질이더군요. 저한테만 특별한 거라고 생각하지
는 않습니다.

제가 아주 절실히 느끼는 부분입니다만, 목표나 임무를 수행해야 하
는 어떤 조직을 이끄는 입장이라면 자신을 따르는 사람들에게 정확히
내 비전이 뭔지, 그리고 조직이 나아가야 할 방향이 어디인지를 명확
히 설명하는 것이 중요합니다. 훌륭한 리더십이 없으면 조직이 우왕
좌왕하는 걸 많이 봐왔습니다. 어디로 가야 할지 모르니까요. 사람들
에게 지시하기보다는, 내 비전이 무엇인지 알리기 위해 우수한 인재
를 선발하고 그들이 알아서 자기 할 일을 하게 두면 됩니다. 좋은 리
더의 자질이란 그런 것이죠.


## 2부

DR: 코로나 펜데믹 최전선에서 활약하는 의료진과 응급 의료요원, 군인
등 이처럼 어려운 시기에 국가를 위해 헌신하는 분들께 감사를 드리

고 싶습니다. 파우치 박사님, 인터뷰에 응해주셔서 감사합니다. 일분 일초가 소중한 분이라는 걸 알기 때문에 이렇게 시간을 내주신 데 대해 더욱 감사드립니다.

제 첫 질문입니다. 브래드 피트Brad Pitt가 〈새터데이 나이트 라이브 SNL〉에 출연해 당신 흉내를 냈는데, 어떻게 생각하십니까? 다른 사람이 하는 게 더 나았을 텐데 싶어서 실망하셨나요?

AF: 아닙니다. 브래드 피트는 정말 좋아하는 배우입니다. 그리고 훌륭한 연기였습니다. 그는 제 쉰 목소리를 제대로 잡아냈더군요. 손동작도 잘 잡아냈고요. 브루클린 억양은 좀 다듬을 필요가 있어 보였지만 훌륭한 연기였습니다. 정말 웃겼습니다. 마지막 장면은 특히 탁월했습니다. 가발을 벗더니 저와 의료진에게 감사하는 장면이었죠. 방금 당신이 한 말처럼요. 브래드 피트를 만난 적은 없지만 정말 어메이징한 배우인 것 같습니다.

DR: 그나저나 그 패러디가 방송을 타는지 알고 계셨습니까?

AF: 말 그대로 몇 시간 전에야 알게 됐습니다.

DR: 1984년부터 NIAID를 이끌어오셨습니다. 36년간 지금 같은 위기나 의료재난에 준하는 상황이 생긴 적이 있습니까?

AF: 신종 감염병 출현이 몇 차례 있었습니다. HIV처럼 자연적으로 발생한 것도 있었고 탄저균 공격처럼 의도적으로 전파된 경우도 있었습니다. 그리고 에볼라, 지카 바이러스 감염증, 2009년 신종플루 사태도 있었죠. 이들 사이엔 각각 다른 특징이 있습니다.

HIV/에이즈는 눈에 띄지 않게 천천히 시작됐습니다. 인지되지 않다가 이제 발견된 지 38년, 39년이 지났지요. 지금까지 총 사망자 수는 3,700~3,800만 명 정도 됩니다만 아주 오랜 기간에 걸쳐 사망자가 나왔고 특정 행동과 연관된 특정 인구 집단에 속한 사람들이 선별적으로 감염됐습니다.

현재 일어나고 있는 코로나 팬데믹은 아주 독특합니다. 1년 전에 당신이 했던 질문이 떠올라 잠을 이룰 수가 없었습니다. 전혀 새로운 감염병의 출현에 대한 질문이었죠. 동물에서 인간으로 감염되고, 호흡기로 전파되며, 이환율과 사망률이 높은 게 특징인 감염병 말입니다. 그리고 어찌 된 영문인지 지금 우리가 그런 문제를 겪게 됐습니다.

이토록 유례없는 상황이 닥친 것은 감염병이 인간으로 옮겨오면서 폭발적으로 증가했기 때문입니다. 처음 코로나 바이러스의 존재를 인지한 것이 12월 말, 1월 초였습니다. 그러다가 몇 달이 지난 지금 이런 상황이 됐고, 거의 수백만 명이 감염됐습니다. 미국에서만 5만 5,000명이 사망했습니다(2020년 6월 말 현재, 미국 내 사망자 수는 12만 명을 넘어섰다).

전 세계적으로 아주 단기간에 전례 없는 속도로 폭발했습니다. 지카 바이러스 같은 감염병과는 달리 모두가 위험에 노출돼 있습니다. 모기 출몰 지역에 살지 않으면 지카 바이러스는 그다지 걱정할 필요가 없습니다. HIV/에이즈는 특정 위험군에 속해 있지 않다면 감염될 확률이 매우 낮고요. 반면에 지금 같은 경우는 아주 전염력이 강해 모두가 감염되기 쉬운 상태입니다. 그래서 질문에 짧게 답해드리자면 지금 사태는 매우 이례적입니다.

DR: 이 사태가 중국의 수산 시장에서 비롯됐다는 사실에 의구심은 없으신가요? 중국의 연구소에서 발원했을지도 모른다는 견해에 동의하십니까? 아니면 말도 안 된다고 생각하십니까?

AF: 일고의 여지도 없이 묵살할 수는 없습니다. 과학적인 데이터를 살펴

봐야죠. 진화생물학자들은 오랫동안 박쥐의 바이러스 돌연변이가 진화하는 과정을 관찰해 왔습니다. 박쥐가 중간 숙주를 감염시켰을 수 있다는 엄청난 가능성이 제시됐지만 아직 확인된 바가 없습니다. 인수공통 감염을 일으키는 중간 전파는 어떤 것이든 매개가 될 수 있습니다. 유감스럽게도 그렇게 시작됩니다.

두 번째로 인류에게는 정말 불운한 일이지만 이 바이러스는 인간에게 쉽게 전파될 수 있도록 환경에 즉시 적응하는 고도의 효율성을 보여주고 있습니다. 사스SARS는 등장했다가 사라졌고 조류 새끼에서 인간 종으로 바이러스가 전파된 조류독감 사태도 몇 차례 발생했습니다. 물론 문제가 되긴 했지만 다행인 건 인간 간 감염이 불가능하지는 않지만 아주 비효율적이라는 사실이었습니다. 이와 달리 지금 코로나바이러스는 모든 나쁜 특성을 다 갖춘 데다 매우 쉽게 전파되고 이환율과 사망률도 아주 높습니다. 상대적으로요.

DR: 지금에 와서 생각할 때, 중국이 이 바이러스의 위험성을 경고할 수 있었다면 나았을까요? 아니면 그다지 할 수 있는 게 없었을까요?

AF: 이 사태가 언제 완전히 끝날지 예측하는 건 다소 태만한 처사라고 봅니다. 중국은 즉시 이것이 야생동물 시장에서 중간 전파된 바이러스라고 발표했고, 동물에서 인간으로 전파될 뿐이며 인간 대 인간 전파가 가능하다는 증거는 아직 나오지 않았고, 가능하다 하더라도 매우 확률이 낮을 것이라고 밝혔습니다. 발표는 그렇게 하면서도 이미 중국에서는 인간 대 인간 감염이 이루어지고 있다는 게 확실했습니다. 전 세계의 불행일 뿐만 아니라 결국 중국 스스로도 피해를 입었습니다. 이 새로운 감염병을 인식한 직후 그들은 공개 웹사이트에 바이러스의 염기서열을 신속히 올렸습니다. 그 공은 인정할 만하지만, 중국은 보건당국에 인간 대 인간 감염 사실을 감추며 4만여 명이 거주하고 있는 우한을 봉쇄했습니다. 전염력이 높은 바이러스가 유행할 때 사람들을 한 곳에 묶어두는 건 최악의 상황을 유발할 수 있습니다.

DR: 지금까지 5만 5,000~5만 6,000명의 미국인이 이로 인해 사망했습니다. 현재의 모델링을 바탕으로 사망자 수를 예상하면 어떨 것 같습니까?

AF: 자주 하는 얘기입니다만, 모델이 유용하긴 하지만 입력하는 데이터에 따라 달라지는 것이기 때문에 그만큼 오도될 여지가 있습니다. 현재 사망자 수는 5만 5,000명입니다. 모델이 업그레이드되면서 6만 명이 아닌 7만 명 이상이 될 것으로 나오고 있습니다.

이러한 추정치는 우리의 대응 방식에 달려 있습니다. 사망자 수가 얼마가 될 것인가는 보건당국의 가이드라인을 얼마나 잘 따르느냐에 따라 결정될 겁니다.

다시 미국이 정상적인 일상을 재개하려면 모두가 가이드라인을 따르는 것이 좋습니다. 가이드라인을 마련하는 데 신중에 신중을 기했고, 아주 보수적이고 세심하게 접근하게 된 건 제 입김이 작용했기 때문이기도 합니다. 경제를 비롯한 다른 분야 활동을 재개하다가 새로운 확진자가 생기는 건, 그럴 것이라 봅니다만, 분명히 바이러스 확산 억제 조치를 완화하기 때문일 겁니다. 아주 효과적이고 효율적으로 환자를 찾아내 격리하고 접촉자를 추적한다면 사망자 수는 낮아질 것입니다. 예측 모델에 따르면 8만 혹은 7만 명 정도가 될 겁니다. 확산 차단에 실패하거나 너무 일찍 활동을 재개하면 또다시 대유행이 시작되면서 손쓸 수 없게 되고, 그러면 훨씬 늘어날 수 있습니다. 몇 주 전에 겪었던 것과 똑같은 상황으로 되돌아갈 수 있는 것이죠. 그렇기 때문에 정말 조심스럽고 신중하게 봉쇄를 풀면서 점진적으로 정상화에 나서야 합니다.

DR: 겨울이 오면 코로나 바이러스가 다시 유행할 것이라고 말씀하셨는데요. 1918년 스페인 독감도 2차 유행 당시 상당히 치명적인 형태로 변이했습니다. 왜 2차 유행이 올 것이라고 생각하시는지요?

AF: 제가 2차 유행을 거의 확신하는 이유는 바이러스가 전염력이 강하고 전 세계에 퍼져 있기 때문입니다. 춥고 건조한 날씨에 사람들이 실내에 모여 있으면 이런 종류의 바이러스는 따뜻한 날씨일 때보다 더 잘 확산됩니다. 지금이라고 크게 달라질 것 같지 않습니다. 지금 우리가 아는 건 안정세가 시작되면서 콰줄루나탈이나 케이프타운 같은 남아공 지역에서 새롭게 확진자가 나타나고 있다는 것입니다. 그러니 바이러스가 지구상에서 사라지는 일은 없을 겁니다. 그 말은 계절이 바뀌면 바이러스가 언제든 다시 돌아올 수 있다는 것이죠. 아니면 영원히 사라지지 않을 수도 있습니다. 2차 대유행이 시작되면 우리의 대처 방식에 따라 운명이 갈릴 겁니다. 그때까지 이 문제를 해결하기 위해 모든 대책을 마련한다면 상당히 잘 대처할 수 있습니다. 그렇지 않으면 가을과 겨울에 아주 심각한 상황을 맞이할 수 있습니다.

DR: 진단 검사에 대해서는 어떻게 생각하십니까? 검사를 실시하는 다른 나라에서는 중앙정부 소관으로 진행하는데요. 미국에서는 주 정부 소관입니다. 왜 이렇게 할 수밖에 없는 건가요? 그리고 오늘 검사를 받고 싶은 사람이 있으면 현실적으로 오늘 검사가 가능합니까?

AF: 초기에는 이처럼 극심한 사태에 대처할 수 있게끔 제대로 검사 능력이 갖춰지지 못했습니다. 그리고 초기 대응은 실망스러웠죠. 그 얘기는 전에도 한 적이 있고, 지금에 와서 새로운 얘기를 지어내는 건 아닙니다. 그러나 지금은 아주 공격적으로 대처하고 있고 미국적인 시스템을 적절히 운영하고 있습니다. 말하자면 우리의 방역 시스템에 민간 부문의 대형 전문기업들이 참여하고 있는 것이죠. 지난 몇 주 동안, 그리고 앞으로도 그렇겠지만 검사 환경은 급격히 개선됐습니다. 우리가 원하는 상황에 정확히 도달할 수 있게 될지는 지켜봐야 합니다. 이미 안정화가 되고 있거나 거의 되어가는 추세라고 생각합니다. 어제 발표된 계획은 미국의 경제 활동 재개를 위한 검사의 청사진이었습니다. 이제 새로운 내용이 계획에 담겼는데, 다들 아셔야 하는 건 이런 조치가 주 정부와 연방 정부의 진정한 파트너십을 기반으로 한다는 사실입니다. 현장에서 시행되는 계획이 주 정부 수준에서 이루어져야 하는 이유는 주 정부가 맡은 일을 알아서 잘 하고 있기 때문입니다. 그에 비해 연방 정부는 전략적 방향을 제시하고 기술 지원을 제공하는 데 집중해야 합니다.

이런 사항은 사태 초기에는 충분히 갖춰지지 못했습니다. 이제는 연방 정부가 최후의 공급자이자 주 정부와의 소통창구 역할을 하며 파트너십을 충실히 이행하겠다고 약속했습니다. 연방 정부가 주 정부에 전략적 방향을 제시하면 주 정부는 이에 따라 지방정부 수준에서 구체적으로 계획을 이행하도록 지원하는 겁니다. 그래서 저는 몇 주 전에 비해 상황이 굉장히 나아졌다고 생각합니다.

DR: 검사가 제대로 되고 있습니까? 위양성이나 위음성이 많습니까?

AF: 사용 중인 검사는 검증을 거친 것으로, 높은 민감도와 특이도를 갖추고 있지만 100퍼센트 완벽한 검사란 없습니다. 사람들은 가끔 어떤 검사를 말하는 건지 헷갈려하는 것 같습니다. 검사는 크게 두 가지 범주로 나뉩니다. 하나는 바이러스 자체를 검사하는 겁니다. 이 검사 방식에는 다양한 플랫폼이 존재하는데, 어떤 건 더 빨리 결과가 나오기도 하고 다른 접근법을 사용합니다. 그러나 기본적으로 검사 시점에서 감염 여부를 파악하기 위한 겁니다.

지금 도입하려는 다른 검사 방식 중에 FDA 승인을 받은 것은 소수에 불과합니다만, 항체를 검사하는 방식이 있습니다. 그 수가 아주 많죠. 현재의 감염 여부를 검사하는 것이 아닙니다. 감염된 적이 있는지, 그리고 회복이 되어 지금 항체를 보유하고 있는지를 검사하는 겁니다. 항체는 감염에 대응해 인체가 생성한 단백질인데, 동일한 바이러스에 다시 감염되지 않도록 보호해주는 역할을 합니다. 이 특정 바이러스에 대해 어느 정도까지 그러한 보호 기능이 지속될 것인가는 아직 더 연구가 필요합니다. 이전에 경험해본 적이 없기 때문이지요. 그래서 검증된 바이러스 검사 방식은 상당히 신뢰할 만합니다. 또 다른 방식은 이제 신뢰 확보 방안을 마련 중입니다.

DR: 백신 개발 현황은 어떻습니까? 〈뉴욕 타임스〉 오늘 날짜에 박사님의 연구소와 옥스퍼드 대학교가 원숭이를 대상으로 한 임상에서 효과가 있었다는 내용이 보도됐습니다. 백신이 실제로 사람에게 효과가 있을 가능성이 얼마나 됩니까?

AF: 틀림없이 가능합니다. 해당 백신 후보를 비롯해 NIH에서 제약회사와 개발 협력 중인 다른 여러 후보 물질에 대해 조심스럽지만 낙관적인 입장입니다. 그리고 다른 기업과 국가 들도 우리와는 완전히 별개로 백신을 개발 중입니다. 상당히 많은 백신 후보 물질들이 나올 겁니다. 아시다시피 그중 몇 가지는 이미 사람을 대상으로 임상 1상에 돌입해 안전성 평가에 나섰습니다. 이들이 안전하고 효과적인지 적시에 답을 얻게 된다면 좋겠습니다. 초반에 제가 말했다시피 그러려면 1년에서 1년 6개월 정도가 걸릴 겁니다. 몇 달 전에 말했었군요. 올 겨울 쯤에는 안전하고 효과적인 백신이 나올지 여부를 알게 된다면 좋겠습니다.

그러면 다음 난관은 백신 생산을 충분히 확대해 이를 국내 및 전 세계에 유의미한 정도로 배포할 수 있느냐입니다. 효과적이고 안전한 백신을 얻는 게 중요한 것만큼이나 충분한 접종 분량을 확대 생산할 수 있는 능력이 중요한 건 이 때문입니다. 선진국뿐 아니라 전 세계 국가들이 백신을 확보할 수 있어야 하는 것이죠.

DR: HIV 감염 방지 백신은 아직 개발된 적이 없습니다. 코로나 바이러스 백신은 얻을 수 있을 것이라 낙관하시는 이유는 뭡니까? HIV 백신 개발에도 엄청난 노력을 쏟아부은 것으로 알고 있습니다.

AF: HIV와는 상당한 차이가 있습니다. 백신을 만들 때마다 전제해야 하는 것은 인체가 자연 감염에 적절히 대응할 수 있는 능력입니다. 그래서 홍역은 심각한 질병이지만 몸에서 홍역이 사라지면서 재감염을 막아주는 면역 반응이 기억 세포로 남게 된 경우가 압도적으로 많습니다. 따라서 홍역은 인체가 제대로 대응할 수 있다는 개념을 이미 입증했습니다.

HIV의 경우는 다른데, 그 이유가 굉장히 복잡합니다. 인체는 HIV를 막는 면역 반응을 제대로 일으키지 못해 스스로를 보호할 수 없게 됩니다. 그 때문에 HIV에 감염된 사람이 수백만 명에 이르는데도 자연 면역 반응에만 의존한 인체에서 자연스레 바이러스가 소실된 경우는 단 한 건도 없었습니다.

그러나 호흡기 바이러스를 비롯한 다른 바이러스의 경우 인체는 제대로 면역 반응을 일으킵니다. 수많은 사람이 코로나 바이러스 감염에서 회복됩니다. 우리에게 엄청난 문제를 불러온 이 신종 코로나 바이러스도 마찬가지고요. 그래서 바이러스를 제거하는 자연 면역 반응을 일으킬 수 있다는 사실로 미루어 저는 조심스레 낙관하는 겁니다. 자연 감염 효과를 모방해 인체를 보호하는 면역 반응을 유도할 수 있다면 결국 백신을 개발할 수 있다고 봅니다. 장담할 수는 없습니다. 성공을 장담하는 건 있을 수 없지요. 그러나 인체의 보호 기능을 생각하면 조심스럽게 낙관해볼 수 있습니다.

DR: COVID-19를 유발하는 바이러스가 변이를 일으켜 백신이 제 구실을 하지 못할 수도 있나요?

AF: 언제든 가능합니다. 백신을 무용지물로 만들기보다는 치사율을 다소 낮추거나 약물에 대한 내성을 약간 완화하는 정도가 될 가능성이 있습니다. 바이러스가 변이를 일으켜서 백신이 전혀 효과가 없게 되는 상황도 가능하며 일어날 수 있는 현실입니다. 그렇기 때문에 신중하게 연구를 설계해 제대로 통제해야만 백신의 효과를 확인하고 현재 유행 중인 바이러스에 대한 면역 반응과 대조해볼 수 있습니다.

DR: 이 바이러스가 60세 이상의 고령자에게 그토록 치명적이었던 이유는 뭔가요? 흑인이나 다른 유색인종에게 더 치명적이었던 이유는요?

AF: 많은 이들이 겪었던 독감을 보면, 독감을 비롯한 다른 바이러스 유형은 언제나 건강한 젊은이보다 고령자와 기저질환이 있는 사람들에게 위협적인 것을 알 수 있습니다. 이러한 감염이 흥미로운 것은, 예외는 있지만 대부분 심각한 사람들은 고혈압이나 당뇨, 비만, 만성 폐질환처럼 기저질환을 가진 이들이라는 사실입니다.

우리가 이 바이러스의 병리적 기전을 완벽하게 판단하고 이해하지는 못합니다. 그러나 그에 대해 알면 알수록 인체를 복잡한 방식으로 공격한다는 것은 알게 됩니다. 기저질환이 있는 경우에는 다른 많은 바이러스와 마찬가지로 고위험군에 들어가게 됩니다. 감염 가능성이 높다기보다는 실제 중증으로 발전할 가능성이 높은 사람을 가리킵니다. 흑인의 경우, 유감스럽게도 코로나 바이러스와는 무관한 건강 불균형 문제가 있습니다. 흑인 사회는 고혈압이나 당뇨 같은 질병으로 고생하는 사람들이 타 인종보다 훨씬 많다는 건 잘 알려져 있습니다. 그로 인해 증상이 더 나쁘거나 심각해질 가능성이 훨씬 높습니다. 이중고인 셈입니다. 그들은 처음부터 취약할 수밖에 없는 이런 질병들을 불균형적으로 더 많이 앓고 있는 데다가 코로나 바이러스에 감염되면 예후도 훨씬 나쁠 가능성까지 있는 겁니다.

DR: 매일 당신의 건강을 염려하는 미국인이 3억 3,000만 명에 달합니다. 이 바이러스를 어떻게 개인적으로 예방하고 있으신지요? 다들 박사님이 바이러스 때문에 꼼짝 못 하게 될까 봐 걱정합니다.

AF: 다른 사람들에게 권할 만한 특별한 걸 하지는 않습니다. 그냥 말이 안 되는 일상이니까요. 처음에는 생각이 짧았습니다. 할 일이 너무 많아서 하루에 3시간밖에 잘 수 없었습니다. 며칠을 연달아 그렇게 지냈더니 도저히 안 되겠더군요. 그래서 전문가답게 판단한 아내의 충고를 들었습니다. 예전에 간호사로 일했었거든요. 지금은 전과 달리 최소한 5~6시간은 잡니다. 그리고 가능한 사람들과 거리를 두면서 모든 걸 비대면으로 처리합니다. 지금처럼 말이죠. 그래서 지금까지 잘 지내는 것 같습니다. 체력이 다소 바닥나긴 했지만, 그럭저럭 버틸 만합니다.

DR: 목소리는 좀 어떻습니까? 약간 쉰 소리가 난다고 걱정하는 사람들이 계속 댓글을 다는데요. 무엇 때문인가요? 말씀을 너무 많이 하시는 겁니까, 아니면 다른 이유 때문입니까?

AF: 12월에 운 나쁘게도 A형 독감에 걸렸습니다. 기관지염이 생겼지만 점점 괜찮아졌습니다. 그러다가 코로나 바이러스 사태가 터졌습니다. 거의 모든 상·하원 의원, 모든 주지사에게 브리핑을 해야 했고 하루에 대여섯 번, 일곱 번씩 인터뷰를 해야 하는 상황이었습니다. 기도가 좀 상해서 아마도 거기 폴립이 생긴 것 같은데, 나으려면 입을 다물고 있는 수밖에 없습니다. 그렇지만 지금이 그럴 수 있는 상황은 아니니까요.

DR: 코로나 바이러스 대책위원회는 어떤 성격인지 말씀해 주시죠. 다들 둘러앉아서 상황을 평가하고 서로 논쟁하고 그렇습니까?

AF: 아닙니다. 회의 분위기는 좋습니다. 위원회에 좋은 사람들이 많습니다. 회의는 마이크 펜스Mike Pence 부통령이 주관합니다. 현직 각료들과 의료전문가들이 참석합니다. 전날 저녁 데이터, 발생 패턴과 역학 등을 실제로 검토하는 훌륭한 전문가들이 포진해 있습니다. 그리고 우리는 다양한 문제를 다루는데, 그중에는 이미 언급하신 것도 있습니다. 진단 검사라든가 충분한 산소호흡기 확보 능력, 개인보호장비PPE, 주 정부 계획, 주 정부와의 소통 등이 그렇습니다. 한 시간 반 정도 현안들을 논의한 다음 부통령과 보좌관이 언론 브리핑에 어떤 주제를 내보낼지 결정합니다. 그러고 나면 대통령에게 브리핑한 후 기자 회견을 시작합니다.

DR: 그 기자 회견에 박사님이 안 나타나시면 사람들이 불안해합니다. 기자 회견에 안 나타나실 때는 더 중요한 일이 있어서입니까?

AF: 기자 회견은 주제 중심으로 흘러갈 때가 많습니다. 다른 사람이 하는 게 더 적합하겠다 싶은 주제인 경우에는 다른 사람이 합니다. 예를 들어 어제의 주제는 '검사'였습니다. 그 자리에 주로 나간 사람들은 검사에 관여한 전문가들이었습니다. 저는 보건 전문의이자 과학자이고 공중보건 전문가입니다. 대부분의 브리핑에 참여하지만 전부는 아닙니다. 제가 나타나지 않으면 대통령과 저 사이에 문제가 있다고 생각하는 분들이 많은데, 전혀 그렇지 않습니다.

DR: 79세이신데도 굉장히 건강해 보이십니다. 하루에 3마일을 파워 워킹하신다고요. 파워 워킹이란 빨리 걷기인가요?

AF: 파워 워킹은 저보다 빨리 걷는 제 아내를 따라잡는다는 뜻입니다.

DR: 10년 정도 이 일을 더 할 생각이십니까? 얼마나 더 오래 이 일을 하고 싶으신지요?

AF: 좋은 질문이군요. 그 질문을 몇십 년째 제 자신에게 하고 있네요. 더 이상 제대로 할 수 없겠다 싶은 생각이 들 때까지는 계속할 겁니다. 지금 당장은 더없이 좋습니다. 체력은 여전한데 경험은 더 많이 쌓였으니까요.

DR: 돌이켜 생각할 때 몇 센티미터만 더 컸더라면 대학 농구 선수로 1년 뛰고 드래프트에 나갈 수도 있었을 거란 생각은 안 해보셨나요? 고등학교 시절 스타 플레이어셨습니다. NBA 진출도 꿈꾸셨나요?

AF: 학교 운동장에서 농구하면 누구나 실력이 늡니다. 뉴욕 시에서 농구를 제법하는 아이들은 누구나 마이클 조던을 꿈꾸죠. 그런 꿈이 항상 현실로 이어지지는 않고요. 아버지에게서 물려받은 재능이 몇 가지 있습니다. 아버지는 재미있게도 고등학생 때 220야드 대시(약 201미터 달리기 경주)와 440야드 대시(약 402미터 달리기 경주)에서 뉴욕 시 우승을 따냈습니다. 정말 빠르셨죠. 그래서 농구 코트에서 제 속공을 저지할 사람이 없었습니다. 그렇지만 저는 아버지의 키도 물려받았죠. 그리하여 자연스럽게 농구의 법칙도 깨닫게 됐습니다. 아주 빠른 170센티미터짜리 포인트 가드가 아무리 슛을 잘해도 아주 빠른 190센티미터짜리 포인트 가드가 슛을 잘하기까지 하면 여지없이 깨진다는 걸 알게 됐죠.

DR: 저는 슛을 잘하지도 못해서 깨졌습니다. 이도 저도 아니었기에 그리 오래 꿈을 꾸지도 못했습니다. 파우치 박사님, 오늘 나와 주셔서 감사합니다. 국민을 위한 헌신에도 감사드립니다. 건강하십시오. 꿀을 넣은 차도 드시고 목 관리도 잘하시고요. 아무쪼록 수고 부탁드립니다. 감사합니다.

AF: 감사합니다. 언제 만나도 반갑죠. 몸 건강히 지내세요.

# 05   루스 베이더 긴즈버그

미국 연방 대법관

*Ruth Bader Ginsburg*

"저명한 러니드 핸드 판사는

자유에 관한 위대한 연설을 남긴 적이 있습니다.

'사람들의 가슴에서 불꽃이 사그라들면 어떤 헌법도,

어떤 판사도 이를 되살릴 수 없다.'

제 신념은 자유의 정신에 뿌리내리고 있습니다."

대법원에서 봉직한 114명의 대법관 중에서 최근 몇 년간 루스 베이더 긴즈버그 대법관만큼 대중의 환호를 받은 사람은 없었다. 작은 체구에 부드러운 목소리를 가진 학구적 스타일의 대법관(대법관으로 봉직한 두 번째 여성)에게 이처럼 유례없는 대중의 환호가 쏟아지는 현상은 어떻게 설명할 수 있을까?

몇 가지 이유가 있다.

첫째, 긴즈버그 대법관은 양성평등 분야에서 법대 교수이자 공익 소송 변호사로서 선구적인 노력을 기울여왔다. 그녀는 미국 시민자유연맹 ACLU의 '여성 권리 프로젝트Women's Right Project'를 공동으로 출범시켰고, 이러한 노력은 점차 대중에게 인정을 받으며(영화와 책으로 제작) 특히 젊은 세대 여성들의 지지를 받았다.

둘째, 40년 넘게 판사로 재직(13년 이상 컬럼비아 특별재판구 연방항소법원 판사로, 27년 이상 연방 대법관으로 재직)하면서 성평등, 피임 및 낙태할 권리를 비롯해 '자유주의'와 '진보주의' 조직과 단체가 지지하는 입장들을 논리정연하고 일관되게 지지해왔다. 긴즈버그 대법관의 의견이 소수 입장일 때도 단호한 반대 의견을 통해 전달되었다(그리고 그러한 의견들은 지금도 법조계에서 회자되는 명문으로 평가받는다).

셋째, 지난 10여 년간 언론 미디어가 그녀를 집중 조명하면서, 그녀의 운동법이나 오페라 애호가로서의 면모가 많은 이들에게 사랑을 받았다. 나아가 암을 비롯한 중증질환들을 극복하고 80대 후반의 나이에도 대법관 자리를 확고하게 지킨 그녀의 열정은 투지와 결의의 상징으로 대중들 사이에서 높이 떠받들어지고 있다.

긴즈버그 대법관의 강연이나 인터뷰 또는 그녀가 출연하는 자리에 참석해본 사람이라면 누구나 슈퍼스타 같은 그녀의 매력을 생생하게 느끼게 된다. 2만 명이 그녀를 보기 위해 행사장에 모여들기도 하는 등 어느 장소에서건 참석만 하면 그녀는 어김없이 모든 사람의 기립 박수를 받는다.

긴즈버그 대법관을 소개하거나 인터뷰하는 자리에서 이런 모습을 나는 직접 여러 차례 경험했다. 그녀와 나는 다양한 사교 모임을 통해 수년간 알고 지냈다.

이 인터뷰는 2019년 9월 뉴욕의 92번가 Y에서 실제 청중을 앞에 두고 진행되었는데, 정원보다 몇 배 많은 신청자가 몰렸다. 인터뷰를 통해 긴즈버그 대법관의 정확한 언어 사용과 세련된 유머 감각, 여성으로 겪었던 차별을 솔직히 얘기하고 싶어 하는 모습을 확인할 수 있었다. 인생의 황혼기에 접어든 현재도 여성의 불평등 해소를 위해 노력을 아끼지 않는 헌신적인 면모도 잘 엿볼 수 있었다.

긴즈버그 대법관은 어떻게 그토록 사랑받고 존경받는 롤모델이 될 수 있었을까? 인터뷰를 보면 답을 알 수 있다. 탁월한 지성(하버드와 컬럼비아 로스쿨에서 모두 최고에 가까운 성적을 받았다), 자신의 목표를 위해 싸우는 집념, 자신과 의견이 다른 사람과 일하고 그들을 매료시키는 능력(오페라를 사랑하는 절친인 고(故) 안토닌 스칼리아Antonin Scalia 대법관 등)이 비결일 것이다.

그리고 긴즈버그 대법관은 법정 내에서도 독보적인 리더가 되는 법을 찾아냈다. 대중 앞에 모습을 드러내며 유명인사가 되자 확실히 그녀가 생각하는 상당수의 핵심 이슈에 대한 여론이 바뀌었던 것이다. 그리고 판례와 법학이 탄생하는 요람인 법원 자체도 이러한 열 번째 대법관의 의견, 즉 여론을 반영한다.

# interview with titans

**데이비드 루벤스타인(DR):** 아침에 일어나 3억 3,000만 명의 미국인이 그날 당신의 건강 상태를 궁금해한다는 걸 알면 기분이 어떻습니까?

**루스 베이더 긴즈버그(RBG):** 기분이 어떠냐고요? 든든합니다. 암을 이겨낸 환자들은 알겠지만, 그 무시무시한 병은 만만치가 않습니다. 사람들이 응원하고 있다는 걸 알면 도움이 되더군요. 다들 응원만 보내는 건 아닙니다. 2009년 췌장암에 걸렸을 때는 이름도 기억나지 않는 한 상원

의원이 제가 6개월 내에 죽을 거라고 하더군요. 그 의원은 지금 돌아가셨습니다(2017년 세상을 떠난 짐 버닝Jim Bunning이다).

DR: 건강하신 한, 그리고 업무가 가능한 한 대법관직을 유지할 생각이시죠. 맞습니까?

RBG: 육체적으로 건강하고 두뇌 회전이 빠른 한 그럴 생각입니다.

DR: 존 폴 스티븐스John Paul Stevens 대법관과 올리버 웬델 홈즈Oliver Wendell Holmes 대법관은 90세에 은퇴했습니다. 그 기록을 깨고 싶습니까?

RBG: 7월 첫 주에 리스본의 한 컨퍼런스에서 스티븐스 대법관과 함께 있었습니다. 그게 그의 마지막 한 주가 될 줄은 몰랐지요. 그는 뛰어난 사람이었습니다. 99세였습니다. 90세에 법정을 떠난 후 네 권의 책을 썼고요. 그가 제 롤모델이지요.

DR: 오늘날 법정이 굉장히 정치적인 곳이라 여기는 사람들이 많습니다. 민주당 출신 대통령이 임명한 판사들과 공화당 출신 대통령이 임명한 판사들은 공화당이나 민주당의 기조를 따르는 경향이 있다는 것입니다. 올바른 평가라고 보십니까?

RBG: 사람들이 그렇게 생각하게 된 건 '의견 일치'에는 특별할 게 없지만 '의견 차이'에는 재미있어 하기 때문입니다. 그래서 언론에서는 대법원의 5대4 결정이나 5대3 결정을 떠들어댑니다. 마지막 회기는 전형적인 예에 해당합니다. 우리는 본안에 관한 상고 이유와 변론을 검토한 후 68개의 판결을 내렸습니다. 그중에서 20개 판결은 5대4 또는 5대3으로 의견이 갈렸지만, 29개는 만장일치였습니다. 즉 날카롭게 의견이 대립하는 경우보다는 일치할 때가 더 많습니다. 아주 중요한 문제를 다루는 경우에는 의견이 나뉘긴 합니다. 그렇지만 의견 일치율이 불일치율보다 항상 더 높습니다.

DR: 5대4 판결이 예상되는 경우에는 대법관 한 명이 다른 대법관에게 의견을 바꿀 생각이 없냐고 묻지는 않습니까?

DR: 그런 경우는 없습니다. 법정에서 타협이란 없지요.

DR: '내가 이 건에 대해 지지해줄 테니 저 건에 대해서는 나를 지지해주오' 같은 식은 없는 거군요?

RBG: 절대 없습니다. 그래도 서로를 계속해서 설득하려는 시도는 합니다. 대부분 서면으로 하지요. 제가 4명을 대표해 반대 의견을 작성할 때마다 다섯 번째 표를 얻을 수 있지 않을까 하고 희망을 걸게 됩니다. 한번은 선임 대법관이 저에게 반대 의견 집필을 지정한 적이 있었습니다. 회의에서 의견이 7대2로 나뉘었습니다. 그런데 판결은 6대3이 되었습니다. 2명이었던 의견이 6명으로 늘어났고 7명이었던 의견이 3명으로 줄어든 겁니다. 뒤집혔죠.

DR: 당신의 의견 때문에요?

RBG: 네.

DR: 설득력이 굉장하시군요. 워싱턴을 비롯한 전국의 많은 사람들은 대법관들이 서로에 대해 그리 우호적이지 않은 글을 쓸 때조차도 서로를 정중하게 대하는 걸 보고 놀랍니다. 스칼리아 대법관은 당신의 의견을 그다지 탐탁지 않아 했었는데도, 당신은 그와 여전히 오페라를 보러 가셨죠. 좀 어색하다거나 힘들진 않았나요?

RBG: 전혀요. 스칼리아 대법관과는 워싱턴 연방항소법원에서 같이 근무할 때 친구가 됐습니다. 그를 좋아한 가장 큰 이유는 뛰어난 유머 감각으로 주변 사람들을 사로잡기 때문이었죠. 항소법원 '3인 합의부'에서 함께 일할 때 그가 제게 귀엣말을 하곤 했습니다. 그러면 저는 배꼽을 잡았죠. 미친 듯이 터져 나오는 웃음을 참느라 기를 써야 했습니다.

그래도 우리는 공통점이 많았습니다. 서로 스타일이 아주 다르긴 합니다만, 최소한 다른 변호사와 판사 들이 무슨 말인지 이해할 수 있도록 둘 다 의견을 작성하는 데 심혈을 기울였습니다. 스칼리아 대법관은 전문적인 문법학자 수준이었습니다. 그의 아버지는 브루클린 칼리지Brooklyn College에서 라틴어 교수로 일했고 어머니는 초등학교 교사였죠. 그래서 문법에 아주 능통했습니다.

종종 그는 집무실로 오거나 전화를 해서는 "루스, 문법 실수를 했군요"라고 알려주기도 했습니다. 동료들 앞에서 제가 당황하지 않도록 서면으로 그런 지적을 한 적은 없었습니다. 저도 가끔 그에게 "의견서 초안이 너무 강경해요. 어조를 누그러뜨리면 더 설득력 있게 들릴 겁니다"라고 말해주기도 했지요. 그가 그런 조언을 받아들인 적이 한 번도 없었지만요.

DR: 두 분 모두, 그리고 당신은 여전히 열렬한 오페라 애호가이시죠. 어쩌다가 오페라에 매료되신 겁니까?

RBG: 오페라를 처음으로 좋아하게 된 건 열한 살 때였습니다. 저는 뉴욕 브루클린의 초등학교에 다니고 있었습니다. 중학교 영어 교사였던 이모가 저를 브루클린의 한 고등학교로 데리고 가더니 오페라 공연을 보여주었습니다. 그게 〈라 지오콘다La Gioconda〉였습니다. 어린아이가 처음으로 볼 만한 오페라는 아니었습니다. 딘 딕슨Dean Dixon이라는 분이 그 오페라를 만들었습니다. 그는 아이들이 아름다운 음악에 흥미를 갖게 하는 게 일생의 목표인 사람이었습니다. 그는 도시 전역을 무대로 오케스트라를 운영했습니다. 오페라 공연을 무대에 올렸고 다양한 학교를 돌면서 중간에 해설을 덧붙여 한 시간짜리로 압축했습니다. 의상과 아무런 장치 없는 기본 무대만 있었죠. 오페라에 입문하게 된 건 1944년 딘 딕슨 덕분이었죠.

1948년 딘 딕슨은 미국을 떠났습니다. 그가 지휘자로 활동하는 동안 아무도 그를 마에스트로maestro라고 불러주지 않았기 때문이라고 했습니다. 그는 흑인이었으니까요. 그는 유럽으로 건너갔고 그곳에서 많은 사랑을 받았습니다. 그러다가 1960년대 후반에 미국으로 돌아옵니다. 떠난 지 20여 년쯤 됐을 때였습니다. 그때는 미국 내 모든 메이저 심포니 오케스트라가 그를 객원 지휘자로 영입하고 싶어 했습니다. 그는 지휘계의 재키 로빈슨Jackie Robinson 같은 사람이었습니다. 그가 떠났던 1940년대와 그가 돌아왔던 1960년대 사이의 변화를 통해 미국이 진보해 왔음을 알 수 있었습니다.

메트로폴리탄 오페라 공연 막간에 제가 등장한 적도 있습니다. 대개 막간에는 퀴즈가 있는데, 저는 거기에는 참여하지 않았습니다. 그런데 막간이 두 번 있으면 아마추어 오페라 애호가와 대화를 나누기도 하더군요. 저는 딘 딕슨에 대해 얘기했습니다. 그후 그 대단한 딕슨 덕분에 오페라에 입문하게 됐다며, 전국에서 얼마나 많은 사람이 저에게 이메일을 보내왔는지 모릅니다.

DR: 시간 날 때마다 오페라를 보러 가시죠. 워싱턴에서는 메트로폴리탄 오페라를 보러 극장에 가시고요. 주말에는 공연을 보러 뉴욕에 가시기도 하죠. 지금까지 오페라를 관람하면서 제일 좋아하게 된 작품은요?

RBG: 대부분 〈피가로의 결혼〉이라고 대답합니다. 가끔은 〈돈 조반니〉라고 답하기도 하고요. 이 두 작품의 공통점은 리브레토(오페라의 대본-옮긴이)를 다 폰테Da Ponte가 쓰고 모차르트가 작곡을 했다는 것입니다. 두 사람은 최강의 콤비였습니다.

DR: 어떤 작품을 골라야 할지 마음속에서 5대4의 저울질을 하시는 것 같은데요. 오페라에 실제 출연한 적도 있으셨죠?

RBG: 워싱턴 국립 오페라에서 스칼리아 대법관과 함께 〈낙소스의 아리아드네Ariadne auf Naxos〉에 엑스트라로 나왔습니다. 케네디 대법관과 브라이어 대법관과는 〈박쥐Fledermaus〉에 나왔었고요. 하지만 최고의 순간은 실제로 오페라에서 정식 역할을 맡았을 때였습니다.

〈연대의 딸La fille du regiment〉이라는 작품에는 노래는 없고 대사만 있는 작은 역할이 있습니다. 오페라에서 노래 없이 대사만 연기하는 역할은 거의 없죠. 저는 그 작품에서 크라켄토프 공작부인 역을 맡았습니다. 그 배역을 위해 대사도 직접 썼습니다. 정말 재미있었죠.

DR: 브루클린 토박이시죠. 알고 계시는지 모르겠지만 지금도 약간 브루클린 억양이 남아있으십니다. 유대인도 브루클린 태생도 아닌 펠리시티 존스Felicity Jones가 영화에서 당신 역할을 연기했습니다. 그녀의 연기에 대해 어떻게 생각하십니까?

RBG: 정말 훌륭했습니다. 처음 펠리시티를 만났을 때 여왕이 쓰는 영어처럼 들리는데, 브루클린 토박이 소녀 역을 어떻게 연기할 수 있겠냐고 물었습니다. 그후 그녀는 법정에서 제 발언과 변론이 녹음된 테이프를 수없이 들었습니다. 그리고 훌륭하게 연기했습니다.

DR: 최근 몇 년간 규칙적으로 운동하시는 모습에 사람들의 많은 관심이 쏠렸습니다. 언제 운동을 시작하셨나요?

RBG: 처음 암이 발병했던 1999년부터 계속 같은 트레이너와 운동을 해왔습니다. 직장암도 생겼고요. 수술과 항암치료, 방사선 요법을 받은 후 남편이 저보고 아우슈비츠 생존자 같다며 몸을 회복하려면 뭐라도 해야 한다고, 개인 트레이너를 구하라고 신신당부했습니다. 그래서 시작하게 됐습니다. 일에 너무 몰두해서 그걸 놓고 싶지 않을 때가 있습니다. 그래도 트레이너를 만날 때가 되면 모든 걸 내려놓습니다. 처음에는 힘들지 몰라도 끝날 때는 항상 기분이 나아집니다.

DR: 결혼하신 지 56년째인데 코넬에서 남편 마티를 만나셨죠?

RBG: 네. 제가 열일곱, 남편이 열여덟 살 때 만났습니다.

DR: 코넬대에 다니는 여성이 결혼할 남성을 만났는데, 그 사람이 아이를 키우고 요리를 하고 그 밖에 결혼에 따르는 모든 가사노동을 공유하고 싶어 할 확률은 얼마나 될까요? 그 시대엔 흔한 일이 절대 아닌 것 같습니다만.

RBG: 시대를 막론하고 굉장히 드문 일이었습니다. 하물며 1950년대는 말해 무엇하겠습니까. 여하튼 코넬대의 남녀 비율은 4대1 정도였습니다. 딸 가진 부모들이 보내고 싶어 하는 곳이었지요. 코넬대에서 남편감을 찾을 수 없다면 가망이 없다고 봐야 했습니다. 남편 마티는 사실 제가 아는 사람 중 저에게 두뇌가 있다는 사실을 중요하게 생각한 최초의 남자였습니다. 그는 늘 저를 전폭적으로 지지해주었습니다. 그는 주방에서 갈고닦은 실력이 두 여자 덕분이었다고 했습니다. 자기 어머니와 아내인 저였죠. 시어머니의 요리 실력은 과장된 평가를 받았다고 봅니다만, 저에 대한 판단은 제대로인 것 같습니다. 저한테는 요리책이 한 권 있었습니다. 《60분 요리사》라는 책이었습니다. 아파트에 들어와 음식이 식탁에 놓이기까지 60분을 넘으면 안 된다는 것이었죠. 저는 7가지 음식을 만들었는데, 7번 요리까지 해먹고 나면 그다음 날엔 다시 1번 요리로 돌아갔습니다.

DR: 시어머니께서 행복한 결혼 생활에 대한 조언 같은 걸 하지는 않았나요?

RBG: 훌륭한 충고가 몇 가지 있었습니다. 우리는 시어머니 댁에서 결혼식을 올렸습니다. 결혼식 시작 직전에 행복한 결혼 생활의 비결에 대해 말해주겠다고 하셨죠. 저는 듣고 싶다고 하면서 그 비결이 뭔지 물었습니다. 그러자 이따금씩 귀먹은 척하는 게 도움이 된다고 하시더군요. 저는 지금 이날까지 그 슬기로운 조언을 성실히 따르며 동료들을 대했습니다. 불쾌하거나 몰지각한 말이 들리면 그냥 귀를 닫아버렸습니다.

DR: 코넬대 성적이 굉장히 뛰어났습니다. 하버드 로스쿨에 입학하셨고요. 당시 로스쿨의 남녀 성비는 반반이었습니까?

RBG: 그럴 리가요. 제가 로스쿨을 다녔던 1956~59년까지 그 옛날 옛적 하버드 로스쿨에서 제가 입학하던 해에는 500명이 넘는 신입생이 있었습니다. 그중 9명만 여성이었죠. 마티가 입학할 때보다는 많이 늘었습니다. 그는 저보다 1년 먼저 입학했는데, 여성이 5명이었습니다. 요즘은 하버드 로스쿨에 50퍼센트 정도가 여성이죠.

DR: 아주 우수한 성적을 받았고 학술지 〈하버드 로 리뷰Harvard Law Review〉에서도 활동하셨습니다. 최우수 학생이셨죠. 1등 아니면 공동 1등이셨던 것 같은데. 남편이 뉴욕으로 이사해야 했을 때 당신은 컬럼비아 로스쿨로 편입하려고 했습니다. 하버드를 졸업하고 싶다면 가지 않는 게 좋겠다고 하버드 로스쿨 학장이 만류했다고 들었습니다만.

RBG: 학장은 제가 하버드에서 3학년을 마쳐야 한다고 말했습니다. 제가 그러지 않았던 이유는 마티가 로스쿨 3학년 때 전립선암 진단을 받았기 때문입니다. 암 치료법이 아직 초기 단계였던 시절이었습니다. 화학요법도 없었고 대규모 방사선 치료밖에 없었습니다. 그가 생존할 수 있을지조차 몰랐습니다. 저는 혼자 아이를 키우고 싶지 않았습니다. 우리 딸 제인은 제가 로스쿨에 들어갔을 때 14개월차였습니다. 우리는 가족이라면 언제나 함께해야 한다고 생각했습니다.

마티는 뉴욕의 회사에서 상당히 잘나갔습니다. 제가 학장에게 물었습니다. 답하기 쉬운 질문이라 생각했었죠. "제가 컬럼비아에서 법 공부를 제대로 마치면 하버드 학위를 받을 수 있을까요?" "절대 그럴 수 없어요. 여기서 3학년을 마쳐야 합니다"라더군요.

저는 제대로 반론을 폈습니다. 펜실베이니아 로스쿨에서 1학년을 마치고 우리 학교 2학년으로 편입한 코넬대 동창 하나가 있었습니다. 저는 학장에게 말했습니다. "이젤바커 여사는 2학년과 3학년만 다니고도 하버드 학위를 받는군요. 그런데 로스쿨 1학년이 가장 중요하다는 건 다들 아는 사실이라 생각합니다. 그녀는 2학년과 3학년을 다니고 저는 1학년과 2학년을 다니는 건데, 아무런 차이가 없지 않습니까?" 그렇지만 돌아온 대답은 "규정은 어쩔 수 없습니다"였습니다. 그리고 그게 다였습니다.

DR: 컬럼비아 로스쿨에서 법학 학위를 받으셨습니다. 물론 거기서도 굉장히 뛰어나셨고요. 역시 〈컬럼비아 로 리뷰〉 편집장으로 활동하셨습니다. 〈하버드 로 리뷰〉와 〈컬럼비아 로 리뷰〉에서 일하셨으니 유명 로펌에서 일자리 제의가 쏟아졌을 것 같습니다.

RBG: 뉴욕 시 전체에서 저를 채용하려는 로펌은 단 한 곳도 없었습니다. 저는 세 가지 면에서 불리하다고 생각했습니다. 하나는 유대인이라는 사실이었습니다. 월스트리트의 회사들은 이제 막 유대인을 받아들이는 분위기였지요. 그리고 여성이라는 사실이었습니다. 그렇지만 가장 결정적인 이유는 아이가 있다는 사실이었습니다. 제 딸은 제가 로스쿨을 졸업했을 때 네 살이었습니다. 여성을 채용할 의사가 있었던 고용주도 정작 아이가 있는 여자를 받아들일 준비는 안 됐던 거죠.

DR: 당신을 가르쳤던 로스쿨 교수 제럴드 건터Gerald Gunther는 에드먼드 팔미에리Edmund Palmieri 판사의 재판연구원으로 당신을 추천했습니다. 건터 교수에게는 별로 어려운 일이 아니었나봅니다?

RBG: 그는 여성을 전혀 꺼려하는 분이 아니었습니다. 전에 여성 재판연구원을 둔 적도 있었고요. 그렇지만 걱정하셨습니다. 뉴욕 남부지구 지방법원은 바쁜 곳이라 일요일에도 재판연구원의 도움이 필요할 때가 많았으니까요. 교수님은 제가 할 일을 제대로 해내지 못할까 봐 염려하셨습니다. 당시에는 몰랐고 몇 년 후에 알게 된 사실인데 건터 교수님은 팔미에리 판사에게 "긴즈버그에게 기회를 주게. 제대로 일을 못하면 시내 로펌에 가려는 다른 남자 동급생을 대신 보내겠네"라고 말씀하셨다더군요. 당근을 제시한 것이죠. 채찍도 있었습니다. "긴즈버그에게 기회를 주지 않으면 앞으로 컬럼비아 졸업생을 보내는 일은 없을 거다"였습니다.

제가 졸업한 해의 여성들 앞에는 이런 상황이 놓여 있었습니다. 첫 직장을 구하기란 너무나 어려웠습니다. 샌드라 데이 오코너Sandra Day O'Connor 대법관이 어떻게 첫 직장을 구했는지 아십니까? 스탠퍼드 로스쿨을 우수한 성적으로 졸업했지만 법조계에서 일자리 제안을 전혀 받지 못했습니다. 그래서 넉 달 동안 카운티 검사실에서 무급으로 일했습니다. 그리고 "넉 달 후에 저를 쓸 만한 가치가 있다고 생각되면 정식으로 저를 고용하면 됩니다"라고 말했고요. 물론 넉 달 후 정식 채용은 확실했습니다. 그렇게 여자들은 첫 발을 들여놓습니다. 엄청난 장애물이었던 첫 직장을 그렇게 얻은 것이죠. 여성이 직장을 잡을 때는 남성 이상으로 잘해야 했습니다. 그래야 다음 직장을 구하기가 조금은 수월해질 테니까요.

DR: 재판연구원 이후에는 럿거스Rutgers 대학에서 결국 법대 교수가 되셨죠.

RBG: 네. 럿거스 대학 면접을 봤을 때 컬럼비아 로스쿨의 국제소송법 프로젝트에 참여하고 있었습니다.

DR: 미국 시민자유연맹ACLU과 함께 '성차별 및 젠더법' 분야에서 선구적인 활동을 벌이셨습니다. 어떻게 시작된 건가요?

RBG: 처음에는 여성과 법에 관한 강의를 요청했던 럿거스대 학생들의 요구로 시작됐습니다. 저는 도서관에 가 최근 한 달 동안 작성된 법적 성별 구분과 관련된 연방법원 판결문을 모두 읽어보았습니다. 그 수가 매우 적더군요. 동시에 ACLU의 뉴저지 지부에서 새로운 소송이 이어졌습니다. ACLU가 이전에 경험하지 못했던 종류의 소송들이었지요. 한 원고 그룹은 공립학교 교사들이었는데, 임신으로 신체 변화가 뚜렷해지자 소위 산전휴가라는 걸 냈죠. 어린 학생들이 교사가 수박을 삼켰다고 생각할 수도 있다고 관할 교육청에서 우려를 표했기 때문이었죠. 산전휴가는 무급이었고 학교에 복귀할 권리도 보장받지 못했습니다. 그리하여 임신한 교사들이 소송에 나섰던 거죠. 가족을 위해 건강보험을 원했던 생산직 여성 노동자들도 있었습니다. 그들은 "가족 보장은 여성을 제외한 남성 노동자에게만 해당된다"는 말을 들었죠. 이 두 가지 이슈가 얽히면서 학생들은 법률에 명시된 여성의 지위에 대해 배우고 싶어 했고, ACLU에는 이처럼 새로운 소송이 줄을 잇게 된 겁니다. 저로서는 뜻하지 않은 엄청난 행운이었습니다. 1970년대 초반까지만 해도 여성을 동등한 시민의 지위를 가진 사람으로 인식하도록 법원을 움직이기란 도저히 불가능했으니까요.

DR: 성차별 관련 ACLU 소송을 맡아 여러 번 승소하셨고 이는 아주 잘 알려지게 됐습니다. 나중에 컬럼비아에서도 강의를 하셨죠. 카터 대통령이 워싱턴 연방항소법원 판사로 당신을 지명했을 때 놀라셨나요? 판사가 되길 바라셨습니까, 아니면 교수에 만족하셨습니까?

RBG: 카터 대통령은 오늘날의 연방법원을 있게 하는 데 엄청난 공을 세운 분입니다. 그는 대통령에 취임했을 때 연방 판사들이 모두 자신과 똑같다는 걸 알아차렸습니다. 다시 말해 모두가 백인 남성이었다는 뜻이었지요. 카터는 위대한 미국의 모습은 그래서는 안 된다고 판단했습니다. 그래서 그는 호기심에 한 번 해보는 정도에 그치지 않고, 여성과 소수자들을 연방법원에 다수 앉히기로 결심했습니다. 아마도 그는 지방법원 판사로 25명 이상의 여성을 임명하고 항소법원 판사로 11명의 여성을 임명했을 겁니다. 저는 그 11명 중 마지막이었습니다.

DR: 13년간 워싱턴 연방항소법원에서 근무하셨습니다. 대법관이 될 기회가 언젠가는 올 것이라고 생각하셨습니까?

RBG: 인생의 목표가 연방 대법관인 사람은 아무도 없습니다. 별로 현실성이 없으니까요. 대법관은 9명뿐입니다. 어떤 특정 시점에 그 9명에 포함된다는 건 운이 아주 많이 따르는 일입니다. 저는 어릴 때 판사 자체를 꿈꾼 적이 없습니다. 말씀드렸다시피 여성들이 판사가 되는 경우는 지극히 드물었으니까요.

카터가 대통령이 됐을 때 연방 항소법원의 여성 판사는 단 한 명이었습니다. 바로 제9연방항소법원 판사 셜리 허프스테들러 Shirley Hufstedler 였습니다. 카터는 그녀를 최초의 교육부 장관으로 임명했습니다. 다시 말하지만 당시에는 그런 경우가 전무했습니다. 카터는 그런 관행을 바꿨고 이후 예전 방식으로 돌아간 대통령은 없었습니다. 카터의 업적에 밀리고 싶지 않았던 레이건은 최초의 여성 연방 대법관을 임명하기로 결정했죠. 마침내 그는 전국적으로 적임자를 물색해 샌드라 데이 오코너라는 걸출한 대법관 후보를 발탁해냈습니다.

DR: 카터 대통령은 대법관을 임명한 적이 없었습니다. 훗날 그는 재선에 자신이 성공했더라면 셜리 허프스테들러를 임명했을 것이라고 회고하기도 했죠. 정말 그랬을지도 모르죠.

클린턴이 당선됐을 때 당신은 당연히 물망에 올랐습니다. 그러다가 클린턴 대통령은 당신의 임명을 밀어붙이던 대니얼 패트릭 모이니핸Daniel Patrick Moynihan과 얘기하게 됐죠. 클린턴은 여성들이 당신을 원치 않는다고 했습니다. 성차별을 위해 앞장서서 싸우는 변호사였는데 어떻게 그럴 수 있었을까요? 왜 당신이 대법관이 되는 걸 원치 않는 여성들이 있었던 겁니까?

RBG: 일부 여성일 뿐이었습니다. 대부분은 제 지명에 대해 압도적인 지지를 보냈습니다. 저는 '로 대 웨이드Roe v. Wade' 판결(1973년 미 대법원이 낙태를 합법화한 판결-옮긴이)에 대해, 낙태 금지를 위헌이라고 결정한 판결을 온전히 환영하는 것은 아니라는 의견서를 냈습니다. 저는 텍사스 주법이 미국 내에서 가장 극단적이기 때문에 법원이 손쉬운 표적이 되었다고 밝혔습니다. 낙태는 여성의 생명을 살리는 데 꼭 필요한 경우에만 가능해야 합니다. 그런데 여성의 건강을 해치든, 강간이나 근친상간의 피해자든 어떤 경우도 상관없다는 식으로 규정했기 때문입니다. 법원의 판결문 때문에 전국의 모든 낙태금지법이 단번에 불법이 되어버렸습니다. 보통 법원은 그런 식으로 판결을 내리지 않습니다. 다음 사건이 뒤이어 올라올 때까지 기다립니다. 어쨌든 제가 '로 대 웨이드 판결'을 100퍼센트 지지하지 않은 것을 아쉬워하는 여성들이 있었던 것이죠.

DR: 클린턴 대통령과 만나 얘기가 잘 진행되자 그는 당신에게 대법관 지명을 제안했습니다. 인사청문회도 상당히 잘 진행되지 않았습니까?

RBG: 96대3으로 통과됐으니 그렇다고 봐야겠지요.

DR: 26년간 대법관으로 재직해 오셨습니다. 연방 판사로 일하신 기간은 총 39년이고요. 처음 대법원에 출근했을 때 다른 대법관들이 반가워하며 같이 식사라도 하자는 식으로 친근하게 맞아주었나요? 아니면 다소 냉랭한 태도였습니까? 두 번째 여성 대법관으로서 샌드라 데이 오코너와의 관계는 어땠습니까?

RBG: 대법원은 제게 낯선 환경이 아니었습니다. 불과 몇 블록 떨어진 항소법원에서 일했으니까요. 그리고 이따금씩 원로셨던 데이비드 바젤론David Bazelon 대법관이 저에게 전화해서는 "루스, 우리 지금 크론하임Kronheim's으로 점심 먹으러 갑니다" 하고 알려주기도 하셨습니다. 크론하임이 누구냐고요? 워싱턴 지역 내 최대 주류 유통업자였습니다. 점심을 먹으러 크론하임의 가게로 가기 전에 브레넌 대법관과 마셜 대법관을 태우러 대법원에 들르곤 했습니다. 저는 항소법원 시절부터 함께 일했기 때문에 스칼리아 대법관과는 아는 사이였습니다. 클래런스 토머스Clarence Thomas 대법관도 알고 있었고요. 그는 워싱턴 항소법원에서도 있었으니까요. 하지만 샌드라 오코너 대법관은 저에게 친언니처럼 가까운 사람이었습니다. 제게는 사실 언니가 있었지만 제가 어릴 때 세상을 떠나서 언니가 어떤 의미인지 잘 몰랐었죠. 오코너 대법관이 저를 가장 환영해주었습니다. 아주 좋은 조언도 해주었고요. 제가 신임 대법관이 됐을 때뿐 아니라 처음 암에 걸렸을 때도요. 유방암을 이겨내고 암 수술을 받은 지 9일 후에 업무를 시작한 경험이 있으셨으니까요. 제가 뭘 해야 하는지에 대해 잘 알고 계셨죠. "금요일마다 화학요법 치료를 받으면 주말에 몸이 회복되면서 월요일에는 재판정에 나올 수 있을 것"이라고 알려주셨습니다.

DR: 대법원에서 변론 중이라면, 변론 취지서를 멋지게 써야 승소할 수 있나요? 구두 변론을 훌륭하게 하면 되나요? 구두 변론이나 변론 취지서에 따라 정말 결과가 달라집니까?

RBG: 소송의 본안에 충실한 게 가장 중요합니다. 법정에서 구두 변론은 변론을 잘하는 사람이 이기는 토론이 아닙니다. 항소 변론의 두 가지 요소 중 가장 중요한 건 변론 취지서입니다. 집무실로 돌아가면 변론 취지서로 시작해서 변론 취지서로 끝납니다.

구두 변론은 잠깐입니다. 대법원에서는 각 당사자가 정확히 30분 내에 변론을 마쳐야 합니다. 그래서 구두 변론으로는 할 수 있는 게 제한적이기 때문에 판사들이 내 쪽에 유리한 판결을 하게끔 만드는 게 중요합니다. 그러나 무게가 실리는 건 아무래도 변론 취지서죠.

DR: 구두 변론이 끝나면 대법관들이 일주일에 두 번 만나서 어떻게 투표할지 정하거나, 아니면 토론을 하겠죠. 누가 어떤 법정 의견을 쓸지는 누가 정합니까?

RBG: 다수 의견(법정 의견이라고도 한다 – 옮긴이)인 경우에는 대법원장이 의견 집필자를 지정합니다. 다수 의견이 아닌 경우에는 다수 의견에 속한 최고 선임 대법관이 다수 의견 집필자를 지정합니다. 마지막 회기 때 저는 세 번 다수 의견 집필자를 지정했습니다. 그 말은 대법원장과 토머스 대법관이 소수 의견이어서 제가 다수 의견 중 가장 선임자였다는 뜻입니다.

DR: 연방 대법원 회기는 10월부터 6월쯤인 것 같은데요. 7월과 8월에는 대법관은 무슨 일을 합니까? 둘러앉아 변론 취지서를 읽거나 다른 일을 합니까?

RBG: 1년 내내 전 세계적으로 우리를 따라다니는 한 가지 문제는 바로 사형제도입니다. 법정에서는 사형 집행을 마치 총살부대의 일인 양 취급하지요. 사형 집행일이 정해지면 막판에 대법원에 상고하는 경우가 흔합니다.

어떤 대법관도 최종 투표의 책임을 지지 않습니다. 전 세계 어디에 있든지 대법관들의 표가 집계됩니다. 저는 올 여름 동안 재심 청구서를 검토하려고 합니다. 그래야 9월 말에 개원할 때 일이 산더미처럼 쌓이는 걸 피할 수 있으니까요. 그리고 대법관들은 대부분 휴가를 내서 강연을 합니다. 미국 로스쿨의 상당수가 해외 여름 프로그램을 운영합니다. 가끔 저는 다른 나라 판사들과 교류하는 행사에 참여합니다. 이번 여름에는 스티븐스 및 소토마요르 대법관과 함께 리스본에서 시작했습니다. 뉴욕대 로스쿨이 주관하는 학회였습니다.

DR: 현재 법원과 법원 운영 방식의 미래에 대해 가장 기대하는 부분은 무엇입니까? 전반적인 법원 운영 방식을 긍정적으로 보실 것 같습니다만, 대법관이 함께 협의하는 방식에 꽤 만족하는 편입니까?

RBG: 우리는 모두 우리가 일하는 대법원에 대해 경외심을 갖고 있습니다. 그리고 이곳을 떠날 때 처음과 같이 좋은 모습 그대로이길 바라지요.

DR: 각 대법관마다 네 명의 재판연구원을 두고 있습니다. 대법원 재판연구원이 되고 싶은 사람은 신청서를 보내기만 하면 됩니까? 어떻게 해야 하는지요?

RBG: 수백 개의 신청서가 들어옵니다. 저는 재판연구원을 뽑을 때 다른 연방법원 판사들의 도움을 받는 방식이 가장 좋더군요. 법대 교수들은 화려한 추천서를 써주는 경향이 있습니다. 다들 "우리 로스쿨 졸업생 중 가장 우수하고 똑똑한 인재들"이라고 합니다. 그렇지만 연방법원 판사들은 솔직한 평가를 들려줍니다. "올해 당신에게 딱일 것 같은 재판연구원 후보가 한 명 있어"라고 알려오는 판사들도 있습니다. 최고의 추천인들이죠.

엘리나 케이건Elena Kagan 대법관은 하버드 로스쿨 학장 시절에 제게 재판연구원 한 명을 추천해 주었고 컬럼비아 로스쿨 학장 덕분에 연구원을 한 명 뽑기도 했습니다. 나머지 재판연구원들은 지방법원 판사나 항소법원 판사와 일하던 사람들 중에서 뽑은 경우가 대부분이었습니다.

DR: 헌법에서 한 가지를 바꿀 수 있다면 어떤 것이며 그 이유는 무엇입니까? 당신이 건국의 아버지들 중 한 명이었다면, 건국의 어머니였다면, 헌법에 빠져 있기에 지금이라도 넣었으면 싶은 내용은 어떤 것입니까?

RBG: 저라면 헌법에 '남녀평등 헌법수정안'을 추가할 것 같습니다.

이렇게 설명드리면 쉽겠군요. 저는 포켓용 헌법을 꺼내 손녀들에게 보여줄 때 언론의 자유와 출판의 자유를 보장하는 수정조항 제1조만큼은 잘 보여줄 수 있지만 "여성과 남성은 동등한 시민의 지위를 지닌 사람들이다"라고 적힌 부분은 아무리 해도 찾을 수가 없습니다.

1950년대 이후에 제정된 전 세계 모든 헌법에는 그런 표현에 준하는 문구들이 포함되어 있습니다. 남성과 여성은 법 앞에서 평등한 지위를 가진 존재라는 것이죠. 저는 이제 제 증손주들이 헌법을 펼치면 성평등이 사상 및 표현의 자유만큼이나 우리 사회의 기본 전제라는 것을 인정하는 그런 종류의 문구가 포함된 세상이 오길 바랍니다.

DR: 미래에 대해 가장 큰 희망을 가져다주는 것은 무엇입니까?

RBG: 손녀들이죠. 변호사로 일하는 큰손녀가 정말 자랑스럽습니다. 미
국이란 나라와 미국이 표방하는 고귀한 가치를 중요하게 생각하는 아
이죠. 손녀를 비롯한 젊은이들이 우리나라가 다시 제자리를 찾아가게
해줄 겁니다.

DR: 민주주의에 최대 위협이 되는 것은 무엇이라고 보십니까?

RBG: 우리가 가진 권리를 지키는 데 별 관심이 없는 '대중'입니다. 저명
한 러니드 핸드Learned Hand 판사는 자유에 관한 위대한 연설을 남긴 적
이 있습니다. "사람들의 가슴에서 불꽃이 사그라들면 어떤 헌법도, 어
떤 판사도 이를 되살릴 수 없다." 제 신념은 자유의 정신에 뿌리내리
고 있습니다.

# 6장
# 목표달성가형

잭 니클라우스
Jack Nicklaus

마이크 '코치 K' 슈셉스키
Mike 'Coach K' Krzyzewski

르네 플레밍
Renée Fleming

요요마
Yo-Yo Ma

론 마이클스
Lone Michaels

# 01 잭 니클라우스

골프의 전설

*Jack Nicklaus*

"우승은 우승을 낳고,

기록은 깨라고 있는 것입니다."


    나는 골프를 치지 않는다. 골프에 재능이 없어 시간이 너무 많이 걸리고 짜증스럽기 때문이다. 하지만 역사상 최고의 골프 선수로 알려진 잭 니클라우스는 멀리서나마 지켜보며 늘 감탄을 금치 못했다. 메이저 대회에서 매번 우승을 따내면서도 겸손하고 절제된 태도를 유지하는 그는 스포츠 리더십의 진정한 표본이다. 동료 선수들과 팬들 모두 그에게 언제나 아낌없는 존경과 경의를 표한다.

    골프 선수로서 그의 업적은 전설적이다. 메이저 대회 18회 우승, PGA 투어 73회 우승, 그리고 46세에 마스터스 대회에서 우승을 차지했다. 그의 전설적인 기록만큼이나 가족에게 충실한 생활도 잘 알려져 있다. 5명의 자녀와 22명의 손주가 있으며 60년간 부부로 살아온 아내 바버라가 곁을 지키고 있다. 그리고 한 번에 2주 이상 절대로 가족과 멀리 떨어져 지내지 않겠다는 그의 결심은 전 세계를 여행하는 프로 골프 선수이자 골프 코스 설계자, 사업가, 그리고 홍보대사로서는 정말 지키기 어려운 것이 아닐 수 없다.

잭 니클라우스는 어떻게 세계 최고의 선수가 됐을까? 그리고 어떻게 선수 생활 도중에 유명 골프 코스 설계자로 활동하면서도 가족과 끈끈한 관계를 유지하고 의학적 치료가 필요한 아이들을 위한 자선활동을 추진할 수 있었을까? 어떻게 그는 가장 존경받는 선수이자 골프를 대표하는 품격 있는 이미지로 대중의 머릿속에 각인된 것일까?

잭 니클라우스는 이처럼 다양한 분야에서 성공을 거둔 비결은 자기 자신에 대한 믿음과 스스로 해낼 수 있다는 확신 덕분이었다고 말한다. 그는 성공이 목표인 사람은 자신이 성취하고자 하는 그 목표에 대한 뚜렷한 믿음이 있어야 한다고 강조한다. 즉 자신감 넘치는 사람이 되어야 한다는 것이다.

스포츠 분야의 성공이 항상 대중의 경탄을 불러일으키는 것은 아니다. 하지만 잭 니클라우스는 겸손한 태도와 가정에 충실한 이미지로 50년 이상 대중으로부터 높은 평가를 유지해왔다.

몇 년 전 나는 베어스 클럽(Bear's Club, 잭 니클라우스의 플로리다 홈 클럽)의 한 자선 행사에서 연설을 한 적 있다. 그때 잭 니클라우스가 청중 가운데 있었다. 그가 내게서 뭘 배울 게 있었는지는 알 수 없었지만, 곧이어 그가 자선 프로젝트, 특히 아동 보건 관련 사업에 인생의 상당 부분을 바치고 있다는 사실을 알게 됐다. 마이애미의 한 대형 아동 병원은 현재 '니클라우스 아동 병원'으로 이름을 바꿔 달고 있고, 그 병원에서 관리하는 17개 이상의 외래 센터와 응급 시설이 플로리다 전역에서 운영되고 있다. 그와 그의 아내 바버라는 니클라우스 아동 보건 재단Niklaus

Children's Health Care Foundation의 기금을 마련하는 데 열정과 시간을 쏟는다. 이 재단은 북미 전역에서 이러한 시설을 지원하고 이니셔티브를 제공한다.

이 인터뷰는 2019년 6월 뉴욕의 블룸버그 스튜디오에서 현장의 청중들 앞에서 진행되었다. 인터뷰가 끝나면서 나 자신을 믿게 됐다든가, 훌륭한 골프 선수가 될 수 있었을 가능성을 떠올린다든가 하는 일은 없었지만 잭 니클라우스가 어떻게 위대한 골프 선수가 됐는지, 그리고 그 많은 일을 어떻게 이룰 수 있었는지 잘 알게 되었다.

## i n t e r v i e w   w i t h   t i t a n s

**데이비드 루벤스타인(DR):** 솔직히 말씀드리면 저는 골프를 치지 않습니다. 아홉 살 때 골프를 시작했다가 열 살 때 그만뒀습니다.

**잭 니클라우스(JN):** 저도 더 이상 골프를 치지 않습니다.

**DR:** 골프계의 전설적인 스타이시죠. 그런데 제가 이해할 수 없는 건 왜 그렇게 많은 사람이 굴욕감과 짜증을 안겨주는 골프에 중독되느냐입니다. 공이 생각한 대로 절대 가지 않는데 말입니다.

**JN:** 닿을 수 없는 목표에 닿기 위한 끊임없는 노력이야말로 진정한 골프의 정신입니다. 골프를 완전히 정복한 사람은 아무도 없습니다. 다른 거의 모든 스포츠 선수들이 골프를 좋아하는 이유는 '어렵기' 때문입니다. 늘 도전의식을 자극하죠. 제가 골프를 즐기는 건 바로 그런 이유에서입니다. 제아무리 기량이 일취월장했다 하더라도 언제든 그보다 더 좋아질 수 있거든요.

DR: 아버지 덕분에 골프에 입문하셨죠. 부친도 골프를 잘 치셨습니까?

JN: 어릴 때는 꽤 치셨습니다. 그러다 15년간 그만두셨죠. 약사이셨고요. 아버지는 배구를 하다가 발목이 부러졌습니다. 세 번의 수술 끝에 발목이 붙긴 했는데 의사가 "휠체어 신세가 되고 싶지 않으면 뛰지 말고 걷는 게 좋을 겁니다"라고 했습니다.

그래서 우리는 교외로 이사했습니다. 오하이오 주 콜럼버스 시 근교에 있는 사이오토 컨트리클럽 근처로요. 아버지는 컨트리클럽에 가입한 다음 제게 캐디백을 메고 따라다니게 했습니다. 그해 PGA 챔피언십이 사이오토에서 열렸는데 잭 그라우트Jack Grout도 대회에 참가했습니다. 이 모든 걸 지켜보고 경험하면서 골프를 배워야겠다는 마음이 불타올랐습니다.

아버지는 제 절친이자 우상이셨습니다. 그를 사랑했고 모든 걸 함께 했습니다. 저를 위해 모든 걸 포기하셨죠.

DR: 그 당시에는 프로 골프 선수로서 크게 성공할 수 있을지 확신이 없었다고 하셨죠. 그래서 회계사나 약사가 되기 위한 학위를 받아야겠다고 생각했나요?

JN: 아이들은 대부분 아버지를 닮고 싶어 합니다. 아버지가 약사였기 때문에 저는 약학대 예비과정에 들어갔습니다. 그런데 오후에 있는 실험실 수업이 너무 싫더라고요. 그래서 약대 본과에 진학하기 전에 아버지가 제게 다른 것을 해보라고 권하셨습니다. 저는 보험을 팔기 시작했습니다. 남학생 사교클럽에서 생명보험을 파는 게 재밌더군요. (상당히 비꼬듯 말했다.) 그리고 그들은 정말 보험을 필요로 했고요. 저는 세일즈에 아주 뛰어났습니다. (더욱 비꼬아 말한다.) 저는 돈을 잘 벌었습니다. 결혼도 했고 첫 아이도 얻었죠. 그렇지만 점점 골프가 간절히 하고 싶었습니다. 그래서 하게 됐죠.

DR: 막 입문할 당시 유명 아마추어 골퍼 밥 존스Bob Jones를 만나셨죠. 그와 어떤 인연이 있었던 겁니까?

JN: 제가 열다섯 살 때 처음 참가한 US 아마추어 선수권 대회에서 그가 연설을 했습니다. 그는 제가 마지막 연습 라운딩하는 걸 지켜봤습니다. 그러고는 그다음 날 다시 와서 제가 경기하는 걸 좀 보겠다고 하더군요. 열다섯 살짜리 아이가 처음 출전한 대회에 역사상 최고의 선수인 밥 존스가 제 플레이를 관람하겠다고 한 겁니다. 그런데 막상 그가 진짜로 나타나자 저는 곧장 보기, 보기, 더블 보기를 기록하면서 순위가 곤두박질쳤죠. 하지만 귀중한 경험이었습니다. 그는 좋은 친구가 되어주었고 훌륭한 변호사이기도 했습니다. 글자 그대로 좋은 사람이었습니다.

DR: 두 번째 참가한 US 아마추어 선수권 대회에서 우승하고 난 후 그 이듬해에 마침내 프로 선수가 되기로 결심하셨죠.

JN: 아마추어 대회에서는 더 목표랄 게 없었습니다. 골프 세계에서 될 수 있는 최고가 되고 싶었습니다. 이를 위해선 최고의 선수들, 즉 프로 선수들과 겨루는 방법밖에 없었습니다. 그렇게 프로로 전향하게 됐습니다.

DR: 당시에는 우승 상금이 지금만큼은 아니었습니다.

JN: 대회에서 우승을 했더라면 벌었을 만큼의 돈을 보험 판매로 벌고 있었습니다.

DR: 프로로 전향한 첫 해는 어땠나요?

JN: 프로 첫 해에 4개 토너먼트에서 우승했습니다. US 오픈은 우승 상금이 1만 5,000달러쯤 됐던 것 같습니다. 상금액 순위에서는 3위였습니다. 아널드 파머Arnold Palmer가 그해의 상금액 순위에서는 선두였습니다. 그는 공식적으로 총 6만 4,000달러인가를 받았고 저는 6만 1,000달러를 받았습니다. 하지만 저는 첫 대규모 토너먼트였던 '월드 시리즈 오브 골프World Series of Golf' 대회에서 우승했고, 5만 달러의 상금을 거머쥐었죠.

DR: 프로 생활을 계속하면서 아널드 파머와 라이벌 관계가 되셨죠. 당신이 프로 세계에 입문했을 때 그는 이미 정상급 골프 선수였습니다. 그러다가 빠르게 많은 방면에서 당신이 그를 앞질렀습니다. 당신은 떠오르는 신예였고 그는 최정상 선수였던 초창기에는 어땠습니까?

JN: 저는 별로 인기가 없었습니다. 최고의 인기 스타 아널드 파머를 이기기 시작했기 때문에 골프 팬들이 저를 별로 달가워하지 않았어요. 저 스스로도 썩 내키지 않았죠. 저 또한 아널드의 팬이었거든요. 그는 좋은 사람입니다. 우리는 친한 친구가 됐고 아내들끼리도 아주 절친이 됐습니다. 우리는 전국을 다니며 시범경기를 했습니다. 같이 있으면 정말 즐거웠습니다. 그는 제가 그를 더 많이 이긴다는 사실에도 전혀 개의치 않는 것 같았습니다. 아마 속으로는 당연히 신경이 쓰였겠지만 절대 제 앞에선 티를 내지 않았어요. 그는 저를 보살펴주었습니다. 저보다 열 살이 많았지만 아널드 파머는 사랑할 수밖에 없는 사람입니다.

DR: 메이저 대회 우승을 18회 차지했는데 역대 최다 기록입니다. 타이거 우즈Tiger Woods가 현재까지 15회 우승을 기록하고 있습니다만 당신의 기록을 깨기는 불가능할 거라고 생각하는 사람들이 많습니다.

JN: 글쎄요, 잘 모르겠군요. 하지만 타이거 우즈는 정말 잘하더군요.

DR: 마스터스 대회에서 6회 우승하셨죠. 가장 좋아하는 토너먼트인가요?

JN: 아마 그럴 겁니다, 네.

DR: US 오픈에서는 4회, 브리티시 오픈에선 3회, PGA 챔피언십에서는 5회 우승하셨습니다. 대단한 기록입니다. 선수 생활을 통틀어 120개 정도의 대회에서 우승을 차지했습니다. 상금왕에 오른 게 8회, 최저평균타수 타이틀 차지도 8회입니다. 달성하지 못한 골프 기록이 있습니까?

JN: 달성하지 못한 기록이 있는지는 모르겠습니다. 제 기록이 좋긴 합니다만 언제든 누구나 이보다 더 좋은 성적을 낼 수 있습니다. 골프 경기의 묘미란 바로 그런 것이죠. 어떤 것을 얼마나 잘하든 간에, 항상 더 잘할 가능성이 존재한다는 겁니다.

DR: 위대한 골프 선수의 비결은 무엇입니까? 집중력인가요? 신체적 능력인가요? 아니면 그 모두가 필요한가요?

JN: 마인드 컨트롤이 큰 부분을 차지합니다. 할 수 있다는 믿음을 가져야 합니다. 각 방면에서 자신만의 경기를 펼치는 법을 배워야 합니다. 어떤 분야에서 일을 하든, 스스로에게 집중해야 합니다. 그리고 남들이 아닌, 내가 할 수 있는 일을 하는 것이 중요합니다. 그 사실을 믿는 데서 시작하는 겁니다. 우승은 우승을 낳게 되죠. 저는 골프 입문 첫해에 운 좋게도 US 오픈에서 우승했습니다. 프로 입문 첫해에도 가장 큰 대회에서 우승을 차지했죠. 승리의 비결은 할 수 있다는 믿음이었습니다. 믿음이 확고하면 갑자기 조금씩 쉬워지기 시작하죠.

DR: 1986년 마스터스 대회는 팬들의 기억 속에 가장 흥미진진했던 대회였습니다. 당시 46세의 나이로 그 대회에 출전하셨죠.

JN: 네, 정말 고령이지 않나요?

DR: 당시에는 고령처럼 보였겠지만, 지금 생각하면 그리 많은 나이도 아닙니다.

JN: 하긴 요즘은 46세면 아주 젊은 거죠.

DR: 그때나 지금이나 40세 이후에 마스터스 대회에서 우승한 선수는 거의 없습니다. 타이거 우즈가 43세에 마스터스에서 우승한 기록이 있긴 합니다. 하지만 46세라니요. 그 나이면 골프 카트를 끌거나 관객석에 앉아 있는 모습이 더 어울릴 텐데요. 대회 마지막 라운드가 끝나갈 때까지도 선두가 아니었습니다. 마지막 9홀을 남겨 놓은 상황에서 선두에 4타 뒤져 있었죠. 진정 역전할 거라고 믿었나요?

JN: 9번, 10번, 11번 홀에서 버디를 잡아냈습니다. 12번 홀에서는 실수를 하는 바람에 보기를 범했지만 그 덕분에 다시 집중력을 되찾았습니다. 그리고 13번 홀에서 버디를 다시 잡아냈습니다. 15번 홀에서 이글을 잡았고 16번과 17번 홀에서 버디를 잡았습니다. 네, 저는 이길 수 있다고 생각했습니다.

DR: 가장 감격스러운 우승은 언제였습니까?

JN: 그 대회였죠. 좀 재밌는 게 제가 그 무렵에는 정말 골프를 접었었거든요. 40세 때 메이저 대회 두 개에서 우승하긴 했습니다만. 이젠 경기를 승부가 아니라 즐기고 싶었습니다. 경기 자체에 몰입하고 싶었죠. 그런데 그 대회에서 불가능한 성취를 이루어냈던 거죠. 마지막 9번, 10번 홀까지 가면서 나 자신과 싸워 이기는 법을 생각했습니다.

올해 43세로 마스터스 대회에서 타이거 우즈가 우승한 것도 결국 같은 맥락일 겁니다. 12번 홀 앞에 있는 래의 크릭Rae's Creek에 사람들이 몰려들기 시작했을 때, 타이거 우즈는 깔끔한 샷을 구사해 공을 그린 한가운데에 올려놨습니다. 저는 혼잣말을 했죠. '흠, 경기는 이미 끝났군. 우즈가 저 감각을 잊지 않을 테니까.' 바로 제가 그렇게 했기 때문입니다. 자기 자신과 싸우며 끝내 집중력을 잃지 않으면 감각을 되찾게 됩니다. 경기를 마무리하는 법도 알게 되죠. 그게 정말 감격스러웠고 재미있었습니다.

DR: 가장 중요한 골프 클럽은 퍼터인가요?

JN: 그거랑 드라이버죠.

DR: 일부 선수들이 겪는 '입스(yips, 골프에서 스윙 전 샷 실패에 대한 두려움으로 발생하는 각종 불안 증세-옮긴이)'는 뭐죠? 긴장 때문인가요?

JN: 저는 그런 경험이 없었습니다만 입스를 겪는 선수들을 본 적이 있습니다. 자신감을 잃고 신경이 곤두서면서 공을 보고는 움찔하는 겁니다. 그걸 보고 있으면 마음이 아프죠. 골프 기자이자 평론가였던 헨리 롱허스트Henry Longhurst가 이렇게 말했죠. "한번 입스가 오면 죽을 때까지 달고 산다." 결코 좋은 게 아닙니다.

DR: 마스터스 대회에서 각 라운드 경기를 마칠 때마다 다시 연습하러 나가셨다고요? 지금도 라운딩을 할 때 그러시나요?

JN: 예전에는 그랬습니다. 지금은 그냥 18홀만 돌려고 합니다. 경기를 마치고 98퍼센트 정도는 다시 연습을 하러 필드에 나갔던 것 같습니다.

DR: 토너먼트에 참가할 때는 통상 며칠 전부터 준비하나요?

JN: 일주일 먼저 대회 코스에 갑니다. 메이저 대회들은 언제나 가장 어려운 시험이었거든요. 우승하기는 제일 쉬운 토너먼트일지도 모릅니다. 모두가 겁을 먹으니까요. 그래도 가장 어려운 시험이기 때문에 철저한 준비가 필요하죠.

제 아내는 늘 이렇게 말하죠. "제대로 준비하지 못한 데에는 어떤 변명의 여지도 없다." 그녀는 틀리는 법이 없어요. 저는 그린의 스피드가 얼마나 될지, 페어웨이의 폭이며 러프의 깊이, 그린 표면의 딱딱한 정도, 그 밖의 변수가 될 수 있는 조건들 등등을 확실히 파악하기 위해 일주일 전에 코스에 도착합니다. 준비 과정에서 모든 걸 알게 되고, 그래서 대회가 열리는 날에는 골프에만 집중하면 됩니다.

DR: 당신이 세운 기록 하나가 막 깨졌습니다. 59년 만에 깨졌는데요. 아마추어 US 오픈 대회에서 당신이 기록한 최저타를 한 젊은 선수가 깼습니다. 바로 빅터 호블랜드Viktor Hovland입니다. 59년간 지켜진 기록을 누군가가 깰 것이라고 생각해본 적 있습니까?

JN: 그럼요, 기록은 깨라고 있는 것입니다.

DR: 2005년 프로 선수에서 은퇴했을 때 마지막 대회가 바로 세인트앤드류스에서 열린 브리티시 오픈이었습니다. 감정이 북받치시던가요?

JN: 네. 가족들이 거기 있었습니다. 모두 와줬죠. 아들인 스티브가 그 주에 제 캐디 노릇을 해줬습니다. 우리는 18번 홀 페어웨이 맞은편에 있는 다리인 스윌칸 브리지Swilcan Bridge에 들렀습니다. 건질 만한 사진은 못 찍었습니다. 스티브가 너무 많이 울었거든요.

다들 울컥했습니다. 저는 토너먼트를 어떻게 끝낼지 집중하려고 했는데 가족들이 다 나와서 울고 있는 상황이었죠. 그래도 우리는 즐거운 시간을 보냈습니다. 재밌었고 좋았습니다. 금요일에 끝내고 싶지 않았는데, 본선 진출을 실패하면서 금요일에 끝내게 됐습니다.

DR: 마지막 홀이 버디였죠?

JN: 그게 좀 웃기는 게, 그날 본선에 진출했으면 싶었습니다. 17번 홀 그린 앞 에지에서 버디를 잡으려다 스리 퍼트를 했고, 마지막 18번 홀에서, 홀컵 뒤쪽 14피트 떨어진 곳에 공이 떨어졌습니다. 하루 종일 홀컵 근처에 공을 떨어뜨리지 못했었죠. 저로서는 마지막 퍼팅이었기 때문에 제가 어디에서 공을 친다 하더라도 홀이 공 앞에 나타나리라는 걸 알았습니다. 실제 그렇게 됐고 마지막 퍼팅을 했습니다. 1957년에 대회 첫 번째 홀에서 버디를 기록하며 메이저 챔피언십에서 선수 생활을 시작했고, 세인트앤드류스에서 14피트 버디 퍼팅으로 선수 생활을 마감했습니다.

DR: 많은 유명인사, 유명 골프 선수들과 경기를 하셨습니다. 투섬(2인 1조) 플레이를 할 때 파트너를 고를 수 있다면 어떤 선수를 선택하겠습니까?

JN: 타이거 우즈를 고를 것 같습니다. 밥 존스와 아는 사이였던 데다가 그를 아주 좋아했는데도 그와는 경기해본 적이 없습니다. 존스와도 경기를 해보고 싶군요. 벤 호건Ben Hogan과는 골프를 꽤 많이 쳤습니다. 그는 끝내줬습니다. 이들 중 누구도 괜찮겠군요.

DR: 미국 대통령들과도 라운딩을 함께 하셨죠. 가장 뛰어난 골퍼는 누구였나요?

JN: 트럼프가 최고의 플레이어가 아닐까 합니다. 그는 상당히 잘 칩니다. 약간 저처럼 플레이를 하더군요. 많은 홀을 돌지는 못하지만 공을 제대로 칠 줄 알고 그냥 필드에 나가 골프를 즐기더군요. 그는 클럽 챔피언십에서도 몇 번 우승했습니다. 제럴드 포드와는 50라운드 정도 돌았을 겁니다. 그는 핸디캡이 13 정도 됐는데, 거기에 맞춰 쳤습니다. 클린턴은 어떤지 모르겠군요. 핸디캡 10에 맞춰 치려고 하거나, 아니면 30에 맞출 수도 있겠죠. 그래도 골프 스윙은 멋졌습니다. 다들 골프를 즐길 줄 아는 사람들이었습니다.

DR: 선수 시절을 돌이켜 볼 때 가장 자랑스러웠던 경험은요?

JN: 저에게 골프는 게임입니다. 가장 중요한 건 가족이고요. 저를 잘 아는 다섯 아이가 있고, 그 아이들이 자라면서 제가 어떤 사람인지 알 수 있도록 아내는 세심한 노력을 기울였습니다. 아내는 전국 곳곳에서 열리는 대회에 아이들을 데리고 와서 아버지가 어떤 사람인지 생생하게 느낄 수 있도록 했습니다. 스물두 명이나 되는 손주들도 대단하죠. 그 아이들 모두와 항상 함께 합니다. 골프를 좋아했고 메이저 챔피언십 경력을 자랑스럽게 여깁니다. 하지만 이 또한 인생이라는 경기의 일부일 뿐입니다.

DR: 2주 이상 가족 곁을 떠나 있지 않는다는 원칙을 갖고 있으셨다고요.

JN: 제가 경기하는 내내 2주 이상은 절대로 떠나 있지 않겠다는 것이었죠.

DR: 아이들이 어릴 때 아빠가 골프 스타라는 사실을 힘들어하지는 않았나요? 혹시 그런 환경에 걸맞게 진로를 정하던가요?

JN: 아이들에게 강요한 적은 없습니다. 만일 그랬다면 그건 큰 실수를 하는 것이죠. 그런데 아이들 중 3명은 프로 골프 선수가 됐고, 한 녀석은 스크래치 플레이어(핸디캡이 0인 우수한 플레이어–옮긴이)가 됐습니다. 제 영향이 전혀 없지는 않았겠지만, 아이들이 원치 않는 걸 시킬 생각은 추호도 없었습니다. 스스로 클럽을 잡고 샷을 날리고 싶다는 마음이 들 때 골프를 즐기길 바랐죠. 언젠가 아이들이 "아빠, 우리가 어릴 때 왜 더 밀어붙이지 않으셨어요?"라고 묻더군요. 아이들이 골프를 치도록 밀어붙이는 부모들을 많이 봅니다만 이는 잘못된 교육이라고 생각합니다.

부모가 아이를 이끌고 갈 수는 있습니다. 그 세계로 안내할 수 있죠.

도와줄 수도 있고요. 그렇지만 대신 플레이를 해줄 수는 없습니다. 아이들 스스로 원해야 합니다. 그래야만 실력도 일취월장합니다.

DR: 지금 이 순간 이루고 싶은 인생의 최대 목표는 무엇인가요?

JN: 아이들이 계속해서 발전하고 손주들이 제대로 크는 걸 보는 것뿐입니다. 성취하고 싶은 직업적인 목표는 없습니다. 골프 코스 설계는 즐겁고, 세상의 다양한 일들을 즐기면서 다양한 사람과 문화를 경험하는 것도 좋아합니다. 골프가 그들의 삶과 어떻게 어울릴 수 있는지 관찰해보는 것도 좋고요. 각지의 다양한 사람들을 만나러 다니는 일이 즐겁습니다. 약식으로 골프 대회를 치르기도 합니다. 이른바 '골프계 거물들'과 함께요. 점수를 낼 필요가 없습니다. 그저 나가서 공을 치고 즐거워하며 낄낄댑니다. 매일 의식하고 긴장해야 할 인생의 진정하고 위대한 목표 같은 건 없어요. 제 인생의 목표는 언제나 가족이었고, 앞으로도 그럴 겁니다.

# 02  마이크 '코치 K' 슈셉스키

듀크 대학교 남자농구팀 감독/
전 미국 올림픽 남자농구 대표팀 감독

*Mike 'Coach K' Krzyzewski*

"'여기까지가 내 한계야'라는 생각을 바꿔야 합니다.

한계에 자꾸 노출되면 스스로 변변찮아 보이고 결국 실패하고 맙니다.

한계점을 더 멀리, 더 담대한 곳으로 이동시켜야 합니다.

그러면 실패하더라도, 그 실패에서 뭔가를 배우고 성장하게 됩니다.

그렇게 성장하면서 마침내 더 담대한 곳으로 이동시킨 한계점에

다다랐을 때, 우리는 비로소 성공에 도착한 것입니다."

'코치 K'로 잘 알려진 마이크 슈셉스키는 현역 최고의 농구 코치로 평가받고 있다. 그는 감독으로 있으면서 NCAA 디비전 1(1부 리그) 우승 5회, 올림픽 금메달 3개 획득이라는 성적을 올렸으며, 지난 44년간 육군사관학교와 듀크대 남자농구팀 감독으로서 통산 1,100승 이상을 기록한 전설적 인물임은 말할 것도 없다.

듀크대 동문이자 남자농구팀의 열렬한 팬을 자처하며 듀크대 신탁이사회 의장으로 4년간 일하면서, 나는 코치 K를 무척 존경하게 되었다. 그의 감독 이력은 더없이 눈부시지만, 상당수가 NBA 소속인 뛰어난 선수들과 훈련에 매진하는 그의 모습은 놀라울 정도다.

훌륭한 리더들이 대부분 그렇듯 마이크의 처신만 보면 그가 이룬 성

취를 짐작하기가 어렵다. 그는 겸손한 태도로 항상 선수들과 팀워크 훈련의 중요성에 집중한다. 물론 그런 가치관은 웨스트포인트에서 선수로, 나중에는 코치로 뛰던 시절에 서서히 형성하게 됐을 것이다. 그러나 다른 위대한 스포츠 코치들과는 달리 마이크는 치열한 경쟁을 유도한다. 선수들에게 동기를 부여하고, 그들이 개인의 성적보다는 팀플레이에 집중해 이른바 듀크대에서 '형제애'를 나눌 수 있도록 늘 고심한다.

그는 듀크대 프로그램이 매우 인기가 있지만(장기적 성공을 가져오므로) 적지 않은 이들이 이를 달가워하지 않는다(역시 장기적 성공을 가져오기 때문에)는 사실을 알고 있다. 코치 K는 이런 현실을 받아들이고 대학 농구의 상위권에서 경쟁력을 유지하려면 '원앤던 규정(재능이 뛰어난 이들이 대학 농구팀에서 1년간 활동한 후 NBA에 진출할 수 있게 한 규정)'을 활용해 고등학교 선수들을 모집해야 한다는 사실을 인정하게 되었다.

그로 인해 그는 과거보다 선수 모집에 더 많은 시간을 쏟아야 했고, 신입생 선수들이 주로 활동하는 팀을 계속 지도하게 되었다. 최상위권 대학 농구팀을 지도하면서 계속 열일곱 살 선수들을 모집하는 게 그리 유쾌하지는 않겠지만 코치 K는 어린 선수들을 청년으로, 국가대표 챔피언으로 길러내는 일을 즐거워한다. NBA 팀 감독 제의도 수없이 들어왔지만 그는 어린 선수들을 키워내는 데 더 큰 매력을 느꼈다(코치 K가 듀크대의 몇 배에 달하는 연봉으로 레이커스 감독을 맡아달라는 코비 브라이언트의 제안을 거절한 일화는 유명하다).

40여 년이라는 그 오랜 시간 동안 자기 분야에서 최고의 자리를 지키며 성공할 수 있었던 요인은 무엇이었을까? 어떻게 그는 그처럼 오래가는 리더가 될 수 있었을까?

마이크는 이 인터뷰에서 특히 주목할 만한 세 가지 답변을 내놓았다.

a) 어떤 분야에 몸담고 있든 간에 기존에 해오던 방식을 바꾸고 이를 새롭게 다듬어 변화를 반영하는 것, b) 다른 사람과 대화하고 그들의 말을 경청하여 꼭 필요한 변화를 만드는 법을 파악하는 것, c) 조언과 지원이 필요할 때 도움을 받을 수 있는 좋은 사람들과 어울리는 것이다.

몇 년간 나는 코치 K를 여러 차례 인터뷰하면서, 성공에 필요한 요소가 무엇인지에 대해 항상 배우게 되었다. 이 인터뷰는 2017년 1월, 그가 진행하는 〈코치 K와 함께하는 농구와 그 밖의 이야기〉라는 라디오 프로그램에서 그와 대담을 끝낸 후 뒤이어 그의 듀크대 사무실에서 이루어졌다.

# i n t e r v i e w  w i t h  t i t a n s

**데이비드 루벤스타인(DR)**: 어떻게 농구 코트에 발을 들여놓게 되셨는지 얘기해보죠. 시카고 태생이시네요. 아버지는 소방관이셨고요.

**코치 K(CK)**: 아닙니다. 아버지는 승강기 운전원이셨습니다. 형이 소방관이었습니다.

**DR**: 어릴 때 훌륭한 농구 코치가 되어야겠다고 생각하셨나요? 농구를 하셨습니까?

**CK**: 가톨릭계 학교에 진학했습니다. 시카고의 가톨릭 리그에서 2년간 득점왕이었습니다. 그러다가 주 대표선수로 뽑혔죠. 어머니는 고등학교에 다니신 적이 없고 아버지는 2년만 다니셨습니다. 그래서 제가 웨스트포인트에 진학했을 때 부모님은 폴란드계 시카고 아이가 대통령이 다녔던 학교에 들어가게 됐다는 걸 상상도 하지 못하셨습니다. 웨스트포인트에 정말 가고 싶었던 건 아니었습니다. 제가 정말 하고 싶었던 건 비하인드 백드리블과 멋진 바운스 패스였죠. 소총을 차고 싶지는 않았지만 부모님이 저를 계속 압박하셨죠. 두 분은 주방에서 폴란드어로 얘기하시곤 했습니다. 싸구려 아파트에 살았죠.

DR: 당신은 폴란드어를 몰랐고요?

CK: 몰랐습니다. 부모님은 제가 모르길 바라셨습니다. 나중에서야 그 사실을 알게 됐습니다. 초등학교와 고등학교를 다닐 때 제가 폴란드어를 못했으면 하셨습니다. 폴란드어 억양이 생길까 봐서요.

DR: 웨스트포인트에 진학하고 보니 생각보다 선수들 수준이 높던가요?

CK: 훌륭한 선수들이었습니다. 전설적인 코치였던 밥 나이트Bob Knight가 감독이었죠. 우리는 상위 20위에 드는 팀이었습니다. 저는 포인트 가드이자 팀 주장을 맡았습니다. 웨스트포인트에 진학하면서 지금의 저를 있게 한 모든 것이 시작됐습니다.

DR: 사람들이 당신에게 NBA에서 뛸 수 있을 만큼 실력이 좋은데, 왜 군대에 가야 했냐고 묻지는 않던가요?

CK: NBA에서 뛸 만큼 뛰어나지는 않았습니다.

DR: 그걸 알고 계셨습니까?

CK: 네. 그리고 그 당시에는 NBA 진출이 그렇게 인기가 있는 건 아니었습니다. 제 꿈은 고등학교를 졸업한 후 교사 겸 농구팀 감독이 되는 거였죠.

DR: 웨스트포인트에 입학하면서 5년간 군복무를 해야 했습니다. 복무 기간이 끝나고 코치 일을 시작했는데요. 처음 일을 시작한 게 어디였습니까?

CK: 인디애나 대학교에서 보조 코치로 일했습니다. 그 대학에서 MBA를 하고 있었거든요. 밥 나이트 감독이 거기 있었습니다. 저는 1년간 있었는데 MBA를 끝내지는 못했습니다. 그리고 운 좋게도 28세 때 모교인 웨스트포인트로 돌아와 감독을 맡게 됐죠. 와서 보니 2년간 7승 44패를 기록했더군요. 제게는 더없이 좋은 출발점이었습니다.

DR: 그럼 거기서 감독으로 일하셨는데 나중에 듀크대에서 감독을 물색한 거군요. 그래서 면접을 보셨는데, 채용되기 전 해의 감독으로서의 성적이 제가 알기론 9승 16패였습니다.

CK: 9승 17패였습니다.

DR: 그럼 전적이 썩 좋은 건 아닌데, 왜 당신을 채용했을까요?

CK: 학교 측에서는 제대로 된 결정을 내리고 싶어 했습니다. 한 가지 면에만 집착하면 전체 그림을 볼 수 없는 경우가 많죠. 처음에 왔을 때 7승 44패였던 성적이 5년 후에는 73승 59패가 되었습니다. 작년에는 6명의 선수를 잃었습니다. 학업으로 진로를 변경하거나 불의의 부상을 입은 선수들이었죠. 하지만 여전히 버지니아, 퍼듀, 일리노이, 세인트존스를 상대할 수 있었습니다. 3승 20패가 될 수도 있었고 9승 17패가 될 수도 있었죠. 솔직히 말하면 감독으로서 인상적인 활약을 보여주기에 딱 좋은 상황이었습니다. 하지만 팬들의 눈에는 그렇게 비치지 않았죠. 정말 놓쳐서 아쉬운 경기들, 그리고 공격 기회가 생길 때마다 잘 살려야 했지만 실패한 순간들이 하나하나 모이고 쌓여야만 강한 팀이 될 수 있습니다.

DR: 당시 듀크대 스포츠 관리 처장이었던 톰 버터스Tom Butters는 잘 알지도 못했던 당신에게 기회를 주었습니다. 그런 기록이 나오게 된 이유

427

가 납득할 만하다 하더라도 훌륭한 편은 아니었습니다. 그는 당신 이름을 발음할 줄 알았습니까?

CK: 알더군요. 그래서 그와 금세 친해졌습니다. 저는 웨스트포인트를 떠날 준비가 되어 있었죠. 제가 듀크대에서 면접을 볼 당시에는 이미 아이오와 주립대에서 감독직 제안을 받은 상태였습니다. 듀크대가 제가 원하는 1순위는 아니었습니다. 아이오와 주립대를 그냥 선택하라고 충고했던 사람들도 많았습니다. 저는 아이오와 주립대 쪽에 말했습니다. "다른 사람을 찾아보는 게 좋을 겁니다. 저를 기다리지 마십시오. 듀크대에 채용이 되든 안 되든, 지원해볼 겁니다. 듀크대로 가겠습니다."

DR: 그래서 감독이 되셨고, 처음 몇 해는 성적이 아주 좋은 편이 아니었습니다.

CK: 아니었죠.

DR: 그리고 3년 후에는 좋지 못한 성적을 냈습니다.

CK: 38승 47패였습니다. 저를 해임하라는 목소리가 빗발쳤습니다. 듀크대에는 선수들을 후원하는 '아이언 듀크Iron Dukes'라는 기금 조성 단체가 있습니다. 제가 부임한 후 첫 3년 동안 '걱정하는 아이언 듀크Concerned Iron Dukes'라는 새로운 기금 조성 단체가 결성됐습니다. 그들은 제가 감독을 맡는 게 걱정이 됐던 겁니다. 그렇지만 톰 버터스 처장과 테리 샌퍼드Terry Sanford 총장이 저를 고용하면서 "우린 할 일이 많습니다. 보강해야 할 게 아주 많아요. 그러니 그냥 계속하십시오"라고 하더군요. 제가 순진했던 건지 뭔지는 모르겠지만, 저는 한 번도 걱정한 적이 없었습니다. 이듬해부터 성적이 제대로 나기 시작하더니 미친 듯이 질주했습니다. 그래서 제가 듀크대에 남게 된 것도 있습니다. 학교 측은 저를 전적으로 믿어줬습니다. 듀크대를 사랑하기 때문이기도 했지만, 아시다시피 저는 인간관계를 중시하는 사람이니까요. 저를 신뢰하고 제 능력을 믿어주는 사람에게는 마음을 다합니다. 듀크대가 제겐 바로 그런 존재입니다.

DR: 당신은 상황을 반전시켰습니다. 1986년쯤부터 팀 성적이 아주 좋았죠. 내셔널 챔피언십에서 우승한 적은 없지만 꽤 근접하는 성적을 냈으니까요. 그러다가 1991년 처음으로 내셔널 챔피언십에서 우승을 차지했습니다. 이 과정에서 1990년 준결승에서 듀크대를 꺾었던 네바다라스베이거스 대학UNLV을 다시 준결승에서 상대해야 했습니다. 승리를 위한 준비 과정은 어땠습니까?

CK: UNLV는 45연승을 거뒀습니다. 스포츠 역사상 최강팀 중 하나였죠. 하지만 우리 팀도 뛰어났습니다. 최고의 선수인 바비 헐리Bobby Hurley와 크리스찬 레이트너Christian Laettner이 건재했고 그랜트 힐Grant Hill이 오면서 최고 선수 명단에 이름을 올렸죠. 우승을 위해 선수들을 정신 무장시키는 건 엄청난 일이었습니다. 한 해 전에 UNLV는 큰 점수 차로 우리를 이겼기 때문에 방심했었는지도 모르죠. 우리는 대학 농구 역사상 최고의 경기 중 하나라고 평가받는 경기에서 이겼습니다. 하지만 그게 결승전은 아니었죠. 곧장 48시간 내에 준비를 마치고 캔자스 팀을 상대해야 했습니다. 선수들은 끝까지 집중력을 잃지 않았고, 우리는 마침내 첫 우승 트로피를 들어올렸습니다.

DR: 첫 우승을 계기로 스스로에게, 그리고 당신을 한결같이 지지해준 사람들이 옳았다는 걸 증명했습니다. 그다음 해에 팀 구성은 거의 변함이 없었고 당신은 다시 우승팀을 만들어냈습니다. 팬들은 두 번째 우승은 첫 번째보다 훨씬 쉬울 거라고 생각했죠. 그러다가 준결승에서 캔터키 팀을 만나게 됐습니다. 역사상 최고의 명승부 중 하나가 펼쳐 졌고요. 막판에 실제로 어떻게 된 건지 얘기해주실 수 있나요?

CK: 당시 캔터키 팀을 맡고 있던 릭 피티노Rick Pitino는 명예의 전당에 이름을 올린 명감독이었죠. 피를 말리는 접전이었죠. 캔터키가 행운의 우측 뱅크슛을 성공시키며 102대101로 앞섰습니다. 연장전 종료 2.1초를 남겨놓은 상황이었죠. 우리는 타임아웃을 외쳤습니다. 리더가 보여주어야 할 가장 첫 번째 덕목은 '강인함'입니다. 선수들이 벤치로 돌아왔을 때 저는 소리쳤습니다. "우리는 이길 거야! 우리가 이길 거라고!"

왜 그랬는지는 모르겠지만 저는 계속 그렇게 외쳤습니다. 그러고는 모두 벤치에 앉았죠. 치열한 접전일 때는 지시보다는 질문이 효과적인 경우가 많습니다. 그래서 그랜트 힐에게 물었습니다. "23미터 거리에서 공을 던질 수 있겠나?" 그는 인바운드 패스를 맡을 예정이었습니다. 그가 말했죠. "네, 할 수 있습니다." "그럼 공을 빠르게 던져. 레이트너를 키홀(공격제한 구역-옮긴이) 끝부분에 배치할 테니까."

레이트너를 보니 자신감이 넘치다 못해 자만해보이기까지 한 얼굴이더군요. 제가 물었습니다. "그랜트의 패스를 잡을 수 있겠어?" "감독님, 그랜트가 패스만 잘하면 문제없습니다." "그럼 그랜트가 던지면 네가 잡아. 그러면 두 명이 그 공을 따라 뛰어들거야. 슛을 못 하게 되면 그중 한 명을 맞혀버려. 그리고 어떻게 되는지 보자."

그랜트가 공을 코트 안으로 길게 던져넣었고 레이트너가 그 공을 잡았습니다. 그런데 그가 드리블을 하는 것이었습니다. 맙소사, 제 가슴이 철렁했습니다.

DR: 드리블을 잘하는 선수가 아니어서요?

CK: 그게 아니라 2.1초밖에 안 남았었거든요. 드리블을 하기엔 너무나 찰나의 시간인 거죠. 어쨌든 그는 정말 대담했고 버저비터를 날렸습니다. 공이 림을 통과했고, 그게 그날 그가 시도한 스무 번째 슛이었습니다. 그날 그는 자유투를 열 개 던져 열 개 다 넣었습니다. 그뿐 아니었습니다. 그는 스무 개의 슛을 모두 성공시키며 그날 경기에서 더 이상 완벽할 수 없었습니다.

DR: 그렇게 준결승에서 승리한 후 결승전 우승으로 기세를 이어갔습니다. 2001년에 또 한 번 우승을 했는데, 그때는 셰인 배티에Shane Battier 와 제이 윌리엄스Jay Williams가 팀에 있었습니다. 그해의 팀은 어땠습니까?

CK: 1992년의 팀과 쌍벽을 이루며 그 어떤 팀보다도 뛰어난 실력을 발휘했습니다. NBA 진출 선수가 여럿이었으니까요. 배티에는 코트 안에서나 코트 밖에서나 최고의 리더였고, '올해의 대학 선수'에 선정됐습니다. 제이 윌리엄스도 '올해의 선수'였지요.

당시의 팀은 득점력이 정말 뛰어났습니다. 메릴랜드를 상대로 한 준결승은 우리가 이겼던 중요한 경기 중 하나였습니다. 그날 메릴랜드는 압도적인 기량을 선보이며 전반전에 우리를 39대17로 크게 앞섰습니다. 저는 연신 타임아웃을 외치며 말했습니다. "대체 뭐 하는 거야? 토요일 오후라서 그런 거야? 너희의 모습을 봐. 지금 잔뜩 겁을 먹고 있는 표정이야. 그냥 가벼운 내기 시합이라고 생각해봐. 자, 나가서 뛰어!"

그때부터 폭발했습니다. 결국 우리는 11점 차이로 승리했습니다. 이런 경기는 사람들이 잘 모릅니다. 대개는 결승전만 기억에 남아 있죠.

DR: 굉장히 차분하게 말씀하시네요. 욕을 하거나 고함을 치거나 하지는 않으십니까?

CK: 가끔은 그렇습니다. 하지만 그래 봤자 달라지는 건 없다는 걸 잘 알고 있죠. 크게 뒤지는 날에는 '팀플레이를 하라'고 지시합니다. 주눅 들지 않고 팀플레이에 충실하면 상황을 반전시킬 수 있죠. 점수 차이가 크게 나는 건 기량 차이라기보다는, 경기에 임하는 자세의 차이에서 비롯됩니다. 우리 팀은 훌륭한 선수들이 있었기에, 그 자세만 교정해주면 충분했죠.

DR: 그해 우승한 후 몇 년간은 우승에서 멀어졌죠. 그러다가 2010년에 다시 우승을 차지했는데, 그때는 정작 팀이 우승할 거라고 예상하지 못했습니다. 맞나요?

CK: 2010년의 팀은 좀 독특했습니다. 장신 군단이었죠. 키가 큰 선수들이 많았습니다. 브라이언 주벡Brian Zoubek은 216센티미터였고 랜스 토머스Lance Thomas는 203센티미터였습니다. 그래도 잘 뭉치는 팀이었습니다. 대학 팀에서는 뜻밖의 선수가 사기를 북돋워주곤 하는데, 그게 바로 주벡이었습니다.

주벡은 좋은 선수였지만 4년간 수많은 부상에 시달렸습니다. 그리고 마지막 졸업반 때 키가 2미터를 훌쩍 넘었습니다. 몸무게도 110킬로그램이 넘었고요. 그해 2월 중순, 우리는 메릴랜드와 경기를 했습니다. 그가 19득점과 15개 리바운드에 성공했습니다. '와, 대체 어디서 저런 기량이 나오는 거야?' 싶었습니다. 그때부터 그는 미국 내 상위 10위 안에 드는 선수가 됐습니다. 어디서 그런 기량이 나왔을까요? 저도 모릅니다.

DR: 감독님 덕분이 아니었을까요?

CK: 뭣 때문이었는지는 모르겠습니다. 어쩌면 훈련 식단 같은 걸 바꿔서

인지도 모르죠. 뭔가 머릿속을 번뜩하게 만드는 녀석이 가끔 나오죠. 주백은 우리 팀의 핵심 선수가 됐고 우리는 경기에서 계속 이겼습니다.

DR: 감독님이 승리로 장식한 마지막 결승전, 즉 2015년 다섯 번째 우승 때, 팀은 기본적으로 신입생이 주축이었죠. 정말 실력이 뛰어난 신입생들을 다수 선발하셨더군요. 듀크 팀은 출전 선수들 중 신입생이 4명이었습니다. 어떻게 그렇게 된 겁니까?

CK: 굉장히 이례적인 해였습니다. 대학 농구의 흐름이 바뀌었지요. 여전히 실력이 좋은 팀들도 있었지만 신생 팀들도 많이 생겼습니다. 오래된 선수와 신인 선수들을 같이 내보내서 손발이 잘 맞으면 가끔 성공을 거두기도 합니다. 출전할 선수를 8명으로 추림으로써 모두가 중요하다는 느낌을 받게 했습니다. 호흡이 잘 맞았죠. 유일한 졸업반이었던 퀸 쿡Quinn Cook의 리더십은 놀라울 정도였습니다. 당시 신입생 3명은 이후 프로로 전향했습니다. 그들은 일찌감치 원앤던 규정의 요건을 채웠습니다. 개인 성적에 대해서는 별로 관심이 없었습니다. 자릴 오카포Jahlil Okafor, 저스티스 윈슬로Justise Winslow, 타이어스 존스Tyus Jones 등은 그저 무조건 이기고 싶어 했어요. 타의 추종을 불허하는 승부사들이었죠.

DR: 이제 듀크대는 자타가 공인하는 대학 농구의 명문으로 평가받고 있습니다. 바로 그 때문에, 당신의 엄청난 성공을 질시한 나머지 당신에게 반기를 드는 사람들도 많습니다. 그 사실이 불편하진 않나요?

CK: 아닙니다. 불편해하는 건 쓸데없는 일이죠. 정말 실력이 좋은 사람은 늘 안티들이 많이 따라다니는 법이죠. 돈도 많이 벌고 영향력도 커지니까요. 안티들에 얽매여 살 수는 없잖습니까. 안티들 중에는 사실 존경심을 갖고 있는 사람들도 있습니다. 저와 제가 운영하는 프로그램을 어떻게든 흉내내려고 하죠. 지난 10년간 우리는 미국에서 가장 인기 있는 프로그램에 9회 선정됐고 가장 싫어하는 프로그램에는 7~8회 선정됐습니다. 어떻게 둘 다에 해당될 수 있는지는 잘 모르겠습니다.

농구는 개인적 경험이 두드러지는 운동입니다. 반바지를 입고 경기하는 모습을 사람들이 볼 수 있지요. 관중이 바로 내 머리 위에서 내려다봅니다. 신문에 실리는 비판은 부드럽죠. 실제 경기장에선 상상 이상의 최악의 비난을 듣게 됩니다. 이 인터뷰에 다 털어놓을 수 없을 정도로요. 선수들은 그런 험담을 담담하게 넘길 수 있을 만큼 감정에 휘둘림 없이 냉정해야 합니다. 저는 웃어넘길 수 있습니다. 의사나 변호사처럼 보이는 사람 다섯 명이 경기장 이곳저곳의 맨 앞좌석에 앉아 손가락질을 하면서 잡다한 욕들을 합니다. 그러면 저는 대체 왜 저러나 싶을 뿐이죠.

DR: 오랫동안 감독 생활을 하셨는데, 가장 중요한 리더십의 교훈은 뭐라고 생각합니까? 선수들에게 꼭 전해주고 싶은 것이 있다면요?

CK: 뭐니 뭐니 해도 기량이 향상되려면 '여기까지가 내 한계야'라는 생각을 바꿔야 합니다. 한계에 자꾸 노출되면 스스로 변변찮아 보이고 결국 실패하고 맙니다. 한계점을 더 멀리, 더 담대한 곳으로 이동시켜야 합니다. 그러면 실패하더라도, 그 실패에서 뭔가를 배우고 성장하게 됩니다. 그렇게 성장하면서 마침내 더 담대한 곳으로 이동시킨 한계점에 다다랐을 때, 우리는 비로소 성공에 도착한 것입니다.

또한 혼자서는 목표를 이룰 수 없다는 걸 생생하게 깨달아야 합니다. 팀과 같이 가야 합니다. 좋은 사람들과 어울리고 경청하는 법을 배우는 것입니다. 자기 혼자만 얘기하면 배울 수 없습니다. 혼자 얘기하지 말고 대화를 해야 합니다. 변명하지 말고 해법을 찾아내야 합니다. 혼자서 해낼 필요는 어디에도 없습니다.

DR: 당신의 가장 빛나는 성취로 남았으면 하는 게 있다면요?

CK: 그 대답은 다른 사람들에게 맡기겠습니다. 저는 매일 열심히 살고 싶을 뿐입니다. 저는 제 일을 사랑하고 매일이 첫날인 것처럼 살고 싶습니다. 물론 42년간의 경험은 그대로 간직하고요. 그리고 저는 매일 의욕에 불탔습니다. 모두에게 최선을 다했고요. 저는 언제나 팀의 일원이 되고 싶었습니다. 그 팀을 이끌고 싶었고요.

리더가 된다는 건 참으로 멋진 일입니다.

# 03   르네 플레밍

성악가/미국 국가예술 훈장 수훈자

*Renée Fleming*

> "무슨 일이 있어도, 어떤 한계도 설정하지 말라고 조언합니다.
> 노래를 멋지게 부르고 싶다면 먼저 자신의 목소리를 믿어야 합니다.
> 그러면 자신이 노래하는 인물이 될 수 있고,
> 바로 그때 훌륭한 연기가 탄생하죠."

르네 플레밍은 전 세계에서 가장 재능 있고 존경받는 성악가다. 많은 유명 소프라노의 이미지와는 달리 르네는 프리마돈나가 아니다. 그와는 거리가 멀다. 하지만 그녀는 내가 만나본 사람 중 가장 우아하고 매력 넘치는 사람이었다.

운 좋게도 르네 플레밍을 알게 된 사람이라면 누구나 그녀의 친근하고 따뜻한 성정을 느낄 수 있다. 흔들림 없이 예술적 완벽을 추구하는 그녀의 열정은 오페라 공연이든 단독 콘서트든 브로드웨이에서 가수로서든 재즈 아티스트로 활동하든, 무대를 가리지 않는다. 공연계에서 경력을 쌓는 건 늘 어렵지만(거절당하는 경우가 너무나 흔하다), 오페라만큼 많은 어려움을 동반하는 예술 장르도 드물다. 기회도 별로 없으며, 모국어로 항상 공연할 수 있는 것도 아니다. 굉장히 까다로운 청중을 만날 수도 있다. 전 세계를 돌아다니는 여행 일정은 가혹하다. 무엇보다 목소리는 항상 완벽한 상태를 유지해야 한다.

르네 플레밍은 뛰어난 가창력과 성악 지도를 통해 이러한 어려움을 극복했다. 외국어를 배우고 세계 곳곳을 여행하기를 마다하지 않았다(가끔 자녀를 동반하기도 했다). 또한 다양한 오페라의 배역에 대해 수없이 공부했다. 전형적인 오페라 스타의 이력은 보통 그리 길게 가지 않는다. 목소리엔 힘이 빠지기 일쑤고 여행으로 인한 극도의 피로가 덮쳐오기 때문이다. 그러나 르네 플레밍은 전형적인 스타가 아니다. 그녀는 수없이 다양한 음악 형식을 넘나들며 자신의 레퍼토리를 확장했고, 유망한 젊은 오페라 가수를 돕고, 자선활동을 지원하는 데 어마어마한 시간을 할애하고 있다. 특히 미국 국립보건원NIH과의 협업을 통해 환자들이 음악이 가진 치유 효과를 활용할 수 있도록 안내하고 있다.

나는 르네가 고문으로 있는 존 F. 케네디 공연예술센터 업무 등을 통해 그녀를 알게 되었다. 또한 그녀는 해외 공연 요청도 많이 받는다. 아울러 르네는 공연에 열중하는 것 못지않게 다음 세대의 오페라 공연자를 교육하는 일에도 힘쓰고 있다.

이러한 관심은 아마도 르네의 부모님이 두 분 다 음악 교사였다는 사실에서 비롯됐을지도 모른다(한 분은 실제로 아직도 성악을 가르치신다). 나는 음치라서, 르네의 마스터 클래스를 수강하더라도 대중이 귀 기울일 정도로 내 목소리를 교정하긴 어렵다는 걸 오래전부터 알고 있었다. 그래서 그간 르네를 인터뷰하는 것에 만족하기로 했다.

이 인터뷰는 2018년 4월, 뉴욕의 블룸버그 스튜디오에서 진행되었다.

**데이비드 루벤스타인(DR):** 아마도 세계에서 가장 유명하실 것 같은데, 어떻게 그처럼 모두에게 사랑받는 소프라노가 되셨는지 좀 얘기해보겠습니다. 어릴 때 뉴욕 주 북부에서 사셨죠.

**르네 플레밍(RF):** 네, 뉴욕 주 로체스터였죠.

**DR:** 부모님은 두 분 다 음악 교사이셨고요. 커서 훌륭한 오페라 가수가 되어야 한다고 항상 말씀하셨나요?

**RF:** 아뇨, 부모님은 정말 깜짝 놀라셨어요. 오페라 가수는 잊어버리라고, 그건 그냥 불가능하니까 교육 학위를 따라고 하셨죠. 그랬으니 부모님이 얼마나 놀라셨을지 상상하실 수 있겠죠? 어머니는 여전히 성악을 가르치고 계십니다. 가르치는 일에 굉장히 열정적이시죠. 공연을 직업으로 하려면 엄청난 적극성과 유연함이 필요합니다. 경쟁이 엄청나게 치열한 분야거든요.

**DR:** 훌륭한 음악 과정을 갖춘 오벌린Oberlin 음대에 합격하셨는데, 부모님이 학비를 지원할 여유가 안 돼 결국 뉴욕 주립대에 입학하셨죠.

**RF:** 그렇습니다.

**DR:** 결과적으로 당신에게 꽤 잘된 일이었습니다. 좋은 음대가 있었으니까요. 그렇죠?

**RF:** 네, 크레인 음대Crane School of Music였습니다. 훌륭한 성악 교수님이 계셨어요. 성악의 성공을 좌우하는 핵심 요소 중 하나는 목소리 개발에 도움을 받는 겁니다. 쉬운 일이 아니죠. 각별한 노력이 따르는 일이기도 하고요. 악기마다 음색이 모두 다르듯 목소리도 마찬가집니다. 목소리는 우리 몸 안에 존재하는 악기 같은 것이죠. 타고난 골격과 신체 구조마다 최상의 목소리를 내게 하는 테크닉이 다릅니다.

DR: 성악가를 직업으로 고려할 정도로 실력이 괜찮다는 걸 깨닫게 된 건 언제였습니까?

RF: 저는 그냥 계속 활동했습니다. 어떤 결정을 내렸다거나 한 건 아닙니다. 풀브라이트Fulbright 장학금을 받은 게 큰 전환점이 됐습니다. 유럽에 가서 공부할 수 있게 됐으니까요. 그 점이 정말 좋았습니다.

DR: 어떻게 성악계에서 돌파구를 찾았습니까?

RF: 누군가가 위험을 감수해야 합니다. 보통은 단장impresario이 나서서 "다른 사람이 어떻게 생각하든 상관없어. 나는 이 소프라노가 마음에 들고 그녀에게 기회를 주겠어"라는 식으로 나와야 하는 거죠.

DR: 어떻게 그런 일이 생기게 됐습니까? 누군가가 당신에게 연락해서 "아픈 사람이 생겼으니 와서 공연해줄 수 있겠냐"고 부탁한 겁니까?

RF: 맞아요. 저는 휴스턴 그랜드 오페라에서 주최한 '젊은 아티스트 프로그램'의 오디션을 봤습니다. 몇 달 뒤 그쪽에서 연락을 해왔습니다. 주연 배우 출연이 취소됐다고.

DR: 오페라 공연에서 목이 아닌 가슴에서 소리를 끌어내나요?

RF: 성악가는 호흡을 확장하는 최적의 방법을 사용합니다. 숨을 들이마신 후 호흡을 유지하는 것이죠. 이는 소리를 누르거나 힘이 빠지지 않게 성량을 최적화하는 것이 핵심입니다. 스포츠 행사에 가서 소리를 지르면 다음 날 목이 쉬죠. 쉰 목소리를 들은 사람들은 '록 콘서트에 갔다 왔니? 아니면 야구장? 클럽에서 목이 터져라 노래 부르면서 춤을 춘 거니?'라고 묻게 되죠. 보통 사람은 조금만 목을 써도 쉽게 목소리가 상합니다. 반면에 성악가들은 세 시간을 쉬지 않고 노래할 수 있습니다. 그리고 그다음 날이 되어도 쉰 소리 없이 어제와 똑같은 목소리를 낼 수 있습니다.

DR: 오페라에서 노래를 부를 때 해당 언어를 모르면 당연히 어렵겠죠?

RF: 저는 8~9개 언어로 노래합니다. 〈반지의 제왕〉을 포함시킨다면요. 제가 그중에 정말로 말할 줄 아는 언어는 세 개뿐입니다. 영어까지 포함하면 네 개이고요. 러시아어든 체코어든, 그 밖에 다른 언어를 배울 때는 외웁니다. 소리를 암기하는 것이죠. 원어민처럼 들려야 하기 때문에 다른 사람들이 하는 말을 암기해야 합니다. 정말 시간이 많이 걸리는 일이죠.

DR: 요즘은 오페라뿐 아니라 다른 장르의 음악도 하시죠.

RF: 대부분은 콘서트를 합니다. 15년 동안 해온 일이죠. 콘서트 무대에서 공연하는 게 80퍼센트 정도일 겁니다. 그래서 전 세계를 여행하게 되죠. 저는 '르네 플레밍 쇼'로 만드는 걸 좋아합니다. 보통은 제가 좋아하는 레퍼토리 중에서 청중이 제일 좋아할 거라 생각하는 것들을 섞지요. 새로운 청중을 만나 다 같이 그런 유대감을 느끼는 게 좋습니다.

DR: 유명 소프라노들을 '디바'나 '프리마돈나'로 부르기도 하는데요. 마리아 칼라스Maria Callas가 그 좋은 예인 것 같습니다. 그런데 그런 평판은 없으신데요. 어떻게 피해가셨죠?

RF: 사람들이 저녁식사 자리에서 저를 화제로 삼을 수 있을 만큼 좀 더 명성을 키우고 싶었습니다. 그렇지만 잘 안됐습니다. 제가 그런 쪽으로는 소질이 없네요.

DR: 명성과 인기보다는 위대한 소프라노라는 자부심과 실력으로 사람들 앞에 서고 계시는군요.

RF: 공연이 주는 압박과 엄청난 불안 때문인 것 같습니다. 공연은 정말 상상 이상으로 힘이 듭니다. 갖은 노력 끝에 마침내 정상에 올라도 그 자리를 지키기란 엄청나게 어렵습니다. 명성과 인기를 얻기 위해 공연 외의 것을 해야 한다면, 저는 포기하고 말겠어요. 스트레스가 진짜 장난이 아닙니다. 어떤 성악가들은 주변 사람들에게 스트레스를 퍼붓기도 합니다. 그러고는 무대에 올라가서 훌륭하게 공연하죠.

DR: 오페라 가수라는 부담 때문에 스트레스를 풀 곳이 필요하겠군요. 당신만의 스트레스 해소법은 무엇입니까?

RF: 저는 문화애호가입니다. 평생 배우며 사는 사람이죠. 그래서 박물관과 극장에 항상 갑니다. 극장은 정말 좋아하는 곳이에요. 그리고 자연의 아름다움도 무척이나 사랑합니다. 재능 있는 젊은이를 육성하는 것도 즐거운 일입니다. 앞으로도 보다 의미 있게 그 일을 계속했으면 좋겠네요.

DR: 젊은 공연자들이 찾아와 당신에게 유명한 오페라 가수가 되고 싶다고 말하면 어떤 조언을 해주십니까?

RF: 무슨 일이 있어도, 어떤 한계도 설정하지 말라고 조언합니다. 노래를 멋지게 부르고 싶다면 먼저 자신의 목소리를 믿어야 합니다. 그러면 자신이 노래하는 인물이 될 수 있고, 바로 그때 훌륭한 연기가 탄생하죠. 소셜 미디어를 잘 활용하는 것도 중요합니다. 뛰어난 오페라 가수가 되려면 이처럼 여러 가지를 갖춰야 합니다. 그리고 점점 더 요구하는 게 앞으로 더 많아질 것입니다.

DR: 저는 오페라 가수가 되는 법을 배우고 싶어도 이미 늦었죠. 일찍 배워야 하는 것 같습니다. 늦게 시작할 수는 없는 거겠죠?

RF: 보통은 어려워요.

DR: 마스터 클래스에서 가르칠 때 진짜 재능이 넘친다 싶은 사람을 발견합니까?

RF: 당연하죠. 아직 다듬어지지 않은 수많은 다이아몬드를 발견합니다. 성악가들이 하는 말이 있습니다. "위대한 성악가의 재능을 가진 사람은 자신에게 목소리가 있는지조차 모른다."

DR: 유료로 오페라를 감상해야 한다면 누구의 목소리를 돈 내고 들으시겠습니까?

RF: 첫째는 레온타인 프라이스Leontyne Price입니다. 정교한 아름다움을 가진 목소리죠. 저의 멘토였습니다. 뛰어난 음악성 때문에 마리아 칼라스의 음반을 지금도 찾아 듣습니다. 빅토리아 데 로스 앙헬레스 Victoria de los Ángeles도 그중 한 사람이고요. 라이브로 들어본 적은 없는 것 같습니다. 저는 정말 광팬이에요. 엘리자베스 슈바르츠코프Elizabeth Schwartzkopf도 있습니다. 마스터 클래스를 들은 적은 있지만 라이브로 노래하는 건 들은 적이 없군요. 우리는 역사 속의 한 부분으로 살고 있습니다. 저는 그처럼 과거와 연결된 정신을 기리는 게 좋습니다. 정말 좋아하죠. 오늘날 우리 문화에서 잃어버리고 있는 것들이기도 합니다. 모든 게 빠르게 변화하면서 늘 지금에 집중해야 하는 현실이니까요.

DR: 딸이 둘 있으시죠. 둘 다 성악을 하고 싶어 합니까?

RF: 둘 다 노래를 잘해요. 그래도 직업으로 삼고 싶어 하는 아이는 없어요. 쉽지 않은 생활이니까요. 너무 여행을 많이 다녀서 3일마다 비행기를 타는 적도 있습니다.

DR: 딸들이 더 어렸을 때는 아이들 짐까지 챙겨서 같이 여행을 떠나고 가정교사를 붙이기도 하셨죠. 무척 힘든 일이었죠?

RF: 네, 그래도 그만한 가치는 있었습니다. 진짜로요. 저는 함께 있는 게 가장 중요하다고 굳게 믿었습니다. 가정이란 사랑하는 사람과 함께 있는 것이라고 생각합니다. 그런 생각은 좋은 결과로 이어졌죠. 딸들이 아주 멋진 여성으로 컸으니까요.

DR: 남은 평생 오페라에서 단 한 곡만 부를 기회가 있다면요?

RF: 〈장미의 기사Der Rosenkavalier〉라는 작품에서 노래하고 싶습니다. 마르샬린Marshallin을 연기하고 싶습니다. 그녀는 정녕 흥미로운 여성입니다. 가장 복잡하고 입체적인 인물인데, 오페라 같은 역사적인 장르에서는 흔치 않은 경우죠. 작품 속 여성들은 남성의 소유물로, 여기저기서 피해를 입는 존재입니다. 그래서 권력을 가진 복잡한 인물인 마르샬린은 아주 매력적이죠.

DR: 브로드웨이 무대에도 서보셨고, 클래식 음악도 하셨습니다. 간절히 원하는데, 아직 못해본 일이 있습니까?

RF: 이미 제가 상상했던 것보다 훨씬 풍성한 세계를 경험했습니다. '브로드웨이 뮤지컬에 출연한다고 하던데, 사실인가요?'라고 누군가 묻는다면 '그럴 리 없어요'라고 답해줄 겁니다. 저는 바라는 게 없습니다. 제가 가진 거라곤 열린 마음과 미래에 대한 믿음뿐이죠. 열심히 노력하고 마음을 다하고 지금 하는 일을 사랑하고 열정을 잃지 않는다면 모든 게 알아서 이루어질 거라고 굳게 믿습니다.

DR: 오페라 가수 활동을 할 때 목이 상할까 봐 다른 사람에게 소리를 지를 수 없었을 것 같습니다.

RF: 한번 그런 실수를 한 적이 있습니다. 위층에 있는 딸아이한테 순간적으로 소리를 질렀는데 목소리가 변하는 게 느껴졌죠. 이런, 맙소사. 메트로폴리탄 오페라 극장에서 예정돼 있던 공연 세 개를 취소해야 했습니다. 오직 저를 위해 제작된 공연이었는데, 너무나 안타까운 일이었죠.

DR: 말씀드렸다시피 저는 노래를 잘 못합니다. 완전 음치거든요. 그래도 샤워를 하면서는 노래를 흥얼거릴 수 있고 아무도 뭐라고 하지 않습니다. 오페라 가수도 욕실에서 노래를 할까요?

RF: 샤워하면서 노래하는 건 좋죠. 워밍업하기에 좋은 곳이고 습기도 충분하니까요. 그거 아세요? 욕실에서는 누구나 노래가 더 잘된다는 거요.

DR: 재능 있는 두 딸을 키우는 것 외에, 당신이 성취한 일 중 가장 자부심을 느끼는 건 뭡니까?

RF: 우리 미국인들이 누릴 수 있는 이 기적 같은 일에 대해 들어보세요. 할아버지는 펜실베이니아의 탄광에서 광부로 일하셨죠. 그런데 저는 왕실 사람들 앞에서 공연하고, 그들과 어울려 식사를 하는 사람이 됐어요. 저는 이런 게 늘 굉장한 일이라고 생각합니다. 두 세대 만에 새로운 세계를 아주 놀라운 방식으로 만날 수 있게 됐으니까요.

DR: 사람들이 당신의 빛나는 업적으로 기억하길 바라는 것, 그러니까 20년 후에 과거를 되돌아볼 때 어떻게 기억되고 싶습니까?

RF: 저의 길을 제가 스스로 개척했다는 사실을 인정해주면 좋겠군요. 저는 제가 다음 세대의 성악가들을 위해 그 가능성을 확장해 왔다고 생각합니다. 다양한 장르의 노래를 부르고, 재즈 공연을 하고, 록 앨범을 내고, 뮤지컬 극장에서 노래하면서요. 처음에는 사람들이 저의 그런 시도를 격하게 반대하더군요. "혹평이 쏟아질 거고 지금까지 쌓아온 것들이 무너질 거야. 규칙을 무시하면 안 돼. 한 우물을 파는게 훨씬 좋은 거야"라는 말들을 많이 들었죠. 하지만 저는 호기심이 많아서 새로운 것들을 시도해보고 싶었습니다. 타인의 말을 경청하되, 타인의 말에 신경 쓰지 않는 것. 이것이 제 인생의 신조입니다. 그래서 그런 말들을 가볍게 무시했죠.

DR: 무대 인사를 하러 나가면 10분, 20분 동안 박수가 이어지기도 합니다. 얼마나 시간이 흘러야 이제 무대를 진짜 떠나도 되겠다는 생각이 드실까요?

RF: 오페라의 커튼콜은 그 자체로 하나의 예술입니다. 또 다른 공연인 셈이죠. 커튼콜을 멋지게 장식하는 사람들이 있습니다. 그러면 청중은 더욱 환호하죠. 바로 그런 걸 저에게 사람들이 원합니다. 친구들은 제게 박수를 치는 청중을 위해 무대에 계속 남아 있으라고 야단을 치기도 합니다. 하지만 저는 아직 커튼콜에 익숙하지 않습니다. 커튼콜을 멋지게 해낼 날이 언제 올지, 그것도 잘 모르겠습니다.

# 04 요요마

첼리스트/세계 시민

*Yo-Yo Ma*

"당신은 예술 작품을 수집할 겁니다.

바로 그런 당신의 행위가 누군가를 예술가로 만듭니다.

어떤 소리를 특정한 방식으로 듣고 싶다는 바람들이 있기 때문에

제가 연주하는 음들이 만들어집니다.

바로 그런 것에 제 인생을 바치고 있죠."

지금까지 요요마는 전 세계에서 가장 활발하게 활동하는 음악가로 호평을 받아왔다. 최근에는 계속되는 전 세계 공연 일정을 소화하면서도 문화 대사로 공적인 활동에 상당한 시간을 할애하고 있다. 모든 연령대의 청중에게 인류 문명의 진보에 예술이 얼마나 중요한지를 알리기 위해 노력해온 것이다.

그가 그러한 역할을 맡으면서 그를 더 잘 알게 되었다. 요요마가 케네디 공연예술센터의 홍보대사로 활동하면서, 나는 그와 함께 일하며 여행할 기회를 얻을 수 있었다.

요요마와 함께 시간을 보내는 행운을 누린 사람이라면, 그가 엄청난 존재감을 갖춘 사람임을 알 것이다. 첼리스트로서 뛰어난 실력(그는 전설적인 파블로 카잘스의 진정한 후계자다) 외에도, 우정과 문화 대사의 역할, 선

생이자 교육자로서 열정 넘치는 인생을 살고 있다.

파리에서 중국인 부모 밑에서 태어난 요요마는 어릴 때 미국으로 건너와 신동으로 알려지며(특히 케네디 대통령 앞에서 연주했다), 줄리어드 음대와 하버드에서 재능 있는 학생이자 연주자로 활동했다. 그를 수년간 알고 지냈지만 실제로 인터뷰한 것은 2017년 4월 케네디 공연예술센터에서 진행한 인터뷰가 처음이었다.

어떻게 하면 요요마 같은 사람이 될 수 있을까? 그는 한 마디로 이렇게 말한다. "저는 집중력이 좋습니다." 그는 두터운 신뢰를 바탕으로 전세계 문화 현장에서 강력한 발언권을 갖고 있는 예술가다. 또한 신동에서 세계적인 거장으로 거듭나며 그의 삶과 예술은 더욱 원숙해졌다(수많은 신동들이 궁극적인 경지에 다다르지 못하고 도중에 사라지는 경우가 얼마나 많은가!).

하루도 거르지 않는 연습과 완벽한 음악에 대한 독보적인 열정이 그를 거장의 반열에 올려놓았다. 연주를 할 때마다, 그리고 삶의 매 순간마다 요요마의 열정은 드라마틱하게 빛을 발한다.

## i n t e r v i e w   w i t h   t i t a n s

**데이비드 루벤스타인(DR):** 프랑스에서 태어나 몇 년 동안 거기서 자라셨죠?

**요요마(YM):** 몇십 년 만의 혹한을 맞은 겨울에 프랑스에서 태어났습니다. 생후 첫 달은 호텔에서 지내야 했는데, 집에 난방이 안 됐기 때문이었습니다.

DR: 모국어는 중국어인가요?

YM: 중국어와 프랑스어입니다.

DR: 누나가 바이올린을 연주하시죠. 음악 교사였던 아버지가 '너도 바이올린을 연주해보는 게 어떻겠니?'라고 권하지는 않으셨나요? 왜 바이올린을 선택하지 않은 겁니까?

YM: 저보다 누나가 훨씬 잘했거든요. 사람마다 좋아하는 소리를 타고난다고 생각합니다. 저는 왜 그런지 모르겠지만 바이올린으로는 좋은 소리를 만들 수 없겠다고 생각했습니다.

저는 한동안 어떤 악기도 연주하지 않았죠. 그러다가 소리도 들어본 적이 없는 더블베이스를 발견했습니다. 네 살 때였는데 '와, 큰 악기네. 한번 연주해보고 싶다'는 생각이 들었습니다. 네 살짜리가 흔히 그렇듯 저는 더블베이스를 사달라고, 연주해보고 싶다고 졸랐습니다. 그런데 꼬마인 제가 연주할 수 있는 더블베이스가 세상에 없었죠. 첼로가 차선책이었습니다.

DR: 뉴욕으로 이주했을 때 아버지는 당신의 삼촌에게 중국으로 돌아가지 말라고 설득하셨죠. 뉴욕이야말로 아들에게 첼로 연주를 가르치기에 좋을 거라고 말씀하셨고요.

YM: 정말 우연히도, 연주 실력이 뛰어났던 누나와 함께 순회공연 마지막 일정 때 맨해튼에서 미니 공연을 하게 됐습니다. 뉴욕에 초등학교를 설립한 프랑스계 미국 여성이 음악 교사를 찾고 있다가 '마 선생'에 대한 얘길 들은 겁니다.

DR: 당신 아버지였군요.

YM: 콘서트에 왔다가 즉석에서 자기 학교에 와달라고 그녀가 아버지에게 제안한 겁니다. 그 선생님을 만나지 못했다면 우리는 프랑스로 돌아갔겠죠.

DR: 당신은 이미 유명했었죠. 20세기 최고의 첼리스트로 알려진 파블로 카잘스Pablo Casals와의 만남 때문에요. 어떻게 그를 만나게 됐나요? 그는 어린 당신의 연주를 어떻게 평가했습니까?

YM: 일곱 살 때 카잘스 앞에서 연주를 하게 됐습니다. 그리고 제 사인북에다가 그의 사인을 받았습니다. 그가 이렇게 말했습니다. "훌륭하구나. 그래도 밖에 나가 야구도 하고, 그래야 돼." 당시 카잘스는 80세가 훨씬 넘었죠. 카잘스가 자서전인가 인터뷰에서 "나는 먼저 한 인간이고, 두 번째가 음악가, 마지막이 첼리스트라고 생각한다"고 말한 적 있습니다. 저는 이 말을 아직도 마음에 새기고 있습니다. 대체로 사람들은 자신의 정체성을 얘기할 때 자신의 직업을 떠올립니다. 직업이 뭔지가 중요한 거죠. 사람들이 저를 생각할 때도 대부분 첼리스트를 먼저 떠올립니다. 하지만 우리는 모두 '인간'입니다. 이게 가장 중요하다고 생각합니다. 카잘스가 그 사실을 깨우쳐주었습니다.

DR: 그리고 카잘스는 워싱턴에서 열리는 행사를 위해 당신을 레너드 번스타인Leonard Bernstein에게 추천했습니다. 생방송으로 TV 시청자 앞에서 일곱 살 때 공연을 하셨죠. 그 자리에 케네디 대통령도 있었습니다. 어떠셨습니까? 떨리진 않았나요?

YM: 저는 미국에 갓 건너온 사람이었습니다. 이민자였죠. 제가 케네디 대통령이 누군지 알았을까요? 아마 아닐 겁니다. 그가 엄청나게 중요한 사람이라는 걸 제가 알게 됐을까요? 네, 알게 됐습니다. 그 사람이 누구였을지 제가 평생 생각해봤을까요? 당연히요.

DR: 줄리어드 음대에 가셨죠. 그리고 하버드에 가게 됐고요.

**YM:** 가장 관심을 가진 분야가 인류학과 고고학이었습니다. 왜냐고 물으시겠죠?

**DR:** 둘 다 알파벳 a로 시작하기 때문인가요?(인류학의 철자는 anthropology, 고고학은 archaeology이다 – 옮긴이)

**YM:** 정답입니다. 눈치가 빠르신데요! 저는 어릴 때 참 혼란스러웠습니다. 이사를 하게 되면 시각적으로든 감정적으로든, 습관이든 사람이든, 단단하고 변치 않을 거라 생각한 모든 것이 바뀌니까요. 규칙이 달라집니다. 대화 내용도 달라지죠. 프랑스 친구들은 우리가 왜 미국으로 건너오려 했는지 이해하지 못하는 경우가 많았습니다. 확실히 미국인들은 상당수가 미국이 세계 최고의 나라라고 생각하는 것 같고요. 제 부모님은 저한테 늘 말씀하셨죠. "중국 문화는 정말 아주 중요하단다."

그래서 저는 좀 어리둥절한 상태였죠. 모두가 맞는 말만 할 순 없으니까요. 인류학은 저에게 문화의 가치를 배울 수 있게 해주었습니다. 약간의 가치 변화만으로도 사회가 만들어지고, 이는 예술을 비롯한 다양한 표현 형식으로 나타납니다.

**DR:** 하버드에 갔을 때 똑똑한 사람들이 엄청나게 많다는 걸 알게 되셨죠. 세계 최고의 첼리스트가 되고 싶다는 사람들이 많았나요? 당신은 독보적인 학생이었습니까?

**YM:** 저 자신을 포함해서 그런 생각을 한 사람이 있는지는 모르겠습니다. 음악이 재밌는 건, 표현하는 것이 존재의 목적인 악기를 마스터하기 위해 애쓴다는 것이죠. 음악을 하는 목적은 자신의 목소리를 찾기 위해서입니다. 음악에서 '이게 최고다!' 같은 건 없습니다. 평생에 걸쳐 배우면서 가능한 한 정확하게 무언가를 표현하는 명료한 방식을 찾아갈 뿐입니다.

DR: 현재까지 90개 이상의 앨범을 녹음하셨습니다. 그 이상일지도 모르겠군요.

YM: 모르겠습니다. 일일이 세어보지 않아서요.

DR: 스무 번 정도 그래미상을 받으셨던가요? 클래식 음악계에서 가장 유명한 인물이 되셨습니다. 매번 공연할 때마다 아주 높은 기준에 부응해야 한다는 압박을 느끼나요? 좀 쉴 때도 있습니까?

YM: '마지막 공연의 수준이 진짜 자기 실력이다.' 이런 말 들어보셨나요? 당신의 얘기는 외적인 인정일 뿐입니다. 음악가로 산다는 건 내적 발전에 집중한다는 의미죠. 당신은 예술 작품을 수집할 겁니다. 바로 그런 당신의 행위가 누군가를 예술가로 만듭니다. 어떤 소리를 특정한 방식으로 듣고 싶다는 바람들이 있기 때문에 제가 연주하는 음들이 만들어집니다. 바로 그런 것에 제 인생을 바치고 있죠. 상을 받는 건 멋진 일이죠. 제가 하고 싶은 일을 할 수 있는 기회가 더 많이 열리니까요. 하지만 상이 목적이 되면 외적인 인정과 평가에 집착하게 됩니다. 저는 외적인 목표를 이룬 기쁨이 순간에 지나지 않는다는 걸 깨달았습니다. '좋아, 상을 받았어. 훌륭하군. 다음은 뭐지?' 같은 것이죠. 기쁨에는 다양한 수준이 있습니다. 깊은 충족감을 느끼는 수준이 있는데, 바로 문화라는 느슨한 용어가 등장하는 대목이지요. 예술과 과학, 문화에서의 활동이란 다른 이들이 결과물을 계속 쌓아갈 수 있는 튼튼한 토대를 만든다는 의미입니다.

DR: 요즘은 전 세계를 돌아다니며 연주하시죠. 연주 요청이 쇄도합니다. 365일 내내 콘서트나 교향악단에서 연주할 수도 있을 것 같은데요. 매년 어디에서 연주할지, 어떻게 고르시나요?

**YM:** 어떤 곡을 어디에서 연주하는지 별로 개의치 않습니다만 누구를 위해, 누구와 연주하는지는 신경을 씁니다. 뉴욕이나 자카르타, 피오리아, 아니면 텍사스 주 웨이코든 어디서 연주할지는 일찌감치 정했습니다. 장소가 중요한 건 아니라서요. 중요한 건 현장에 완전히 녹아들어 하나가 되는 겁니다. 그보다 더 중요한 건 없죠. 도심 빈민가 유치원생 앞이든 백악관이든, 사람들을 모아놓고 연주를 하게 되면 무슨 말을 할지, 누구에게 말을 할지 생각합니다. 중요한 게 있다면 그들이 느낀 것이 나중에 어떤 행동의 동기가 된다는 겁니다. 그래서 연주는 살아있는 존재입니다.

**DR:** 곡을 연주하다가 딴생각에 빠지는 경우도 있나요?

**YM:** 연주할 때는 완전히 집중해야 합니다. 다른 게 끼어들어서는 안 되죠. 때로 정신이 잠시 딴 데 가 있다가 다시 돌아온다는 느낌을 받기도 합니다.

**DR:** 곡을 잊어버리기도 합니까?

**YM:** 그럴 때도 있고 아닐 때도 있고요. 곡을 암기하고 싶으면 21세가 되기 전에 하라고 충고합니다. 21세 전에 암기하면 평생 기억하게 되니까요. 40이 넘으면 잊어버리죠.

**DR:** 연주 장소는 어떻습니까? 음향 시설이 다른 곳보다 더 낫다고 생각하는 음악당이 있습니까?

**YM:** 훌륭한 홀을 보면 연주하기 정말 좋을 것이라고 하는 사람들이 있는데요. 확실히 어느 정도 즐겁긴 합니다. 그렇지만 그보다 더 즐거운 건 청중이 가진 에너지이죠. 다시 말씀드리지만 누구를 위해 연주하는지가 중요한 겁니다. 음악은, 특히 라이브 음악은 일종의 영적 교감입니다. 꼭 현장에 있을 필요는 없습니다. 함께 시간을 보낼 생각이라면 그 순간을 소중히 여기면 됩니다. 소중히 여기지 않는다면, 오늘 한 일을 내일 잊어버린다면, 그런 일을 하는 의미가 없지 않을까요?

DR: 확실히 클래식 음악 외의 장르로 연주 활동을 넓혀가고자 하시는 것 같습니다.

YM: 저에게 음악은 관념과 생각과 느낌의 표현이자 소리의 공간적 구조입니다. 저는 클래식 음악을 나머지 세계와 분리해 생각하지 않습니다. 클래식 음악도, 음악이라는 세계의 일부라고 생각합니다. 클래식 음악만이 최고의 음악이라는 식은 당혹스럽습니다.

DR: 당신은 문화의 중요성을 상징하는 존재입니다. 이런 게 당신의 인생과 성취에 중요한 부분인가요? 음악을 비롯한 공연 예술이 사회의 아주 귀중한 부분이라는 걸 사람들에게 납득시키는 일 말입니다.

YM: 해묵은 질문으로 돌아가는군요. 사람들이란 어떤 존재입니까? 왜 사람들은 현재의 모습으로 사는 걸까요? 사람들은 어떤 식으로 배울까요? 우리가 살아가는 이유는 뭘까요?
저에게 이런 건 이론뿐인 얘기가 아닙니다. 4시간 자고 공연을 해야 한다면, 아이들이 한창 자랄 때 3분의 2의 시간을 가족과 떨어져 지내야 한다면, 자신의 선택에 대해 납득할 만한 이유가 있어야 할 겁니다. 결국 존재론적 차원의 질문이 될 수밖에 없죠. 마음을 써야 합니다. 왜 중요하게 여기는지에 대한 이유가 있어야 하고요. 제가 나이가 들면서 당신 활동을 지켜보니, 사회적인 이슈에 더욱 적극적으로 참여하는 것 같더군요. 애국심이 있으니까요. 문명에 대한 애정이고요. 당신은 공동체 의식을 중시하는 겁니다. 저도 그렇게 생각합니다만 제 경우에는 곡을 연주하는 게 더 삶에서 중요하겠죠. 당신은 "다른 일도 있는데 왜 하필 그 문제가 중요한가?"라고 물을 수 있을 겁니다.

다른 사람은 둘째치고 일단 저 스스로에게 증명해 보여야 합니다. 가치가 있다는 것을요. 저의 인류애라든가 첼로의 3음 연주가 의미 있는 일이라는 것을 말입니다.

# 론 마이클스

〈새터데이 나이트 라이브〉 크리에이터 겸 총괄 프로듀서

*Lorne Michaels*

"처음에 적극적으로 뛰어들어야 궤도에 제대로 오를 수 있습니다.

궤도에 제대로 탑승하면 최고의 결과물이 나올 수 있죠.

그것이 제 일입니다."

1975년 10월 11일, TV의 역사가 만들어졌다. 당시에는 〈NBC의 새터데이 나이트NBC's Saturday Night〉로 불렸던 독보적인 코미디 쇼 〈새터데이 나이트 라이브SNL〉가 첫 방송되는 날이었다. 그날 이후 SNL은 45년이 넘는 세월 동안 정상의 자리를 지켜왔다. SNL은 체비 체이스, 길다 래드너, 빌 머레이, 존 벨루시, 에디 머피, 윌 페럴, 티나 페이, 빌리 크리스탈, 마틴 쇼트, 크리스 록, 줄리아 루이스 드라이퍼스, 에이미 폴러를 비롯해 미국 코미디계를 반세기 가까이 장악해 온 수십 명의 전설적인 코미디언 양성소가 되었다.

첫 방송분을 제작했으며, 지금도 여전히 SNL 쇼를 제작하고 있는 사람이 바로 론 마이클스다. 캐나다 출신 작가인 그는 희극 배우이자 프로듀서로서 30세라는 젊은 나이에 SNL 제작을 책임졌다.

론 마이클스는 어떻게 40년이 넘도록 흥미로운 유머 소재와 배우를 지속적으로 발굴할 수 있었을까? 대중의 팝 음악 취향이 변하는 것처럼 유머 감각도 끊임없이 변해왔던 것이 SNL이 성공적인 장수 프로가 될 수 있었던 요인이긴 했지만, 그런 흐름을 포착하기란 절대 쉬운 일이 아니었을 것이다. 2019년 6월, 뉴욕의 블룸버그 스튜디오에서 진행한 인터뷰에서 그는 이 같은 질문들에 명쾌한 답을 주었다.

# interview with titans

**데이비드 루벤스타인(DR):** 1975년 10월 11일에 쇼가 시작됐습니다. SNL을 처음 시작했을 때 TV의 역사를 바꾸고 코미디의 역사를 바꾸게 될 것이라고 예상했습니까?

**론 마이클스(LM):** 전혀요. 실제로 우리가 방송에 나가 쇼를 하게 된다면, 쇼를 만드는 사람들이 집에서 볼 만하겠구나 싶었습니다. 우리 같은 사람들이 많을 거라 생각했거든요. 우리는 다들 시청자 입장에 가까웠으니까요. TV 쪽에서 일해본 경험이 제일 많은 사람은 아마 저였을 겁니다. 쇼에 참여한 사람들은 대부분 TV 출연이 처음이었어요.

**DR:** 그런데, 당시 서른 살밖에 안 됐죠?

**LM:** 네. 댄 애크로이드Dan Aykroyd는 스물셋이었습니다. 존 벨루시는 스물여섯이었고요. 길다 래드너는 스물아홉이었어요. 체비 체이스는 저보다 약간 나이가 많았죠.

**DR:** 어쩌다 갑자기 NBC에서 심야 라이브 쇼를 해달라고 제안한 겁니까?

**LM:** 우리는 〈베스트 오브 카슨The Best of Carson〉이라는 쇼를 대신하게 됐습니다. 〈더 투나잇 쇼The Tonight Show〉의 자니 카슨Johnny Carson이 진행하던 쇼였죠. 그의 쇼에는 시대성이 있었습니다. 그는 그게 재방송되는 게 싫었던 모양입니다. 그래서 방송 중지를 요청했죠. 당시 NBC 사장이었던 허버트 슐로서Herbert Schlosser는 뉴욕에 있으면서 생방송 TV의 전성기를 그리워했습니다. 비어 있는 스튜디오를 많이 소유하고 있었는데, LA로 사업을 이전했기 때문이었습니다.

그가 생방송 TV 쇼를 진행하면 정말 좋겠다고 생각했죠. '생방송'이라는 게 중요했습니다. 저는 생방송을 해본 적이 없었지만 연극은 해봤기 때문에 그게 어떤 건지 조금은 아는 편이었습니다. 딕 에버솔Dick Ebersol은 자니 카슨이 심야 시간대 프로그램을 편성하려고 고용한 사람으로, 많은 사람들을 인터뷰했고 원래는 다양한 쇼를 기획할 생각이었습니다. 그러다가 저를 만났고, 우리는 함께 어울렸습니다. 저는 그에게 뭘 하고 싶은지, 그걸 어떻게 할 건지 말했습니다. 여러 개의 쇼를 하는 대신 하나만 하기로 결정을 내렸습니다. 그중 어떤 쇼를 방송에 내보낼 것인가를 결정하는 문제로 좁혀졌습니다. 그러다가 결국 제 아이디어가 뽑혔죠.

원래 우리 쇼 제목은 〈새터데이 나이트 라이브〉였습니다. 그런데 업계 거물이던 ABC 방송국의 룬 알러지Roone Arledge 사장이 6월에 〈하워드 코젤과 함께하는 새터데이 나이트 라이브〉란 쇼를 공개한 거죠. 그래서 우리는 〈NBC의 새터데이 나이트〉란 제목으로 물러설 수밖에 없었습니다. 코젤의 쇼가 그다음 해에 종영됐을 때 그에게 편지를 썼습니다. 우리가 그 제목을 다시 가져다 써도 괜찮은지요. 그가 말했습니다. "문제될 것 없습니다."

DR: 이 쇼를 제작하는 데 왜 서른 살짜리를 골랐을까요? 어떤 배경 때문에 이 일의 적임자로 발탁된 겁니까?

LM: 무엇보다도 심야 시간대라는 게 위험도가 아주 낮습니다. 책임자라고 할 만한 사람도 딱히 없었습니다. 카슨은 일주일에 5일 밤을 방송했고, 상당히 잘되고 있었습니다. 제가 1972년에 다시 방송계로 돌아왔을 때는 모두가 LA에서 TV 방송국 일을 하고 있었습니다. 야심 찬 계획을 제안하면 대부분 황금 시간대에는 안 될 거라는 얘기만 하더군요. 당시에는 방송을 계속하려면 시청자 점유율이 '40'은 되어야 했습니다.

DR: '점유율 40'이라는 건…

LM: 시청자의 40퍼센트가 시청하고 있어야 한다는 것이죠. "안 될 거야"라거나 "동부나 서부에서만 먹힐 거야"라고 말하더군요. 저는 말하자면 양 연안의 중간쯤에 있는 캐나다 출신 아닙니까. 저는 저 같은 사람들이 많을 거라고 생각했습니다. 다른 세대였던 것이죠. 우리는 베이비붐의 시작 세대였습니다. 저는 〈래프인Laugh-In〉 같은 쇼에서 작가로 일했습니다. 릴리 톰린Lily Tomlin과 리처드 프라이어Richard Pryor와 쇼를 만들었는데, 항상 특집 방송이었습니다. 충분히 많은 쇼를 다뤄봤기 때문에 어떻게 하는지 잘 알았죠. 쇼를 만드는 건 어떤 면에서는 오래된 병에 새로운 술을 담는 것에 가까웠습니다. 저는 버라이어티 쇼의 다양한 요소를 가져다 썼습니다. 우리가 만들면 다를 테니까요.

DR: 1950~60년대의 미국에는 다양한 버라이어티 쇼들이 많았습니다. 시드 시저Sid Caesar가 진행한 쇼가 대표적이죠. 그러다가 1970년대 중반이 되면서 사라졌습니다.

LM: 맞습니다. LA보다는 뉴욕 스타일에 더 가까웠습니다. 그래도 〈래프
인〉이나 〈더 스머더스 브라더스The Smothers Brothers〉 같은 다른 종류의
쇼로 변화해 나갔습니다.

DR: 어릴 때 토론토에 사셨죠. 당시 대부분의 어린 유대인 소년들이 그
렇듯이 커서 변호사나 의사가 되겠다는 생각은 안 해봤습니까?

LM: 아뇨. 제 조부모님은 영화관을 하나 갖고 계셨습니다. 어릴 때 그런
질문을 받았으면 저는 아마 '변호사'라고 답했을 겁니다. 질문에 이미
'변호사'가 들어가 있었으니까요. 그렇지만 속으로는 영화 쪽에서 일
하고 싶어 했겠죠.

DR: 토론토 대학교에 다니셨죠. 전공은 영어였고요. 그러다가 엔터테인
먼트 업계에서 일하기로 결심하셨죠. 원래 연기를 하셨습니까, 아니
면 작가가 천직이었나요?

LM: 다양한 형식으로 고등학교 때부터 글도 쓰고 연기도 하고 연출도 했
습니다. 토론토 대학에 다닐 때도 마찬가지였고요.

DR: 캐나다에서 직장 생활을 시작하고 싶다는 생각을 해본 적이 있나
요? 아니면, 정말 성공하려면 미국에서 시작해야 한다고 생각했나요?

LM: 1967년은 캐나다 자치연방 100주년을 기념하는 해였습니다. 나라
안에 새로운 시대정신이 일어나는 분위기였고, 여기서 평생을 살아도
행복할 수 있겠다 싶었습니다. 그러다가 캘리포니아에서 〈뷰티풀 필
리스 딜러 쇼Beautiful Phyllis Diller Show〉 제작에 참여할 기회를 얻었고 즉
각 짐을 쌌습니다. 간절히 원했던 버라이어티 쇼였죠.

저는 당시 하트 포머런츠Hart Pomerantz라는 파트너와 일하고 있었습니
다. 우리는 같이 대본을 쓰고 연기도 했죠. 우디 앨런Woody Allen과 조

앤 리버스Joan Rivers 같은 사람들을 위해 스탠드업 코미디 대본을 썼습니다. 우리가 그 사람들의 배우 경력에 영향을 줬다는 말은 아닙니다. 아울러 충분한 연기 경험을 쌓았고, 그래서 캘리포니아에서 일자리도 얻었고, 그게 여러 쇼 프로그램과도 이어지게 됐습니다. 〈딘 마틴 서머 쇼〉와 〈래프인〉도 그중 하나였습니다. 그러다가 캐나다 공영방송인 CBC가 우리에게 캐나다로 돌아와서 우리 이름을 건 쇼 프로그램을 진행할 수 있겠냐고 물었습니다. 그래서 3년간 하게 됐지요.

DR: 결국 1975년 10월에 아까 말한 〈NBC의 새터데이 나이트〉가 방송에 편성됐습니다. 배역을 맡게 될 출연자들 모두를 직접 면접했나요?

LM: 제가 첫 직원이었습니다. 사무실을 보러 왔는데 1975년의 록펠러 센터는 마치 사슴이 건물 안을 이리저리 뛰어다녀도 될 것 같은 느낌이더군요. 휑하니 아무것도 없었습니다. 우리는 17층에 배정됐습니다. 지금도 거기에 있죠. 저는 톰 실러Tom Schiller를 조수로 채용했고, 사전 제작에 많은 시간이 필요하다고 요청했습니다. 저는 4월 1일에 서명했는데, 코미디 업계에서 그날은 길일에 해당됩니다. 팀을 꾸리는 데 3개월이 걸렸습니다. 수백 명을 만나고 면접했죠. 이유가 뭐든 누군가가 적합하겠다 싶거나 색다른 방식으로 재미있겠다는 판단이 들면 합류시켰습니다.

DR: 초창기에는 배역을 맡은 배우들이 '황금 시간대에는 아직 준비가 되지 않은 출연진Not Ready for Prime Time Players'이라고 불렀다면서요?

LM: 허버트 사전트Herbert Sargent가 붙인 이름이었죠. 네, 맞습니다.

DR: 당신이 뽑은 여러 사람이 나중에 명성과 부를 얻었습니다. 첫 방송이 나갔을 때, 쇼가 끝나자마자 대박을 칠 거라는 확신이 들던가요?

LM: 저는 실수만 눈에 들어오나 봅니다. 쇼가 끝날 때쯤 되니 눈여겨봐야 할 실수가 꽤 많더군요. 강박까지는 아니지만 제가 감당할 부분입니다. 빠뜨린 장면을 보니 카메라 컷이 늦었더라고요. 쇼라는 게 절대 완벽해질 수 없겠죠. 그래서 제가 아직 현장을 못 떠납니다. 그날 밤 우리는 쇼를 끝까지 해냈습니다. 이 말을 자주 했었습니다만, 우리는 처음 시작 때 레시피만 없을 뿐 모든 재료는 다 갖췄다는 걸 알았습니다. 첫 방송과 두 번째 방송 사이에 우리는 변화를 주었습니다. 두 번째 방송에는 폴 사이먼Paul Simon이 출연했습니다. 세 번째에는 로브 라이너Rob Reiner와 페니 마셜Penny Marshall이었습니다. 캔디스 버겐Candice Bergen이 출연한 네 번째 방송에 가서야 요즘의 SNL과 비슷한 쇼를 만들 수 있었죠.

DR: 원래는 배역을 맡은―황금 시간대에는 아직 준비가 되지 않은―배우들과 호스트를 내보낼 생각이셨죠.

LM: 매주 다른 호스트였죠. 닉 바노프Nick Vanoff가 프로듀서를 맡은 〈할리우드 팰리스Hollywood Palace〉라는 쇼가 있었는데 매주 다른 호스트를 초청하더군요.

DR: 첫 주 호스트는 누구였습니까? 첫 방송이요.

LM: 조지 칼린George Carlin이었습니다.

DR: 당시에 그가 너무 웃겨서 성공할 것이라 짐작하셨나요? 아니면 너무 까다로운 사람이었나요?

LM: 저는 그가 모놀로그를 잘한다는 걸 알았습니다. 재미있다고도 생각했고요. 첫 방송에서 가장 큰 논란이 됐던 건 방송사에서 그에게 정장을 입히고 싶어 했다는 겁니다. 재킷과 넥타이를요. 그는 싫어했죠. 티셔츠를 입고 싶어 했어요. 제 인생 최대의 난관이었습니다. 저는 그가 입고 싶어 하는 대로 내버려뒀습니다. 그렇지만 타협을 보긴 했죠. 그 때문에 시간을 엄청나게 잡아먹긴 했지만, 티셔츠 위에 정장을 입었습니다. 완벽한 해법이었죠.

음악인 게스트가 두 명이 있었습니다. 진짜 광고 사이에 넣었던 사전 제작한 패러디 광고를 상당히 많이 삭제했는데, 그게 혼란을 빚었습니다. 어쩌다 보니 그냥 계속 진행이 됐고 조지 칼린은 모놀로그를 세 개인가 네 개를 했어요.

DR: 모르는 분들을 위해 짚고 넘어가자면, 당시에는 50년대나 60년대만큼 생방송 프로그램이 많지 않았습니다.

LM: 스포츠 중계뿐이었죠.

DR: 그래서 예를 들어, 자니 카슨이 실제 청중을 앞에 두고 쇼를 녹화하는데, 그게 녹화 방송이기 때문에 원하면 내용을 좀 바꿀 수도 있는 것이죠. 하지만 당신의 쇼는 생방송이어서 내용을 바꿀 수가 없었죠. 부적절한 표현을 검열해야 했나요?

LM: 우리가 할 수 있는 일과 할 수 없는 일에 대해 수없이 논의했습니다. 11시 30분에는 뭘 할 수 있고, 자정에는 뭘 할 수 있는지 같은 거였죠. 우리를 보면 다들 70년대에 유행했던 문구가 떠올랐을 겁니다. '첨단을 걷는다'든가 '한계에 도전'하는 사람들 같았으니까요. 우리는 그저 현실 그대로를 반영하려 했을 뿐입니다. 그리고 1975년은 베트남 전쟁이 종식된 해였죠. 대통령이 물러났습니다. 뉴욕 시는 파산했고요. 기회라고 할 만한 게 별로 없었습니다. 예전과는 상황이 달라졌죠. 우리가 시도한 풍자는 극히 일부에 지나지 않았습니다.

DR: '위크엔드 업데이트Weekend Update'는 처음부터 고정 코너였나요?

LM: 제가 캐나다에서 비슷한 걸 해봤기 때문에 원래는 그렇게 할 생각이었습니다. 그러다가 다시 생각해보고, 다른 사람들 건 다 없애고 제

것만 살리기로 했습니다. 별로 좋은 생각이 아니었죠.

DR: 1975~80년까지 쇼를 제작하셨습니다. 그러다가 영화 제작자로 변신하셨죠.

LM: 사람들이 제 갈 길을 찾아가자 저도 그만뒀습니다. 쇼가 홈런을 치면서 모든 게 너무나 정신 없이 돌아갔죠. 충분한 시간을 갖고 새로운 출연진을 짤 수 있는 방법이 없었습니다. 또한 우리가 이제 일순위가 아니었던 거죠. 저는 처음에 꾸린 팀과 내내 함께 했습니다. 5년간 잘 려나간 사람은 아무도 없었죠. 그런데 마침내 떠날 때가 온 거였어요. 무엇보다 하고 싶은 것들이 제게 너무나 많았습니다.

DR: 그래서 영화 제작도 하시고 다른 TV 쇼들도 만들기 시작하셨군요.

LM: 그랬습니다. 음악 방송도 엄청나게 만들었죠. 집도 지었고 정원도 만들었습니다.

DR: 그러다가 1985년에 SNL로 컴백하셨습니다. 1985년부터 2019년까지 계속 쇼를 제작하셨죠.

LM: 2주 전까지요, 네.

DR: 같은 일을 40년 넘게 하는 게 힘들지는 않나요?

LM: 전혀요. 육체적으로는 힘들긴 합니다. 그래도 제가 원한 일이니까요.

DR: 1970년대 후반이나 80년대 초반부터 유머가 어떻게 변했습니까? 여전히 같은 포인트에서 폭소가 터졌나요? 예전에는 할 수 없었지만 지금은 풍자의 대상으로 삼을 수 있는 게 있습니까? 아니면 그 반대의 경우는요?

LM: 1970년대에 했던 건 지금 거의 못할 겁니다. 길다 래드너는 로잔느 로잔나다나를 연기할 수 없을 거예요. 존 벨루시는 일본인을 연기할 수 없을 거고요. 개럿 모리스Garrett Morris가 진행하는 '청각장애인을

위한 뉴스'는 장애인 조롱이 됐겠죠. 가치관이 변합니다. 영화 〈아서
Arthur〉와 〈아서 2〉가 개봉되는 사이에 알코올 중독은 질병이 되었고,
이제 주정뱅이를 보고 웃고 싶어 하는 사람은 아무도 없습니다. 그런
데 200년간 사람들은 주정뱅이를 보고 웃었죠.

DR: SNL이 실제로 어떻게 제작되는지 좀 살펴보겠습니다. 월요일은 지
난주의 피로를 달래는 날입니까, 아니면 출근을 하십니까?

LM: 월요일에는 사무실에 와야 합니다. 월요일마다 5시에 회의가 시작
되는데, 작가들과 출연진 전체, 호스트가 모두 모입니다. 음악 담당팀
에서도 옵니다. 촬영팀도요. 다들 제 사무실에 모이죠. 다들 모이고 나
면 저는 책상 앞에 앉습니다. 방 안을 돌아다니면서 모두에게 아이디
어가 있냐고 묻습니다. 보통은 미팅에서 그리 뾰족한 답이 나오지는
않습니다. 아이디어는 대부분 생각해둔 게 있을 때 나오는 법이죠. 그
냥 농담인 경우가 허다합니다. 지난주의 쇼에만 계속 매달려 있을 수
는 없습니다. 우리는 이번 주에 해야 할 쇼가 있고, 여기 있는 이 사람
은 이번 주 쇼 호스트니까요. 우리는 시작해야 했죠.

DR: 당신에게 직접 전화해서 자기가 정말 좋은 호스트가 될 거라고 얘기
한 사람이 있습니까?

LM: 그런 사람들도 있지만 대부분은 에이전트와 매니저들이 합니다.
70년대에는 특히 누구의 출연 제의를 거절하느냐가 고민이었습니다.

DR: 그러면 월요일에 아이디어를 몇 개 내고 화요일과 수요일에는 대본
을 쓰는 겁니까?

LM: 미팅 자리에서 서로의 아이디어를 들으면 서로에게 자극을 받는 일
이 많이 생깁니다. 그러면 "그건 내가 할게"라고 하는 거죠. 수요일에
대본 읽기 모임이 4시쯤 시작되고 그럼 본격적으로 시작입니다. 2시

쯤에는 손을 떠나게 되죠. 화요일 밤에는 대부분 밤새 일합니다. 호스트와의 저녁식사 자리에 출연진과 작가들을 데리고 갑니다. 호스트가 가장 걱정하는 건 월요일부터 수요일까지인데, 그때까지는 대본이 전혀 없는 상태거든요. 그래서 뭘 하게 될지 모르는 겁니다. 우리가 알아서 할 거라고 믿는 수밖에 없는 것이죠. 처음에는 이 부분이 힘들었습니다.

DR: 목요일과 금요일에는 총 리허설을 하고요?

LM: 수요일에는 방영할 대본들을 선택합니다. 40개에서 45개 정도 되는 대본을 읽어보고 13~14개 정도를 골라내죠. 일단 대본을 선택하면 디자이너들이 세트 디자인에 들어갑니다. 그러면 그날 밤 늦게 계획이 실행에 들어가고 세트를 짓기 시작합니다. 촬영팀은 우리가 촬영하는 두세 개 대본을 어떻게 촬영할지 구상합니다. 우리는 생각만큼 분량이 많지 않은 사람이 누구인지 항상 평가합니다. 쇼의 오프닝 부분은 남겨놓는데, 본격적으로 쇼가 시작되기 전에 뭐든지 끼워 넣을 수 있도록 보통은 한두 개 순서를 비워놓습니다.

DR: 맡은 역할을 감당하지 못할 것 같은 호스트를 뽑아놓고 걱정한 적도 있나요?

LM: 그럼요.

DR: 그런 사람들에게 어떤 조언을 해줍니까?

LM: 웬만하면 다들 거의 다 해냅니다. 특이한 조합의 환경인데요. 무대에는 연기력이 훌륭한 배우들이 아주 많은데 카메라도 여러 대에다가 대본도 마지막 순간까지 계속해서 바뀝니다. 어느 정도의 집중력이 필요하죠. 호스트가 정말 그만두고 가겠다고 일어선 경우도 있습니다. 그럼 다 잘될 테니까 일단 믿으라고 하면서 달래야 하죠.

DR: 그런 다음 토요일에 마지막 리허설을 하나요?

LM: 아닙니다. 목요일에 음악팀이 들어와서 먼저 연습을 시작합니다. 동시에 세트가 도착하고요. 우리가 선택한 '대본 내용 수정표'가 두 개 있습니다. 목요일 밤에 촬영하든 금요일 아침 일찍 촬영하든, 일단 촬영팀은 촬영 준비에 들어갑니다. 그러고 나면 밤 11시부터 새벽 3~4시까지 작업한 후 또 다른 촬영에 들어갑니다.

DR: 정말 웃기는 콩트나 대본이라고 생각했는데 막상 스튜디오에서는 웃음이 터지지 않은 경우가 있습니까? 아니면 '이게 그렇게 웃긴지 잘 모르겠는데?' 싶었던 것이 실제로는 폭소가 터졌다든가요.

LM: 네, 있습니다. 대본 선택은 수요일에 하고, 목요일과 금요일에 리허설을 합니다. 그런 다음 토요일 오후에 의상과 메이크업까지 갖추고 다시 하죠. 그런 후에 총 리허설에 들어갑니다. 300~400명의 관객을 불러다 놓고 하는 거죠. 제 생각이 어떻든 간에, 관객이 아니라고 하면 아닌 겁니다. 관객의 반응에 맞춰서 진행을 하죠. 확실하다고 생각했던 게 안 먹히기도 합니다. 많은 경우 실제 쇼에서 조크를 어디에 배치할 것인지가 관건이 됩니다. 강도가 센 농담은 초반에 배치하지 않습니다. 잘 안 되거든요. 언제, 어디에, 어떤 강도의 조크를 넣느냐가 쇼의 성공을 결정한다고 해도 과언이 아닙니다.

DR: 그렇게 재밌을 거라고 생각하지 않았지만 고정 크루에 포함시켰다가 나중에 슈퍼스타가 된 사람도 있었습니까? 아니면 그 반대의 경우는요?

LM: 없었습니다. 오디션 과정이 너무 많습니다. 별로 재미없는 사람과 한 방에 있으면 초반에 바로 알아차리게 되죠.

DR: 유명 프로듀서로서 거의 45년간 이 쇼를 제작해오셨습니다. 내일 그만둔다 하더라도 이미 엄청난 성과를 일궈낸 건데요. 할 수 있는 한 오래 이 일을 하실 계획입니까?

LM: 체력이 허락한다면요. 당연히요.

DR: 인생에서 이룬 최고의 성취는 무엇이었습니까? TV 코미디 역사에 한 획을 그은 건가요?

LM: 늘 다음 주에는 뭘 할까 생각할 뿐입니다. '내가 정말 중요한 걸 해냈구나' 같은 생각은 해본 적 없습니다. 그렇게는 안 되더군요.

DR: 쇼 제작 외에 다른 취미나 관심사는 없습니까? 쉴 때는 뭘 하시죠?

LM: 한 시즌을 끝내고 나면 정말 기진맥진합니다. 학교에서 한 학년이 끝나는 것과 비슷합니다. 9월에 시작해서 5월에 끝나죠. 저는 경험을 바탕으로 나름의 기준을 갖게 됐습니다. 6월에는 어떤 결정도 내리지 않는다는 겁니다. 일단은 1년 내내 함께 일했던 그 누구도 다시 만나고 싶지 않기 때문이고요. 그에 대해 아무 생각 없이 그냥 떠나버리는 것이죠. 여행을 하거나 시골에 갑니다. 걸을 때 아이디어가 떠오르는 편입니다. 오랫동안 산책하고 나면 상황이 더 명확하게 정리됩니다.

DR: SNL을 안 하실 때는 다른 TV 프로그램을 제작하기도 하시죠.

LM: 〈더 투나잇 쇼The Tonight Show〉와 〈세스 마이어스Seth Meyers〉도 합니다. 심야 프로죠. 티나 페이는 SNL의 뛰어난 수석작가였다가 출연진에 합류해 '위크엔드 업데이트'를 진행했습니다. 우리는 〈퀸카로 살아남는 법Mean Girls〉을 같이 영화로 제작했습니다. 티나는 TV 시리즈를 만들고 싶어 했죠. 그래서 나온 것이 〈서티 록30 Rock〉이었습니다. 처음에 적극적으로 뛰어들어야 궤도에 제대로 오를 수 있습니다. 궤도에 제대로 탑승하면 최고의 결과물이 나올 수 있죠. 그것이 제 일입니다. 일단 시작되고, 잘 되어간다 싶으면, 저는 방에서 살그머니 나와 다른

467

일로 돌아갑니다. 바로 SNL이죠. 저도 경험해봐서 알지만 누군가 나를 감독하는 걸 좋아할 사람은 없습니다. 창의적인 사람들을 가까이에 두려면 고삐를 죄면 안 됩니다. 아이디어로 반짝이는 사람들을 대할 땐 원래 그래야 합니다. 그 자리에 함께 있으면서 필요할 땐 도움도 주지만, 언제나 지켜보고 있을 필요는 없는 것이죠.

DR: 배꼽 빠지게 웃은 경험이 있습니까?

LM: 쇼를 진행하다 보면 아주 마음에 드는 것들이 나오게 마련이죠. 코미디는 전복적입니다. 웃기로 계획한 다음 웃는 사람은 없죠. 언제 박수를 칠지는 알려줄 수 있지만 언제 웃을지는 알려줄 수가 없습니다. 그래서 언제나 예상치 못한 상황이 생깁니다. 정말 훌륭한 대본과 뛰어난 연기를 짝지워 한 곳에 가둬 놓으면 짜릿한 경험을 할 수 있죠.

DR: 당신이 제작한 쇼 덕분에 유명해진 사람들이 부와 명성을 얻고 나서, 당신이 해준 모든 것에 감사하다, 당신이 없었으면 못했을 것이다 같은 인사를 했던가요?

LM: 그 생각을 하면 양쪽 다 울컥해합니다. 몇 년 전 40주년 기념 행사를 했을 때 SNL 출연진과 호스트를 맡았던 사람들을 모두 초대했습니다. 스튜디오에 모인 사람들은 우리가 그간 얼마나 중요한 일을 해왔는지 깨달았을 겁니다. 정말 다양한 세대에 걸친 수많은 이들이 쇼를 만들어 왔다는 걸 직접 확인할 수 있는 자리였으니까요.

DR: 모두 참석해달라고 하기가 어렵지는 않았나요? 자존심은 잠시 내려놓고 와달라고 말씀하셨나요?

LM: 다들 서로 만나서 기뻐했습니다. 힘들긴 했습니다. 자리가 350석밖에 없었으니까요.

DR: 이처럼 화려한 경력을 쌓아오셨습니다. 혹시나 후회가 남는 것이 있다면요?

LM: 셀 수 없이 많죠. 구체적으로 어떤 종류의 후회를 말씀하시나요?

DR: 이것만은 꼭 성취하고 싶었는데 하는 것 말입니다. SNL은 정말 성공적이었습니다. SNL이든 삶이든, 좀 달랐더라면 싶었던 부분은요?

LM: 아주 많습니다. 일이 잘 풀리지 않아서 그저 그런 결과가 나온다거나, 이러저러한 것들이 다르게 등장한 데다 카메라 컷이 늦어서 일이 잘 풀리지 않으면 망치게 되죠. 잘 안 풀리면 침묵이 흐릅니다. 쥐 죽은 듯이요. 출연진도 압니다. 다들 알죠. 뛰어난 사람들은 어떻게 해서든 아이디어를 쥐어짜내 성공시키고야 맙니다. 그래서 그런 점에 대해서는 별로 염려하지 않습니다. 모두가 뛰어난 사람들이었으니까요.

DR: 쇼에서 해보고 싶은 게 아직 남았나요?

LM: SNL은 계속해서 진화합니다. 지난 선거 이후 시사 문제에 밝아진 관객 덕분에 훨씬 정치색이 짙어졌습니다. 90년대 중반에는 출연진에게 상원 다수당 원내 대표가 누구냐고 물으면 아무도 대답을 하지 못했을 겁니다. 워터게이트 사건 이후 정치는 확실히 훨씬 더 중요해졌고 베이비붐 세대는 여전히 정치의 중요성을 알고 있었습니다. 호황기에는 정치에서 좀 멀어지긴 하죠. 우리는 항상 시의성에 집중합니다. 그게 정치가 될 수도 있는 거고요. 바로 요즘처럼요.

DR: 누군가가 '나도 론 마이클스 같은 성공한 프로듀서가 되고 싶다'고 한다면…

LM: 저는 왜냐고 물을 것 같군요.

DR: TV의 대가가 되려면 어떤 자질을 갖춰야 할까요? 성실함? 유머 감각? 사람들과 어울리는 노하우? 동기부여 능력?

LM: 그에 대한 조언은 하지 않겠습니다. 다만 이 분야에서 리더십이란 생각을 바꿀 수 있는 능력, 그것도 꽤 자주 바꿀 수 있는 능력을 의미합니다. 1년차 작가가 더 좋은 아이디어를 낸다면 그걸 따라가야 하는 겁니다. 그래야만 계속 생명력을 얻을 수 있습니다. 성공을 좌우하는 건 지위나 계급이 아닙니다. 단 한 주도 좌절감을 호소하는 사람이 없었던 적은 없습니다. 자기 분량이 잘린 사람과 마주치는 것도 썩 유쾌한 일은 아닙니다. 긴 방송 시간 중에 잘려나간 분량이 하필 그 부분이니까요. 그렇지만 언제나 다음 주는 돌아오고, 계속 앞을 보며 나아가면 됩니다. 누구나 자기 목소리를 낼 수 있는 문화를 만들기 위해 노력하지요.

DR: 저는 '리더가 되기 위한 조건은 무엇인가?'라는 질문을 자주 합니다. 당신은 누가 봐도 방송계의 리더죠. 다른 사람들을 볼 때, 아니면 당신의 인생에서, 진정 유능한 리더를 만드는 자질은 뭐라고 보시는지?

LM: 힘 있는 사람은 누구나 알아봅니다. 그래서 굳이 자신에게 힘이 있다는 걸 설명할 필요가 없죠. 아주 뛰어난 재능이 있는 사람들과 한 공간에 있을 때는 의견을 많이 낼 필요가 없습니다. 내가 내려던 의견은 대부분 누군가가 이미 낸 것이거든요. 리더는 모범을 보이는 사람입니다. 리더십이란 그런 가치관의 상징이자 태도이며, 리더는 올바른 일을 하는 사람일 때가 많죠. 때로는 밀어붙이기도 해야 합니다. 제 주변 사람들은 다 알더군요. 제가 중시하는 건 오로지 '쇼가 좋은가, 아닌가'라는 것을요. 그리고 그 목표를 위해서라면 저는 얼마든지 가혹해질 수 있습니다.

저는 방 안을 돌아다니면서 "어떻게 생각해? 이걸 여기 집어넣으면 어떨 것 같아?"라고 계속 물어봅니다. 다들 한마디씩 하죠. 엄밀히 말하면 결정은 제가 내리는 거지만 다들 의견일치를 봤다고 느끼게 됩니다. 그리고 그 사람들이 바라는 것도 오직 하나뿐입니다.

쇼의 성공입니다.

**옮긴이 김현정**

서울대에서 국문학과 불문학을 전공했고, 몬터레이국제대학원 통번역 석사과정을 졸업했다.
외교통상부 통상법무과 영문 에디터를 거쳐 다양한 정부기관과 기업, 잡지사 등에서 번역 업무를 맡았다.
옮긴 책으로는 《구글맵 혁명》 《미국, 제국의 연대기》 《신데렐라가 내 딸을 잡아먹었다》
《DK 세상을 이루는 모든 원소 118》 등이 있다.

# 타이탄의 지혜들

1판 1쇄 발행  2021년 3월 15일
1판 4쇄 발행  2023년 6월 22일

지은이  데이비드 M. 루벤스타인
옮긴이  김현정
발행인  오영진 김진갑
발행처  토네이도미디어그룹(주)

기획편집  박수진 박민희 유인경 박은화
디자인팀  안윤민 김현주 강재준
마케팅팀  박시현 박준서 조성은 김수연
경영지원  이혜선

출판등록  2006년 1월 11일 제313-2006-15호
주소  서울시 마포구 월드컵북로5가길 12 서교빌딩 2층
독자 문의  midnightbookstore@naver.com
전화  02-332-3310 팩스  02-332-7741
블로그  blog.naver.com/midnightbookstore
페이스북  www.facebook.com/tornadobook

ISBN 979-11-5851-209-5   03190

토네이도는 토네이도미디어그룹(주)의 자기계발/경제경영 브랜드입니다.